»Dieses schön erzählte Buch schildert die Jahre zwischen 1919 und 1929, in denen Heidegger, Wittgenstein, Benjamin und Cassirer Weltbedeutung gewannen. Zusammen bilden sie eine erstaunliche geistige Konstellation, vier Lebensentwürfe und vier Antworten auf die Frage: Was ist der Mensch? Herausgekommen ist dabei das Sternbild der Philosophie in einem großen Augenblick im Schatten der Katastrophen davor und danach.«
Rüdiger Safranski

Wolfram Eilenberger, geboren 1972, war langjähriger Chefredakteur des »Philosophie Magazins«, ist »Zeit«-Kolumnist, moderiert die »Sternstunden der Philosophie« im Schweizer Fernsehen und ist Programmleiter der »phil.cologne«. Er hat mehrere populärphilosophische Sachbücher geschrieben. In zahlreichen Talkshow-Auftritten im deutschen Fernsehen gibt er der Philosophie eine Stimme und ein Gesicht. Sein Buch »Zeit der Zauberer« stand monatelang auf der »Spiegel«-Bestsellerliste und wurde 2018 mit dem »Bayerischen Buchpreis« ausgezeichnet.

ZEIT DER ZAUBERER

Das große Jahrzehnt der Philosophie

1919 – 1929

WOLFRAM EILENBERGER

Klett-Cotta

Klett-Cotta
www.klett-cotta.de
Dieses Werk wurde vermittelt durch die Literarische Agentur Michael Gaeb

Printed in Germany
Cover: Rothfos & Gabler, Hamburg
unter Verwendung eines Gemäldes von Ernst Emil Schlatter (1883–1954),
Blick auf Piz Margna von Zuoz aus, 1919
© John Mitchell Fine Paintings/Bridgeman Images
Gesetzt von Dörlemann Satz, Lemförde
Gedruckt und gebunden von CPI – Claussen & Bosse, Leck
ISBN 978-3-608-96451-6

Siebte Auflage, 2023

Bibliografische Information der Deutschen Nationalbibliothek
Die Deutsche Nationalbibliothek verzeichnet diese Publikation in der
Deutschen Nationalbibliografie; detaillierte bibliografische
Daten sind im Internet über http://dnb.d-nb.de abrufbar.

Für Eva

INHALT

Das Beste, was wir von der Geschichte haben,
ist der Enthusiasmus, den sie erregt.

Johann Wolfgang von Goethe, »Maximen und Reflexionen«

I.
PROLOG

DIE ZAUBERER

GOTTES ANKUNFT

»Macht euch nichts draus, ich weiß, ihr werdet das nie verstehen.« Mit diesem Satz endete am 18. Juni 1929 in Cambridge, England, das wohl eigenartigste Rigorosum der Philosophiegeschichte. Zur Doktorprüfung angetreten vor den Ausschuss, der aus Bertrand Russell und George Edward Moore bestand, war ein 40-jähriger Ex-Milliardär aus Österreich, der die vorangegangenen zehn Jahre hauptsächlich als Grundschullehrer gearbeitet hatte.[1] Sein Name lautete Ludwig Wittgenstein. Wittgenstein war in Cambridge kein Unbekannter. Im Gegenteil, in den Jahren 1911 bis kurz vor Ausbruch des Ersten Weltkriegs hatte er dort bei Russell studiert und war unter den damaligen Studenten ob seiner offenbaren Genialität wie auch seiner Eigenwilligkeit schnell zu einer Kultgestalt aufgestiegen. »Gott ist angekommen, ich traf ihn im Fünf-Uhr-Fünfzehn-Zug«, notiert John Maynard Keynes in einem Brief vom 18. Januar 1929. Keynes, zu diesem Zeitpunkt wohl der bedeutendste Ökonom der Welt, hat Wittgenstein am ersten Tag von dessen Rückkehr nach England zufällig getroffen. Und es sagt viel über die ausgesprochen enge und damit gerüchteträchtige Atmosphäre der damaligen Zirkel aus, dass sich Wittgensteins alter Freund G. E. Moore ebenfalls in diesem Zug von London nach Cambridge befand.

Man sollte sich die Atmosphäre im Abteil indes nicht als allzu ausgelassen vorstellen. Denn *Small Talk* und herzliche Umarmungen waren zumindest Wittgensteins Sache nicht. Vielmehr neigte das Genie aus Wien zu plötzlichen Wutausbrüchen und war überdies äußerst nachtragend. Bereits ein einziges loses Wort oder eine scherzhafte politische Äußerung konnten zu jahrelangem Groll, ja zum Abbruch der Beziehungen führen – wie es auch mit Keynes und Moore mehrfach der Fall gewesen war. Dennoch: Gott war zurück! Und die Freude entsprechend groß.

Bereits am zweiten Tag nach Wittgensteins Ankunft beruft man in Keynes' Haus deshalb den sogenannten Kreis der »Apostel« ein – ein ausgesprochen elitärer, inoffizieller Studentenclub, der vor allem für die homosexuellen Techtelmechtel seiner Mitglieder berüchtigt war –, um den verlorenen Sohn willkommen zu heißen.[2] Im Rahmen eines feierlichen Abendessens wird Wittgenstein in den Rang eines Ehrenmitglieds (»Angels«) erhoben. Mehr als 15 Jahre sind für die meisten seit der letzten Zusammenkunft vergangen. Viel ist seither geschehen. Wittgenstein indes wirkt auf seine Apostel äußerlich so gut wie unverändert. Nicht nur, dass er auch an diesem Abend seine immer gleiche Kombination aus kragenlosem Knöpfhemd, grauer Flanellhose und schweren, bäuerlich wirkenden Lederschuhen trägt. Auch körperlich scheinen die Jahre spurlos an ihm vorübergegangen zu sein. Auf den ersten Blick gleicht er deshalb eher einem der ebenfalls zahlreich geladenen Elitestudenten, die den seltsamen Mann aus Österreich bisher nur aus den Erzählungen ihrer Professoren kennen. Sowie natürlich als Autor des »Tractatus logico-philosophicus«, jenes legendären Werks, das die philosophischen Diskussionen in Cambridge die vorangegangenen Jahre entscheidend geprägt, wenn nicht dominiert hat. Zwar hätte keiner der Anwesenden behaupten wollen, das Buch auch nur annähernd verstanden zu haben. Die Faszination für den »Tractatus« befeuerte diese Tatsache indes nur noch mehr.

Wittgenstein hatte das Buch 1918 in italienischer Kriegsgefangenschaft mit dem festen Bewusstsein beendet, sämtliche Probleme des Denkens *»im Wesentlichen endgültig gelöst zu haben«*, und folgerichtig beschlossen, der Philosophie nunmehr den Rücken zu kehren. Nur wenige Monate später überschrieb er, als Erbe einer der reichsten Industriellenfamilien des Kontinents, sein gesamtes Vermögen seinen Geschwistern. Wie er Russell damals brieflich mitteilte, wolle er – geplagt von schweren Depressionen und wiederkehrenden Selbstmordgedanken – fortan »mit ehrlicher Arbeit« sein Leben verdienen. Konkret hieß dies, als Grundschullehrer in der Provinz zu unterrichten.

Dieser Wittgenstein also war zurück in Cambridge. Zurück, wie es hieß, um zu philosophieren. Indes besaß das Genie, mittlerweile 40 Jahre alt, keinen akademischen Titel und zeigte sich zudem vollkommen mittellos. Das wenige, was er sich über die Jahre hatte ansparen können, ist bereits nach einigen Wochen in England aufgebraucht. Vorsichtige Erkundigungen, ob nicht die reichen Geschwister bereit wären, ihm finanziell auszuhelfen, werden mit aller Heftigkeit abgewehrt: »Akzeptieren Sie bitte meine schriftliche Erklärung, daß ich nicht nur eine Anzahl wohlhabender Verwandter habe, sondern daß sie mir auch Geld geben würden, wenn ich sie darum bäte. DASS ICH SIE ABER NICHT UM EINEN PENNY BITTEN WERDE«,[3] lässt er Moore noch am Vortag seiner mündlichen Doktorprüfung wissen.

Was tun? Niemand in Cambridge zweifelt an Wittgensteins Ausnahmebegabung. Jeder, darunter die einflussreichsten Gestalten der Universität, wollen ihn halten und ihm helfen. Doch ohne akademischen Titel erwies es sich selbst in der familiären Atmosphäre von Cambridge als institutionelle Unmöglichkeit, dem Studienabbrecher von einst ein Forschungsstipendium oder gar eine feste Stelle zu besorgen.

So verfällt man schließlich auf den Plan, Wittgensteins »Tractatus logico-philosophicus« als Doktorarbeit einreichen zu lassen. Russell hatte sich für die Veröffentlichung im Jahre 1921/1922 persönlich eingesetzt und eigens ein Vorwort verfasst, um die Publikation zu ermöglichen, hielt er das Werk des einstigen Zöglings seinen eigenen, nicht weniger epochalen Arbeiten zur Philosophie der Logik, Mathematik und Sprache doch für weit überlegen.

Kein Wunder also, dass Russell beim Betreten des Prüfungssaals fluchte, »in seinem ganzen Leben nichts derart Absurdes erlebt zu haben«.[4] Dennoch: Eine Prüfung ist eine Prüfung, weshalb sich Moore und Russell nach einigen Minuten freundschaftlicher Erkundigungen dann schließlich doch noch zu einigen kritischen Fragen entschlossen. Sie betrafen eines der zentralen Rätsel des an dunklen Aphorismen und mystischen Einzeilern nicht eben armen Traktats von Wittgenstein. Bereits der erste Satz des nach einem ausgeklügelten Dezimalsystem streng angeordneten Werks liefert dafür ein eindrückliches Beispiel. Er lautet:

> 1 Die Welt ist alles, was der Fall ist.

Aber auch Einträge wie die folgenden gaben den Wittgenstein-Adepten Rätsel auf (und tun dies bis heute):

> 6.432 *Wie* die Welt ist, ist für das Höhere vollkommen gleichgültig. Gott offenbart sich nicht *in* der Welt.
> 6.44 Nicht *wie* die Welt ist, ist das Mystische, sondern *daß* sie ist.

Trotz dieser Rätselhaftigkeit ist der Grundimpuls des Buches klar. Wittgensteins »Tractatus« steht in einer langen Tradition moderner Werke wie die »Ethik, nach geometrischer Methode dargestellt« (posthum 1677) von Baruch de Spinoza, David Humes »Untersuchung über den menschlichen Verstand« (1748) und Immanuel Kants »Kritik der reinen Vernunft« (1781). All diese Werke streben an, eine Grenze zu ziehen zwischen den Sätzen unserer Sprache, die im eigentlichen Sinne sinnvoll und damit wahrheitsfähig sind, und solchen, die nur sinnvoll erscheinen und unser Denken und unsere Kultur aufgrund dieser Scheinhaftigkeit in die Irre führen. Es handelt sich beim »Tractatus« mit anderen Worten um einen therapeutischen Beitrag zu der Problemstellung, wovon man als Mensch sinnvoll sprechen kann – und wovon nicht. Nicht zufällig endet das Buch mit dem Lehrsatz:

> 7 Wovon man nicht sprechen kann, darüber muß man schweigen.

Und nur eine Dezimalstelle zuvor, unter Eintrag 6.54, legt Wittgenstein seine eigene therapeutische Verfahrensweise offen:

> 6.54 Meine Sätze erläutern dadurch, daß sie der, welcher mich versteht, am Ende als unsinnig erkennt, wenn er durch sie – auf ihnen – über sie hinausgestiegen ist. (Er muß sozusagen die Leiter wegwerfen, nachdem er auf ihr hinaufgestiegen ist.)
> Er muß diese Sätze überwinden, dann sieht er die Welt richtig.

Genau an diesem Punkt nun hakt Russell im Prüfungsgespräch nach. Wie genau soll das vor sich gehen: jemandem durch eine Aneinanderreihung unsinniger Sätze zu einer, ja der einzig richtigen Weltsicht zu verhelfen? Hatte Wittgenstein im Vorwort zu seinem Werk nicht ausdrücklich verkündet, *»die Wahrheit der hier mitgeteilten Gedanken«* erscheine ihm *»unantastbar und definitiv«*? Wie könne das sein, bei einem Werk, das nach eigenem Bekunden ausschließlich sinnfreie Sätze enthielt?

Die Frage war Wittgenstein nicht neu. Vor allem nicht aus Russells Mund. Sie war über die Jahre und regen Briefwechsel vielmehr zu so etwas wie einem Klassiker ihrer spannungsgeladenen Freundschaft geworden. Ein weiteres Mal also, »for old times sake«, stellte Russell seine gute Frage.

Wir wissen leider nicht, was genau Wittgenstein zu seiner Verteidigung antwortete. Wir dürfen aber annehmen, dass er es wie üblich leicht stotternd tat, mit glühenden Augen und in einer höchst eigenwilligen Intonation, die weniger einem Fremdsprachenakzent als vielmehr dem Sprechen eines Menschen glich, der in den Worten der menschlichen Sprache eine besondere Bedeutung und Musikalität wahrnimmt. Und irgendwann dann, nach Minuten monologischen Stammelns, immer auf der Suche nach der eigentlich klärenden Formulierung, auch darin bestand Wittgensteins Eigenart, wird er einmal mehr zu dem Schluss gekommen sein, genug gesprochen, genug erklärt zu haben. Es ist einfach nicht möglich, jedem Menschen alles verständlich zu machen. Genauso hatte er es ja auch im Vorwort zum »Tractatus« festgehalten: *»Dieses Buch wird vielleicht nur der verstehen, der die Gedanken, die* *darin ausgedrückt sind – oder doch ähnliche Gedanken – schon selbst einmal gedacht hat.«*

Das Problem daran war nur (und Wittgenstein wusste es): Es gab sehr wenige Menschen, womöglich sogar keinen einzigen, der ähnliche Gedanken schon einmal so gedacht und formuliert hatte. Ganz sicher nicht sein einstmals hoch verehrter Lehrer Bertrand Russell, Autor der »Principia Mathematica«, den Wittgenstein für philosophisch letztlich beschränkt hielt. Und schon gar nicht G. E. Moore, seines Zeichens einer der brillantesten Denker und Logiker seiner Zeit, über den Wittgenstein im Vertrauen sagte, Moore »sei ein hervorragendes Beispiel dafür, wie weit es ein Mensch bringen kann, der über keinerlei Intelligenz verfügt«.

Wie sollte er diesen Menschen die Sache mit der Leiter unsinniger Gedanken erklären, die man zunächst heraufsteigen und dann von sich stoßen muss, um die Welt richtig zu sehen? War nicht auch der Weise aus Platons Höhlengleichnis, einmal ans Licht gelangt, daran gescheitert, seine Einsichten den anderen Höhlengefangenen verständlich zu machen?

Genug für heute. Genug erklärt. So steht Wittgenstein also auf, schreitet auf die andere Seite des Tisches, klopft Moore und Russell wohlwollend auf die Schulter und äußert jenen Satz, von dem bis heute jeder Doktorand der Philosophie in der Nacht vor der Prüfung träumen muss: »Macht euch nichts draus, ich weiß, ihr werdet das nie verstehen.«

Damit war das Schauspiel beendet. Es blieb an Moore, den Prüfungsbericht zu verfassen: »Meiner persönlichen Einschätzung nach handelt es sich bei der Doktorarbeit von Herrn Wittgenstein um das Werk eines Genies; doch sei dem wie es will, sie erfüllt ganz gewiss die Anforderungen, die zur Erlangung des Grades eines Doktors der Philosophie in Cambridge verlangt werden.«[5]

Das Forschungsstipendium wurde kurz darauf bewilligt. Wittgenstein war wieder in der Philosophie angekommen.

GIPFELSTÜRMER

Im eigentlichen Sinne angekommen durfte sich auch Martin Heidegger fühlen, als er am 17. März desselben Jahres den Festsaal des Davoser »Grand Hôtel & Belvédère« betrat. Denn das ist sie ganz unzweifelhaft, die große philosophische Bühne, die zu erobern der mittlerweile 39-jährige Denker aus dem Schwarzwald sich bereits von früher Jugend an auserkoren sah. Nichts an seinem Auftritt sollte deshalb als zufällig angenommen werden. Nicht sein sportlich eng geschnittener Anzug, der sich von den klassischen Fracks der geladenen Würdenträger absetzte, nicht die streng nach hinten gekämmten Haare, nicht sein von der Höhensonne bäuerlich gebräuntes Antlitz, nicht die stark verspätete Ankunft im Saal und schon gar nicht die Tatsache, dass er, anstatt in den vorderen Reihen seinen eigens für ihn reservierten Platz einzunehmen, sich ohne ersichtliches Zögern unter die Schar der ebenfalls zahlreich angereisten Studenten und Jungforscher im Bauch des Saales mischte. Sich den herrschenden Konventionen ohne Tabubruch zu beugen, kam auf keinen Fall infrage. Denn für einen wie Heidegger gab es nun einmal kein richtiges Philosophieren im falschen. Und falsch musste ihm an dieser Art von gelehrter Zusammenkunft in einem Schweizer Nobelhotel so gut wie alles erscheinen.

Noch im Vorjahr hatte Albert Einstein den Eröffnungsvortrag für die »Davoser Hochschulkurse« gehalten. 1929 nun war er, Martin Heidegger, als einer der Hauptredner geladen. Drei Vorträge würde er in den kommenden Tagen halten sowie abschließend mit Ernst Cassirer – dem zweiten philosophischen Schwergewicht der Tagung – in ein öffentliches Streitgespräch treten. Mochte der gesetzte äußere Rahmen also auch noch so sehr missfallen, die mit ihm verbundene Geltung und Anerkennung brachten Heideggers tiefste Sehnsüchte zum Schwingen.[6]

Erst zwei Jahre zuvor, im Frühjahr 1927, hatte er mit »Sein und Zeit« ein Werk veröffentlicht, das binnen weniger Monate als neuer Meilenstein des Denkens anerkannt war. Durch seinen großen Wurf bestätigte der Küstersohn aus dem badischen Meßkirch indes nur einen Ruf, der ihn bereits in den Jahren zuvor, um es in den Worten seiner damaligen Schülerin (und Geliebten) Hannah Arendt zu sagen, als »heimlichen König« der deutschsprachigen Philosophie auswies. Heidegger hatte das Werk im Jahre 1926 unter enormem zeitlichen Druck geschrieben – und in Wahrheit nur zur Hälfte beendet. Mit »Sein und Zeit«, einem Jahrhundertwerk, hatte er die formalen Voraussetzungen geschaffen, aus dem ungeliebten Marburg an seine Freiburger *Alma Mater* zurückzukehren. Im Jahr 1928 übernimmt Martin Heidegger dort den prestigeträchtigen Lehrstuhl seines einstigen Lehrers und Förderers, des Phänomenologen Edmund Husserl.

Hatte John Maynard Keynes anlässlich der Rückkehr Wittgensteins nach Cambridge noch das transzendente Register eines »Gottes« gewählt, so verweist Arendts Begriffswahl des »Königs« auf einen Willen zur Macht und damit sozialen Dominanz, die sich im Falle Heideggers jedem Beobachter schon nach wenigen Sekunden deutlich mitteilte. Egal wo er auftritt oder erscheint: Heidegger ist niemals nur einer unter vielen. Im Festsaal von Davos untermauert er diesen Anspruch mit der symbolträchtigen Weigerung, sich als einer unter anderen Philosophieprofessoren auf vorgesehenem Platze einzufinden. Man tuschelt, raunt, dreht sich gar eigens um: Heidegger ist da. Es kann also losgehen.

CONTENANCE WAHREN

Mehr als unwahrscheinlich, dass auch Ernst Cassirer in das allgemeine Geraune und Gemurmel im Saal mit einstimmte. Nur nichts anmerken lassen: die Form wahren – und vor allem Haltung. So lautet das Credo seines Lebens. Und auch der Kern seiner Philosophie. Wovor hätte er sich, bei Lichte betrachtet, auch fürchten sollen? Schließlich ist dem 54-jährigen Professor der Universität Hamburg keine Umgebung vertrauter als der zeremonielle

Rahmen einer akademischen Großveranstaltung. Exakt zehn Jahre nun hat er seinen Lehrstuhl inne. Zum Wintersemester 1929/1930 würde er – als der erst vierte Jude in der Geschichte der deutschen Universitätsgeschichte – gar das Rektorat seiner Hochschule übernehmen. Auch mit der Etikette Schweizer Nobelhotels durfte sich Cassirer als Spross einer wohlhabenden Breslauer Kaufmannsfamilie von frühester Kindheit an vertraut wissen. Wie man es in seinen Kreisen zu tun pflegte, fuhr er mit seiner Frau Toni jedes Jahr über die Sommermonate in die Schweizer Berge zur Kur. Vor allem aber befindet sich im Jahre 1929 auch Cassirer auf dem Zenit seines Ruhms, dem Gipfel seines Schaffens. In den vorangegangenen zehn Jahren hatte er seine dreiteilige »Philosophie der symbolischen Formen« zu Papier gebracht. Die enzyklopädische Breite und systematische Originalität des Werkes – dessen dritter und letzter Band nur wenige Wochen vor der Davoser Tagung erschienen war – etablierte Cassirer als das unbestrittene Haupt des Neukantianismus und damit der führenden akademischen Strömung der deutschen Philosophie.

Anders als bei Heidegger ist Cassirers Aufstieg zum Meisterdenker kein kometenhafter gewesen. Vielmehr war sein Ruf über Jahrzehnte philosophiehistorischer und editorischer Arbeiten kontinuierlich gewachsen. Sowohl eine Gesamtausgabe der Werke von Leibniz als auch der Werke Kants hat er als Herausgeber betreut und in den Jahren seiner Tätigkeit als Privatdozent in Berlin überdies ein umfangreiches Werk zur Philosophiegeschichte der Neuzeit veröffentlicht. Anstatt durch charismatische und sprachliche Verwegenheit zeichnet sich sein Auftreten vor allem durch beeindruckende Belesenheit und ein bisweilen übermenschlich erscheinendes Erinnerungsvermögen aus, das es ihm bei Bedarf ermöglicht, zentrale Stellen der großen philosophischen und literarischen Klassiker seitenlang aus dem Kopf zu zitieren. Geradezu berüchtigt ist Cassirers ausgeglichenes Wesen, das stets auf Vermittlung und Mäßigung abzielt. Er verkörpert – und weiß es genau – in Davos genau jene Form des Philosophierens und auch des akademischen Establishments, das Heidegger mit seinem dank großzügiger Reisestipendien fast vollständig angereisten Stoßtrupp von Schülern und Habilitanden unbedingt aufzumischen strebt. Das Foto der Eröffnungsfeier zeigt Cassirer – zweite Reihe links – an der Seite seiner Gattin Toni sitzend. Das volle Haupthaar würdig ergraut, ist sein Blick konzentriert zum Rednerpult gewandt. Der Stuhl linker Hand vor ihm ist frei. Ein an die Lehne geheftetes Papier weist ihn als »reservé« aus. Heideggers Platz.

MYTHOS DAVOS

Wie spätere Aufzeichnungen bezeugen, blieben Heideggers gezielte Verstöße gegen die Davoser Etikette durchaus nicht ohne Wirkung. Toni Cassirer hat das Zusammentreffen gar derart verstört, dass sie es in ihren Memoiren, die sie 1948 im New Yorker Exil unter dem Titel »Mein Leben mit Ernst Cassirer«[7] schreibt, um volle zwei Jahre fehldatiert. Sie beschreibt darin einen »kleinen, ganz unscheinbaren Mann, schwarzes Haar stechend dunkle Augen«, der sie – die Kaufmannstochter aus bester Wiener Gesellschaft – »sofort an einen Handwerker, etwa aus dem südlichen Österreich oder Bayern« erinnerte, ein Eindruck, der beim späteren Gala-Diner »bald darauf durch seinen Dialekt unterstützt wurde«. Schon damals ahnte sie deutlich, mit wem ihr Gatte es zu tun bekommen würde: »Heideggers Neigung zum Antisemitismus«, schließt sie ihre Erinnerungen an Davos, »war uns nicht fremd.«

Die Davoser Disputation zwischen Ernst Cassirer und Martin Heidegger gilt heute als einschneidendes Ereignis in der Geschichte des Denkens. In den Worten des amerikanischen Philosophen Michael Friedman stellt sie gar die maßgebliche »Wegscheide für die Philosophie des 20. Jahrhunderts« dar.[8] Das Bewusstsein, Zeuge eines Epochenwandels zu sein, beseelte bereits alle damals anwesenden Teilnehmer. So zelebriert der Heidegger-Student Otto F. Bollnow (der in den Jahren nach 1933 zu einem bekennenden

Nazi-Philosophen aufstieg) in seinem Tagebuch das »erhebende Gefühl, … einer geschichtlichen Stunde beigewohnt zu haben, ganz wie es Goethe in der ›Kampagne in Frankreich‹ ausgesprochen hatte: ›Von hier und heute geht eine neue Epoche der Weltgeschichte aus‹ – in diesem Fall der Philosophiegeschichte – und ihr könnt sagen, ihr seid dabei gewesen«.[9]

In der Tat. Hätte Davos nicht tatsächlich stattgefunden, zukünftige Ideenhistoriker hätten es im Nachhinein erfinden müssen. Bis in kleinste Details spiegeln sich in diesem epochalen Ereignis die prägenden Kontraste der gesamten Dekade. Der jüdische Industriellenspross aus Berlin trifft auf den katholischen Küstersohn aus der badischen Provinz, hanseatische Contenance auf unverblümt-direkte Bäuerlichkeit. Cassirer ist das Hotel. Heidegger die Hütte. Unter gleißender Höhensonne treffen sie an einem Ort aufeinander, in dem die Welten, für die sie stehen, einander in unwirklicher Weise überblenden.

Die traumgleiche, insulare Atmosphäre eines Davoser Kurhotels war es ja auch, die Thomas Mann zu seinem 1924 erschienenen Roman »Der Zauberberg« inspiriert hatte. Die Davoser Disputation von 1929 mochte den Teilnehmern deshalb gar als konkrete Umsetzung einer fiktionalen Vorlage erscheinen. Mit einer geradezu unheimlichen Passgenauigkeit fügten sich Cassirer und Heidegger in die ideologischen Schablonen eines Lodovico Settembrini und eines Leo Naphta, die Thomas Manns Roman für die gesamte Epoche erstellt hatte.

MENSCHEN FRAGEN

Epochal lautete auch das von den Veranstaltern gewählte Thema der Davoser Zusammenkunft: »Was ist der Mensch?« Eine Frage, die bereits das Leitmotiv der Philosophie Immanuel Kants bildete. Kants gesamtes kritisches Denken geht dabei von einer ebenso einfachen wie unabweisbaren Beobachtung aus: Der Mensch ist ein Wesen, das sich Fragen stellt, die er letztlich nicht beantworten kann. Diese Fragen betreffen insbesondere die Existenz Gottes, das Rätsel der menschlichen Freiheit und die Unsterblichkeit der Seele. In einer ersten kantischen Bestimmung ist der Mensch also ein *metaphysisches Wesen*.

Doch was folgt daraus? Für Kant eröffnen diese metaphysischen Rätsel, gerade weil sie sich nicht abschließend beantworten lassen, dem Menschen einen Horizont möglicher Vervollkommnung. Sie leiten uns in dem Bestreben an, möglichst viel in Erfahrung zu bringen (Erkenntnis), möglichst frei und selbstbestimmt zu handeln (Ethik), sich einer immerhin möglichen Unsterblichkeit der Seele möglichst würdig zu erweisen (Religion). Kant spricht in diesem Zusammenhang von einer *regulativen* oder auch leitenden Funktion des metaphysischen Fragens.

Die Vorgaben des kantischen Projekts blieben bis in die zwanziger Jahre des 20. Jahrhunderts bestimmend für die deutschsprachige Philosophie – ja für die moderne Philosophie als Ganzes. Zu philosophieren, das bedeutete, nicht zuletzt für Cassirer und Heidegger, in der Spur dieser Fragen zu denken. Und Gleiches galt auch für die bereits erwähnten, eher logisch orientierten Versuche Ludwig Wittgensteins, eine feste Grenze zu ziehen zwischen dem, wovon man als vernünftiger Mensch sprechen kann, und dem, worüber man schweigen muss. Wittgensteins Therapieversuch des »Tractatus« ging allerdings insofern entscheidend über Kant hinaus, als er selbst noch den als grundmenschlich angenommenen Impuls, überhaupt metaphysische Fragen zu stellen – und also zu philosophieren –, mit den Mitteln der Philosophie für therapierbar zu halten schien. So heißt es im »Tractatus«:

> 6.5 Zu einer Antwort, die man nicht aussprechen kann, kann man auch die Frage nicht aussprechen.
> *Das Rätsel* gibt es nicht.
> Wenn sich eine Frage überhaupt stellen lässt, so *kann* sie auch beantwortet werden.

> 6.51 … Denn Zweifel kann nur bestehen, wo eine Frage besteht; eine Frage nur, wo eine Antwort besteht, und diese nur, wo etwas *gesagt* werden *kann*.
>
> 6.53 Die richtige Methode der Philosophie wäre eigentlich: Nichts zu sagen, als was sich sagen lässt, also Sätze der Naturwissenschaft – also etwas, was mit Philosophie nichts zu tun hat –, und dann immer, wenn ein anderer etwas Metaphysisches sagen wollte, ihm nachzuweisen, daß er gewissen Zeichen in seinen Sätzen keine Bedeutung gegeben hat. …

Die mit Wittgensteins Werk verbundene zeittypische Hoffnung, vom Geiste der Logik und der Naturwissenschaft geleitet metaphysische Fragen endlich hinter sich lassen zu können, beseelte auch zahlreiche Teilnehmer der Davoser Konferenz, so zum Beispiel den damals 38-jährigen Privatdozenten Rudolf Carnap, Autor von Werken mit solch programmatischen Titeln wie »Der logische Aufbau der Welt« oder auch »Scheinprobleme in der Philosophie« (beide 1928). Nach seiner Emigration in die USA im Jahre 1936 stieg Carnap zu einem der führenden Köpfe der sich auf Wittgensteins Wirken berufenden sogenannten »analytischen Philosophie« auf.

OHNE FUNDAMENT

Doch ganz gleichgültig, welcher Prägung oder Schule sich die Teilnehmer der Davoser Tagung zugehörig fühlten – Idealismus, Humanismus, Lebensphilosophie, Phänomenologie oder Logizismus –, in einem wesentlichen Punkt herrschte unter den anwesenden Philosophen Übereinstimmung: Das weltanschauliche und vor allem wissenschaftliche Fundament, auf dem Kant einst sein beeindruckendes philosophisches System errichtet hatte, war ausgehöhlt oder zumindest stark reformbedürftig. Kants »Kritik der reinen Vernunft« basierte, nicht zuletzt in ihrem Verständnis der

Anschauungsformen von Raum und Zeit, deutlich auf der Physik des 18. Jahrhunderts. Doch war das newtonsche Weltbild durch Einsteins Relativitätstheorie (1905) revolutioniert worden. Weder können Raum und Zeit als voneinander unabhängig betrachtet werden, noch waren sie in benennbarem Sinne a priori, also vor aller Erfahrung gegeben. Bereits zuvor hatte Darwins Evolutionstheorie der Idee einer dem zeitlichen Werden enthobenen, auf ewig vorgegebenen menschlichen Natur Entscheidendes an Plausibilität genommen. Mit der durch Darwin vollzogenen Aufwertung des Zufalls für die Entwicklung aller Arten auf dem Planeten – von Nietzsche einflussreich auf den Bereich der Kultur übertragen – sah sich zudem die Aussicht auf einen zielgerichteten, gar vernunftgeleiteten Verlauf der Geschichte entscheidend geschwächt. Auch die vollkommene Transparenz des menschlichen Bewusstseins für sich selbst – als Ausgangspunkt von Kants transzendentaler Untersuchungsmethode – schien spätestens mit Sigmund Freud nicht mehr selbstverständlich. Mehr als alles andere aber hatten die Greuel des anonymisierten, millionenfachen Tötens im Ersten Weltkrieg der aufklärerischen Rhetorik eines zivilisierenden Fortschritts der Menschheit durch die Mittel der Kultur, Wissenschaft und Technik jede Glaubwürdigkeit geraubt. Die Frage nach dem Menschen zeigte sich im Lichte der politischen und wirtschaftlichen Krisen dieser Dekade als drängender denn je. Allein die einstige Grundlage ihrer Beantwortung war endgültig fraglich geworden.

Der 1928 überraschend verstorbene Philosoph Max Scheler – Autor des Werkes »Die Stellung des Menschen im Kosmos« (1928) – fasste dieses Krisengefühl in einem seiner letzten Vorträge folgendermaßen in Worte: »Wir sind in der ungefähr zehntausendjährigen Geschichte das erste Zeitalter, in dem sich der Mensch völlig und restlos problematisch geworden ist; in dem er nicht mehr weiß, was er ist, zugleich aber auch weiß, daß er es nicht weiß.«[10]

Das ist der Fragehorizont, vor dem Cassirer und Heidegger auf dem Gipfel von Davos zusammentreffen. Dieser Horizont hat beide Denker die vorangegangenen zehn Jahre zu ihren Hauptwerken inspiriert. Anstatt allerdings eine direkte und substantielle Antwort auf Kants Frage »Was ist der Mensch?« zu versuchen – und darin besteht die jeweilige Originalität ihres Denkens –, konzentrieren sich Cassirer und Heidegger auf die stillschweigende Frage hinter der Frage.

Der Mensch ist ein Wesen, das sich Fragen stellen muss, die er nicht beantworten kann. Schön und gut. Aber welche Bedingungen müssen eigentlich gegeben sein, damit ein Wesen überhaupt in der Lage ist, sich diese Fragen zu stellen? Welches sind die Bedingungen der Möglichkeit dieses Fragens selbst? Worauf beruht die Fähigkeit des Hinterfragens von Fragen? Dieser Impuls? Die Antworten sprechen sich bereits im Titel ihrer Hauptwerke aus: Im Falle Cassirers lautet er: »Philosophie der symbolischen Formen«. Im Falle Heideggers: »Sein und Zeit«.

ZWEI VISIONEN

Nach Cassirer ist der Mensch vor allem ein zeichenverwendendes und zeichenhervorbringendes Wesen – ein *animal symbolicum*. Er ist mit anderen Worten ein Wesen, das sich selbst und seiner Welt durch die Verwendung von Zeichen Sinn, Halt und Orientierung gibt. Das wichtigste Zeichensystem des Menschen ist dabei seine natürliche Muttersprache. Doch gibt es zahlreiche andere Zeichensysteme – in Cassirers Begrifflichkeit: *symbolische Formen* –, etwa die des Mythos, der Kunst, der Mathematik oder der Musik. Diese Symbolisierungen, seien es sprachliche, bildliche, akustische oder gestische Zeichen, verstehen sich in der Regel nicht von selbst. Vielmehr bedürfen sie ihrerseits der Interpretation durch andere Menschen. Der fortlaufende Prozess, in dem Zeichen in die Welt gesetzt und durch andere Menschen interpretiert und verändert werden, ist der Prozess der menschlichen Kultur. Erst diese Fähigkeit zur Zeichenverwendung ermöglicht es dem Menschen, metaphysische Fragen, ja überhaupt Fragen über sich und die Welt zu stellen. Kants Kritik der reinen Vernunft wird für Cassirer zum Projekt einer Untersuchung der symbolischen Formsysteme, mit denen wir uns und unserer Welt Sinn verleihen. Es wird damit zu einer *Kritik der Kultur* in ihrer ganzen, notwendig widersprüchlichen Breite und Vielfalt.

Auch Heidegger betont die Wichtigkeit des Mediums der Sprache für das Dasein des Menschen. Aber die eigentliche Grundlage für dessen metaphysisches Wesen sieht er nicht in einem allgemein geteilten Zeichensystem, sondern in einem höchst individuellen Gefühl – und zwar der Angst. Genauer der Angst, die den Einzelnen erfasst, wenn er oder sie sich der Endlichkeit seiner Existenz voll bewusst wird. Das Wissen um die eigene Endlichkeit, das den Menschen als in die Welt *»geworfenes Dasein«* auszeichnet, wird diesem – vermittelt über die Angst – zum Auftrag, seine jeweils ganz eigenen Seinsmöglichkeiten zu ergreifen und zu erkennen. Heidegger nennt dieses Ziel *Eigentlichkeit*. Die Seinsweise des Menschen zeichnet sich ferner durch ihre unhintergehbare Verwiesenheit auf die Zeit aus. Zum einen über die jeweilig einmalige historische Situation, in die sich eine Existenz ungefragt geworfen findet. Zum anderen über das Wissen dieser Existenz um ihre Endlichkeit.

Der von Cassirer ausgewiesenen Sphäre der Kultur und des allgemeinen Zeichengebrauchs kommt nach Heideggers Interpretation deshalb vor allem die Aufgabe zu, den Menschen von seiner Angst, von seiner Endlichkeit und damit dem Auftrag der Eigentlichkeit abzulenken, wohingegen die Rolle des Philosophierens gerade darin bestehe, den Menschen für die wahren Abgründe seiner Angst offen zu halten und ihn so im eigentlichen Sinne zu befreien.

VOR DER WAHL

Es lässt sich erahnen, inwieweit Kants alte Frage nach dem Menschen, je nachdem, ob dem cassirerschen oder dem heideggerschen Antwortversuch gefolgt wird, zu zwei vollkommen gegensätzlichen Idealen der kulturellen und auch politischen Entwicklung führt: Das Bekenntnis zur gleichberechtigten Humanität aller zeichenverwendenden Wesen steht gegen den elitären Mut zur Eigentlichkeit; die Hoffnung auf eine zivilisierende Zähmung tiefster Ängste gegen die Forderung, sich diesen Ängsten möglichst radikal auszusetzen; ein Bekenntnis zum Pluralismus der kulturellen Formen und Vielfalt gegen die Ahnung eines notwendigen Selbstverlustes in der Sphäre der viel zu vielen; moderierende Kontinuität gegen den Willen zum totalen Bruch und Neuanfang.

Als Cassirer und Heidegger am 26. März 1929 um zehn Uhr morgens aufeinandertreffen, können sie deshalb mit Recht beanspruchen, mit ihren jeweiligen Philosophien ganze Weltbilder zu verkörpern. Was in Davos auf dem Spiel stand, war also eine Entscheidung zwischen zwei fundamental voneinander abweichenden Visionen vom Entwicklungsgang des modernen Menschen. Visionen, deren widersprüchliche Anziehungskräfte unsere Kultur bis heute von innen heraus prägen und bestimmen.

Das Urteil der in Davos anwesenden Studenten und Jungforscher war zum Zeitpunkt der Davoser Disputation – zehn Tage in die Konferenz hinein – übrigens lange gefallen. Wie bei einem klassischen Generationenkonflikt zu erwarten, fällt es ganz zu Gunsten des jungen Heidegger aus. Dies mag nicht zuletzt daran gelegen haben, dass Cassirer – wie um die hoffnungslose Überkommenheit seines bürgerlichen Bildungsideals am eigenen Leib zu beweisen – für den Großteil der Tagung fiebernd im Hotelzimmer lag, während Heidegger sich in jeder freien Minute seine Skier schnappte, um gemeinsam mit den jungen Wilden der Studentenschaft die schwarzen Pisten der Graubündner Alpen hinabzupreschen.

WO IST BENJAMIN?

In den Frühlingstagen des magischen Jahres 1929, als die Professoren Ernst Cassirer und Martin Heidegger zusammentreffen, um auf dem Gipfel von Davos die Zukunft des Menschseins zu entwerfen, quälen den freien Journalisten und Schriftsteller Walter Benjamin in der großen Stadt Berlin ganz andere Sorgen. Benjamin ist von seiner Geliebten, der lettischen Theaterregisseurin Asja Lacis, gerade aus dem frisch angemieteten Liebesnest in der Düsseldorfer Straße geworfen worden und sieht sich damit – wieder einmal – zur Rückkehr in sein nur wenige Kilometer entfernt liegendes Elternhaus in der Delbrückstraße gezwungen, wo neben seiner im Sterben liegenden Mutter auch Benjamins Gattin Dora sowie sein mittlerweile elfjähriger Sohn Stefan auf ihn warten. Die Groteske ist an sich nichts Neues. Vielmehr ist das Muster aus liebestaumelndem Neuanfang, damit verbundenen finanziellen Überstürzungen sowie einem zügigen Ende der Liaison sämtlichen Beteiligten aus vorangegangenen Jahren bestens bekannt. In besonderer Weise verschärft zeigt sich die Situation in diesem Zeitraum allerdings dadurch, dass Benjamin seine Frau Dora nun von dem unwiderruflichen Entschluss in Kenntnis setzt, sich scheiden lassen zu wollen – und zwar mit dem Ziel, jene lettische Geliebte ehelichen zu können, die sich kurz zuvor von ihm getrennt hat.

Es hat seinen eigenen Reiz, sich Benjamin als weiteren Teilnehmer der Davoser Hochschulgespräche vorzustellen. Etwa als Gesandten der »Frankfurter Zeitung« oder auch der »Literarischen Welt«, für die er regelmäßig als Rezensent tätig ist. Wir stellen ihn uns vor, wie er, als chronischer Eckensteher, im entferntesten Winkel des Ballsaals seinen schwarzen Block zückt (*»Führe dein Notizheft so streng wie die Behörde das Fremdenregister«*), sich die Nickelbrille mit den einmachglasdicken Linsen zurechtrückt und sodann mit winziger Spinnenschrift erste Beobachtungen festhält, sagen wir, zum Muster der Tapeten oder Polsterbezüge, um sodann, über eine kurze Kritik des heideggerschen Anzugschnitts, die grundsätzliche Geistesarmut eines Zeitalters zu beklagen, in dem Philosophen das *»simple life«* feiern und, wie insbesondere Heidegger, einen *»Rustikalstil der Sprache«* pflegen, der von der *»Freude an den gewaltsamsten Archaismen«* geprägt ist und sich so *»der Quellen des Sprachlebens zu versichern glaubt«*. Womöglich hätte er sich dann den Sesseln zugewandt, in denen es sich der *»Etui-Mensch«* Cassirer später im Salon bequem machen würde, und dieses bourgeoise Möbel die ganze verstaubte Muffigkeit einer Philosophie repräsentieren lassen, deren bürgerlicher Biedersinn noch immer glaubt, die Vielheit der modernen Welt in das Korsett eines einheitlichen Systems zwingen zu können. Schon rein äußerlich wäre Benjamin dabei als ein perfekter Hybrid aus Heidegger und Cassirer erschienen. Auch er zu plötzlichen Fieberschüben neigend, unsportlich bis zur Lächerlichkeit, doch trotz seines geringen Wuchses von einer Präsenz, Anziehungskraft und Weltgewandtheit, die unmittelbar Eindruck erzeugen.

Tatsächlich bilden die in Davos verhandelten Themen das Zentrum auch seines Schaffens: die Transformation der kantischen Philosophie vor dem Hintergrund eines neuen Zeitalters der Technik, das metaphysische Wesen der gewöhnlichen Sprache, die Krise der akademischen Philosophie, die innerliche Zerrissenheit des modernen Bewusstseins und Zeitempfindens, die zunehmende Warenförmigkeit des städtischen Daseins, die Suche nach Erlösung in Zeiten des totalen gesellschaftlichen Verfalls ... Wer, wenn nicht Benjamin, hatte in den vorangegangenen Jahren zu diesen Themen publiziert? Warum hatte ihn niemand nach Davos entsandt? Oder noch schmerzhafter gefragt: Warum hatte ihn niemand als Redner eingeladen?

Die Antwort lautet: Aus akademisch-philosophischer Sicht ist Walter Benjamin im Jahre 1929 eine ausgesprochene Non-Entität. Zwar hatte er sich zuvor immer wieder an zahlreichen Universitäten (in Bern, Heidelberg, Frankfurt, Köln, Göttingen, Hamburg, Jerusalem) um Einstiegsmöglichkeiten in eine professorale Laufbahn bemüht, war damit aber ein ums andere Mal kläglich gescheitert: teils an widrigen Umständen, teils an antisemitischen Vorurteilen, vor allem aber an seiner eigenen Unentschlossenheit.

1919, als er an der Universität Bern mit einer Arbeit über den »Begriff der Kunstkritik in der deutschen Romantik« mit summa cum laude promoviert, scheinen ihm noch alle Türen offen zu stehen. Sein Doktorvater, der Germanist Richard Herbertz, stellt ihm einen bezahlten Lehrauftrag in Aussicht. Benjamin zögert, überwirft sich zeitgleich mit seinem eigenen Vater, zerstört so sämtliche Perspektiven in der teuren Schweiz und entscheidet sich bald für eine Existenz als freier Kritiker. Dass es in den kommenden zehn Jahren von seiner Seite dennoch immer wieder zu universitären Etablierungsversuchen kommen sollte, war vor allem der sich verfestigenden Einsicht geschuldet, wie schwierig sich dieser Weg gestalten musste, wenn man so schrieb, lebte und nicht zuletzt konsumierte wie Benjamin. Es ist in diesen wilden Jahren einfach recht kostspielig, er zu sein. Das liegt nicht nur an seinen schwer bezähmbaren Vorlieben für Restaurants, Nachtclubs, Spielcasinos und Freudenhäuser, sondern auch an seiner ausgeprägten Sammelleidenschaft etwa für antiquarische Kinderbücher, die er in ganz Europa ausfindig macht und in nahezu zwanghafter Manier erwirbt.

Nach dem endgültigen Bruch mit dem Elternhaus war das Leben des nicht einmal schlecht beschäftigten Publizisten – der deutschsprachige Zeitungsmarkt und mit ihm die Feuilletonnachfrage explodierten in den zwanziger Jahren geradezu – deshalb von permanenten Geldsorgen geprägt. Und immer, wenn es wieder einmal besonders eng wird, schielt Benjamin nach der Universität. Schließlich würde ein akademisches Amt der jungen, vielreisenden Familie neben einer finanziellen Grundsicherung auch existentiellen Halt gewähren, und damit genau jene zwei Dinge, die der innerlich tief zerrissene Denker ebenso sehr ersehnte wie fürchtete.

BESSER SCHEITERN

Ihren katastrophalen und mittlerweile legendär gewordenen Wendepunkt fanden Benjamins akademische Ambitionen mit der gescheiterten Habilitation an der Universität Frankfurt im Jahre 1925. Eingefädelt von Benjamins einzigem dortigen Fürsprecher, dem Soziologen Gottfried Salomon-Delatour (einem der späteren Hauptorganisatoren der Davoser Hochschulgespräche), hatte Benjamin eine Arbeit mit dem Titel »Der Ursprung des deutschen Trauerspiels« eingereicht. Sie strebte, auf den ersten Blick, eine Einordnung der Tradition des barocken Trauerspiels in den Kanon der deutschen Literatur an. Insbesondere aufgrund seiner »Erkenntniskritischen Vorrede« ist dieses Werk heute allgemein als ein Meilenstein der Philosophie und Literaturtheorie des 20. Jahrhunderts anerkannt. Damals allerdings kam es nicht einmal bis zur offiziellen Eröffnung des Verfahrens, hatten die von der Fakultät bestellten und mit der eigentlichen Wucht des Werks vollends überforderten Gutachter den Autor doch bereits nach einer ersten Durchsicht dringend gebeten, sein Gesuch freiwillig wieder zurückzuziehen. Ein Scheitern vor dem Prüfungsausschuss würde sonst unvermeidlich sein.

Doch selbst nach dieser ultimativen Demütigung kann Benjamin nicht ganz von der Universität lassen. So sucht er noch im Winter des Jahres 1927/1928, vermittelt über seinen Freund und Förderer, den Schriftsteller Hugo von Hofmannsthal, Anschluss an den Hamburger Kreis der sogenannten Warburg-Schule um Erwin Panofsky und Ernst Cassirer. Auch dies im Ergebnis ein Fiasko. Panofskys Rückmeldung ist so negativ, dass sich Benjamin gar ausdrücklich bei seinem Fürsprecher Hofmannsthal entschuldigen muss, ihn überhaupt in die Angelegenheit verstrickt zu haben. Unbedingt anzunehmen ist, dass auch Ernst Cassirer über diesen Annäherungsversuch im Bilde war. Für Benjamin besonders bitter, war er doch in den frühen Berliner Studientagen der Jahre 1912/1913 ein eifriger Zuhörer der Vorlesungen des damaligen Privatdozenten. Die Kreise sind eng, Fürsprecher alles, und Benjamin gilt allgemein als hoffnungsloser Fall: zu eigenständig sein Ansatz, zu unkonventionell sein Stil, in den Brotwerken zu feuilletonistisch, in der Theorie bis zur Unentschlüsselbarkeit originell.

Tatsächlich verkörperte der Ballsaal von Davos, es wäre Benjamin als Korrespondenten gewiss nicht entgangen, eine Art Ahnengalerie seiner sämtlichen akademischen Beschämungen – allen voran der von Benjamin innig gehasste Martin Heidegger. In den Jahren 1913 und 1914 hatten beide in Freiburg noch gemeinsam bei dem Neukantianer Heinrich Rickert (später Heideggers Doktorvater) die Seminarbank gedrückt. Benjamin verfolgte Heideggers Aufstieg seither aufmerksam und durchaus neidvoll. Im Jahre 1929 plant er, mal wieder, die Gründung eines Magazins (Arbeitstitel: »Krise und Kritik«), dessen Mission, wie er seinem neuen besten Freund Bertolt Brecht als geplantem Mitgründer der Zeitschrift anvertraut, in nichts anderem als der »Zertrümmerung Heideggers« liegen sollte. Auch daraus aber wurde letztlich nichts. Ein weiterer Versuch, ein weiterer bereits im Ansatz gescheiterter Plan.

Mit gerade einmal 37 Lebensjahren kann Benjamin bereits auf Dutzende davon zurückschauen. Denn in der vorangegangenen Dekade ist er als freischaffender Philosoph, Publizist und Kritiker vor allem eines gewesen: ein unerschöpflicher Quell gescheiterter Großprojekte. Ob Magazin- oder Verlagsgründungen, akademische Zweckschriften oder monumentale Übersetzungsaufgaben (die Gesamtwerke Prousts und Baudelaires), Kriminalromanserien oder ambitionierte Bühnenstücke … In der Regel bleibt es bei großspurigen Ankündigungen und Exposés. Die wenigsten Projekte erreichen auch nur das Stadium der Skizze oder des Fragments. Schließlich muss nebenher auch Geld verdient werden, was in erster Linie über das Tagesgeschäft von Glossen, Kolumnen und Rezensionen geschieht. Bis zum Frühjahr 1929 hat er mehrere Hundert davon in überregionalen Zeitungen veröffentlicht. Sein Themenspektrum reicht von jüdischer Zahlenmystik über »Lenin als Briefeschreiber« bis hin zu Kinderspielzeug; Berichte von Nahrungsmittelmessen oder Kurzwaren fügen sich an großräumige Essays über den Surrealismus oder die Schlösser im Tal der Loire.

Warum auch nicht? Wer schreiben kann, kann nun einmal über alles schreiben. Vor allem dann, wenn die Herangehensweise des Autors darin besteht, den jeweils gewählten Gegenstand als eine Art Monade zu deuten, das heißt als etwas, an dessen Dasein sich nicht weniger als der gesamte Weltzustand der Gegenwart, Vergangenheit und Zukunft aufweisen lässt. Genau darin bestehen Benjamins eigentliche Methode und Magie. Seine Weltsicht ist eine tief symbolische: Jeder Mensch, jedes Kunstwerk, jeder noch so alltägliche Gegenstand ist ihm ein zu entschlüsselndes Zeichen. Und jedes dieser Zeichen steht in einer höchst dynamischen Verbindung mit allen anderen Zeichen. Womit die wahrheitsorientierte Deutung solch eines Zeichens für ihn auf nichts anderes hinausläuft, als dessen Eingebundenheit in das große, sich beständig verändernde Zeichenganze aufzuweisen und gedanklich durchzuspielen: Philosophie.

BRAUCHT MEIN LEBEN EIN ZIEL?

Benjamins idiotisch anmutende Themenstreuung folgt in Wahrheit also einer eigenen Erkenntnismethode. Eine weitere Verschärfung erfährt diese Herangehensweise durch seine wachsende Überzeugung, dass gerade die abwegigsten und damit in der Regel übergangenen Äußerungen, Gegenstände und Personen das eigentliche Mark des gesellschaftlichen Ganzen in sich tragen. Benjamins bis heute gefeierte *Denkbilder*, etwa in seinen Werken »Einbahnstraße« (1928) oder »Berliner Kindheit um Neunzehnhundert«, sind deshalb ebenso deutlich von den Gedichten des Flaneurs Baudelaire geprägt wie von der Vorliebe für Außenseiter der Romane Dostojewskis oder Prousts Kampf um die Erinnerung. Sie bezeugen einen romantischen Hang zum Vorläufigen und Labyrinthischen ebenso wie für die esoterischen Deutungstechniken der jüdischen Kabbala. Das alles wahlweise untermalt mit marxistischem Materialismus oder aber Idealismus der Naturphilosophien Fichtes und Schellings. Benjamins Texte erproben die Geburt eines neuen Erkenntnismodus aus dem Geiste einer zeittypischen ideologischen Desorientierung. So lesen sich die ersten Zeilen seines autobiographischen Werkes »Berliner Kindheit um Neunzehnhundert« (posthum veröffentlicht) wie eine spielerische Einführung in seine Methode:

> Sich in einer Stadt nicht zurechtfinden heißt nicht viel. In einer Stadt sich aber zu verirren, wie man in einem Walde sich verirrt, braucht Schulung. Da müssen Straßennamen zu dem Irrenden so sprechen wie das Knacken trockner Reiser und kleine Straßen im Stadtinnern ihm die Tageszeiten so deutlich wie eine Bergmulde widerspiegeln. Diese Kunst habe ich spät erlernt; sie hat den Traum erfüllt, von dem die ersten Spuren Labyrinthe auf den Löschblättern meiner Hefte waren. …[11]

Gerade in der chronischen Unabgeschlossenheit, extremen Diversität und realitätssatten Widersprüchlichkeit seines Schreibens erkennt er den einzig noch verfügbaren Weg zu wahrer Welt- und damit auch Selbsterkenntnis. Um es in den verschlungenen Worten seiner »Erkenntniskritischen Vorrede« zum »Ursprung des deutschen Trauerspiels« zu sagen: Es muss dem Philosophierenden stets darum gehen, »aus den entlegenen Extremen, den scheinbaren Exzessen der Entwicklung die Konfiguration der Idee als der durch die Möglichkeit eines sinnvollen Nebeneinanders solcher Gegensätze gekennzeichneten Totalität« hervortreten zu lassen. Diese Darstellung einer Idee aber kann, so Benjamin, »unter keinen Umständen als geglückt betrachtet werden, solange virtuell der Kreis der in ihr möglichen Extreme nicht abgeschritten ist«.[12]

Das ist nun, ganz offenbar, weit mehr als nur eine eigenwillige Erkenntnistheorie. Es ist auch ein Existenzentwurf, der die kantische Urfrage »Was ist der Mensch?« direkt in die Frage »Wie soll ich leben?« umsetzt. Denn was für die philosophische Kunst der Darstellung einer Idee gilt, gilt für Benjamin in gleicher Weise für die Kunst zu leben. Der freie, nach Erkenntnis dürstende Mensch hat sich mit jeder Faser »*auf entlegene Extreme einzulassen*« und kann sich in seiner Existenz »*nicht als geglückt betrachten*«, sollte er nicht alle möglichen Extreme abgeschritten oder wenigstens angetestet haben.

Benjamins Erkenntnisweg, wie auch sein Existenzentwurf, bilden damit ein weiteres Extrem in eben jenem zeittypischen Spannungsverhältnis, das auch Wittgenstein, Cassirer und Heidegger in den zwanziger Jahren antreibt und befruchtet. Anstelle des Ideals eines logisch geklärten Aufbaus der Welt setzt seine Denkart aber auf die Erkundung widersprüchlicher Gleichzeitigkeit. Wo Cassirer auf der Basis eines wissenschaftlich gefassten Symbolbegriffs die Einheit eines vielstimmigen Systems anstrebt, tritt bei Benjamin der Wille zu kontrastreichen, ewig dynamischen Erkenntniskonstellationen. Und an die Position der heideggerschen Todesangst setzt er das Ideal eines den Augenblick feiernden Rausches und Exzesses als Moment der wahren Empfindung. Das Ganze untermalt er mit einer religiös aufgeladenen Geschichtsphilosophie, die sich für die Möglichkeit der Erlösung offen hält, ohne diesen Heilsmoment im vulgär-marxistischen Sinne eigens hervorbringen oder auch nur vorhersagen zu können.

DIE EIN-MANN-REPUBLIK

In diesem angestrebten Einklang zwischen Handeln und Denken verlebt Benjamin die zwanziger Jahre, geistig wie physisch beständig entlang der Achse Paris-Berlin-Moskau pendelnd, in der depressionsnahen Erwartung eines vollkommenen Zusammenbruches. Sein konsequenter Hang zur Selbstdestruktion – Dirnen, Casinos, Drogen – geht dabei im Verlauf weniger Monate, gar einzelner Tage mit Phasen immenser Produktivität und genialischen

Ausbrüchen einher. Wie die Weimarer Republik selbst sucht Benjamin keinen Ausgleich der Mitte. Für ihn liegt das aufzuspürende Wahre – auch seiner selbst – stets in den spannungsreichen Randbezirken des Daseins und Denkens.

Der Frühling des Jahres 1929 steht in diesem Sinne beispielhaft für eine Konstellation, die Benjamins Leben die vorangegangenen zehn Jahre bestimmte.[13] Es ist wie immer, nur ein bisschen mehr: Er erfährt sich zerrissen zwischen mindestens zwei Frauen (Dora und Asja), zwei Städten (Berlin und Moskau), zwei Berufungen (Journalist und Philosoph), zwei besten Freunden (dem Judaisten Gershom Scholem und dem Kommunisten Bertolt Brecht), zwei Großprojekten (Magazingründung und Beginn eines neuen Hauptwerks, dem späteren »Passagen-Werk«) sowie jeder Menge noch abzuarbeitender Vorschüsse. Wenn es einen Intellektuellen gibt, in dessen biographischer Situation sich die Spannungen des Zeitalters exemplarisch spiegeln, dann ist es Walter Benjamin im Frühjahr 1929. Er ist ein Ein-Mann-Weimar. Das konnte also nicht gut gehen. Und tat es auch nicht. Schließlich reden wir hier von einem Menschen, der nach Eigenbekunden nicht einmal in der Lage war, sich »eine Tasse Tee zu kochen« (wofür er natürlich seiner Mutter die Schuld gab).

Benjamins Entscheidung, den einzigen Menschen, auf den er bis dato unbedingt hatte zählen können, zu verleumden und zu verlassen, markiert den entscheidenden Wendepunkt in seiner Biographie. Wie die Betroffene übrigens weitaus klarer sieht als der Philosoph selbst. In großer Sorge wendet sich Dora Benjamin im Mai 1929 deshalb brieflich an den gemeinsamen Hausfreund Gershom (Gerhard) Scholem:

> Mit Walter steht es sehr schlimm, lieber Gerhard, ich kann Dir nicht mehr sagen, denn es drückt mir das Herz ab. Er ist völlig unter Asjas Einfluss und begeht Dinge, die die Feder sich sträubt zu schreiben und die verhindern, daß ich in diesem Leben je wieder ein Wort mit ihm rede. Er besteht nur noch aus Kopf und

> Geschlecht, und Du weißt, oder kannst Dir denken, daß es in solchen Fällen nicht lange dauert, bis der Kopf unterliegt. Das war immer eine große Gefahr, und wer weiß, wie es wird … Walter hat – da die ersten Scheidungsverhandlungen daran scheiterten, daß er weder von seinem Erbe (120 000 Mark, Mama ist schwer krank) mir das geborgte Geld zurückgeben will, noch etwas für Stefan bezahlen – mich wegen meiner Schuld verklagt … Ich gab ihm alle Bücher, tags darauf verlangte er auch die Kinderbuchsammlung; im Winter hat er monatelang bei mir ohne zu bezahlen gewohnt … Nachdem wir uns acht Jahre lang sämtliche Freiheit gegeben haben … verklagt er mich; jetzt sind ihm plötzlich die verachteten deutschen Gesetze gut genug.[14]

Dora kannte ihren Pappenheimer. Nur fünf Monate später, fast zeitgleich mit dem Kurssturz des »Schwarzen Freitags« an der New Yorker Wall Street, kommt es bei Benjamin im Spätherbst 1929 zum Zusammenbruch. Unfähig zu lesen, zu sprechen, geschweige denn zu schreiben, weist er sich in ein Sanatorium ein. Mit dem großen Crash hat die Menschheit die Schwelle zu einem neuen Zeitalter überschritten, so dunkel und todbringend, wie es sich bis dahin nicht einmal Walter Benjamin hatte ausmalen können.

II.
SPRÜNGE

1919

Doktor Benjamin flüchtet vor seinem Vater, Leutnant Wittgenstein begeht finanziellen Selbstmord, Privatdozent Heidegger fällt vom Glauben ab, und Monsieur Cassirer arbeitet in der Elektrischen an seiner Erleuchtung

WAS TUN?

»Wäre einerseits der Charakter eines Menschen, d.h. also auch seine Art und Weise zu reagieren, in allen Einzelheiten bekannt und wäre andererseits das Weltgeschehen bekannt in den Bezirken, in denen es an jenen Charakter heranträte, so ließe sich genau sagen, was jenem Charakter sowohl widerfahren als von ihm vollzogen werden würde. Das heißt, sein Schicksal wäre bekannt.«[15] Stimmt das? Ist die Gestalt eines Lebenswegs wirklich in dieser Weise bedingt, determiniert, vorhersagbar? Also auch die eigene Biographie? Wie viel Spielraum bleibt einem Menschen, das eigene Leben zu gestalten? Mit diesen Fragen setzt sich der 27-jährige Walter Benjamin im September des Jahres 1919 an einen Essay mit dem Titel »Schicksal und Charakter«. Wie bereits der erste Satz seines Texts vermuten lässt, erfolgt sein Bestreben, sich in dieser Zeit die Karten zu legen, stellvertretend für eine ganze Generation junger europäischer Intellektueller, die vor der Anforderung steht, nach dem Ende des großen Krieges die Grundlagen der eigenen Kultur und Existenz neu zu prüfen. Schreiben als Mittel der Selbsterhellung.

Im ersten Sommer nach dem Krieg befindet sich Benjamin aber auch aus ganz persönlichen Gründen in einer Schwellensituation. Die wesentlichen Übergänge ins sogenannte Erwachsenenleben liegen hinter ihm. Er hat geheiratet (1917), ist Vater geworden (1918), und wurde Ende Juni 1919 zum Doktor der Philosophie promoviert. Soweit es den Ersten Weltkrieg betraf, war es ihm gelungen, die Schrecken des Weltenbrands nicht allzu nah an die eigene Existenz herantreten zu lassen. Seiner ersten Einberufung hatte er sich 1915 noch entzogen, indem er die Nacht vor der Musterung gemeinsam mit seinem besten Freund Gerhard Scholem durchwachte und dabei unzählige Tassen Kaffee trank, so dass sein Puls am Morgen der Untersuchung ausreichende Unregelmäßigkeiten aufwies, um für untauglich erklärt zu werden. Ein damals gängiger Trick. Weitaus einfallsreicher und elaborierter gestaltete sich Benjamins zweites Entziehungsmanöver im Jahre 1916. Denn hierzu ließ er sich – im Ergebnis extrem erfolgreich! – von seiner zukünftigen Frau Dora mittels eines über mehrere Wochen dauernden Hypnoseverfahrens davon überzeugen, an schwerem Ischias zu leiden. Die Symptome waren gemäß militärmedizinischem Befund eindeutig. Auch wenn sie Benjamin letztlich nicht vor dem Frontdienst bewahrt hätten, führten sie wenigstens zu der offiziellen Erlaubnis, das komplex gelagerte Leiden in einer Spezialklinik in der Schweiz genauer untersuchen zu lassen. Und einmal in der Schweiz, war man fürderhin vor dem Zwangseinzug sicher, sofern man dort blieb, wozu sich Dora und Walter im Herbst 1917 entschieden.

SEINE ZUFLUCHT

Zuerst nimmt man in Zürich Quartier, das in den Kriegsjahren zu einer Art Sammelbecken der jungen deutschen, ja gesamteuropäischen Intelligenzija wird. So rufen etwa Hugo Ball und Tristan Tzara 1916 dort den Dadaismus aus. Nur wenige Meter entfernt vom »Cabaret Voltaire« logiert derweil ein gewisser Wladimir Iljitsch Uljanow und plant unter dem Pseudonym Lenin die russische Revolution. Ohne näheren Anschluss an diese Kreise zu finden oder auch nur zu suchen, zieht das junge, frisch verheiratete Paar – begleitet von dem gemeinsamen Hausfreund Scholem – bald weiter nach Bern in die Zentralschweiz, wo Walter sich an der dortigen Universität mit dem Ziele der Promotion im Fach Philosophie einschreibt.

Die beiden – besser gesagt die drei – Berliner Exilanten leben weitgehend isoliert vom kulturellen Leben dieser bis heute für ihre Langsamkeit berühmten Stadt. Benjamins und Scholems Verhältnis zum Niveau der dortigen Lehrveranstaltungen ist von Geringschätzung geprägt. In ihrer gefühlten Unterforderung erfinden sie nicht nur eine Phantasie-Universität namens »Muri« und konzipieren absurde Kursangebote wie etwa »Das Osterei – Seine Vorzüge und seine Gefahren« (Theologie), »Theorie und Praxis der Beleidigung« (Jurisprudenz) oder eine »Theorie des freien Falls mit Übungen im Anschluss« (Philosophie).[16] Sie nutzen die Berner Zeit auch für gemeinsame Privatlektüren und -studien, etwa der Werke des Neukantianers Hermann Cohen, die sie in langen Nachtsitzungen Satz für Satz durchgehen.[17]

Es war eine Lebenssituation, deren grundlegende Unbestimmtheit und nicht zuletzt erotische Ambivalenz Benjamins Charakter durchaus entgegenkam. Spätestens mit der Geburt des Sohnes Stefan im April 1918 steigert er seine Produktivität enorm und stellt in weniger als einem Jahr die Doktorarbeit fertig. Das absehbare Kriegsende führt auf die Notwendigkeit, sich für die Zeit danach auch beruflich konkreter zu orientieren. Nicht zuletzt bedrängt Benjamins Vater – dessen Vermögensverhältnisse durch den Krieg stark gelitten haben – den Sohn, sich endlich auf eigene Füße zu stellen.

KRITISCHE TAGE

Als die junge Familie sich für den Sommer des Jahres 1919 zur Erholung an eine Pension am Brienzersee zurückzieht, liegen arbeitsintensive Monate hinter ihr. »Dora und ich sind ganz am Ende unserer Kräfte«, schreibt Benjamin an Scholem am 8. Juli 1919, was nicht zuletzt mit dem Gesundheitszustand des kleinen Stefan zu tun hat, der schon über Monate »dauernd fiebert«, so dass man »garnicht zur Ruhe kommt«.[18] Insbesondere Dora leidet unter den »schwersten monatelang gehäuften Anstrengungen«, mit »Blutarmut und schlimme[r] Gewichtsabnahme« als Folge. Benjamin selbst hat derweil noch immer – und durchaus schmerzhaft – mit den Folgen seines hypnotisch beigefügten Ischias-Leidens zu kämpfen, zudem ist er, berichtet er dem Hausfreund, »im

Verlauf der letzten sechs Monate lärmkrank geworden«. Nah am Burnout, würde man heute wohl sagen.

Die Familie hat ihren Sommerurlaub in der Pension mit dem schönen Namen »Mon repos« also bitter nötig. Mit Seeblick, Vollpension und eigens mitgereistem Kindermädchen – ja, die Lage mochte zwar ernst sein, finanziell hoffnungslos war sie im eigentlichen Sinne jedoch nicht –, wollte man dort gut essen, viel schlafen, ein bisschen Lesen, Walter womöglich dann und wann ein Gedicht des geliebten Baudelaire ins Deutsche übertragen. Es hätte alles so schön sein können.

Doch wie bei Benjamins Plänen üblich, wurde daraus nichts. Was nicht zuletzt an Walter selbst lag. Um nämlich die finanziellen Zuwendungen des Vaters nicht zu gefährden, hatte er es für klüger befunden, die Familie im heimischen Berlin erst einmal nicht von seinem erfolgreich abgelegten Doktorexamen zu unterrichten.

Vater Benjamin traut seinem Sprössling indes nicht recht über den Weg und entschließt sich deshalb gemeinsam mit seiner Gattin zu einem Überraschungsbesuch in der Schweiz. Das Eintreffen der Eltern am Urlaubsort lässt sich präzis auf den 31. Juli 1919 datieren.

Wer nun die Gestalt der beteiligten Charaktere kannte, sowie die konkreten Umstände, in denen sie dort aufeinandertrafen, braucht nicht eigens eine Weltformel, um den Verlauf des Treffens zwischen Vater und Sohn zu prognostizieren. Benjamin schreibt Scholem am 14. August 1919 von »*schlimmen* Tagen, die jetzt hinter uns liegen«, und fügt kurz darauf kleinlaut hinzu: »Die Bekanntgabe meines Doktors ist gestattet.«

Der Vater ist nun also im Bilde und besteht ultimativ darauf, der Sohn möge sich in dieser mehr als unsicheren Zeit schnellstmöglich eine anständige, gerne feste, vor allem aber bezahlte Arbeit suchen. Für Benjamin keine so leichte Sache, denn auf die drängende Frage, was er fortan mit seinem Leben anzufangen gedenke, kann er wahrheitsgemäß eigentlich nur eines antworten: Kritiker, Vater. Ich will Kritiker sein.

Was diese Selbstbeschreibung konkret bedeuten und beinhalten muss, genau darüber hat er seine Doktorarbeit geschrieben. Ein 300 Seiten starkes Werk mit dem Titel »Der Begriff der Kunstkritik in der deutschen Romantik«[19]. Es wird Walter Benjamin in den frühen Augusttagen des Jahres 1919 nicht leicht gefallen sein, seinem philosophisch weithin unbeleckten und zudem chronisch depressiven Kaufmannsvater zu erklären, was es mit diesem Begriff der Kritik auf sich hatte – was er für die eigene Kultur und das eigene Selbst bedeuten und nicht zuletzt, inwiefern es sich dabei um eine durchaus lohnende Tätigkeit handeln mochte.

Doch mindestens einen Versuch würde es wert sein. Zumal sich hinter dem spröden Titel dieser akademischen Zweckschrift ein höchst eigenständiges Anliegen verbarg, die Idee einer fundamentalen Offenheit der eigenen Selbstwerdung sowie des Werdens der gesamten Kultur auf ein neues theoretisches Fundament zu stellen. Die zentrale Aktivität, die diese Offenheit ermöglicht und aufs ewig Neue hervorbringt, nennt Benjamin in seiner Doktorarbeit schlicht: *Kritik*. Er ist überzeugt, in den Kant nachfolgenden Werken von Fichte, Novalis und Schelling werde eine spezifische Form geistiger Aktivität angedacht, deren eigentliche Relevanz für das eigene Leben und die eigene Kultur bisher unentdeckt geblieben war.

ROMANTISCHE THESEN

Der entscheidende Impuls dieser frühromantischen Denker liegt für Benjamin darin, dass die Aktivität der Kritik – versteht man sie richtig – weder das kritisierende Subjekt (also den Kunstkritiker) noch das kritisierte Objekt (also das Kunstwerk) in seinem Wesen unverändert lässt. Beide erfahren im Prozess der Kritik eine Transformation – und zwar im Idealfall auf Wahrheit hin. Diese These von der beständigen Wesensbereicherung des Kunstwerks durch die Aktivität des Kritikers beruht nach Benjamin auf zwei grundlegenden Gedankenfiguren der deutschen Romantik. Sie lauten:

1. Alles, was ist, steht nicht nur in einer dynamischen Beziehung zu anderen Dingen, sondern auch zu sich selbst (These vom Selbstbezug aller Dinge).

2. Wenn ein Subjekt ein Objekt kritisiert, aktiviert und mobilisiert es damit in beiden beteiligten Einheiten sowohl deren Fremd- als auch Selbstbezüge (These von der Aktivierung sämtlicher Bezüge durch Kritik).

Aus diesen Setzungen leitet Benjamin in seiner Dissertation Folgerungen ab, die zunächst sein eigenes Selbstbild als Kritiker, in der Folge aber auch das Selbstverständnis der Kunstkritik im 20. und 21. Jahrhundert revolutionieren. Allen voran gilt das für die These, dass die Funktion der Kunstkritik *»nicht (in der) Beurteilung, sondern einerseits Vollendung, Ergänzung, Systematisierung«* besteht.[20] Womit dem Kunstkritiker, zweitens, fortan selbst der Status eines Teilschöpfers des Kunstwerks zukommt. Drittens bedingt es dieses Kritikverständnis, dass ein Kunstwerk in seinem Wesen nie stabil ist, sondern sich sein Sein und seine mögliche Bedeutung im Verlauf der Geschichte ändert und dynamisiert. Viertens schließlich ist jede Kritik an einem Kunstwerk – das folgt aus der These vom Selbstbezug aller Dinge – auch als Kritik des Kunstwerks an sich selbst zu betrachten.

Kritiker und Künstler stehen also, recht verstanden, auf einer schöpferischen Stufe. Das Wesen eines Werks liegt nicht fest, sondern verändert sich ständig. Ja, in Wahrheit sind es die Kunstwerke selbst, die sich beständig kritisieren.

Man glaubt sich vorstellen zu können, welchen Grad der Verstörung und auch des Unverständnisses Benjamins Thesen bei einem Menschen wie seinem Vater auslösen mussten.

NEUES SELBSTBEWUSSTSEIN

Tatsächlich hängt die Plausibilität von Benjamins Entwurf maßgeblich davon ab, für wie einleuchtend man die beiden grundlegenden romantischen Gedankenfiguren vom universellen Selbst- und Fremdbezug aller Dinge hält. Doch so abwegig, wie die Thesen auf den ersten Blick klingen mögen, sind sie vielleicht gar nicht. Zumindest hätte Walter Benjamin seinen Vater auf ein grundmenschliches Phänomen hinweisen können, so unbestreitbar gegeben und konkret erfahrbar, dass es eigentlich keinen vernünftigen Zweifel zulässt: nämlich die Gegebenheit des menschlichen Selbstbewusstseins. Schließlich besitzt jeder Mensch eine ganz besondere, wundersame Fähigkeit. Sie besteht darin, sich mit den eigenen Gedanken auf die eigenen Gedanken zu beziehen. Wir alle können, jeder für sich, das eigene »Denken denken«. Womit jeder von uns die ureigene Erfahrung eines Erkenntnisprozesses hat, in dessen Verlauf sowohl das kritisierte Objekt (das bedachte Denken) als auch das kritisierende Subjekt (das bedenkende Denken) nicht nur eine Veränderung, sondern sich faktisch als eins erfahren. Für die Romantiker ist genau dieses reflexive Grundverhältnis des Selbstbewusstseins das Paradebeispiel für jede Form eines kritischen Objektbezugs. Also ein verallgemeinerbares Paradebeispiel dafür, was passiert, wenn *»das Erkanntwerden eines Wesens durch ein anderes [zusammenfällt] mit der Selbsterkenntnis des Erkanntwerdenden«*.[21]

In Wahrheit, hätte Benjamin seinem Vater erklären können, vollzieht sich dieses Wunder des verändernden Selbstbezugs permanent. In besonders sichtbarer und wirksamer Weise aber dann, wenn ein Mensch über die Grundlagen seines eigenen Selbst- und Weltbezugs nachdenkt. Große Kunstwerke sind nun in Wahrheit nichts anderes als zum Werk gewordene Ergebnisse eines solchen Reflexionsprozesses. Es sind deshalb Werke, die in ihren angedachten Bezügen besonders reich, vielfältig, anregend, eigen und damit erkenntnisfördernd sind:

> Kritik ist also gleichsam ein Experiment am Kunstwerk, durch welches dessen Reflexion wachgerufen, durch das es zum Bewußtsein und zur Erkenntnis seiner selbst gebracht wird. … Sofern Kritik Erkenntnis des Kunstwerks ist, ist sie dessen Selbsterkenntnis; sofern sie es beurteilt, geschieht es in dessen Selbstbeurteilung.[22]

Darin liegt für Benjamin der philosophische Kern des Begriffs der Kunstkritik in der Romantik, auch wenn Romantiker dies selbst nicht klar genug zu erfassen vermochten. Dafür bedurfte es eines klärenden zeitlichen Abstands (gut 150 Jahre) sowie einer scharf vorgehenden Interpretation. Mit anderen Worten also: der Kritik. Genau dieser Aufgabe wollte Benjamin sich für den Rest seines Lebens widmen. Denn nicht zuletzt würde diese Tätigkeit auch etwas mit und in ihm bewirken, mit dem stets werdenden »Werk«, als das er sich selbst erkannt hatte. In Wahrheit ist jeder Mensch, der sein Denken denken kann – also jeder Mensch – solch ein Werk seiner selbst. Jeder Mensch kann sich darin üben, sich selbst kritisch zu prüfen und zu erkennen. Jeder Mensch kann, in gewissem Maße, sein eigenes Werden kritisch begleiten und gestalten. Jeder Mensch kann so zu dem werden, der er eigentlich ist. Man kann das dann Kritik nennen. Oder auch einfach: Philosophieren.

FLUCHTEN

So, oder ähnlich, hätte Benjamin seinem Vater während der zwei Wochen am Brienzersee die Vorstellung vom zukünftigen Lebensweg als freier Kritiker erklären können. Vermutlich tat er es auch. Nur überzeugen konnte er seinen Erzeuger erwartungsgemäß nicht. Vor allem, weil bei all dem die eigentlich kritische Frage nach wie vor unbeantwortet im Raum stand. Wie und von wem dieses Lebensmodell zukünftig wohl zu finanzieren wäre.

Wie die eigene Bestimmung erfüllen, ohne sich dem eigenen,

beispielsweise von den Eltern vorgezeichneten, »Schicksal« zu fügen? Was tun?

Seinem Charakter entsprechend, tut Benjamin zunächst, was er immer tut und tun wird, wenn keine Lösung in Sicht ist: Er reist überstürzt ab, wechselt wiederholt den Ort und wirft sich in mehrere neue Großprojekte gleichzeitig.

Der Weg führt im Herbst über Klosters und Lugano ins österreichische Breitenstein, wo die junge Familie, am Ende aller Kräfte und Ressourcen, schließlich in einem Erholungsheim Unterkunft findet, das Doras österreichische Tante betreibt. »Wir befinden uns vollständig abgebrannt hier«, lässt Benjamin Freund Scholem am 16. November 1919 wissen. Immerhin gibt es gute Nachrichten vom Doktorvater aus Bern: »Herbertz hat mich aufs freundlichste empfangen und mir Aussichten auf eine Habilitation, ja sogar eventuell auf einen außerordentlichen Lehrauftrag eröffnet. Meine Eltern sind natürlich sehr froh und haben nichts gegen eine Habilitation dort, können sich aber finanziell noch nicht binden.«[23]

Noch also ist nicht alles verloren. Allein die leidige Geldfrage harrt förderhin der Klärung. Ein Problem, das auch Wittgenstein in diesen Wochen und Monaten stark beschäftigt, wenn auch auf ganz andere Weise.

DIE VERWANDLUNG

Ob er sich des Ausmaßes seiner Entscheidung auch wirklich bewusst sei? Mit seinen Geschwistern darüber gesprochen habe? Die Entscheidung nicht vielleicht doch besser noch einmal überdenken wolle? Nein, wolle er nicht. »Nun gut«, seufzt der Familiennotar, »dann sind Sie also fest entschlossen, finanziellen Selbstmord zu begehen.«[24] In der Tat. Wittgensteins Entschluss steht fest. Anstatt zu zögern, hakt er – noch immer in weißer Leutnantsuniform – nun seinerseits mehrmals ausdrücklich nach, ob es auch wirklich kein Schlupfloch, keine Sonderklausel, kein Zurück mehr gebe, ob er sich mit dieser Unterschrift ein für alle Mal und absolut unwiderruflich seines gesamten Vermögens entledigt haben werde. Finanzieller Selbstmord, das war schön gesagt.

Keine Woche ist Wittgenstein zurück in Wien. Heimgekehrt als einer der letzten Offiziere aus italienischer Kriegsgefangenschaft. Nun, am 31. August des Jahres 1919 sitzt er in einer vornehmen Wiener Kanzlei und überschreibt sein gesamtes Vermögen – nach heutigem Gegenwert Hunderte Millionen Euro – seinen älteren Geschwistern Hermine, Helene und Paul. Wien, die einst stolze Kaiserkapitale, ist nunmehr die Hauptstadt einer winzigen und bankrotten Alpenrepublik, die sich in diesem ersten Nachkriegssommer auf dem endgültigen Weg ins Chaos befindet. Eine Mehrheit der österreichischen Bevölkerung hatte sich im Angesicht der Katastrophe für den Anschluss an das ebenfalls in Selbstauflösung begriffene Deutschland ausgesprochen. Die Siegermächte verwehren dies jedoch. 96 Prozent der österreichischen Kinder leiden in diesem Sommer an Unterernährung. Die Inflation lässt die Lebensmittelpreise explodieren. Die Währung befindet sich im freien Fall – und mit ihr die Sitten in der Stadt. Die alten Hierarchien des Habsburger Reiches sind vollständig zusammengebrochen, die neuen Institutionen noch nicht recht funktionsfähig. Nichts ist wie einst. Auch der mittlerweile 30-jährige Ludwig Wittgenstein ist mit den Jahren des Kriegs zu einem anderen geworden.

Es war die Hoffnung auf einen grundlegenden Wandel seines Lebens, mit der sich Wittgenstein im Sommer 1914, nur wenige Tage nach Kriegsausbruch, freiwillig als Gefreiter gemeldet hatte. Er, der Sohn aus bester Wiener Gesellschaft, Sprössling einer der größten Industriellenfamilien Europas, der Cambridge-Zögling, schon damals als ein philosophisches Jahrhunderttalent erkannt, von dem seine Förderer Bertrand Russell und Gottlob Frege nichts Geringeres als den »nächsten großen Schritt« erwarteten. Betrachtet man es recht, hatte der Krieg Wittgensteins persönliche Hoffnungen voll erfüllt: Er hatte Tapferkeit bewiesen, hatte, während seiner Fronteinsätze in Galizien, Russland und Italien, dem Tod mehr als einmal in die Augen gesehen, hatte geschossen, um zu töten, hatte – über die Lektüre eines kleinen Büchleins von Leo Tolstoi – zum christlichen Glauben gefunden und nicht zuletzt hatte er in den langen Wartenächten an der Front sein philosophisches Buch vollendet, ein Werk, von dem er selbst überzeugt war, dass es nicht nur den nächsten großen Schritt in der Philosophie, sondern sogar deren letzten und endgültigen darstellte.

Doch was war damit wirklich erreicht? Im Grunde nichts. Jedenfalls nicht für ihn und die Sinnlosigkeitsattacken, die ihn noch immer täglich quälten. Wie er es ja auch im Sommer 1918, als er seiner »Logisch-philosophischen Abhandlung« während eines Heimaturlaubs vor dem letzten Fronteinsatz den letzten Schliff gab, im Vorwort niedergelegt hatte:

> *Ich bin also der Meinung, die Probleme im Wesentlichen endgültig gelöst zu haben. Und wenn ich mich hierin nicht irre, so besteht der Wert dieser Arbeit zweitens darin, daß sie zeigt, wie wenig damit getan ist, daß diese Probleme gelöst sind.*

Mit anderen Worten: Über all das, was ein Menschenleben eigentlich bedingt, ihm Sinn, Wert und tägliche Hoffnung gibt, hat die Philosophie nichts zu sagen und nichts zu rechten. Warum sie dies aber ganz grundsätzlich nicht vermag – warum kein logischer Schluss, kein Argument und keine tragfähige Sinntheorie die eigentlichen Fragen des Lebens auch nur berühren konnten –, genau dies glaubte Wittgenstein mit seinem Werk ein für alle Mal gezeigt zu haben.

ETHISCHE AKTE

In Wahrheit, so erklärte es Wittgenstein dem Verleger Ludwig von Ficker knapp zwei Monate nach seiner Rückkehr aus dem Krieg, sei der »Sinn des Buches ein Ethischer …«, da sein Werk nämlich aus zwei Teilen bestehe: »aus dem, der hier vorliegt, und aus alldem, was ich *nicht* geschrieben habe. Und gerade dieser zweite Teil ist der Wichtige. Es wird nämlich das Ethische durch mein Buch gleichsam von Innen her begrenzt.«[25]

Der Raum des Sagbaren, den Wittgensteins Werk mit den Mitteln der logischen Sprachanalyse von »von Innen her« begrenzt, betrifft allein die Welt der Tatsachen und damit den einzigen Bereich, über den sich eigentlich sinnvoll sprechen lässt. Diese Welt der Tatsachen in ihrer Beschaffenheit möglichst exakt zu erfassen, ist aber letztlich die Aufgabe der Naturwissenschaften. Nach Wittgensteins Überzeugung »also etwas, was mit Philosophie nichts zu tun hat«. (T 6.53) Das Problem, oder vielmehr die eigentliche philosophische Lösung, besteht für ihn vor diesem Hintergrund nun in folgender Überzeugung, besser gesagt, folgendem *Gefühl*:

> 6.52: Wir fühlen, daß, selbst wenn alle *möglichen* wissenschaftlichen Fragen beantwortet sind, unsere Lebensprobleme noch gar nicht berührt sind. Freilich bleibt dann eben keine Frage mehr; und eben dies ist die Antwort.

Während der positivistisch gestimmte Zeitgeist gerade davon ausging, dass nur die Dinge für das eigene Leben bedeutungsvoll sein sollten, über die man sinnvoll sprechen und welche man in ihrer Gegebenheit zweifelsfrei belegen könne – also sogenannte Fakten –, zeigte Wittgenstein unter Verwendung des eigentlichen methodischen Fundaments dieser rein wissenschaftlichen Weltauffassung – der logischen Analyse –, dass es sich in Wahrheit genau umgekehrt verhielt. Alles, was dem Leben und der Welt, in der wir leben, im eigentlichen Sinne *Sinn* verleiht, befindet sich jenseits der Grenzen des direkt Sagbaren. Wittgensteins philosophische Herangehensweise war eine streng wissenschaftliche, seine Moral aber eine existentialistische. Ein gutes Leben beruht nicht auf objektiven Gründen, sondern auf radikal subjektiven Entscheidungen. Worin es besteht, kann nicht sinnvoll *gesagt* werden, vielmehr hat es sich im konkreten, alltäglichen Vollzug zu *zeigen*. Genau dazu ist Wittgenstein im Jahre 1919 entschlossen.

Eine Rückkehr in die alte Wiener Welt wäre für ihn selbst dann undenkbar gewesen, wenn diese Welt noch existiert hätte. Weder der Krieg noch die Philosophie hatten ihn von dem Rätsel und dem Unglück befreit, das er sich war. Er kehrte gewandelt aus dem Krieg zurück, aber keineswegs geklärt. Um das bleibende Chaos in seinem Innern zu bekämpfen, legte er sich in den langen Monaten der italienischen Kriegsgefangenschaft im »Campo Cassino« deshalb einen denkbar radikalen Plan zurecht. Erstens: Überschreibung seines gesamten Vermögens an die Geschwister. Zweitens: Nie wieder Philosophie. Drittens: Ein Leben in ehrlicher Arbeit – und bleibender Armut.

WUNSCHLOSES UNGLÜCK

Die Unbeirrbarkeit, mit der Wittgenstein sich nur wenige Tage nach seiner Rückkehr an die Umsetzung dieses Plans begibt, erfüllt den Kreis der verbliebenen Geschwister mit großer Sorge, allen voran seine älteste Schwester Hermine. Sie muss in diesen Tagen des späten Augusts fürchten, einen vierten Bruder durch Selbstmord zu verlieren, nachdem schon Johannes (gest. 1902), Rudolf (gest. 1904) und Kurt (gest. 1918) sich das Leben genommen hatten.

War der älteste der Brüder, Johannes, einst vor dem herrischen Vater bis nach Amerika geflohen und dort unter nie ganz aufgeklärten Umständen bei einem Bootsunfall in Florida »ertrunken«, so hatte sich der 1881 geborene, dritte Sohn Rudolf mit 22 Jahren in einem Berliner Restaurant mit Zyankali vergiftet. In seinem Abschiedsbrief begründete Rudolf die Tat mit der Trauer über den Tod eines Freundes. Anderen Theorien zufolge sah er sich durch eine anonymisierte Fallstudie des Sexualwissenschaftlers Magnus

Hirschfeld über einen »homosexuellen Studenten« enttarnt und fürchtete, identifiziert und bloßgestellt zu werden.[26] Von besonders heroischer Tragik war schließlich auch der Selbstmord von Konrad, genannt Kurt, der sich in den letzten Kriegstagen des Oktobers 1918 auf dem Rückzug aus Italien eine Kugel durch den Kopf jagte – wohl um einer Gefangennahme durch die Italiener zuvorzukommen.

Gemessen an den familieninternen Maßstäben war es da dem vierten der insgesamt fünf Wittgenstein-Brüder, Paul, noch recht gut ergangen. Von höchster Musikalität wie alle Sprösslinge der Familie, arbeitete er bereits lange vor dem Krieg auf eine Karriere als Konzertpianist hin. Die musikalischen Soireen, die Vater Wittgenstein im Palais der Familie gab, gehörten während der Jahrhundertwende zu den Höhepunkten des Wiener Gesellschaftslebens. Der junge Paul galt allgemein als Ausnahmebegabung. Bereits in den ersten Kriegsmonaten allerdings wird er so schwer verletzt, dass sein rechter Arm amputiert werden muss. Zudem gerät er in der Folge in russische Kriegsgefangenschaft, aus der er erst 1916 freigekauft werden kann. Auch er erwägt nach seiner Heimkehr ganz konkret den Selbstmord, findet dann aber neuen Lebenssinn, indem er sich in ungezählten Übungsstunden beibringt, das Klavier mit einer von ihm selbst entwickelten Pedaltechnik auch einhändig auf höchstem Niveau zu spielen, so dass er seine Karriere als Konzertpianist tatsächlich fortsetzen kann und fortan internationale Erfolge feiert.

Nun steht also mit »Luki«, wie Ludwig in der Familie genannt wurde, auch der jüngste der Brüder auf der Kippe. Im Angesicht der gemachten Erfahrungen scheint es allen letztlich klüger, ihn gewähren zu lassen. Umso mehr, als Ludwigs gesamter soldatischer Einsatz rückblickend als ein einziger langer Selbstmordversuch erscheinen musste, hatte der zügig in der Hierarchie aufsteigende Wittgenstein bei der Heeresleitung doch immer ausdrücklich darauf gepocht, möglichst an vorderster und möglichst gefährlicher Front eingesetzt zu werden.

Wie unter Zwang kehrt Wittgenstein in seinen Kriegstagebüchern dabei zu dem Gedanken zurück, erst in der Grenzsituation der unmittelbaren Todesnähe, dem vollkommenen Ausgesetztsein der eigenen Existenz, zeige sich das wahre Gesicht des eigenen Ich, vor allem seine wahre Gottgläubigkeit – und damit Glücksfähigkeit. So beispielsweise in Einträgen aus den Sommermonaten des Jahres 1916 an der galizischen Front, die verdeutlichen, wie eng sich das Programm einer logischen Sprachanalyse und einer christlich-existentialistischen Ethik im Sinne Kierkegaards und Tolstois während der Kriegsjahre in Wittgensteins Denken miteinander verzahnten:

> Um glücklich zu leben, muß ich in Übereinstimmung sein mit der Welt. Und dies *heißt* ja, ›glücklich sein‹.
> Ich bin dann sozusagen in Übereinstimmung mit jenem fremden Willen, von dem ich abhängig erscheine. Das heißt: ›ich tue den Willen Gottes‹.[27]

> Die Furcht vor dem Tod ist das beste Zeichen eines falschen, d. h. eines schlechten Lebens.[28]

> Gut und Böse tritt erst durch das *Subjekt* ein. Und das Subjekt gehört nicht zur Welt, sondern ist eine Grenze der Welt …
> Gut und böse ist wesentlich nur das Ich, nicht die Welt. Das Ich, das Ich ist das tief Geheimnisvolle.[29]

Angst vor dem Tod hat Wittgenstein im August 1919 gewiss nicht mehr. Allein hinsichtlich der eigentlich entscheidenden Frage, ob ein gutes, sinnerfülltes, ja glückliches Leben für einen Menschen wie ihn überhaupt im Bereich des Erreichbaren liegt, quälen ihn nach wie vor Zweifel. So macht er sich bereits am 5. September 1919 an die Umsetzung des zweiten Schritts seines Überlebensprogramms und beginnt, als vollends mittellos gewordener Mann, am Lehrerinstitut an der Wiener Kundmanngasse eine einjährige

Ausbildung zum Grundschullehrer. Nie wieder Philosophie also. Nie wieder!

Martin Heidegger wusste damals nichts von Wittgensteins neuem Existenzprogramm. Es hätte ihn in seinen neuen Grundfesten erschüttern können. Denn auch er war gerade erst aus dem Krieg zurückgekehrt – und wollte fortan nur noch eines: Philosophieren.

ANDERE UMSTÄNDE

»Es ist schwer zu leben als Philosoph«, schreibt der Kriegsheimkehrer Martin Heidegger am 9. Januar 1919 seinem väterlichen Freund und Förderer Engelbert Krebs. Denn »die innere Wahrhaftigkeit sich selbst gegenüber u. mit Bezug auf die, für die man Lehrer sein soll, verlangt Opfer u. Verzichte u. Kämpfe, die dem wissenschaftlichen Handwerker immer fremd bleiben.«[30] Kein Zweifel. Da meint es einer ernst. Mit sich, seinem Denken, seinem Weg. »Ich glaube«, fährt Heidegger fort, »den inneren Beruf zur Philosophie zu haben.«

Die ersten Jahre aufgrund eines Herzleidens (Selbstdiagnose: »zu viel Sport in der Jugend!«) noch zurückgestellt, hatte Heidegger in den letzten Kriegsmonaten von August bis November 1918 als Meteorologe der Frontwetterwarte 414 gedient. Während der Marne-Champagne-Schlacht galt es, den Giftgaseinsatz der deutschen Wehrmacht von einem leicht erhöhten Aussichtsposten prognostisch zu unterstützen. Am eigentlichen Kampfgeschehen nimmt Heidegger nicht teil. Allenfalls wird er Abertausenden deutschen Soldaten per Feldstecher dabei zugesehen haben, wie sie aus den Gräben hinaus in den sicheren Tod liefen. In seinen persönlichen Aufzeichnungen und Briefen finden die Greuel des Kriegs keine Erwähnung. Wenn Heidegger in dieser Zeit von »Opfern«, »Verzicht« und »Kämpfen« spricht, meint er vorrangig sich selbst, seine akademische und persönliche Situation.

Die eigentliche Front verläuft für ihn seit dem Winter 1917 nicht in den Ardennen, sondern den eigenen vier Wänden. Sie ist keine nationale oder geopolitische, sondern eine konfessionelle. Schließlich ist es als kirchlich geförderter, katholischer Philosoph in der Tat sehr schwer »zu leben« – also institutionell Karriere zu machen –, wenn man, wie Martin Heidegger, eine Protestantin ehelicht, dies auch noch im Geheimen, und vor allem, wenn diese Frau entgegen früheren Willensbekundungen nun doch nicht zum katholischen Glauben konvertieren und auch das gemeinsame Kind, das sie mittlerweile im Leibe trägt, nicht katholisch taufen lassen will.

OFFENE FLANKEN

Es ist heute kaum noch zu ermessen, welchen Skandal eine mischkonfessionelle Ehe im Jahre 1919 in Heideggers engerem Lebens- und Berufsumfeld darstellte, nicht zuletzt in den Augen seiner streng gläubigen Eltern, denen Martin in diesen Monaten ein ums andere Mal in rührenden Briefen versichert, das Seelenheil ihres Sohnes und auch ihres Enkels sei bei Lichte betrachtet durchaus nicht für immer verloren.

Die Ehe ist also durchaus ein Problem – und bald auch problematisch. Dabei scheint Küstersohn Heidegger, zumindest rein ökonomisch gesehen, mit Thea Elfride Petri eine ausgezeichnete Partie gemacht zu haben. Schließlich stammt die Erwählte, 1915 zum Studium der Nationalökonomie nach Freiburg gekommen, aus wohlhabendem Hause – höhere preußische Offizierskreise –, so dass es den Eltern der Angetrauten möglich war, dem jungen Paar in den letzten Kriegsjahren immer wieder finanziell unter die Arme zu greifen. Mit dem Kriegsende aber erleiden auch die Petris – wie Millionen andere Deutsche haben sie ihr Vermögen in Kriegsanleihen investiert – schwere Verluste und sehen sich fortan außerstande, den Freiburger Haushalt weiterhin zu unterstützen.[31]

Mit Rückkehr von der Front im November 1918 blickt Heidegger deshalb nicht zuletzt finanziell in den Abgrund. Will er weiter als Philosoph leben, braucht er dringend ein festes Auskommen, das heißt eine Stelle, das heißt: einen neuen Förderer. Von der theologischen Fakultät der Freiburger Universität durfte der mithilfe eines kirchennahen Stipendiums habilitierte Privatdozent allerdings nichts mehr erwarten. Bereits 1916 war er, in Kirchenkreisen als noch unreifer und zudem unsicherer Kantonist eingeschätzt, bei internen Berufungsverfahren trotz ausdrücklicher Fürsprache des Dekans Krebs demonstrativ übergangen worden. Nun ist auch diese letzte Verbindung gekappt.

Heideggers akademische Hoffnungen in Freiburg ruhen deshalb ganz auf dem Inhaber des philosophischen Lehrstuhls I und damit dem eigentlichen Gründer und Haupt der sogenannten Phänomenologie: Edmund Husserl. Husserl wiederum sind als einem erklärt rein wissenschaftlich ausgerichteten Philosophen konfessionell gebundene Denker hoch suspekt. Dementsprechend schwer hat es Heidegger anfänglich in seinem Buhlen. In den Jahren 1916 und 1917 will der alte Meister so gar keine Notiz von dem jungen Zauberlehrling nehmen. Erst mit dem Winter 1917/1918 kommt es zu einer intensivierten Wahrnehmung und bald auch direkten Unterstützung. Wenn Heidegger seinem kirchlichen Freund Engelbert Krebs im besagten Brief vom 9. Januar 1919 also mit gehörigem Pathos eröffnet, dass ihm »erkenntnistheoretische Einsichten … das *System* des Katholizismus problematisch und unannehmlich gemacht« hätten, so mag der junge Denker mit diesen Sätzen tatsächlich Zeugnis von einer entscheidenden Kehre in seiner Biographie ablegen. Kühler betrachtet handelt es sich bei diesem Brief um das präzis gesetzte Bekenntnismanöver eines Karrierephilosophen, der nach eingehender Prüfung der neuen Gesamtwetterlage zu dem Schluss gekommen ist, die explizite Abschwur vom Katholizismus bedeute seine letzte akademische Chance. Nur zwei Tage vor Verfassen dieses Briefes an Krebs hat sich Edmund Husserl persönlich an das Ministerium in Karlsruhe gewandt, um dort für Heidegger eine neue Assistentenstelle mit ganzjähriger Festbesoldung zu fordern, da dieses außergewöhnliche Talent sonst »an einen Geldberuf« verloren zu gehen drohe.[32]

Heideggers Abkehr vom »*System* des Katholizismus« scheint innerhalb des benjaminschen Biographie-Korsetts von »Charakter« und »Schicksal«, »innerer Anlage« und »äußeren Umständen« als vor allem eines: extrem schlüssig. Man möchte fast sagen, systemlogisch.

Husserls Drängen in Karlsruhe wird erwartungsgemäß erhört. Zwar ziert sich das Ministerium noch mit der Vergabe einer vollen Assistentenstelle (sie wurde erst im Herbst 1920 gewährt), bewilligt aber einen bezahlten Lehrauftrag. Heideggers Beruf zur Philosophie ist damit vorerst gerettet. Fortan wird er frei von allen katholischen Zwängen denken können. Das Kriegsnotsemester startet in Freiburg bereits am 25. Januar 1919. Heidegger hat genau drei Wochen, sich vorzubereiten. Nur vier Tage vor Vorlesungsbeginn wird sein erster Sohn Jörg geboren.

WELT OHNE ANSCHAUUNG

Im Vergleich zu den großen Städten wie München und Berlin ist man in Freiburg noch gut dran. Aufgrund des bäuerlichen Umlandes ist die Nahrungsmittelnot nicht ganz so drängend, auch bleibt die Stadt in diesen Monaten von Bürgerrevolutionen und Straßenkämpfen verschont. Dennoch dürfte der Anblick, der sich Heidegger zur ersten Vorlesung des Jahres 1919 vom Katheder bot, kein allzu erhebender gewesen sein. Vor ihm sitzt ein verstreuter Haufen meist geschlagener Männer, viele dem eigentlichen Studentenalter bereits entwachsen, die nun so tun mussten, als sähen sie für sich eine Zukunft. Wie sie erreichen? Ansprechen? Aufwecken? Durch die Flucht in den Elfenbeinturm abstraktester und weit entlegener Fragen? Oder vielmehr die erfahrungsnahe Deutung des Jetzt und Hier? Der junge Dozent entschied, einfach beides auf einmal zu tun. Er schenkte der Philosophie damit eine ihrer größten Stunden.[33]

Gemäß der Ankündigung im Vorlesungsverzeichnis hätte Heidegger über Kant lesen sollen, doch entscheidet er sich in letzter Sekunde für einen selbstbewussten Themenwechsel. Der neue Titel lautet nun: *»Die Idee der Philosophie und das Weltanschauungsproblem«*[34]. Es geht mit anderen Worten um das Selbstverständnis der Philosophie als eigenständiger Wissensdisziplin: jenseits der Methoden und Erklärungen der empirischen Naturwissenschaft und vor allem jenseits der in dieser Zeit besonders dominanten Genres umfassender Weltanschauungswerke – wie etwa Oswald Spenglers zivilisatorische Großdeutung »Der Untergang des Abendlandes«. Dass die Ziele und Methoden der Philosophie nicht identisch sind mit denen der Naturwissenschaft, scheint klar genug. Worin aber unterscheidet sie sich vom Geschäft des Aufbaus einer wertbehafteten Weltanschauung? Gibt es da überhaupt eine wesentliche Differenz?

Folgt man Husserls phänomenologischem Ansatz, lautet die Antwort eindeutig ja. Denn was die Phänomenologie auszeichnet, ist ein methodisch strenges Verfahren der Welterschließung. Dieses unterscheidet sich aber von den Naturwissenschaften dadurch, dass es den Verlauf der Phänomene nicht etwa zu erklären oder zu prognostizieren anstrebt, sondern diese Phänomene in ihrer faktischen Gegebenheit für das menschliche Bewusstsein überhaupt erst einmal möglichst objektiv und wertfrei erfassen will. Unter dem Schlachtruf »Zurück zu den Sachen!« sucht sich die Phänomenologie als eine, wie Heidegger es nennt, *»vortheoretische Urwissenschaft«* zu etablieren: als präzises Erfahrungsfundament vor aller Naturwissenschaft und vor allem auch aller vorurteilsverstellten Weltanschauungen und Ideologien.

DER URWISSENSCHAFTLER

Genau diese Spur nimmt Heidegger – als Husserls neuer Assistent in Freiburg – in seiner ersten Vorlesung auf. In ihrer denkbar einfachsten Form, so Heideggers Ansatz, lautet die Grundfrage der Phänomenologie damit: Gibt es etwas? Und wenn ja, wie ist dieses »es« unserem Bewusstsein jeweils gegeben? Wie zeigt es sich? Gewiss nicht ohne bitteren Hintersinn nennt Dozent Heidegger diese Urfrage nach dem »Gibt es«, in Anspielung auf das taumelnde »Augusterlebnis« des Kriegsbeginns 1914, das philosophische »Frageerlebnis«. Doch hören wir selbst:

> *§ 13. Das Frageerlebnis: Gibt es etwas?*
>
> Schon in dem Fragesatz ›Gibt es …?‹ gibt es etwas. Unsere *ganze* Problematik ist an eine entscheidende Stelle gekommen, die in ihrer Kümmerlichkeit gar nicht diesen Anschein macht. Alles hängt davon ab, … daß wir dem Sinn dieser Kümmerlichkeit verstehend folgend und bei ihr verharren … Wir stehen an der methodischen Wegkreuzung, die über Leben und Tod der Philosophie überhaupt entscheidet: an einem Abgrund: entweder ins Nichts, d.h. der absoluten Sachlichkeit, oder es gelingt der Sprung in eine *andere Welt*, oder genauer: überhaupt erst in die Welt. … Nehmen wir an, *wir* wären überhaupt nicht da. Nun, dann gäbe es diese Frage nicht …[35]

Um nur wenig später, den alles entscheidenden Frageimpuls noch einmal präzisierend:

> Was heißt: ›es gibt‹?
> Es gibt Zahlen, es gibt Dreiecke, es gibt Bilder von Rembrandt, es gibt U-Boote; ich sage *Es gibt* heute noch Regen, *es gibt* morgen Kalbsbraten. Mannigfaches ›es gibt‹, und jeweils hat es einen anderen Sinn und doch auch wieder ein in jedem antreffbares

> identisches Bedeutungsmoment. … Weiter: Es wird gefragt, ob es *etwas* gibt. Nicht ist gefragt, ob es Stühle oder Tische gibt, ob Häuser oder Bäume, ob Sonaten von Mozart oder religiöse Mächte, sondern ob es *etwas überhaupt* gibt. Was besagt: etwas überhaupt? Ein ganz Allgemeines, das Allgemeinste, möchte man sagen, das, was jedem möglichen Gegenstand überhaupt zukommt. Es läßt sich von ihm sagen, es ist etwas – und wenn ich das sage, sage ich vom Gegenstand das Minimum von Aussagbarkeit aus. Ich stehe voraussetzungslos ihm gegenüber.[36]

Da steht also ein 29-jähriger Mann, hält seine erste Vorlesung als akademischer Philosoph und fordert seine Zuhörer mit vor Entschiedenheit zitternder Stimme dazu auf, in einer der scheinbar kümmerlichsten Formulierungen der deutschen Sprache die Schicksalsfrage der Philosophie selbst zu erkennen. Wer spricht da: Ein Clown? Ein Zauberer? Ein Prophet?

Es lohnt sich, ein wenig länger bei dieser Schlüsselpassage seiner ersten Nachkriegsvorlesung zu verweilen, stellt sie doch nichts Geringeres dar als die Urzelle der gesamten heideggerschen Daseins-Philosophie. Folgt man Heideggers Aufforderung, etwas länger bei der Formulierung des »es gibt« zu verharren – sich gleichsam meditierend in ihre möglichen Anwendungen und Sinne zu versenken –, zeigt sich tatsächlich ein Rätsel von besonderer Tiefe: Was meint dieses »es gibt« eigentlich? Worin liegt sein wahrer Sinn? Schließlich trifft es ja in seiner allgemeinsten Form auf alles und jedes zu. Auf schlicht alles, was *ist*.

Exakt zehn Jahre später wird Heidegger an gleicher Stelle behaupten, seine gesamte Philosophie kreise um nichts anderes als die Frage nach dem Sinn des Wortes »Sein«. Und er wird an eben jenem Freiburger Katheder verkünden, dass er der erste Mensch seit 2500 Jahren ist, der den Sinn dieser Frage, vor allem aber ihre Bedeutung für das konkrete Leben und Denken aller Menschen, überhaupt erst wiederentdeckt und zum Leben erweckt hat. Eine Dramatik, die sich bereits 1919 abzeichnet, wenn er von der Frage nach dem »es gibt« als der »eigentlichen Wegkreuzung« redet, die über »Leben und Tod der Philosophie« entscheidet.

Entscheidet man sich nämlich für die Gabelung der »absoluten Sachlichkeit« und überlässt die Frage nach dem »es gibt« damit den Naturwissenschaften, droht der Philosophie das gleiche Schicksal, das auch Wittgenstein diagnostiziert: Sie wird überflüssig, kann sich im besten Falle als dienende Magd der Naturwissenschaft verstehen. Im schlechtesten Fall aber verkommt sie zu eben jener Art haltlosen Rumgemeines auf falschem, vorurteilsbeladenem Werte-Fundament, das Heidegger mit dem Begriff der Weltanschauungsphilosophie verbindet. Alles hängt also davon ab, ob der *»Sprung«* in eine andere Welt, in ein anderes Philosophieren und damit in ein anderes Seinsverständnis gelingen kann. Hinein in einen dritten Weg.

OHNE ALIBI

Mit der von Heidegger gewählten Begrifflichkeit des *Sprungs* – einem Kernbegriff der Religionsphilosophie Sören Kierkegaards – ist aber bereits angedeutet, dass es sich bei dieser eigentlich rettenden Alternative nicht um eine rein logische, argumentative oder auch nur rational motivierte Wahl handeln kann. Anstatt einer so beschriebenen Wahl geht es vielmehr um eine *Entscheidung*, die damit nach mehr und anderem verlangt. Nämlich etwas, das in erster Linie nicht auf Gründen, sondern auf Willen und Mut beruht, vor allem aber auf konkreter Eigenerfahrung, vergleichbar einem religiösen Wandlungserlebnis: einer Berufung.

Und noch eine zweite, für Heideggers späteres Denken absolut entscheidende Gedankenfigur tritt in dieser Passage vom »Frageerlebnis« hervor. Sie verbirgt sich hinter der Spekulation, »wir« – als Menschen – wären überhaupt nicht »da«. Also nicht auf der Welt. Was dann?

Nun, hält Heidegger fest: Dann gäbe es auch diese Frage nach dem »Gibt es etwas?« nicht. Wir Menschen sind mit anderen Worten die einzigen Wesen, die sich die Frage nach dem »Gibt es« – und damit nach dem Sinn von Sein – stellen können. Nur für uns ist all das, was es gibt, deshalb »da« – und in dieser Gegebenheit eigentlich fraglich. Nur für uns »gibt es« eine Welt. Schon bald wird Heidegger deshalb den Begriff »Mensch« durch den des »Daseins« ersetzen.

DAS NEUE REICH

Bereits in seiner ersten Vorlesung kündet Heidegger seinem vom Krieg gründlich traumatisierten Auditorium also von nichts Geringerem als der Möglichkeit einer »anderen Welt« – der Welt *und* Lebensform des *eigentlich* philosophischen Fragens. Denn nicht zuletzt dies ist mit seiner Rede vom *Sprung* notwendig mitgemeint. Die Eroberung dieses neuen Reiches kann nur von jedem Einzelnen ganz für sich vollzogen werden. Auf dem Weg in die Philosophie gibt es keine Alibis. Was den Sprung anleitet und möglich macht, lässt sich letztlich nicht abstrakt vermitteln oder rein vom Katheder verkünden, es muss selbst, von innen heraus, erfahren und erfasst werden und sich sodann im konkreten Lebensvollzug zeigen.

Die »vortheoretische Urwissenschaft«, deren Weg Heideggers Frageerlebnis bahnen will, ist damit keine Wissenschaft im klassischen Sinne mehr. Sie zielt auf mehr und anderes ab als nur das Beschreiben des Gegebenen, nämlich auf eine fundamental andere Weise, die Art seines Gegebenseins zu begreifen. Und damit auch die Gegebenheit des je eigenen Selbst. Bereits im Frühjahr 1919 zeigt sich also, wie Heideggers Denken von einer unauflöslichen Verschränkung von »Seins-Fragen« (Ontologie) und »Daseins-Fragen« (Existentialismus) geprägt ist. In den Schlussworten seiner Vorlesung:

> *Philosophie* aber gelangt nur durch absolute Versenkung in das Leben als solches zu Fortschritt … Sie macht sich nichts vor, ist die Wissenschaft der absoluten Ehrlichkeit. In ihr gibt es kein Gerede, sondern nur *einsichtige Schritte*; in ihr streiten keine Theorien, sondern nur echte Einsichten mit unechten. Die echten Einsichten aber sind nur zu gewinnen durch ehrliche und rückhaltlose Versenkung in die Echtheit des Lebens an sich, letztlich nur durch die Echtheit des *persönlichen* Lebens selbst.[37]

Eine Verschränkung, die sich in gleicher Radikalität und Kompromisslosigkeit zeitgleich auch im Denken des kriegserfahrenen Ludwig Wittgenstein findet.

TREUE ZUM EREIGNIS

Man kann die spezifische Herausforderung, in der sich junge Philosophierende des Jahres 1919 befinden, auch folgendermaßen fassen: Es gilt, einen Lebensentwurf für sich und die eigene Generation zu begründen, der sich jenseits des determinierenden »Gestells« von »Schicksal und Charakter« bewegt. Konkret biographisch bedeutet dies, einen Ausbruch aus den bisher leitenden Strukturen (Familie, Religion, Nation, Kapitalismus) zu wagen. Und zweitens ein Existenzmodell zu finden, das es ermöglicht, die Intensität der Kriegserfahrung zu verarbeiten und in den Bereich des Denkens und des alltäglichen Daseins zu überführen.

Benjamin will die Erneuerung mit den romantischen Mitteln der alles dynamisierenden Kritik vollziehen. Wittgenstein verfolgt das Ziel, die vollkommene mystische Beruhigung und Versöhnung mit der Welt, die er in den Momenten höchster Todesangst erfuhr, gleichsam auf alltägliche Dauer zu stellen. Die Aufgabe, der sich Heidegger in seiner Ich-Situation des Jahres 1919 gestellt sieht, könnte man indes auch so beschreiben: Heidegger sucht vor dem Hintergrund seines bereits vorhandenen Selbstbilds als »wilder

Denker« nach einem Modus, der es ihm ermöglicht, die Intensität der Kriegserfahrung – die für ihn grundsätzliche Ähnlichkeiten mit der Intensität des Denkens aufweist – mit der Anforderung einer angestrebten Alltäglichkeit zu versöhnen. Also einerseits ein Leben im Sturm des Denkens, andererseits eine Versöhnung mit dem Alltäglichen. Es handelt sich hierbei um eine Aufgabe, die seinem Grenzcharakter bereits im Jahre 1919 alles abverlangt: So schreibt er an Elisabeth Blochmann (der langjährig besten Freundin seiner Frau) am 1. Mai 1919:

> Wir müssen warten können auf hochgespannte Intensitäten sinnvollen Lebens – und wir müssen mit diesen Augenblicken in Kontinuität leben – sie nicht so sehr genießen als vielmehr ins Leben eingestalten – im Fortschritt des Lebens sie mitnehmen und einbeziehen in die Rhythmik des kommenden Lebens.[38]

Philosophischer hat ein Mann in festen Händen wohl selten erklärt, dass es fürderhin bei einer Affäre bleibe, die sich auf wenige Treffen »hochgespannter Intensität« beschränken müsse. Aber was auf Heidegger als Erotiker zutrifft, trifft auch auf den Eros seines Denkens zu: Er will sich für die großen Momente, die eigentlichen Einsichtsereignisse offen halten, und den Rest der Existenz sozusagen in Treue zu diesen Groß-Ereignissen verleben. Für diese Treue – die einzige, die ihn in seinem Dasein interessiert – muss er vor allem eines sein: Frei. Im Denken. Handeln. Lieben. Im Frühjahr 1919 beginnt er endgültig, seine Ketten zu sprengen: die des Systems des Katholizismus, des Elternhauses, seiner Ehe und, wenn man genau hinsieht, auch die der Phänomenologie Husserls.

DEUTSCHE TUGENDEN

Das erste Nachkriegssemester an der Berliner Friedrich-Wilhelms-Universität (heute: Humboldt-Universität) stellt auch Ernst Cassirer – im 13. Jahr seiner dortigen Lehrtätigkeit als Privatdozent – vor besondere Herausforderungen. Denn in den ersten Januarwochen des Jahres 1919 wird, wie seine Frau sich erinnert, »doch viel geschossen in den Straßen Berlins, und Ernst fuhr öfters inmitten von Maschinengewehrfeuer [des Spartakusaufstandes, Anm. W. E.] zur Universität, um seine Vorlesungen zu halten. Einmal war bei einem dieser Straßenkämpfe die elektrische Leitung des Universitätsgebäudes durchschossen worden, während Ernst vortrug. Er liebte es, nachher zu berichten, wie er seine Studenten gefragt habe, ob er schließen oder weiterlesen solle, und wie sie einstimmig für ›Weiterlesen‹ gestimmt hatten ... So beendete Ernst diese Vorlesung in dem stockfinsteren Hörsaal, während draußen ununterbrochen Maschinengewehrfeuer zu hören war.«[39]

Verkörpert da ein Mensch in angespanntester Situation nicht genau das, was Heidegger und Wittgenstein als ideales Wunschergebnis ihres Denkens anpreisen: ein tief verinnerlichter Glauben an den Wert des eigenen Tuns, eine unumstößliche Haltung und Selbstbestimmung, kurz: wahren, eigentlichen, schicksalstüchtigen Charakter? Ohne Zweifel. Allerdings wäre Cassirer der letzte gewesen, sein Verhalten in dieser Weise zu beschreiben. Denn mit dem damals gerade in den weltanschaulich konservativen Zirkeln um Populärphilosophen wie etwa Oswald Spengler, Otto Weininger oder Ludwig Klages zentralen Begriff des »Charakters« wollte er allein schon aus politischen Gründen möglichst wenig anfangen. Nach Cassirers Überzeugung spielte die philosophische Aufladung des Begriffs Charakter – insbesondere in Form des Volkscharakters – einer Rhetorik des nationalen Chauvinismus sowie einem letztlich freiheitsfremden Kult »der Eigentlichkeit« und des »wahren Wesenskerns« in die Hände. Und beförderte damit exakt jene geistig-politischen Kräfte in Europa, die den Weltkrieg bereits im Vorfeld als unvermeidlichen, schicksalhaften Überlebenskampf der verschiedenen europäischen Kulturen hatten erscheinen lassen. Für Cassirer offenbaren sich Menschen, die vom wahren »Charakter eines Menschen« oder »Wesenskern eines Volkes« als etwas sprachen, das aus dem tiefsten Innern heraus sämtliche Handlungen bestimme – oder sich gar in Grenzsituationen erlösend zeige und für immer bewähre –, als vor allem eines: extrem unaufgeklärt. Und das heißt in Cassirers Welt nicht zuletzt: als ausgesprochen undeutsch.

Mit exakt dieser Stoßrichtung hatte er im Jahre 1916, der Krieg wütete dem Höhepunkt entgegen, eine Schrift mit dem Titel »Freiheit und Form – Studien zur deutschen Geistesgeschichte« fertiggestellt. Dort heißt es an zentraler Stelle:

> Denn darüber freilich sollte man sich klar sein, daß man, sobald man die Frage nach der Eigentümlichkeit des geistigen »Wesens« eines Volkes stellt, an die tiefsten und schwierigsten Probleme der Metaphysik und der allgemeinen Erkenntniskritik rührt. ... »Denn eigentlich«, so heißt es in der Vorrede Goethes zur »Farbenlehre«, »unternehmen wir umsonst, das Wesen eines Dings auszudrücken. Wirkungen werden wir gewahr, und eine vollständige Geschichte dieser Wirkungen umfasste wohl allenfalls das Wesen jenes Dings. Vergebens bemühen wir uns, den Charakter eines Menschen zu schildern; man stelle dagegen seine Handlungen, seine Thaten zusammen, und ein Bild des Charakters wird uns entgegentreten.[40]

Werthaft aufgeladene Erkundigungen nach dem »wahren Charakter« und »Inneren« des Menschen verweisen letztlich auf schicksalhafte metaphysische Grundannahmen. Cassirers Denken aber – darin folgt er seinen beiden ewigen philosophischen Leitsternen Kant und Goethe – kommt lieber ohne die Annahme eines vorgegebenen inneren, substantiellen Wesenskerns aus. Halten wir uns als sinnliche, endliche Vernunftwesen, so sein moderater Vorschlag, in unseren Urteilen gescheiter an das, was offen zutage tritt: Was ein Ding ist, wer ein Mensch ist, zeigt sich in der Gesamtheit seiner Handlungen und Wirkungen anderen Dingen und Menschen gegenüber. Sein Wesen lässt sich, mit anderen Worten, nicht im Vorhinein abstrakt bestimmen, endgültig dekretieren oder magisch beschwören, sondern wird sich immer wieder im jeweils gegebenen Kontext zeigen und bewähren.

Was in den großen Krieg und seine Katastrophe geführt hatte, war nach Cassirers Überzeugung also nicht zuletzt schlechte Metaphysik und eine falsche, ganz und gar »undeutsche« Antwort auf die Frage nach dem Wesen des Menschen. Man kann sich deshalb leicht vorstellen, weshalb er diese Nachkriegsepisode aus dem Hörsaal auch später immer wieder gern zum Besten geben sollte. Aus seiner Sicht zeigt sich darin die grundmenschliche Fähigkeit, noch in angespanntesten Situationen eigenen philosophischen Idealen treu zu bleiben und sie für andere möglichst sichtbar zu verkörpern. Und dieses Ideal lautet für Cassirer schlicht: sich möglichst autonom zu zeigen. Also für sich und andere Formen und Fähigkeiten zu kultivieren, die es erlauben, zum aktiven Gestalter des eigenen Lebens zu werden anstatt zu dessen rein passivem Gefährten. Selbstgestaltung anstatt Fremdbestimmung. Objektive Gründe anstatt innerlichste Eigentlichkeit. Das ist seiner Überzeugung nach der eigentliche Beitrag der deutschen Kultur zur universellen Idee des Menschen, strahlend verkörpert von Cassirers philosophischen Leitsternen: Kant und Goethe.

DER UNGELIEBTE

Dass diese seine deutsche Kultur sich ihm als Gelehrtem besonders wohlwollend gezeigt hätte, ließ sich im Winter 1919 allerdings nicht gerade behaupten. In seinem 13. Jahr als Dozent an der Berliner Universität ist Cassirer zwar ein international anerkannter Gelehrter, als sogenannter »außerordentlicher Professor« aber noch immer nicht verbeamtet, noch immer ohne Prüfungsrecht, noch immer Philosoph im Nebenberuf. Sein Eintrag im Berliner Telefon weist ihn sachlich richtig als »Privatgelehrten« aus.[41] »Ich kann sie nicht zwingen, mich zu lieben, und sie mögen mich wirklich nicht«, pflegt Ernst seiner Frau zu erklären, wenn er wieder einmal für eine neu zu besetzende Professur übergangen wird. Er hat in den vorangegangenen Jahren mehrere hochrangige Werke herausgebracht, allen voran »Substanzbegriff und Funktionsbegriff« (1911),[42] er gilt nach dem Ableben seines philosophischen Lehrers und Förderers Hermann Cohen im Jahre 1916 als unbestrittenes Haupt der »Marburger Schule« des Neukantianismus und ist zudem einer, wenn nicht der führende Kant-Experte seiner Zeit. Hinsichtlich akademischer Karriereaussichten ist diese Prägung über die Kriegsjahre freilich mehr zum Hindernis als zum Vorteil geworden, gerieten die Marburger um Cohen und Cassirer doch in nationalkonservativen Kreisen immer expliziter unter Verdacht, als »jüdische Gelehrte« Kants eigentliche Lehre und Wirkung von ihren »wahren« und also »deutschen Wurzeln« zu entfremden und zu lösen. Schon während des Kriegs hatte die Verengung des nationalen Diskurses den Antisemitismus im Lande weiter befeuert – beispielhaft anhand der sogenannten »Judenzählung« im deutschen Heer 1916. Eine Stimmungslage, die sich mit dem Kriegseintritt der USA nur noch verstärkte und auch nach Kriegsende anhielt. Der Familienname »Cassirer« steht in diesen Kontexten geradezu beispielhaft für eine großbürgerliche, deutsch-jüdische Familie, deren weit verzweigte Mitglieder sowohl im Wirtschafts- wie im Kulturleben Berlins eine zentrale Stellung einnehmen: als Fabrikanten, Industrielle und Ingenieure, Verleger, Ärzte, Kunstsammler und ja: Philosophen.[43] Die Cassirers sind vorbildlich »assimiliert« und gerade deshalb, aus den spezifisch »inneren Gründen« einer nationaldeutschen Wesenslogik heraus, besonders suspekt.[44]

ELEKTRISIERT

Und der Krieg? Da Cassirer an Schuppenflechte leidet und diese Krankheit beim Tragen einer Heeresuniform das Auftreten eines extrem schmerzhaften Juckreizes unbedingt erwarten lässt, wird er schon im ersten Kriegsjahr dauerhaft für wehruntüchtig erklärt. Aber 1916 dient er dann in der Abteilung »Frankreich« des Reichspresseamtes. Seine Aufgabe besteht dort neben dem Verfassen von kurzen Texten und Flugblättern darin, französische Zeitungsberichte zu lesen, zu sammeln und diese dann in einem zweiten Schritt gegebenenfalls so zu kürzen und ihrem Sinn nach so zu entstellen, dass sie für die Zwecke der deutschen Kriegspropaganda tauglich werden. Eine nicht eben anspruchsvolle, geistig dafür aber umso entwürdigendere Tätigkeit, vor allem für einen überzeugten Europäer wie Ernst Cassirer.

Wenigstens gibt ihm diese Beschäftigung genügend Freiraum, sich über die Nachmittage eigenen Arbeiten und Projekten zu widmen und dem Lügendienst so unter anderem mit dem Verfassen des bereits erwähnten Werkes »Freiheit und Form« oder auch der Schrift »Über Europäische Reaktionen auf die deutsche Kultur« zu kontern. Komme, was wolle, Kant und Goethe sollten stolz auf ihn sein können. Das ist seine Maxime in allen Situationen. Von ihr weicht er, soweit es überhaupt in seiner Macht steht, nicht einen Schritt ab. Nicht einmal auf dem Weg mit der stets überfüllten Straßenbahn vom Wohnhaus im Berliner Westend ins Stadtzentrum, morgens eineinhalb Stunden hin, abends eineinhalb Stunden zurück. Seine Frau erinnert sich:

> Wenige Male machte ich diese Fahrt mit ihm gemeinsam und konnte beobachten, wie er selbst in einer derart grotesken Situation zu arbeiten imstande war. Er versuchte niemals, einen Sitzplatz zu erreichen, da er sicher war, daß er diesen sehr bald an Frauen, ältere Leute oder Kriegsinvaliden würde abgeben müssen. Er suchte bis zum oberen Ende des Wagens durchzu-

> dringen und stand dort auf minimalem Raum beengt, mit der einen Hand nach einer Stütze greifend, um nicht umzufallen, und in der anderen das Buch haltend, in dem er las. Lärm, Gedränge, elende Beleuchtung, schlechte Luft – dies alles bildete kein Hindernis.[45]

So sieht sie konkret aus, die aktive Selbstgestaltung in der Elektrischen. Denn der Plan zu seiner dreibändigen »Philosophie der symbolischen Formen«, den Cassirer von 1919 an in zehn Jahren konzentrierter Arbeit ins Werk umsetzen sollte, liegt als erste Straßenbahn-Skizze tatsächlich vor. Sie ist in ihrer ersten Version datiert auf den 13. Juni 1917 und legt, auf acht schmalen Bögen, eindrücklich Zeugnis von dem genialen Einfall ab, der den Philosophen auf einer seiner Fahrten durch Berlin überkommen haben muss – und auch dem schier übermenschlichen Lesepensum, das er in den folgenden zwei Jahren unter anderem in der Straßenbahn bewältigte.[46] Im Winter 1919, als er unter Maschinengewehrbeschuss des Spartakusaufstandes wieder in die Universität anstatt ins Presseamt fährt, schreibt er bereits an einem ersten Manuskript zum Phänomen der menschlichen Sprache als eigentlicher Grundlage aller symbolischen Formen. Cassirer ist zu diesem Zeitpunkt gewiss, an etwas Großem, dem eigentlichen Einfall seines Lebens zu arbeiten. Und wie vom Schicksal gerufen, trifft im Mai 1919 – die Leiche der im Januar ermordeten Rosa Luxemburg wird in diesen Tagen aus dem Landwehrkanal gefischt – auch noch ein Brief von der neu gegründeten Universität Hamburg ein. Cassirer beantwortet ihn folgend:

> Brief an William Stern, 30. Mai 1919
>
> Sehr verehrter Herr Kollege!
>
> Nehmen Sie meinen herzlichen Dank für Ihren Brief vom 22.V., der mir erst vor wenigen Tagen von der Universität zugestellt

> wurde und dessen Beantwortung ich noch kurze Zeit verzögern mußte, da ich, als er ankam, an Grippe krank zu Bett lag. Für Ihre freundliche Absicht bin ich Ihnen natürlich zu großem Dank verbunden und Sie brauchen auch nicht zu befürchten, daß Sie mich irgendwie durch die Erwartung einer unbestimmten Hoffnung beunruhigen könnten. Im Grunde bin ich – auch nach Erfahrungen der jüngsten Zeit – über Hoffnungen und somit auch über Enttäuschungen auf diesem Gebiete ganz hinaus. Leugnen will ich aber auch nicht, daß mir bei der Unsicherheit der nächsten Zukunft die Aussicht auf eine feste akademische Stellung jetzt besonders erwünscht wäre und daß ich Ihnen für jeden Schritt in diese Richtung sehr dankbar sein werde.[47]

Endlich, der lang ersehnte Ruf auf einen eigenen Lehrstuhl. Gemessen an den Regeln des Genres ist der Antwortbrief, den Cassirer nach Hamburg sendet, fast schon aufdringlich eindeutig: Natürlich komme ich! Und ja, sogar das Geld kann ich mittlerweile gut brauchen! Der Krieg hat auch sein Familienvermögen bedenklich schmelzen lassen. Die große Zellulose-Fabrik der ursprünglich aus Breslau stammenden Familie liegt nun außerhalb der alten Reichsgrenzen und ist in polnische Hände gefallen. Vor allem aber ist Cassirer philosophisch mehr als bereit für den Sprung in ein neues Umfeld. In einem zweiten Antwortbrief informiert er den Entwicklungspsychologen William Stern, Leiter der Hamburger Berufungskommission, davon, sich in letzter Zeit verstärkt sprachphilosophischen Studien gewidmet zu haben. Die Verhandlungen kommen zügig zum Abschluss. Bereits im August 1919 wird ein Haus im vornehmen Stadtteil Winterhude erworben und im Oktober ist Cassirer – mit seiner Frau und den drei Kindern – unterwegs in ein neues Leben.

III.
SPRACHEN

1919 – 1920

Wittgenstein zeigt sich im Sturm, Heidegger erfährt die volle Wahrheit, Cassirer sucht seine Form und Benjamin übersetzt Gott

BILDLICH GESPROCHEN

»Man kann einem Symbol nicht vorschreiben, zu welchem Ausdruck man es verwenden *darf*. Alles, was ein Symbol ausdrücken KANN, DARF es auch ausdrücken«,[48] schreibt Ludwig Wittgenstein in den späten Augusttagen des Jahres 1919 an seinen Freund und ehemaligen Lehrer Bertrand Russell. In Wittgensteins Augen ist Russell zu diesem Zeitpunkt der einzig verbliebene Mensch auf Erden, der sein Werk eventuell wird verstehen können.

Das konkrete sprachphilosophische Problem, das Wittgenstein in seiner Antwort klarzustellen versucht, betrifft einen Einwand, den Russell nach seiner »zweimaligen, gründlichen« Lektüre des Werk-Manuskripts geäußert hat. Im Kern geht es dabei um die Regeln, die den zulässigen Gebrauch eines Zeichens innerhalb jenes logischen Symbolismus festlegen, der nach Wittgenstein jeder sinnvollen Äußerung zugrunde liegt. Aber natürlich liegt es nahe, diese Sätze auch als trotzige Verteidigung der eigenen Lebenssituation zu lesen. Schließlich ist Wittgenstein in diesen Tagen wild entschlossen, für das Symbol, das er selbst ist, Wege einzuschlagen, die weitab von den Vorgaben, Erwartungen und Kontexten liegen, die seiner Existenz bisher Bedeutung gaben. Sich von dem eigenen Vermögen zu trennen und somit frei für einen radikalen Neubeginn zu sein, mochte für seine engsten Freunde und Verwandten noch nachvollziehbar sein. Doch erzeugte Wittgensteins Absicht, in einem zweiten Schritt auch noch das eigene Talent zu verleugnen, gerade bei seinen Geschwistern starkes Befremden. Wittgensteins älteste und ihm vertrauteste Schwester, Hermine, erinnert sich:

> Seinen zweiten Entschluss, einen ganz unscheinbaren Beruf zu wählen und womöglich Volkschullehrer auf dem Land zu werden, konnte ich selbst zuerst gar nicht verstehen, und da wir Geschwister uns sehr oft durch Vergleiche miteinander verstän-

> digen, sagte ich ihm damals anlässlich eines langen Gesprächs: wenn ich mir ihn mit seinem philosophisch geschulten Verstand als Volkschullehrer vorstellte, so schiene es mir, als wollte jemand ein Präzisionsinstrument dazu benützen, um Kisten zu öffnen. Darauf antwortete mir Ludwig mit einem Vergleich, der mich zum Schweigen brachte. Er sagte nämlich: »Du erinnerst mich an einen Menschen, der aus dem geschlossenen Fenster schaut und sich die sonderbaren Bewegungen eines Passanten nicht erklären kann; er weiß nicht, welcher Sturm draußen wütet und dass dieser Mensch sich vielleicht nur mit Mühe auf den Beinen hält.«[49]

Der geniale Bruder in einem Denkbild. Tatsächlich konzentrieren sich in dieser Erinnerung sämtliche Probleme und auch Lösungswege, die für Ludwigs Existenz bestimmend sind.

Da wäre zunächst das für Wittgenstein bereits von früher Jugend an prägende Lebensgefühl, von der Welt seiner Mitmenschen wie durch eine unsichtbare Wand oder auch Scheibe getrennt zu sein. Eine verunsichernde Ahnung des grundlegenden Andersseins, die sich mit den Erfahrungen der Kriegsjahre noch einmal verstärkt und vertieft hatte. In ihren Hochphasen intensivierte sie sich zu dem Gefühl einer gedanklichen Ausgeschlossenheit (beziehungsweise eines Eingeschlossenseins) und setzte das eigene Leben einem kaum zu bewältigenden Sinnlosigkeitsverdacht aus. Vollkommene Handlungsunfähigkeit nach außen ist die Folge, während im Inneren die Eisstürme toben.

Es ist in der jüngeren Forschung erwogen worden, Wittgenstein könnte an einer Unterform des Autismus gelitten haben,[50] die seit dem Jahre 1992 unter der Bezeichnung »Asperger Syndrom« anerkannt ist: einer frühkindlichen Entwicklungsstörung, die nicht selten mit besonderen Inselbegabungen im Bereich des analytisch-mathematischen oder auch musikalischen Bereichs einhergeht und sich im Alltag durch die Fixierung auf feste Handlungsmuster sowie stark eingeschränkte Sozialkompetenzen zeigt.

Möglich, dass es so war. In jedem Fall aber gehört die metaphorische Rede von einer »Wand«, einem »Fenster« oder gar einer »Mauer«, die das eigene Erleben von der Welt der anderen trennt, zu den einschlägigsten Selbstbeschreibungen von Menschen, die an Depressionen leiden. Wittgensteins Aufzeichnungen und Briefe aus den Jahren 1919 bis 1921 – mit ihren beständig wiederkehrenden Gedanken an einen erlösenden Selbstmord – lassen diesbezüglich keinen Zweifel zu: Er durchläuft in diesen Monaten und Jahren Phasen schwerer Depression.

Scheinbar unabhängig von klinischen Verdachtsmomenten stellt die Vermutung, der eigene Zugang zur sogenannten Außenwelt, wie auch zu allen anderen Menschen »da draußen«, könnte ganz grundsätzlich gestört oder verstellt sein, geradezu den fundierenden Zweifel der abendländischen Philosophie dar: Trennt uns da etwas von der wahrhaften Beschaffenheit der Dinge? Den eigentlichen Erfahrungen und Empfindungen anderer? Und wenn ja, wer oder was könnte es sein?

Bereits Platons Höhlengleichnis speist sich aus der Vermutung, die Welt, wie wir sie alltäglich wahrnehmen, sei in Wahrheit nur eine Welt der Schatten und des Scheins. Oder aber man denke, um Wittgensteins Gleichnis vom Menschen hinter dem »geschlossenen Fenster« konkreter aufzunehmen, an das eigentliche Gründungsdokument der modernen Erkenntnis- und Subjektphilosophie, namentlich die »Meditationen« von René Descartes aus dem Jahre 1641.

In diesem epochalen Werk beginnt Descartes sein philosophisches Zweifelsexperiment mit einem zunächst unschuldig scheinenden Blick vom eigenen Kaminzimmer hinaus auf die Straße und dem Zweifel, ob all die Menschen, die er dort draußen vor dem Fenster im Regen vorbeilaufen sieht, auch wirklich Menschen seien – oder vielleicht nur »Maschinen« mit einem Mantel und Hut auf dem Kopf.[51] Was weiß man als denkendes Subjekt, eingeschlossen hinter der je eigenen Hirnscheibe, schon von dem, was wirklich in anderen Menschen vorgeht? Welche Stürme in deren Innerem gerade toben? Oder vielleicht geschieht dort auch gar nichts – herrscht in Wahrheit vollkommene, permanente Windstille?

WIENER BRÜCKEN

Mit seiner Antwort auf Hermine aktiviert Wittgenstein also eines der ehrwürdigsten philosophischen Bilder für das erkenntnistheoretische Grundproblem, inwieweit man als mutmaßlich voll und ganz im Innenraum der eigenen Erfahrungssubjektivität gefangenes Wesen überhaupt verlässliche Kenntnis von der Welt da draußen oder gar den Erfahrungsinnenräumen anderer Menschen erlangen kann. Wie gesagt, es handelt sich hierbei um eine Frage, die für Wittgenstein weit mehr bedeutete als eine Übung in Lehnstuhlskepsis. Vielmehr stellt dieser Zweifel ein bleibendes und brennendes Problem seiner alltäglichsten Vollzüge, Interaktionen, ja seiner gesamten Weltbeziehung dar. Nicht zuletzt ist hier von einem Kriegsheimkehrer die Rede, der die vorangegangenen sieben Jahre annähernd seine gesamte geistige Energie dem Bestreben untergeordnet hat, den eigenen Gedanken *auch zu diesem Problem* eine möglichst klare und unmissverständliche Form zu geben: in Gestalt seiner logisch-philosophischen Abhandlung.

Mit dem Herbst des Jahres 1919 muss sich Wittgenstein endgültig das Scheitern dieses Versuches eingestehen. Selbst für seine besten und kenntnisreichsten Freunde – Gottlob Frege, Bertrand Russell sowie der Architekt Paul Engelmann –, denen Wittgenstein je ein Exemplar des Manuskripts zugesandt hat, bleibt das Werk weitestgehend unverständlich.

Andererseits offenbart sich in dem Erinnerungsbild Hermines nicht nur die existentielle Grundproblematik, mit der sich Wittgenstein sein inneres Leben lang herumzuschlagen hatte, sondern auch deren situativ gelingende Therapie. Denn mit dem höchst präzisen Sprachbild vom sturmbedrängten Mann »vor dem geschlossen Fenster« ist es Wittgenstein ja gerade gelungen, sein »Fenster zu öffnen«, das heißt erfolgreich eine Brücke zum anderen Du zu schlagen und somit einen Weg aus der eigenen geistigen Isolation hinaus in die Freiheit des Verstanden-Werdens zu finden.

Selbst heutige Leser wissen durch Wittgensteins Entgegnung recht genau, wie es damals um sein Innenleben bestellt war, wissen es gar mit der gleichen Präzision und Klarheit, mit der es Wittgenstein in diesem Moment des Jahres 1919 selbst gewusst haben mag. Da ist also – dem Wunder der Sprache sei Dank – keine trennende Scheibe mehr. Weder für ihn. Noch für uns.

Sieht man genauer hin, ist Wittgensteins gesamtes, gerade auch späteres philosophisches Werk durchdrungen von Metaphern und Allegorien der Befreiung, des aufgezeigten Auswegs und Ausbruchs. Nicht nur in seiner berühmten, späteren Bestimmung: »Was ist das Ziel deiner Philosophie?« »Der Fliege den Weg aus dem Fliegenglas zu zeigen!«[52]

Die Tätigkeit des Philosophierens, so Wittgensteins lebenslange Hoffnung, öffnet das Fenster in die Freiheit eines tätigen, unmittelbar sinndurchdrungenen Daseins mit anderen, also in das, was er im »Tractatus« »Glück« nennt. Sie öffnet mithin das Fenster in eine »andere Welt«, denn: »Die Welt des Glücklichen ist eine andere Welt als die des Unglücklichen.« (T 6.43)

Und sie weist diesen Weg in eine andere Welt mit genau dem Medium, das diesen Weg ohne die gedankenklärende Tätigkeit des Philosophierens ständig zu verbauen, zu trüben, verzerren, ja geradezu zu blockieren droht: dem Medium der Sprache selbst.

POETISCHE PRÄZISION

Was Wittgensteins logische Abhandlung für deren erste Leser (und faktisch auf Jahrzehnte hinaus) so ungeheuer schwer verständlich machte, war seine Entscheidung, die endgültige Klärung seiner Gedanken mit zwei Weisen der Sprachverwendung hervorzubringen, die einander eigentlich auszuschließen scheinen: Einmal der auf absoluter Eindeutigkeit und Unmissverständlichkeit beruhenden Sprache der mathematischen Logik und ihrer gänzlich abstrakten Symbole. Zum anderen durch eine bilderreiche, poetische Sprache des Denkbildes, der Allegorie und des paradoxen Aphorismus. Dieser stilistische Eigensinn wiederum erklärt sich aus der einzigartigen Beschaffenheit des Präzisionsinstruments, das Wittgensteins philosophischer Verstand war. Denn zum einen ist er als Autor – durch seine Studien der Ingenieurswissenschaft in Berlin und Manchester sowie insbesondere seine Studien in Cambridge bei Russell – tief geschult in dem Aufbau logischer Kalküle und abstrakter Symbolzusammenhänge. In gleichem Maße zeigt sich sein Geist aber auch, Hermines Erinnerungen lassen dies durchklingen, von der in Wittgensteins Familie vorherrschenden Eigenart geschliffen, »sich durch Vergleiche« miteinander zu verständigen: also durch die poetischen Verfahren der Metapher, des Sprachbildes und der Allegorie.

Gerade diese zweite Eigenart ist nun aber weit mehr als eine nur familieninterne Besonderheit des Hauses Wittgenstein. Sollte es im Europa vor dem Ersten Weltkrieg ein kulturelles Milieu gegeben haben, in dem das Bemühen um logisch-analytische Präzision *und* das Bemühen um poetische Versinnbildlichung im Sprachgebrauch als zwei zwar verschiedene, einander aber bedingende Ausprägungen ein und desselben lebensästhetischen Strebens nach Klarheit begriffen wurden, dann war es die Wiener Moderne der Jahrhundertwende.[53] Es handelte sich um eine Kultur, deren selbstverständliche Grundannahme darin bestand, dass es eine innere Verbindung zwischen dem Grad der Klarheit des je eigenen Sprachgebrauchs und dem Zustand des je eigenen Selbst und der eigenen Kultur gab. Darin besteht die stillschweigende Klammer, die Werke von so unterschiedlicher Ausrichtung wie die Musik Mahlers, die Dichtungen Hugo von Hofmannsthals, Robert Musils und Karl Kraus', die Philosophien Ernst Machs und Fritz Mauthners und nicht zuletzt die Psychoanalyse Sigmund

Freuds aneinanderbindet. Und dies nicht zufällig in einer Zeit, da die Kluft zwischen dem, was aus dem politischen Innenraum der K.-u.-k.-Monarchie nach draußen dringt, und dem, was sich im Außenraum des täglichen Lebens im Vielvölkerreich tatsächlich zuträgt, sich zu einem wahren Abgrund der Absurdität ausweitet. Das Palais Wittgenstein, in dem Ludwig die ersten 14 Jahre seines Lebens aufwächst und dort von Privatlehrern unterrichtet wird, stellt mit seinen regelmäßigen Soireen, Künstlerbesuchen und Stiftungssitzungen eines der Zentren dieses kulturellen Milieus dar. Der junge Wittgenstein saugt es also gleichsam mit der Muttermilch ein.

GEGEN DIE WELT

Neben Wittgensteins Traktat stellen die bissigen Aphorismen des Dichters und Journalisten Karl Kraus bis heute bleibende Paradebeispiele für die gedanklichen Eigenheiten dieses Milieus dar. Als schon damals unbestrittener König der Wiener Moderne klagte Kraus beispielsweise, die freudsche Psychoanalyse sei »in Wahrheit die Krankheit, als deren Therapie sie sich ausgibt«. In paradoxer Manier bringt Kraus damit seine Skepsis gegenüber einem neuen Therapieverfahren zum Ausdruck, das auf dem Bemühen beruht, mit den Mitteln der Sprache dort für Klarheit und Selbsteinsicht zu sorgen, wo zuvor lebensverstellende Verwirrung und Ausweglosigkeit regierten (also im Geist des Patienten). Aber natürlich zielt Kraus' Skepsis gleichzeitig auch auf den fraglichen Mehrwert der Sprache für den Menschen als Erkenntniswesens überhaupt: Ist die Sprache, so lautet die Wiener Frage schlechthin, am Ende die zu bekämpfende Krankheit selbst? Oder vielmehr die einzige vorstellbare Therapie? Verstellt sie den Weg zu wahrer Welt- und Selbsterkenntnis? Oder ermöglicht sie diese im Gegenteil erst?

Wenn Wittgenstein in seinem 1918 verfassten Vorwort zu seiner

Abhandlung schreibt, die »*Wahrheit der hier mitgeteilten Gedanken*« erscheine ihm »*unantastbar und definitiv*«, weshalb er glaube, die »*Probleme im Wesentlichen endgültig gelöst zu haben*«, so hat er damit durchaus nicht nur – und nicht einmal in erster Linie – die von Russell und Frege offen gelassenen Probleme in der Konstruktion eines widerspruchsfreien logischen Kalküls im Sinn, sondern auch die zentralen Probleme und Sprach-Zweifel der künstlerischen Protagonisten seiner Wiener Welt. Diese Wiener Welt zeigte sich mit dem verlorenen Weltkrieg ebenso endgültig untergegangen wie das Kaiserreich, dessen geistiges Zentrum sie bildete. Was 1919 noch von ihr übrig ist, begegnet Wittgensteins Werk nicht nur mit völligem Unverständnis, sondern, schlimmer, mit vollendeter Gleichgültigkeit.

Die Liste der Verlagsablehnungen, die sich der Heimkehrer mit seinem Werk bis zum Spätherbst des Jahres 1919 einhandelt, liest sich wie ein »Who is Who« der ehemaligen Wiener Avantgarde: Zunächst sprach er Ernst Jahoda an, den Verleger der Schriften von Karl Kraus, dann Wilhelm Braumüller, der einst das von Wittgenstein über alle Maßen geschätzte Werk »Geschlecht und Charakter« von Otto Weininger herausgebracht hatte. Schließlich wendet er sich an Ludwig von Ficker, den Herausgeber der Avantgardezeitschrift »Der Brenner«, die Wittgenstein vor dem Krieg durch Spenden finanziell unterstützte, ebenso wie an den Dichter Rainer Maria Rilke. Von Ficker leitete die Anfrage, mit Unterstützung Rilkes, schließlich an den Insel-Verlag weiter – auch dies ohne positives Ergebnis.

Das einzige Publikationsangebot, das Wittgenstein in diesen Monaten erhält, erfolgt unter der Bedingung, die Kosten für den Druck und die Auslieferung des Buches selbst zu übernehmen, was er jedoch strikt ablehnt. Erstens besitzt er ja selbst keinen Schilling mehr. Zweitens aber, und wichtiger, hält er es »für bürgerlich unanständig, ein Werk der Welt in dieser Weise aufzudrängen«, wie er Ludwig von Ficker in einem Brief aus dem Oktober 1919 mitteilt: »Das Schreiben war *meine* Sache; annehmen muß es die Welt aber auf die normale Art & Weise.« Das will die Welt aber nicht, jedenfalls nicht in Wien. Und auch anderswo bot sich zunächst keine Möglichkeit. Kein Wunder, dass in Wittgenstein Herbststürme der Verzweiflung toben, während er in der Lehrerausbildungsanstalt Kundmanngasse Tag für Tag mit Menschen die Schulbank drückt, die mindestens zehn Jahre jünger sind als er und mit denen er auch sonst keinen benennbaren lebensweltlichen Hintergrund teilt.

An den Herbst des Jahres 1919 binden sich nicht zuletzt auch Episoden, die bis heute zu den umstrittensten seiner Biographie zählen. Denn ganz offenbar liegen (oder lagen) aus dieser Zeit Tagebucheinträge vor, die darauf hinweisen, dass Wittgenstein in einem für homosexuelle Treffen einschlägigen Park an den Wiener Praterwiesen solche Gelegenheitskontakte suchte und auch fand.[54] Die Stichhaltigkeit dieser Episoden ist – da besagte Tagebucheinträge zwar wohl von einem Biographen direkt eingesehen wurden, aber noch immer nicht öffentlich zugänglich beziehungsweise unauffindbar sind – umstritten. Unbestritten sind jedoch die von seinen Nachlassverwaltern über Jahrzehnte gezielt geheim gehaltenen homosexuellen Neigungen Wittgensteins. Spätere Tagebucheinträge lassen zudem deutlich werden, dass Wittgenstein lebenslang ein moralisch extrem gespanntes Verhältnis zu seiner Sexualität hatte, den ganzen Bereich letztlich für verderbt und schmutzig hielt. Dies hätte, in seinen eigenen Augen, in besonderem Maße für Episoden wie die auf den Praterwiesen gegolten. Insofern fügen sich die mutmaßlichen Parkbegegnungen psychologisch plausibel in eine Stimmungslage, die Wittgenstein im Herbst 1919 auf einen neuen, autodestruktiven Tiefpunkt seiner Existenz treibt.

Die letzte große Hoffnung, zumindest als der Philosoph, der er ist, verstanden zu werden, ruht in diesen Monaten auf Bertrand Russell. Ein ums andere Mal drängt Wittgenstein in seinen Briefen deshalb auf ein möglichst baldiges Treffen, um ihm die wesentlichen Einsichten seines Werks im Gespräch erläutern zu können.

Der Kontinent liegt indes noch immer in Trümmern. Wittgenstein hat kein Geld, und Russell – der während des Kriegs als Pazifist sogar ins Gefängnis gegangen war – keinen gültigen Pass. Schließlich gelingt es doch, für Mitte Dezember 1919 eine Zusammenkunft zu erreichen. Man trifft einander auf halber Strecke zwischen Österreich und England, in den Niederlanden. Wohin sich zu dieser Zeit auch Wilhelm II. als ehemaliger deutscher Kaiser geflüchtet hat und Tag um Tag darum zittern muss, von der niederländischen Regierung nicht an die Entente-Mächte ausgeliefert zu werden.

DREI PUNKTE IN DEN HAAG

Die vier gemeinsamen Tage in einem Den Haager Hotel gestalten sich so, dass Wittgenstein bereits am frühen Morgen an Russells Zimmertür klopft und ihn von da an für den Rest des Tages mit Gesprächen und Ausführungen zu seinem Buch in Beschlag nimmt. Ihren mutmaßlichen Höhepunkt erreichen die Disputationen, als Russell – in dem Bemühen, die nach Wittgenstein für ein Verständnis seines Werks alles entscheidende Differenz zwischen *Sagen* und *Zeigen* zu erfassen – ein Blatt Papier nimmt und auf dieses drei Punkte zeichnet. Mit diesem Blatt in der Hand geht er nun auf Wittgenstein zu und fordert diesem das Zugeständnis ab, dass, da sich auf diesem Blatt ja ganz unzweifelhaft drei Punkte befänden, somit auch die Aussage »Es gibt auf der Welt mindestens drei Dinge« wahr und sinnvoll sei.[55] Was Wittgenstein allerdings mit aller Bestimmtheit bestreitet! Denn über die Beschaffenheit der Welt als Ganzes lässt sich seiner tiefsten philosophischen Überzeugung nach nichts Sinnvolles sagen.

Was im konkreten Zusammenhang des Blattes mit den drei Punkten *sinnvoll* gesagt werden kann, ist nach Wittgenstein Folgendes: »Auf diesem Blatt sind drei Punkte.« Denn dies ist ein Satz, der sich auf das Vorhandensein eines Sachverhalts in der Welt bezieht. Er ist nicht nur sinnvoll, sondern, wie sich mit Blick auf das Blatt in Russells Hand eindeutig zeigt, auch wahr.

BILDER VON TATSACHEN

Sinnvolle – und damit gegebenenfalls wahre – *Sätze* sind nach Wittgensteins Abhandlung am besten als *Bilder von Tatsachen* aufzufassen, deren Inhalt, so man diese *Bilder/Sätze* sprachlich versteht, eine präzise Vorstellung davon gibt, was für eine Art von Tatsache in der Welt der Fall sein muss, damit sie wahre *Sätze/Bilder* sein können.

> 2.221 Was das Bild darstellt, ist sein Sinn.
>
> 2.222 In der Übereinstimmung oder Nichtübereinstimmung seines Sinns mit der Wirklichkeit besteht seine Wahrheit oder Falschheit.
>
> 4.016: Um das Wesen des Satzes zu verstehen, denken wir an die Hieroglyphenschrift, welche die Tatsachen, die sie beschreibt, abbildet.

Die Wahrheit eines Satzes zeigt sich also, wenn man das Bild von den Tatsachen, deren Bestehen er behauptet, in der Welt als tatsächlich gegeben vorfindet. Oder anders gesagt: Wenn das, was der Satz behauptet, auch der Fall ist. Gemäß der ersten beiden Sätze von Wittgensteins Traktat:

> 1. Die Welt ist alles, was der Fall ist.
> 1.1 Die Welt ist die Gesamtheit aller Tatsachen, nicht der Dinge.

DER FRISEUR

Und wo liegt nun das Problem mit einem Satz wie »Es gibt drei Punkte auf der Welt«?, mag Russell im Hotelzimmer, mit dem Blatt in der Hand wedelnd, nachgehakt haben. Nun, es besteht darin, dass bereits Satz 1.1. des Buches festlegt, dass »die Welt« (als Ganzes) selbst keine Tatsache ist, sondern eben nur dies: »die Gesamtheit aller Tatsachen«.

Ein Hauptgrund für Wittgensteins Weigerung, Sätze über die Welt als Ganzes als sinnvoll zuzulassen, liegt dabei in Folgendem: Wäre die Welt selbst eine Tatsache, müsste sie sich – als nur eine Tatsache unter anderen – gleichsam selbst als Tatsache enthalten. Sie wäre, als Welt, dann nämlich einerseits als eine Menge *von bestimmten Elementen* definiert (hier: der Gesamtheit der Tatsachen) und *gleichzeitig selbst ein Element dieser Menge* (also: eine Tatsache). Ein logischer Formalismus aber, der zulässt, dass eine Menge sich selbst als Element enthält, führt – wie nach Wittgensteins Überzeugung niemand anders als Russell ein für alle Mal gezeigt hatte – zu biestigsten logischen Verwicklungen und letztlich unkontrollierbaren Widersprüchen.

Russells eigenes Lieblingsbeispiel für so entstehende mengentheoretische Paradoxien, er ersann es 1918, ist der Fall eines Barbiers, sagen wir in der Ortschaft Chiswick. Diesen Barbier führte Russell schlicht als den einen und einzigen Mann ein, der all jenen und nur jenen Menschen in Chiswick die Haare schneidet, die sich nicht selbst die Haare schneiden. Die entscheidende Frage lautet dann natürlich: Wer, wenn überhaupt, schneidet nun dem Barbier die Haare?

Widerspruchsfrei zu beantworten ist sie nicht. Denn entweder der Barbier schneidet sich die Haare nicht selbst, womit er dann aber, definitionsgemäß, zur Menge all der Menschen gehören würde, denen er die Haare schneidet. Schneidet er sich die Haare aber selbst, verstößt er damit gegen die gegebene Mengendefinition, »schneidet die Haare all jener und nur jener in Chiswick, die sich nicht selbst die Haare schneiden.« Und in diesem Zusammenhang zu hoffen, der Barbier von Chiswick sei glatzköpfig, bleibt zwar ein netter Ausweichscherz, löst aber nicht die mengentheoretischen Verwicklungen und Widersprüche, die sich hier notwendig ergeben.

Das wären also, in einem sprachphilosophischen Kurzhaarschnitt, Wittgensteins Gründe, weshalb die Welt, ist sie einmal als »Gesamtheit aller Tatsachen« definiert, nicht selbst eine Tatsache sein darf. Ist die Welt aber selbst keine Tatsache, kann es – gemäß »Tractatus« – auch keine sinnvollen Sätze über den Zustand der Welt als Ganzes geben, nicht einmal Sätze wie »Es gibt drei Dinge auf der Welt«. Und auch nicht Sätze wie beispielsweise: »Es gibt die Welt.« Oder: »Die Welt gibt es nicht.«

Dass es nun auf der Welt mindestens drei Dinge gibt, lässt sich deshalb, trotz aller Blattwedelei Russells im Hotelzimmer, nicht sinnvoll *sagen*. Allerdings – und das ist Wittgensteins springender Punkt – *zeigt* sich das, was dieser Satz aussagt, im gegebenen Fall ja ganz deutlich und fraglos als wahr, nämlich durch die Tatsache, dass sich da drei Punkte auf dem Blatt befinden. Wo, lieber Bertrand, liegt hier also eigentlich dein Problem? Oder auch nur deine empfundene Einschränkung? Alles, was sich überhaupt sagen lässt, lässt sich klar und widerspruchsfrei sagen.

RUSSELL AUF DER LEITER

Genau mit der Sinn-Grenze aber will sich Russell in Den Haag nicht abfinden. Nicht zuletzt kann er in seinem Widerwillen ein ganz augenfälliges und scheinbar schlagendes Gegenargument anführen, nämlich, dass Wittgensteins philosophische Abhandlung, gemäß der in ihr selbst gezogenen Grenzziehung zwischen sinnvollen und nur sinnvoll scheinenden Sätzen, dann über weite Strecken selbst nur aus unsinnigen Sätzen bestehen muss.

Denn was, mein lieber Wittgenstein, frage ich dich, ist ein Satz wie »Die Welt ist alles, was der Fall ist« denn anderes, als ein Satz über die *Welt als Ganzes*?« Worauf Wittgenstein seinem Freund in aller Seelenruhe hätte antworten können: »Das siehst du, lieber Russell, natürlich genau richtig, und genau auf diesen Widerspruch habe ich in den letzten beiden Sätzen meines Werkes ja auch selbst ausdrücklich hingewiesen.« Nimm und ließ:

> 6.54 Meine Sätze erläutern dadurch, daß sie der, welcher mich versteht, am Ende als unsinnig erkennt, wenn er durch sie – auf ihnen – über sie hinausgestiegen ist (Er muß sozusagen die Leiter wegwerfen, nachdem er auf ihr hinaufgestiegen ist).
> Er muß diese Sätze überwinden, dann sieht er die Welt richtig.
>
> 7 Wovon man nicht sprechen kann, darüber muß man schweigen.

Verstehst du, lieber Russell, verstehst du? Mein Buch *sagt* recht verstanden gar nichts Sinnvolles, aber es *zeigt* etwas. Es ist als Werk selbst nichts anderes als eine einzige Zeigehandlung, und zwar in eine »andere Welt«, das heißt eine andere Weltsicht: eine klarere, ehrlichere, weniger verstellte, auch staunende, bescheidenere, grundlosere, sinnvollere. Vor allem aber eine freiere; freier, weil man in dieser neuen Welt über gewisse Fragen, insbesondere philosophische Fragen, nicht mehr argumentierend nachdenken muss – weil man sie nämlich als sinnlos erkannt, ja als sinnlos *erfahren* hat. Es ist zum Beispiel eine Welt ohne Behauptungen, wie die Welt als Ganzes »in Wirklichkeit« ist oder nicht ist. Es ist also auch eine Welt ohne Ideologien und Ideologieverdächte, wenn du so willst.

Diese freiere Weltsicht sinnt mein Buch dem Leser an. Ein bisschen so, lieber Russell, wie wenn ich jetzt mit dem Finger auf diese Wolke da draußen am Himmel zeige und dich frage, ob du in ihrer Form auch einen Löwen siehst, und, da schau nur, nun sieht sie eher aus wie ein Drache. Dort der Rachen, hinten der

Schweif ... siehst du, siehst du das auch? Da, die Flügel, die beiden Augenlöcher, die gerade im Wind zuziehen ... Aber irgendwann ist natürlich ein Punkt erreicht, an dem alle Erklärungen und Hinweise enden müssen, an dem du es einfach selbst sehen, einsehen musst, an dem es sich dir selbst zeigen muss ... Genau in diesem Sinne habe ich ja auch in meinem Vorwort geschrieben: dass dieses Werk sich nur demjenigen erschließt, der *»die Gedanken die darin ausgedrückt sind – oder doch ähnliche Gedanken, schon einmal selbst gedacht hat«*.

Vergebens. Russell sah es einfach nicht. Nicht ein. Sah es anders, grundsätzlich anders als Wittgenstein. Er hielt mit guten Gründen, wie ihm schien, bereits an einer der ersten Sprossen von Wittgensteins Leiter inne und wollte von dort partout nicht weiter. »Wittgenstein ist vollends zum Mystiker geworden«,[56] fasst Russell in einem Brief die Den Haager Diskussionen zusammen. Das war nicht falsch. Das traf sogar etwas Wichtiges. Wie auch Wittgenstein, zu Weihnachten 1919 wieder zurück in Wien, das Gefühl hatte, Russell wenigstens einige inhaltliche Aspekte des Werks nähergebracht zu haben. Vor allem hatte Russell aber, als weltweit angesehener und auch verkaufsstarker Autor philosophischer Bücher, sich bereit erklärt, für das Werk seines ehemaligen Schülers eine kurze Einleitung zu verfassen. Auch wenn es nicht gelungen war, seinem Freund die zentrale sprachphilosophische Bedeutung der Unterscheidung zwischen »Sagen« und »Zeigen« zu verdeutlichen, fasste Wittgenstein neue Hoffnung. Mit einem Vorwort aus Russells Feder würden die Verkaufs- und damit Publikationschancen für sein Werk sprunghaft steigen, wie er auch dem Verleger von Ficker umgehend schrieb. Allerdings ohne den gewünschten Erfolg. Dieser hielt das Buch nach wie vor für absolut unverkäuflich.

Das mag nicht zuletzt daran gelegen haben, dass der Verleger bezweifelte, was denn nun, abgesehen von den Spezialinteressen einer Handvoll Logiker und Mengentheoretiker, von der Frage abhängt, ob Sätze über die Welt als Ganzes sinnvoll sind oder nicht. Ist das nicht letztlich egal, ein eitler Streit um bloße Worte? Bezogen auf unseren konkreten Alltag, mag diese Vermutung tatsächlich als triftig erscheinen. Doch zumindest für das Selbstverständnis der modernen Philosophie – und zahlreiche ihrer als zentral geltenden Probleme – hängt von dieser Frage sehr viel, in gewissem Sinne sogar alles ab. Man erinnere nur an Descartes und seine die gesamte moderne Philosophie prägende Skepsis, ob es diese Welt so, wie wir sie ganz alltäglich erleben und ihrer Beschaffenheit beschreiben, auch tatsächlich gibt, oder ob sie nicht auch das Blendwerk eines allmächtigen Dämons sein könnte: Gibt es die Welt überhaupt?

Klingt wichtig. Klingt absolut existentiell. Mit Wittgensteins Abhandlung aber entlarvt sich dieser erkenntnistheoretische Grundzweifel als reine Scheinfrage – das gestellte Problem in Wahrheit als ein klassisches Unsinnsproblem – und damit als etwas, von dem man als klar denkender Mensch besser die Finger lassen wird. Denn:

> 6.5. Zu einer Antwort, die man nicht aussprechen kann, kann man auch die Frage nicht aussprechen.
> *Das Rätsel* gibt es nicht.
> Wenn sich eine Frage überhaupt stellen läßt, so *kann* sie auch beantwortet werden.

> 6.51: Skeptizismus ist *nicht* unwiderleglich, sondern offenbar unsinnig, wenn er bezweifeln will, wo nicht gefragt werden kann. Denn Zweifel kann nur bestehen, wo eine Frage besteht; eine Frage nur, wo eine Antwort besteht, und diese nur, wo etwas *gesagt* werden *kann.*

Problem mit Wittgenstein also erledigt. Nicht gelöst oder widerlegt. Nein, erledigt, im Sinne von: beiseitegelegt, weil man es bereits in seiner Fragestellung als falsch angelegt erkannt hat. Oder man denke, um ein anderes, zeitlich wesentlich näherliegendes Beispiel zu nennen, nur an Martin Heidegger, wie er im Winter des Jahres 1919 die Ohren seiner studentischen Zuhörerschaft mit der unbedingtesten aller Fragen zum Glühen bringt. Dies ist nicht etwa die Frage, ob es etwas gibt (zum Beispiel drei Punkte auf einem Blatt Papier), sondern die, ob es *»etwas überhaupt«* gibt. Womöglich noch so eine Formulierung, die zwar zunächst sinnvoll klingt, es letztlich aber nicht sein mag. Was allerdings keineswegs bedeutet, dass Wittgenstein vollkommen taub gewesen wäre für die weltverändernde Wucht, die sich hinter diesem heideggerschen Frageimpuls verbirgt. Im Gegenteil, hatte er nicht selbst in seinem Werk geschrieben:

> 6.522 Es gibt allerdings Unaussprechliches. Dies *zeigt* sich, es ist das Mystische.

> 6.44 Nicht *wie* die Welt ist, ist das Mystische, sondern *daß* sie ist.

Wie Heidegger kommt also auch Wittgenstein gar nicht mehr heraus aus dem ursprünglichen Staunen, dass es etwas überhaupt gibt. Sowie insbesondere dem Staunen darüber, dass dieses jeweilige »etwas« sich uns als unmittelbar bedeutungsvoll, gar wahrheitsfähig zeigt, sobald wir nur die Augen öffnen. Nur glaubte Wittgenstein, anders als Heidegger, gerade nicht, dass in der völlig unverstellten Frage nach der bloßen Gegebenheit von »etwas überhaupt«, geschweige denn *der* Welt, ein extrem tiefes philosophisches Rätsel verborgen liegt, dessen eigentlicher Sinn überhaupt erst wieder zur Sprache gebracht werden müsse. Vielmehr muss seiner Überzeugung nach jeder Versuch in diese Richtung, über kurz oder lang, in sprachlichem Unsinn enden – wenn nicht Schlimmerem.

UNTER STROM

In exakt jenen Septembertagen des Jahres 1919, als in Ludwig Wittgenstein die Stürme der Sinnlosigkeit wüten und er sich wie durch ein »geschlossenes Fenster« von seinen Mitmenschen abgeschnitten erfährt, durchlebt Martin Heidegger einen wahren Ausbruch an schöpferischer Kreativität: »Die Gesichte, Problemhorizonte – echte Schritte fruchtbarer Lösungen – prinzipielles Neusehen, Möglichkeiten überraschendster Formulierungen u. Prägung, Zusammenschießen echter Kombinationen – all das ist so überquellend, einfach überflutend, daß man wie physisch u. dann zeitlich praktisch außerstande ist den Strom einzufangen, festzuhalten, systematisch auszuschöpfen«,[57] schreibt er seiner Frau am 9. September 1919 nach Freiburg von einem Bauernhof in der Nähe von Konstanz, wohin er sich für einige Wochen zum Schreiben zurückgezogen hat. Dennoch plagen den Denker aus dem Schwarzwald schwere persönliche Sorgen. Seine Ehe kriselt. Nur wenige Tage zuvor hat Elfride ihm brieflich gestanden, ein Verhältnis mit einem frühen Studienfreund von ihr zu unterhalten. Sein Name ist Friedel Caeser. Er arbeitet als Arzt an der Uniklinik Freiburg. In seiner brieflichen Erwiderung auf das Geständnis gibt sich Heidegger zunächst höchst souverän und versöhnlich. Ferner deutet er die Konstellation sogleich als lebensphilosophische Herausforderung, die ihm und nur ihm zu lösen aufgegeben ist: »Heute früh schon kam Dein Brief u. was er enthält wußte ich schon. Viel Worte darüber reden u. alles zergliedern, fruchtet nichts. Genug, daß Du's mir in Deiner schlichten, sicheren Art gesagt hast. … daß Friedel Dich liebt, wußte ich längst … gewundert habe ich mich zuweilen, daß Du mirs nicht eher sagtest. … Es wäre einfältig von mir u. Kraftverschwendung, wenn ich ihm nur das geringste übel nähme. … Ich bin dann schon beim Problem des Verkehrs überhaupt, das mich dieser Tage besonders beschäftigte, wo ich neue Menschen kennen gelernt habe. Und ich merke: sie sind mir im Grunde alle gleichgültig – gehen außen vorbei wie vorm Fenster –

man sieht ihnen nach und erinnert sich vielleicht mal wieder. … Die große Berufung zu einer überzeitlichen Aufgabe ist immer auch notwendig eine Verurteilung zur Einsamkeit u. es gehört zu ihrem Wesen, daß andere von ihr nichts wissen – im Gegenteil: den Einsamen als den Reichen, Geehrten, Beschwärmten – Beachteten und Beredeten verstehen u. sich dann wundern, wenn sie von seiner Seite eine maßlose Verachtung (eine Beiseiteschiebung im höheren Sinne) trifft.«[58]

Da sind sie also wieder: Menschen, die »außen wie vorm Fenster« vorbeigehen! All die gewöhnlichen anderen und viel zu vielen, zu denen Heidegger keine wahre Verbindung aufnehmen kann oder auch nur will. Menschen, die nichts ahnen von den schöpferischen Gedankenstürmen, die in ihm toben, Menschen, die er in dieser grundlegenden geistigen Asymmetrie zurückweisen und also verletzen muss. Das romantische Bild vom großen Einsamen, schicksalhaft dazu verurteilt, sein übermenschliches, ihm allein aufgegebenes Problem ganz für sich und notwendig unverstanden zu lösen: der geniale Asoziale. Das ist Heideggers Selbstverständnis. Und wird es lebenslang bleiben.

DER GETRÜBTE BLICK

Alles andere als ein metaphorischer Zufall ist, dass Heidegger in seiner Antwort an Elfride das cartesische Zweifelsbild vom Philosophierenden hinter dem Fenster aufruft, dem im Prozess seines Denkens letztlich sogar die Menschlichkeit seiner Mitmenschen zweifelhaft werden muss. Descartes' Einfluss auf die moderne Philosophie, dessen wird sich Heidegger in diesem Jahr immer deutlicher bewusst, ist ein ganz und gar fataler: Descartes und sein skeptisches Gedankenexperiment, Descartes und seine Etablierung des denkenden, letztlich rechnenden Subjekts als Urgrund aller Gewissheit (»Ich denke, also bin ich«), Descartes und seine Verengung der Philosophie auf reine Erkenntnistheorie, Descartes und seine durchgängige Zweiteilung der Welt in Geist und Materie ... Descartes ist der philosophische Feind an sich. Sein Denken markiert den Wendepunkt, an dem es endgültig schieflief mit der abendländischen Philosophie.

Die »überzeitliche Aufgabe«, die Heidegger in den rauschhaften Tagen des frühen Septembers 1919 bereits in ihren Konturen vor sich sieht – jene Kunst des »prinzipiellen Neusehens« und des Vorstoßens in ganze neue »Problemhorizonte« –, besteht in nichts anderem, als sein Land, seine Kultur, ja seine gesamte Tradition von dem bösen neuzeitlichen Zauber der Subjektphilosophie und Erkenntnistheorie, von ihrer rein rechnenden Rationalität und ihrer Fixierung auf die Naturwissenschaften zu befreien. Er sieht seine abendländischen Mitmenschen, als Gesamtheit, gefangen in einem fundamental falschen Weltzugang und Selbstbild. Der Blick für die Wirklichkeit ist ihnen durch eine unbefragte Übernahme falscher Begrifflichkeiten verstellt. Sie können sich selbst, die Welt und einander deshalb nur noch höchst verschwommen, wie durch ein milchiges Glas wahrnehmen.

Doch nicht genug, dass diese zunehmende Trübung des Blicks von niemandem mehr bemerkt wird. Nein, dieser Blick auf die Wirklichkeit ist über die Jahrhunderte so tief in unser kulturelles Selbstverständnis eingedrungen, dass er mittlerweile selbst als höchste und einzig wahre Form der Welterkenntnis begriffen, rückblickend gar als eigentlicher Durchbruch ins Licht der Aufklärung gefeiert wird. Ein wahr gewordener Alptraum also!

Jedoch: Wenn etwas ein Alptraum ist, bedeutet dies auch, dass man aus ihm erwachen kann. Und im Herbst 1919 erfährt sich zumindest Heidegger als endgültig erwacht: Er beginnt, eigenständig und in aller Konsequenz außerhalb des von Descartes vorgegebenen Gestells der neuzeitlichen Subjekt- und Erkenntnistheorie zu philosophieren. Heidegger denkt fortan, wie man heute sagen würde, »outside of the box«. Und seine erste und grundlegende Einsicht lautet dabei tatsächlich: There is no box! Es gibt keinen abgetrennten Innenraum der Erfahrung, der denkende Subjekte wie durch eine Scheibe von der sogenannten Realität trennt. Descartes' Außenweltskeptizismus sowie die direkt mit ihm verbundene Frage, wie die Realität nun »in Wirklichkeit« beschaffen sein mag, seine absolute Trennung von Erkenntnissubjekt und Erkenntnisobjekt, das alles sind, wie sich Heidegger bei genauerer phänomenologischer und also vorurteilsfreier Betrachtungsweise nach und nach zeigt, reine Scheinprobleme und Scheinsetzungen.

Nur allzu nachvollziehbar, dass Heidegger in diesem Sommer des Durchbruchs an Elfride schreibt: »Wie du früher einmal richtig bemerktest, ich bin schon sicher u. mit viel weiteren Horizonten u. Problemen über ihn (Husserl) hinaus«,[59] und seine Gattin damit auf einem kritischen Höhepunkt ihrer Ehe als edle Mitwissende auf neuem Wege anspricht. Nur wenige Zeilen darauf jedoch stilisiert er sich erneut als einsamer Weiser und Sehender. Heideggers Briefe vom September 1919 lesen sich einerseits wie hoffende Glaubensbekenntnisse an seine Frau, von der er andererseits allerdings nicht mehr gewiss ist, ob er überhaupt noch echten inneren, das heißt liebenden Zugang zu ihr finden kann. Was, wenn sie bereits auf der Seite der anderen steht? Wenn der finanziell weitaus besser gestellte Großbürger Friedel Caeser sie zurück in ein rein konventionelles, das heißt der Etikette und dem Schein verpflichtetes Liebesverständnis gezogen hat? Sicher sein kann er sich da nicht mehr.

Also sucht und findet er in diesen Tagen die einzige Gewissheit, die ihm als der Mensch, der er nun einmal ist, offensteht: die seines Arbeitens, seines Schaffens, seines Denkens. Denn hier ist nichts mehr getrennt, kein Zweifelsspalt mehr offen. Hier ist alles eins. Alles schöpferisches Schäumen! Bedauerlich allein, dass man nicht ewig an diesem magischen Ort des absoluten Eros bleiben kann – und irgendwann doch wieder in die Welt der Friedels und Co. zurückmuss: »... diese absolute Produktivität hat ebenfalls ihre Unheimlichkeit: es schafft scheinbar u. doch erlebt man sich absolut dabei – besonders wenn der Zustand abklingt u. die Erschlaffung kommt u. man sich wieder zurücksucht in die Umwelt – dann weiß ich, daß ich ganz u. absolut bei mir selbst u. vor allem bei der objektiven Welt der Probleme u. des Geistes war – hier ist keine Fremdheit – hier geht nichts außen vorbei – sondern man geht selbst mit u. bringt zum Gehen – im schöpferischen Leben ist alle Fremdheit verschwunden – umso zerreißender u. zerwühlender ist dann jenes Am-anderen-Ufer stehen in der natürlichen Umwelt ...«[60]

Es läuft also in diesen Tagen bei Heidegger, schafft ganz gewaltig in ihm, ja es geht geradezu mit ihm durch. Von was für einem »Es« hier die Rede ist? Gewiss nicht von jenem »Es«, das gemäß Sigmund Freuds damals noch junger Theorie des Unbewussten die unterste Stufe der Triade »Über-Ich – Ich – Es« bildet und damit in den triebgesteuerten Tiefen eines jeden Subjekts für die eigentliche kreative Dynamik sorgt. Nein, Heideggers »Es« meint bereits in dieser Frühphase seines Denkens ein Wirken von ganz anderer Art und Kategorie. Es ist das gleiche unheimliche – oder sollten wir mit Wittgenstein besser sagen – mystische »Es«, das sich in der Frage nach dem »was gibt es« erst eigentlich zeigt. Es ist ein »Es« jenseits des Dualismus von Subjekt und Objekt (»ganz bei mir und der objektiven Welt«), von Aktivität und Passivität (»man geht selbst mit und bringt zum Gehen«), von Innen und Außen (»hier geht nichts außen vorbei«) ... »Es« ist begrifflich gar nicht so leicht zu fassen. Selbst für einen wie Heidegger nicht. Doch die Erfahrung dieses schöpferischen Urgrunds allen Sinns und Seins ist für ihn fortan unabweisbar. Er wird sein Leben lang nach einer Sprache für ihn suchen.

GEMEINSAM EINSAM

Nicht zuletzt legen die Septemberbriefe Heideggers eindrucksvoll Zeugnis davon ab, wie ernst es dem Denker mit seiner Verschmelzung von Philosophie und Alltag ist. Und zwar so ernst, dass er letztlich eine vollständige Parallelisierung seiner Eheherausforderung mit seinem philosophischen Projekt vornimmt. In einer Weise, wie es vielleicht niemals mehr ein Philosoph getan hat, setzt er die ehelichen Abwege, auf die sich seine moderne Frau Elfride begeben hat, mit den Abwegen gleich, auf denen sich die moderne Philosophie selbst befindet. Beide stellen in diesem goldenen Denkherbst extreme, ja höchste Zumutungen an Heidegger. Zumutungen, die ihn aber nur noch stärker und produktiver machen, da sie es ihm in dieser absoluten Härte der Auseinandersetzung ermöglichen, das zu tun, was er als seine eigentliche Aufgabe empfindet: rücksichtslos und absolut sachlich zum Wesentlichen vorzudringen, alles Unechte, rein Erdachte und Erkünstelte abzustreifen. Wir schreiben den 13. September 1919: »Über Deine Erkenntnis war ich dir nicht bös – wie könnte ich das, der ich die Rücksichtslosigkeiten u. Herbheiten des Erkennens täglich in absolut sachlicher Einstellung erleben muß … das Leben in seiner Urkraft ist tiefer u. voller als das Erkennen u. unsere ganze Philosophie krankt ja noch daran, daß sie sich von Erkanntheiten ihre weiteren Probleme vorgeben läßt – so, daß sie von Anfang an verunstaltet u. mit Paradoxien behaftet sind.«[61]

Oberflächlichkeiten durchschauen, Konventionen ablegen, Falschheiten bekämpfen, rücksichtslos zum Kern der Sache vordringen, überall Echtheit durchbrechen lassen. Sicher, in den Jahren nach 1919 reden viele so. Und durchaus nicht nur Philosophen. Nicht zuletzt zählen sämtliche dieser Begriffe (Oberflächlichkeit, Konvention, Schein, Verstellung) auch zu einem kulturell bereits fest verankerten und sich nach Kriegsende nur noch weiter verschärfenden Antisemitismus in Deutschland.

Heideggers Mission war zu dieser Zeit hingegen noch keine explizit politische. Ihre Radikalität beschränkte sich, wie am Beispiel des »Frageerlebnisses«, zunächst auf den Innenraum philosophischer Vorstellungen. Im genannten Fall brachte sie die denkbar allgemeine und von allen inhaltlichen Vorbestimmungen befreite Frage nach dem eigentlichen Sinn der Wortfolge *»es gibt«* hervor.

Einfacher, konventionsfreier, allgemeiner und vor allem voraussetzungsloser lässt sich, wie es scheint, schlicht nicht fragen. Und auch nicht antworten. Ja, »da« gibt es, wie sich unleugbar zeigt, etwas. Gibt es sogar eine ganze Welt. Dennoch ist das festhaltende Bestaunen ihres bloßen Da-Seins beziehungsweise Gegebenseins alles andere als eine natürliche und voraussetzungsfreie Einstellung zur Welt. Vielmehr verlangt sie, wie Heidegger selbst ausdrücklich betont, nach einer speziellen Form der Vertiefung oder meditativen Versenkung, die nichts mit dem alltäglichen und weitgehend unreflektierten Modus zu tun hat, in dem wir normalerweise durchs Leben und die Welt gehen.

ZWEI KÄUZE

Stellen wir uns versuchsweise zwei junge Männer vor, die gemeinsam durch die Stadt schlendern – und auf einmal sagt der eine zum anderen:

> »Wie sonderbar, daß es überhaupt etwas gibt! Wie wundersam: Da! Und da! Und da! Siehst du es auch!«
> Und der andere nickt dann und sagt: »Ja, ich sehe es. Es zeigt sich auch mir. Und weißt du, ich denke ja auch immer: Nicht wie die Welt ist, ist das eigentliche Mystische, sondern daß sie ist.«

Was für Käuze! Dennoch, es wäre ein Dialog, den Martin Heidegger und Ludwig Wittgenstein im Jahre 1919 durchaus miteinander hätten führen können. Und man darf mit großer philosophischer Sicherheit annehmen, dass sie sich dabei hervorragend verstanden hätten. Nur dass Heidegger dann gerne weiter über den Sinn dieses »Es gibt« gesprochen und philosophiert hätte. Wittgenstein hingegen ausdrücklich nicht. Denn wo der eine (Heidegger) gerade hier die eigentlich öffnende Frage, ja den Durchbruch zu einem wahrhaft unverstellten Erkennen des Seins vermutete, sah der andere (Wittgenstein) nur absehbaren Unsinn und sprachlich erzeugte Scheinprobleme.

UMWELTEN VORAUS

Den Grundfehler der Philosophie – spätestens von Descartes an – erkennt Heidegger ab 1919 jedenfalls gerade darin, den Modus des Theoretisierens als den ursprünglichen und eigentlichen angenommen zu haben. Genau das aber stellt die tatsächliche Lage auf den Kopf und erzeugt unweigerlich ein ganzes Nest erkenntnistheoretischer Scheinprobleme, allen voran die cartesische Skepsis, ob es die Realität im Sinne von *der* Wirklichkeit überhaupt gibt? Denn dies ist an sich schon eine Fragestellung, die sich nur aus einer theoretischen Einstellung heraus ergibt und damit nach Heideggers (wie ja auch Wittgensteins) Überzeugung schlicht falsch in den philosophischen Raum gestellt ist:

> Nach der Realität des Umweltlichen zu fragen, dem gegenüber alle Realität bereits eine mehrfach umgeformte und ent-deutete Ableitung darstellt, heißt alle echte Problematik auf den Kopf stellen. Das Umweltliche hat seine genuine Selbstausweisung in sich selbst. Die echte Lösung des Problems der Realität der Außenwelt liegt in der Einsicht, daß es überhaupt kein Problem, sondern eine Widersinnigkeit ist.[62]

Das primär Gegebene ist für Heidegger also nicht *die* Realität, sondern *eine* Umwelt. Und diese »weltende« Umwelt ist immer schon eine ursprünglich bedeutungshafte Ganzheit von Verweisungen, die, folgt man ihnen nur konsequent weiter, letztlich auf die gesamte Welt des Sinns verweist. Diese spezifische Art des Gegebenseins der Welt für uns gilt es nach Heideggers Überzeugung nun aus philosophischer Sicht überhaupt erst einmal wieder in den Blick zu bekommen. Denn in Wahrheit haben wir diesen

Blick und die mit ihm verbundenen existentiellen Einsichten verlernt und vergessen – mit fatalen Folgen für das eigene Selbst wie das Ganze der Kultur. Wer als menschliches Dasein nur den abgeleiteten theoretischen Zugang für den ursprünglichen hält, hat sich damit in seinem gesamten Weltzugang von der weltenden Kraft des eigentlich Bedeutsamen entfernt. Heidegger nennt diese gesamtkulturell bedingte Abkehr vom Eigentlichen und Ursprünglichen 1919 ein »*Verblassen der Bedeutsamkeit*«: der Welt, der anderen Menschen, des eigenen Selbst. Sie alle werden, um Descartes' Metapher des Fensters noch einmal aufzunehmen, nur noch durch die milchige Scheibe der Theorie wahrgenommen. Das falsche Leben also, in einer gefälschten Welt und einem falsch fundierten Miteinander.

Es wird hier einmal mehr klar, wie weit Heideggers Programm einer phänomenologischen Wiedergewinnung der Welt konkret existentielle Züge trägt: Es gebiert bereits in diesem frühen Stadium seines Denkens eine fundamentale Ideologiekritik am modernen Zeitalter der Technik und dessen allumfassender Verdinglichungs- und Verwertungslogik, die ausgehend von Heidegger bis weit in die kritischen Theorien des 20. und 21. Jahrhunderts nachhallen: Dass es, um mit Theodor W. Adornos wohl berühmtester Sentenz zu reden, »kein richtiges Leben im falschen geben« kann, davon jedenfalls ist niemand überzeugter als Heidegger ab dem Jahre 1919. Gefordert ist in seinem Sinn als Existenzideal deshalb ein ganz und gar ursprüngliches und unverstelltes, eben echtes »Da-Sein«! (Eine therapeutische Forderung, die Adorno und die seinen so freilich gerade nicht erhoben.) Rückblickend aus unserer Gegenwart lässt sich auch klar heraushören, inwiefern Heidegger mit seinem philosophischen Programm als prägender Vordenker der deutschen Ökologiebewegung des Nachkriegs zu gelten hat: Ganzheitlichkeit, Umweltbewusstsein, Technologiekritik, Naturverbundenheit … Das alles sind bereits 1919 angelegte Kernmotive eines Denkens, das in seinem Appell zur Echtheit und Unverstelltheit in allen Lebenslagen natürlich auch emphatisch zur organischen Verwurzelung und Verankerung in einer als ureigen erlebten Umwelt aufruft, sprich: der jeweiligen Heimat, der eigenen Landschaft, ihrer Bräuche, Sitten, Dialekte und allem was dazugehören mag. Wirklich innerlich und vollends echt sein kann der Mensch nur an seinem ihm angestammten Platz, in seiner Umwelt. Für Heidegger selbst ist es bekanntlich der Schwarzwald.

Das alles zeigt sich hier also schon im Sinne eines völkisch Echten und willensstark Wesentlichen. Und damit erscheint auch manch Dunkles.

ECHTHEIT BRICHT DURCH

Genau ein Jahr später, im September 1920, sehen wir Heidegger noch immer (oder schon wieder) im vollen Schaffensrausch – und wieder getrennt von seiner Familie. Diesmal hat er sich zu seinem Bruder Fritz ins Heimatdorf Meßkrich zurückgezogen. Von dort sendet er Esspakete nach Hause, denn die Lebensmittelkrise hat nun auch Freiburg erfasst:

> … was mir Freude macht: daß ich so gut und sicher arbeite … Ich arbeite jetzt … in einem Zuge u. mit der Begeisterung des »Vorwärts« u. »durch«. Morgens von 7–12 u. dann nach einem kleinen »Büfferchen« von 2–7 absolut frei v. Vorlesungs u. Seminar- u. Besuchs-unterbrechungen – und vor allem in wachsender Frische … Wenn ich abgespannt bin abends spiele ich – erschrick nicht – mit Vater und Fritz »66« u. bin ganz dabei … ich werde abgelenkt vor dem Schlafen – sonst beschäftigt mich die Philos. zu stark. –
>
> Ich küsse dich innig vielmal, mein liebes Seelchen – werde bald wieder gesund u. freu dich mit unseren Buben. Gib beiden einen lb. Kuß von mir.
>
> Dein Möhrchen[63]

Da sitzen sie also – der Martin, der Fritz und Vater Heidegger – und spielen Karten. Auf ihre Art eine echte, heile Schwarzwaldfamilie. Doch auch in diesem September eignet Heideggers Denkrausch ein kompensatorisches Moment. Es schafft in diesen Tagen nicht nur ordentlich in ihm, sondern Verdrängung ist auch im Gange. Denn Elfride liegt noch immer zu Bett, stark geschwächt von der Geburt ihres zweiten Sohnes Hermann in Freiburg am 20. August 1920. Heidegger weilt zur Geburt, wie den ganzen August über, in Meßkirch. Elfride und der kleine Jörg werden in diesen Wochen von einer guten Freundin betreut und gepflegt. Erst im Jahre 2005 wird das Geheimnis ans Licht kommen, das Elfride und Martin bereits seit dieser Zeit Anfang 1920 miteinander teilen. Heidegger ist nicht der leibliche Vater. Hermann entstammt der Beziehung Elfrides mit Friedel Caeser. Für Heidegger damals kein Grund zur Scheidung, auch nicht zum Misstrauen, im Gegenteil: Er deutete es als Chance zu einer echten Ehe – befreit von den falschen und verstellenden Konventionen des ihm tief verhassten Bürgertums. Nur drei Tage nach der Geburt hat er schon die richtigen Worte für diese Überzeugung gefunden: »Ich muß oft daran denken, wie blaß, unwahr und sentimental alles ist, was über Ehe meist gesagt wird. Und ob wir nicht eine neue Gestalt ausformen in unserem Leben – ohne Programm u. Absicht – sondern nur dadurch, daß wir Echtheit überall durchbrechen lassen.«[64]

Dr. Walter Benjamin aus der großen Stadt Berlin, das dürfen wir sicher sagen, wäre stolz auf Heideggers Willen zur freien, ehelichen Liebe gewesen, hatte aber zu dieser Zeit von all dem nicht nur keine Ahnung, sondern vor allem – noch – ganz andere Sorgen.

IRGENDWAS MIT MEDIEN

Ein Jahr nach seiner Promotion befinden sich die Benjamins noch immer in demselben »bösen Strudel« existentieller Unsicherheit, der sie mit dem unangekündigten Besuch von Walters Vater im

August 1919 erfasste. Dem jungen Elternpaar bleibt im Frühjahr 1920 – wohnungslos, arbeitslos, mittellos – schließlich keine andere Wahl, als ins Berliner Elternhaus in der Delbrückstraße zurückzukehren. Dort eskalieren die Dinge erwartungsgemäß.

Die prinzipielle Weigerung Benjamins, dauerhaft Quartier in der geräumigen Villa zu beziehen, kontert der Vater mit dem endgültigen Entzug des monatlichen Fixums. Derart in die Enge getrieben, besteht der Sohn auf der vorzeitigen Auszahlung wenigstens eines Teils seines Erbes. In Zeiten einer sich bereits ankündigenden Inflation eine nicht allzu clevere Idee. Doch Walter beharrt, wider alle Ratschläge, auf einer Auszahlung. Im Mai 1920 erzielt man schließlich eine Art Einigung. Benjamin beschreibt die Lage gegenüber Freund Scholem in seinem Brief vom 26. Mai 1920 wie folgt:

> Geendet hat es mit dem vollständigen Zerwürfnis … Ich bin mit einer Vorauszahlung von 30 000 M von meinem Erbteil, weiteren 10 000 M und ohne ein einziges Möbelstück aus dem Haus entlassen, d.h. ich habe es verlassen, ohne daß man mich herausgeworfen hätte. … Natürlich schreit das Provisorische dieser Dinge zum Himmel und was geschehen soll, ist nicht abzusehen. Fest steht nur, daß wir *irgendwo* eine Wohnung bekommen müssen, von der aus wir uns dann für unseren Unterhalt umsehen können. … Wissen Sie *irgend etwas*? … –[Ich] bin Ihnen unendlich dankbar, wenn Sie mir *alles*, was Sie in dieser Hinsicht hören, mitteilen: Stadt- und Landwohnungen, möglichst unmöbliert und billig, Landhäuser für zwei Familien u.s.w. … Dann, aber nur wenn ich in halbwegs menschlichen Umständen lebe, muß ich an die ›Habilitationsschrift‹ gehen, … trotzdem die Aussichten auf eine Dozententätigkeit in Bern ja zunichte geworden sind. Es könnte sich höchstens um die Erwerbung der venia aus Formgründen handeln. Meine Schwiegereltern, der einzige wenn auch äußerlich nicht sehr starke materielle Rückhalt der uns geblieben ist, die aber zu äußersten Opfern bereit sind, bestehen darauf, daß

ich Buchhändler oder Verleger werde. Nun verweigert mir auch dazu mein Vater Kapital. Aber es ist sehr wahrscheinlich daß ich nach außen hin von der Verfolgung meiner alten Arbeitsziele werde absehen müssen, nicht werde Dozent werden können und jedenfalls bis auf weiteres heimlich und nächtlich meine Studien neben irgend einer bürgerlichen Tätigkeit werde betreiben müssen. Wiederum weiß ich nicht, neben welcher. (Diesen Monat habe ich 110 M mit drei graphologischen Analysen verdient). … Ich bemühe mich sehr eine Lektorstelle zu finden. An S. Fischer, der einen sucht, bin ich durch Bloch empfohlen aber er hat sich doch nicht an mich gewandt. Wissen Sie etwas? Ich hätte ein sehr großes Verlagsprogramm.

Herzlichste Grüße, bitte schreiben Sie bald

Ihr Walter[65]

Sieht man einmal von der Vorzüglichkeit des gewählten Tones ab, könnten diese Zeilen ebenso gut von einem Berliner Jungpromovenden des Jahres 1997, 2007 oder auch 2017 stammen: Der Wohnungsmarkt ist die reine Katastrophe, die Eltern nerven total, den Unis werden ständig die Mittel gekürzt (Scheiß Kapitalismus!), kein Kita-Platz weit und breit, wenn gar nichts geht, ist deshalb auch eine Kreativ-Kommune auf dem Land eine Option … Und die Berufsperspektive? Weiß auch noch nicht so recht. Irgendwas mit Medien, am liebsten in der Verlagsbranche.

Vor dem geistigen Auge des Lesers erscheint die geradezu karikaturale Version eines weitgehend planfreien, finanziell verhätschelten 28-jährigen Hochbegabten, bei dem sich langsam, aber sicher die Erkenntnis festsetzt, dass die Welt auf das Genie, für das er sich zweifellos hält, so ganz und gar nicht gewartet hat. Die einzige konkrete Einnahmequelle Benjamins stellen in dieser Zeit graphologische Analysen dar. Heute wäre man Bioindex- oder Feng-Shui-Berater.

Im Jahr 1920 ist Benjamin also auf dem direkten Weg in die akademisch überambitionierte Prekariatsexistenz. Von den stattlichen 30 000 Reichsmark, die er 1920 zum Schnellstart in ein neues Leben erzwingt, wird er sich und seiner Familie nur drei Jahre später nicht einmal mehr ein belegtes Brötchen kaufen können. Wenn es fortan ein konstantes Muster in Benjamins Leben gibt, dann ist es das sichere Gespür dafür, genau zur falschen Zeit die falschen Entscheidungen zu treffen. Und noch ein zweites, lebensprägendes Muster tritt in diesem Brief beispielhaft hervor. Es betrifft Benjamins Umgang mit den Menschen, die er Freunde nennt. Denn es ist ab 1920 gar nicht so leicht, einen einzigen Brief aus seiner Feder zu identifizieren, in dem er seine Freunde nicht zu insbesondere finanzieller Hilfe der ein oder anderen Art ermuntern würde – samt recht raumgreifender Entschuldigungen, Ausreden oder Erklärungen dafür, weshalb gewisse vorgängige Vereinbarungen oder versprochene Gegenleistungen von seiner Seite leider nicht eingehalten werden konnten. Die Freundschaft zu Scholem – erst im Herbst 1920 beginnen sich die beiden zu duzen – ist nicht zuletzt deshalb die Benjamin-Freundschaft par excellence, weil sie von der Haltung eines ständigen Bittens und auch Benutzens überschattet bleibt. Benjamin ist zudem einige Jahre älter als Scholem, was ihm von Anfang an einen gewissen Reife- und Wissensvorsprung gab. Auch dies ein typisches Muster, ist Benjamin doch ein Mensch, der Freundschaft am liebsten unter den Vorzeichen einer beiderseits anerkannten Wissenshierarchie pflegt.

FLAPPER

Der als quälend empfundenen, totalen biographischen Offenheit nach Studienabschluss – die heutige Soziologie spricht ob der zappeligen Hilflosigkeit dieses Existenzabschnitts auch von der »Flunderphase« – lässt sich entweder mit dem totalen Fokus auf ein einziges Königsprojekt oder aber der proaktiven Offenheit für ganz neue berufliche Wege begegnen. Benjamin wählt erwartungsgemäß weder die eine noch die andere Strategie. Obwohl sich die Aussicht auf eine bezahlte Stelle in Bern zerschlagen hat – auch seine Frau bemüht sich in der teuer gewordenen Schweiz vergeblich um feste Anstellung –, hält er an dem Plan einer Habilitationsschrift fest. Wie gering die Chancen auf eine zukünftige Professur auch sein mochten, die Universität bleibt in diesen Jahren sein beruflicher Sehnsuchtsort. Dem akademischen und insbesondere dem philosophischen Trend folgend, schwebt ihm für seine Habilitation ein »erkenntnistheoretisches Spezialthema« vor, welches »in den großen Problemkreis Wort und Begriff (Sprache und Logos) fällt …« Wobei Benjamin diesen, wie gesehen, im Zeitraum extrem intensiv beforschten Themenbereich auf ganz eigene und innovative Art zu erschließen gedenkt, nämlich über den Rückgriff auf die Sprachphilosophie der mittelalterlichen Scholastik. Insbesondere in den Schriften des Duns Scotus vermeint Benjamin gedankliche Motive angespielt, die seinen eigenen sprachphilosophischen Intuitionen – wie er sie bereits in seiner frühen Schrift »Über Sprache überhaupt und über die Sprache des Menschen«[66] aus dem Jahre 1916 für sich zu Papier gebracht hat – nahekommen. Die Idee besteht deshalb darin, die eigenen Thesen im Rückgriff auf eine weitgehend vergessene Tradition zu legitimieren und aus der scheinbaren Bezugslosigkeit von moderner, logisch-analytischer Sprachphilosophie und mittelalterlichen, im Zeichen der Theologie stehenden Sprachspekulationen systematische Funken zu schlagen. An sich ein brillanter Plan. Nur hatte ihn schon ein anderer gehabt und diesen bereits 1915/1916 per Habilitation eigenständig ausgeführt. Und zwar Benjamins ehemaliger und früh verhasster Freiburger Kommilitone Martin Heidegger. Den Hinweis auf die Existenz von Heideggers Werk erhielt Benjamin im Februar 1920 von Scholem. »Von Heideggers Buch wußte ich nichts«, gesteht Benjamin in seiner Antwort und gibt nach monatelangem Schweigen dann im Dezember 1920 folgendes Urteil an Scholem weiter:

> Ich habe das Buch von Heidegger über Duns Scotus gelesen. Es ist unglaublich, daß sich mit so einer Arbeit, zu deren Abfassung *nichts* als großer Fleiß und Beherrschung des scholastischen Lateins erforderlich ist und die trotz aller philosophischen Aufmachung im Grunde nur ein Stück guter Übersetzerarbeit ist, jemand habilitieren kann. Die nichtswürdige Kriecherei des Autors vor Rickert und Husserl macht die Lektüre nicht angenehmer. Philosophisch ist die Sprachphilosophie von Duns Scotus in diesem Buch unbearbeitet geblieben und damit hinterläßt es keine Aufgabe.[67]

»Nichtswürdige Kriecherei«, »reine Fleißarbeit«, »das Wesentliche blieb unbearbeitet« … man kennt diese Diktion, und zwar aus der Feder Heideggers, sobald es darangeht, irgendein Werk irgendeines geschätzten Kollegen im Schutze eines vertraulichen Briefes zu bewerten. Benjamins Haltung gegenüber dem akademischen Betrieb und dessen Zweckschriften ist, bis in die Wortwahl hinein, die Heideggers: Es regiert derselbe aggressive Hochmut, dieselbe aufgesetzte Gnadenlosigkeit, derselbe Wille zur personalen Totalvernichtung. Da sind sich zwei Generationsgenossen spinnefeind und zeigen sich ihrer denkerischen wie charakterlichen Anlage nach doch höchst verwandt, gleichsam als zweieiige Zwillinge, die sich in ihrer wechselseitig wahrgenommenen Prägungs- und Interessenähnlichkeit als Erwachsene besonders innig hassen können.

Tatsächlich standen eben jene Gedanken, die das systematische Gerüst der Habilitation Benjamins bilden sollten, auch im Zentrum der heideggerschen Zweckschrift von 1916 mit dem Titel »Die Kategorien- und Bedeutungslehre des Duns Scotus«.[68] Beiden Denkern geht es – mit Duns Scotus als Gewährsmann – um das Verhältnis des menschlichen Sprechens (und damit Denkens) zur Sprache Gottes. Lässt sich die Art und Weise, wie Gott die Welt denkt, beschreibt und erkennt, überhaupt mit der menschlichen vergleichen? Und wenn ja, wie wäre dieses angenommene Verhältnis genauer zu bestimmen? Was, wenn in Wahrheit nicht die geringste Ähnlichkeit zwischen beiden bestünde? Wie könnte der Mensch dann die Welt, als Schöpfung Gottes, überhaupt jemals wahrhaft erkennen?

Diesen Fragen war Heidegger, gefördert von einem Stipendium der katholischen Kirche, in seiner Arbeit detailliert nachgegangen. Und genau diesen Fragen wollte auch Benjamin, durchaus mit Bezug auf die jüdische Tradition von Kabbala und Thora, in seiner Arbeit nachgehen – wie er es bereits 1916 in seiner ersten zusammenhängenden sprachphilosophischen Arbeit »Über Sprache überhaupt und über die Sprache des Menschen« getan hatte. Doch entgegen seinem ersten Urteil beschleichen ihn nach eingehender Lektüre von Heideggers Buch immer stärkere Zweifel, wie vielversprechend sein eigenes Projekt noch sein konnte. Nur wenige Wochen nach der brieflichen Totalvernichtung Heideggers wendet er sich erneut und deutlich differenzierter an Scholem:

> Ich bin … nach meinen bisherigen Studien vorsichtig geworden und bedenklich, ob es richtig ist die Verfolgung der scholastischen Analogien als Leitfaden zu benutzen und nicht vielleicht ein Umweg, da die Schrift von Heidegger doch vielleicht das Wesentlichste scholastischen Denkens für mein Problem – übrigens in ganz undurchleuchteter Weise – widergibt, und sich auch das echte Problem im Anschluß an sie schon irgendwie andeuten läßt. So daß ich mich vielleicht zunächst eher bei den Sprachphilosophen umsehen werde …[69]

Sich bei den Sprachphilosophen umsehen – in den Jahren um 1920 erfordert das die Nachfrage: Bei wem genau? Cassirer? Wittgenstein? Russell? Moore? Husserl? Frege? Peirce …? Womöglich ist es die Einsicht, dass eine genauere Einarbeitung in den damaligen, in alle Richtungen kreativ explodierenden Forschungsstand sowohl Benjamins Ressourcen wie Interessen überfordert hätte, die ihn zur baldigen Aufgabe des Gesamtprojekts bewegen. Vielleicht aber auch nur die schlichte Existenz der heideggerschen Vorarbeit. Seit November 1920 lebt Benjamin jedenfalls wieder in der Delbrückstraße bei Vatern. Gepeinigt von starken Depressionen, ist er in diesen Wochen weitgehend arbeitsunfähig und geistig gelähmt. Er lässt den Plan einer sprachphilosophischen Habilitationsarbeit endgültig fallen. Schließlich gibt es ja noch andere Projekte in seinem Leben, zum Beispiel die Übersetzung von Charles Baudelaires »Tableaux Parisiens«,[70] für deren Veröffentlichung er im Herbst 1920 – mit der benjamintypischen Ankündigung, diese seien bereits vollständig ausgearbeitet – den Heidelberger Verleger Richard Weißbach hatte gewinnen können. Sogar ein bisschen Geld mochte dabei herausspringen. Am 4. Dezember 1920 schreibt Benjamin seinem mittlerweile leicht ungeduldig gewordenen Verleger: »In Verlegenheit bin ich, mein langes Schweigen in Sachen der Baudelaire-Übersetzung begreiflich erscheinen zu lassen. Es lag ihm der Wunsch zugrunde, Ihnen das Material in möglichster Vollständigkeit in den endgültigen Fassungen zu unterbreiten. Das zog sich durch Wochen hin weil ich in letzter Zeit viel krank war ... Hinzufügen möchte ich ... daß ich – wenn es sich mit Ihrem etwaigen Bilde einer Herausgabe vertragen würde – geneigt wäre, ein *Vorwort*, und zwar theoretisch und ganz allgemein ›Über die Aufgabe des Übersetzers‹ überhaupt, zu meinen Übersetzungen zu verfassen.«[71]

Warum die schönen geistigen Vorarbeiten zur geplanten Habilitation zu »Sprache und Logos« nicht einfach den eigenen Übersetzungen voranstellen? Mit Baudelaires Dichtung und auch den eigenen Übersetzungsarbeiten würde dieses Vorwort zwar rein gar nichts zu tun haben, aber immerhin wäre so nicht alle theoretische Arbeit umsonst gewesen. Ein typisch benjaminscher Einfall und gewiss nicht sein schlechtester. Der Essay »Die Aufgabe des Übersetzers« zählt bis heute zu den meistgerühmten und auch systematisch klarsten Schriften Benjamins. Er enthält tatsächlich den Kern einer eigenständigen Sprachphilosophie.

DIE AUFGABE

Jeder Versuch, eine innere systematische Verbindung zwischen seinen Baudelaire-Übersetzungen und Benjamins Text »Die Aufgabe des Übersetzers« herzustellen, muß zum Scheitern verurteilt bleiben. Denn eine Verbindung gibt es schlicht nicht, auch wenn die wohl tatsächlich an einer Hand abzuzählenden faktischen Leser der damaligen Erstausgabe eine solche aufgrund der expliziten Kennzeichnung als »Vorwort« unbedingt vermuten mussten. Seiner denkbar grundsätzlichen, letztlich metaphysischen Anlage nach hätte der Text auch jeder anderen Übersetzung, am besten aber überhaupt keiner vorangestellt werden können. Es ist zudem ein Text, der ungeachtet seines Titels keinen einzigen eigenständigen übersetzerischen Anwendungshinweis oder auch nur ein konkretes Praxisbeispiel enthält. Der einzige Bezug zu den folgenden Übersetzungen Baudelaires besteht darin, dass sich gemäß Benjamin in der Poesie das wahre Wesen der Sprache zeigt. Und damit auch die eigentliche Aufgabe des Übersetzers. In der Dichtung ist die Sprache ihrer alltäglichen, konkret mitteilenden Funktionen enthoben. Woraus sich nach Benjamin für die Aufgabe des Übersetzers ein ernstes Paradox ergibt:

> Was »sagt« denn eine Dichtung? Was teilt sie mit? Sehr wenig dem, der sie versteht. Ihr Wesentliches ist nicht Mitteilung, nicht Aussage. Dennoch könnte diejenige Übersetzung, welche vermitteln will, nichts vermitteln als die Mitteilung – also Unwesentliches.[72]

Wenn das Wesen der Sprache sich am deutlichsten in der Poesie zeigt, dieses Wesen aber nicht in der Fähigkeit eines Menschen besteht, einem anderen Menschen etwas mitzuteilen – ihn oder sie also beispielsweise von einem Sachverhalt in Kenntnis zu setzen (»Du hast deinen Regenschirm bei mir vergessen!«, »Der Rüde schläft im Wohnzimmer«) –, dann kann die Aufgabe des wahren

Übersetzers auch nicht darin bestehen, den Inhalt des zu übersetzenden Werks möglichst abbildgetreu von der einen in die andere Sprache zu übertragen. Worin aber dann?

Die Aufgabe des Übersetzers interessiert Benjamin als der philosophische Übersetzer, der er ist, mit anderen Worten nur insofern, als sich in dieser Tätigkeit ein Phänomen aufzeigen lässt, das letztlich von *sprachphilosophischer* Bedeutung ist.

> Um das echte Verhältnis zwischen Original und Übersetzung zu erfassen, ist eine Erwägung anzustellen, deren Absicht durchaus den Gedankengängen analog ist, in denen die Erkenntniskritik die Unmöglichkeit einer Abbildtheorie zu erweisen hat. Wird dort gezeigt, daß es in der Erkenntnis keine Objektivität und sogar nicht einmal den Anspruch darauf geben könnte, wenn sie in Abbildern des Wirklichen bestünde, so ist hier erweisbar, daß keine Übersetzung möglich wäre, wenn sie Ähnlichkeit mit dem Original ihrem letzten Wesen nach anstreben würde.[73]

Genau so, wie der moderne Kritiker, dessen wahre Aufgaben Benjamin in seiner Doktorarbeit von 1919 freigelegt hatte, zum kreativen Mitschöpfer des Werkes selbst werden muss, gilt das analog auch für die Tätigkeit des Übersetzers: Einem Werk übersetzend gerecht zu werden, heißt damit in einem ersten Argumentationsschritt: weder seine Mitteilung zu übersetzen noch eine möglichst originalgetreue Kopie in der Zielsprache zu erstellen.

Ein wenig wolkenfreier formuliert scheint sich dies auch auf den gängigen Leitspruch eines jeden Übersetzungskurses beziehen zu lassen: »So treu wie möglich, so frei wie nötig«. Wo liegt nun der eigentliche Erkenntnisgewinn, wo der philosophisch neue Impuls?

Er beruht auf einer bereits im Mittelalter vorhandenen sprachphilosophischen Unterscheidung, der im gegebenen Zeitraum sowohl von Husserls phänomenologischer Schule als auch von Gottlob Freges mathematisch-logischer Sprachphilosophie zu neuer Relevanz verholfen wurde. Frege nennt sie den Unterschied zwischen »Bedeutung« und »Sinn«. In Husserls phänomenologischer Terminologie wird sie die Unterscheidung zwischen der »Intention des Gemeinten« und der »Art des Meinens« genannt.

Ein klassisches Beispiel ist die Unterscheidung zwischen dem »Morgenstern« und dem »Abendstern«. Beide Kennzeichnungen beziehen sich auf denselben Gegenstand am Sternenhimmel, nämlich den Planeten Venus. Sie haben also in Freges Terminologie *dieselbe Bedeutung*, jedoch einen *anderen Sinn*. Denn die verschiedenen Namen für den identischen Gegenstand betonen verschiedene seiner Aspekte: einmal sein Scheinen am Morgenhimmel, das andere Mal sein Scheinen am Abendhimmel. Die »Intention des Gemeinten« – im Sinne des Gegenstandes, auf den die Namen Bezug nehmen – ist also beides Mal dieselbe. Die »Art des Meinens« aber eine andere.

Für Benjamin steht dieses Verhältnis zweier innersprachlicher Bezeichnungen, die sich in leicht anderer Weise auf ein und denselben Gegenstand beziehen, nun beispielhaft für das Verhältnis, in dem sich verschiedene Nationalsprachen wie etwa das Deutsche und das Französische aufeinander und vor allem auf die Welt beziehen.

> Vielmehr beruht alle überhistorische Verwandtschaft der Sprachen darin, daß in ihrer jeder als ganzes jeweils eines und zwar dasselbe gemeint, das dennoch keiner einzelnen von ihnen, sondern nur der Allheit ihrer einander ergänzenden Intentionen erreichbar ist: die reine Sprache. Während nämlich alle einzelnen Elemente, die Wörter, Sätze, Zusammenhänge von fremden Sprachen sich ausschließen, ergänzen sich diese Sprachen in ihren Intentionen selbst. Dieses Gesetz, eines der grundlegenden der Sprachphilosophie, genau zu fassen, ist in der Intention vom Gemeinten die Art des Meinens zu unterscheiden. In »Brot« und »pain« ist das Gemeinte zwar dasselbe, die Art, es zu meinen, da-

> gegen nicht. In der Art des Meinens nämlich liegt es, daß beide Worte dem Deutschen und Franzosen je etwas Verschiedenes bedeuten, daß sie für beide nicht vertauschbar sind … am Gemeinten aber, daß sie, absolut genommen, das Selbe und Identische bedeuten.[74]

Verschiedene Sprachen sind, diesen Gedanken leiht Benjamin bei Herder und Wilhelm von Humboldt, eben nicht nur verschieden nach »Schällen und Zeichen«, sondern eigenständige Weisen, die Welt zu sehen. Wir können auch sagen: eigene Weisen, ein und demselben Gegenstand (dem Brot) je leicht andere oder auch ganz neuartige Aspekte abzugewinnen. Sie beziehen sich auf den identischen Gegenstand, jedoch nicht in derselben Art des Meinens. Und hier stößt Benjamin, als Sprachphilosoph, unweigerlich auf ein Problem, das ihn bereits 1916 in seinem Essay »Über Sprache überhaupt und über die Sprache des Menschen« intensiv umtrieb. Zwar ist es einerseits schön und gut zu behaupten, dass sich zwei Wörter aus verschiedenen Sprachen in je verschiedener Weise auf ein und denselben Gegenstand beziehen – nämlich, sagen wir, einen Laib Brot –, nur ist das, worauf sie sich beziehen, ja wiederum selbst nur sprachlich wirklich bestimmt und gegeben: nämlich als Brot, also letztlich durch den Begriff »Brot«. Im Falle des Morgensterns und des Abendsterns bezeichnen beide Kennzeichnungen die Venus, die ja auch wiederum nur durch den Namen »Venus« als solche identifiziert ist. Mit anderen Worten: Die wirkliche Identität des Gegenstandes, auf die sich beide Wörter oder mit Benjamin auch Sprachsysteme beziehen, fußt auf der stillschweigenden Voraussetzung der einen, einzigen und wahren Sprache am Fuße aller Sprachen. Der Sprache der »wahren Namen«. Für Benjamin ist diese ideale wahre Sprache die Sprache des alttestamentarischen Gottes.

Dieses Gedankenmotiv einer einenden, fundierenden Ursprache am Grunde aller Sprachen und allen Sinns treibt, wie gesehen, auch Wittgenstein und Heidegger in je eigener Weise gedanklich um. Wie lautet nun Benjamins Vorschlag? Anstatt wie Wittgenstein darauf zu verweisen, die Welt habe die gleiche logische Form wie die Sprache, und anstatt wie Heidegger zu behaupten, die Welt sei uns immer schon in ihrer sinndurchdrungenen Vorgängigkeit (sprachlich) gegeben, löst Benjamin diese Frage geschichtstheologisch auf, indem er behauptet, die, wie er sie nennt, »reine Sprache« oder auch »wahre Sprache« sei die Sprache Gottes. Deshalb müsse es das eigentliche Ziel und die Aufgabe des Menschen als sprechendem, forschendem Wesen sein, sich der unmittelbaren Einheit des Nennens und Sprechens, mit der Gott das Wesen der Dinge erfasst (Gott findet immer genau den treffenden Ausdruck, ihm entgeht kein möglicher Aspekt irgendeines Dings), möglichst weit anzunähern. Und zwar durch das Schaffen einer Sprache, die möglichst viele Aspekte der Welt sprachlich möglichst präzis erfasst und benennt.

Genau darum, und hier fällt gleichsam der theoretische Vorhang, bemühen sich ja Dichter in ihrer je eigenen Sprache: Das Wesen der Dinge in ihrer Eigentlichkeit zu benennen und zum Scheinen zu bringen. Die heilige Tätigkeit des Übersetzers lässt diesem Ziel insofern Gerechtigkeit widerfahren, als für die Art des Meinens, die der Dichter in seiner Ursprungssprache gewählt hat, ein möglichst passgenauer Platz in der eigenen Sprache geschaffen wird. Es bleibt damit die Aufgabe des Übersetzers, die Zielsprache, in die er übersetzt, mit den Arten des Meinens der zu übersetzenden Sprache anzureichern und die eigene Zielsprache so weiter zu verdichten. Die Aufgabe des Übersetzers besteht mit anderen Worten darin, die eigene Sprache in ihrer Dichte der eigentlichen Zielsprache – der wahren Sprache Gottes – wenigstens anzunähern. Denn eine gute Übersetzung eines großen Dichters ist immer eine wesentliche Bereicherung und ein Gewinn für die Differenzierungskraft der eigenen Sprache. Sie erschließt ihr neue Arten des Meinens, neue, sprachlich vermittelte Sichtweisen auf das »Gleiche«. In Benjamins eigenen Worten:

> Die Aufgabe des Übersetzers ... besteht darin, diejenige Intention auf die Sprache, in die übersetzt wird, zu finden, von der aus ihr das Echo des Originals erweckt wird. ... Die Übersetzung ... ruft ... das Original hinein (in den Wald der eigenen Sprache) an demjenigen einzigen Orte hinein, wo jeweils das Echo in der eigenen den Widerhall eines Werkes der fremden Sprache zu geben vermag. ... Denn das große Motiv einer Integration der vielen Sprachen zur einen wahren erfüllt seine Arbeit.[75]

Die wahre Sprache ist sozusagen der ideale Zielpunkt allen Sprechens: Ein Sprechen, in dem sich uns jedes Ding an sich in seiner ganzen Klarheit und Ausdifferenziertheit und Bestimmtheit offenbaren würde. Es wäre, wie Benjamin in seinem Essay von 1916 meint, ein Zustand, in dem für alles, was es gibt, das Wort oder der Name gefunden wäre, der Gott den Dingen gibt. Die Aufgabe des Übersetzers ist die Aufgabe des Menschen selbst.

> Der Mensch ist der Nennende, daran erkennen wir, daß aus ihm die reine Sprache spricht. Alle Natur, sofern sie sich mitteilt, teilt sich in der Sprache mit, also letzten Endes im Menschen.[76]

Das ist also Benjamins Lösungsvorschlag für die Suche nach der einen Sprache, der alles menschliche Sprechen zugrunde liegt (eben jener Suche, auf die sich im exakt gleichen Zeitraum auch Wittgenstein, Heidegger und Cassirer begeben haben). Es ist die Sprache Gottes. Jedes bedeutungsvolle Sprechen bewegt sich in der Spur dieser wahren Sprache, befindet sich gleichsam auf dem Weg zu ihr. Dass dem so ist, kann man in der je eigenen Sprache nicht direkt sagen oder ableiten, aber es *zeigt* sich in gewissen Konstellationen der Sprachverwendung besonders deutlich: insbesondere im Übersetzen von Werken der Dichtung.

RADIKALE ÜBERSETZUNG

Ist man erst einmal so weit, lässt sich der Befund, worin die wahre Aufgabe des Übersetzers besteht, mit Benjamin auf die Gesamtheit des menschlichen Sprechens, auf jeden einzelnen Sprechakt ausweiten: Schließlich hat jeder Mensch in einem sehr benennbaren Sinne seine eigene und somit andere Sprache. Jeder von uns verbindet mit dem Wort »Brot« ganz individuelle und eigene Assoziationen: Nicht nur sprechen heißt demnach immer übersetzen, sondern vor allem auch jede Form des Verstehens. Jeder konkret andere ist, mit Benjamin gedacht, jedem anderen von uns ein »französischer Dichter«, dessen Sprechen und Benennen Teil des großen Zwecks an sich sind, welcher der Mensch letztlich ist und welcher ihn als Kulturwesen trägt. Dieses Ziel besteht darin, die Welt zu ihrer maximalen sprachlichen Bestimmung zu bringen. Die ideale, durch eine unendliche Anzahl feinhöriger Übersetzungsleistungen angereicherte »wahre Sprache« wäre für Benjamin eine Art Monade, in der sich jeder mögliche Aspekt der Welt in maximaler Schärfe und Präzision zu spiegeln vermöchte. Sie wäre, ganz wie wir uns das göttliche Sprechen und Denken vorstellen, letztlich ununterscheidbar von der Welt, wie sie wirklich ist.

Wenn Wittgenstein als Sprachphilosoph von der Poetik in die Logik getrieben wird und für beide Impulse letztlich eine ganz eigene, einende Form findet, so gleitet Benjamin von der Dichtung über die Logik tief hinab die Theologie und den jüdischen Messianismus. Und ja, auch Benjamin sitzt in diesen Tagen, weitgehend isoliert, weitgehend unverstanden und tief depressiv in seinem Zimmer in der Delbrückstraße und vermag in seiner konkreten Existenz kaum noch eine bedeutungsvolle Beziehung zu eben jener Welt aufzubauen, die ihn als Philosophen zu feinsten Gedankenflügen anregt. Benjamins Essay »Die Aufgabe des Übersetzers« steht dabei beispielhaft für seine Eigenheit, Gedanken aus der Ästhetik und Literatur mit denen der Theologie und Erkenntnistheorie in einzigartiger Weise zu verbinden. Der Text verkörpert aber noch ein anderes, weit weniger oft bemerktes Charakteristikum seines Denkens. Nämlich die Fähigkeit oder auch den Drang, jeweils ganz konkrete lebensweltliche, biographisch letztlich völlig profane Problemstellungen oder Erfahrungen zum Ausgangspunkt eines jeweils eigenen, anspruchsvollen Theorie-Entwurfs zu machen. So auch 1920/1921: Benjamin übersetzt Baudelaire, bricht gleichzeitig ein Habilitationsprojekt im Frühstadium ab, nutzt die dort entwickelten Gedanken aber unmittelbar, um eine Theorie des Übersetzens zu entwickeln, die wiederum kein anderes Ziel hat, als die Tätigkeit des Übersetzens als die philosophisch eigentlich wichtige, ja alles entscheidende zu etablieren. Was immer er tut und zukünftig tun wird, was immer ihm widerfährt: Benjamin macht gleich eine (Mini-)Theorie daraus, und zwar eine Theorie, die den jeweils charmanten Effekt hat, genau das, was er selbst gerade tut, als die eigentlich relevante Tätigkeit, ja potentiell weltrettende Erfahrungsweise zu nobilitieren. Das hat, nicht nur auf den ersten Blick, etwas extrem Narzisstisches. Aber eben auch etwas enorm Waches, Energiegeladenes, Existentielles. Es fordert den kreativen Energien seines Denkens alles ab – stets bis an die absolute Grenze der Verständlich- und damit Übersetzbarkeit. Ernst Cassirer arbeitet, gut in Hamburg angekommen, derweil an den exakt gleichen Fragestellungen. Nur ist seine Art des Forschens und Meinens eine durchaus andere.

KULT UND SOUND

Wie gesehen, sind die Fragen »Was kann ich wissen?« und »Wie soll ich leben?« für wache Philosophen nicht voneinander zu trennen. Auch darin gründet die bleibende Wirkung und Faszination dieser Persönlichkeiten, ihr potentieller Status als Ikonen und Leitfiguren ganzer Epochen.

Das Ideal einer lebensweltlichen Umsetzung des eigenen Denkens – in seiner reinsten Form verkörpert von der Gründungsgestalt des Sokrates – unterscheidet ferner das Philosophieren von anderen Erkenntniswegen, wie etwa denen der Naturwissenschaften oder auch der Kunst. Philosoph sein ist eine Weise, das eigene Leben bewusst zu führen, ihm durch beständiges, prüfendes Fragen Zug, Form und Richtung zu geben. Diese Eigenheit setzt das Philosophieren in eine vernehmbare Spannung zu den Zielen eines rein akademischen Studienfachs mit seinen institutionsbedingten Vorgaben, Leistungsnachweisen und Karrierewegen. Offene Skepsis, ja geradezu Rebellion und Verachtung gegen das von niemand anderem als Heidegger erstmals so bezeichnete »akademische Philosophieren« zählt deshalb zu den wenigen historischen Grundkonstanten der Disziplin. Tatsächlich sind, bis ins späte 20. Jahrhundert hinein, eine Mehrzahl der prägenden Köpfe der Zunft – wie Spinoza, Descartes, Mill, Hume, Kierkegaard, Nietzsche – keine Universitätskräfte im Fach gewesen. Wo aber doch, kultivierten sie in der Regel eine größtmögliche innere Distanz zur Akademie, wie etwa Schopenhauer, oder eben, in den zwanziger Jahren des 20. Jahrhunderts: Heidegger, Wittgenstein und auch Benjamin. Die explizite Ablehnung der Rolle als akademische Philosophen ist ein wesentliches Element ihrer Selbstbeschreibung. Sorgsam gepflegt erzeugt sie eine inszenatorische Spannung, die man gern mit dem Begriff »Kult« einfängt. Und genau dies sind Heidegger, Wittgenstein und Benjamin bereits für ihre Zeitgenossen: wahre Kultgestalten.

Ernst Cassirer war und ist das nicht. Für ihn werden bereits Anfang der zwanziger Jahre ganz andere Register von den Zeitgenossen gewählt. Da ist zum Beispiel gern vom distanziert wirkenden »Olympier« die Rede oder auch vom Phänomen eines, in Auftritt, Bildung und Wissen »alles umfassenden Mannes«, vom »letzten Universalgenie« oder wenigstens »Universalgelehrten«. In wenig wohlwollenden Beschreibungen aber auch von der geradezu paradigmatischen Verkörperung eines akademischen »Schulphilosophen« und Denkbeamten, der in den Worten seines Kollegen Max

Scheler »schöne, zum Teil auch wahre und tiefe allgemeine Bildungsbücher« verfasste.[77] Ein braver Mann und Denker also, aber kein eigentlich großer.

Wahr ist, Cassirer hat seine tiefe Verankerung in die Kultur der universitären Philosophie nie als Einschränkung oder gar entfremdende Verstellung empfunden. Das zeigen nicht zuletzt der Stil und die Form seiner Werke. Sie befinden sich ganz und gar auf einer Linie mit den herrschenden Normen des akademischen Publizierens ihrer Zeit. Auch darin bildet Cassirer einen Gegensatz zu Wittgenstein, Heidegger und Benjamin, die jeweils extrem eigenständige (oder auch nur eigenwillige) sprachliche Formen suchen, um ihren Gedanken Ausdruck zu verleihen. Denn die gleiche Klammer, die für das philosophische Verhältnis von Denken und Leben gilt, verbindet nach der Überzeugung dieser Geister auch das Verhältnis von Denken und Sprache, Denken und Stil. Die konkrete Form, in der die eigenen Gedanken zum Ausdruck kommen, ist den Inhalten keineswegs äußerlich, sondern organisiert und prägt sie von Anfang an und innen heraus. Cassirers Schriften weisen in diesem emphatisch individualisierten Sinne keinen eigenen, jedenfalls keinen einzigartigen »Sound« auf.

Wahr ist auch, dass sich Cassirers Alltag im großbürgerlichen Hamburg-Winterhude, wie zuvor in Berlin-Grunewald, nicht wesentlich von dem seiner Nachbarn im Viertel – Ärzte, Bankdirektoren, Kaufleute – unterscheidet. Die Söhne gehen aufs Internat (hier zeigte man sich reformfreudig, es ist die bereits damals legendäre Odenwaldschule), morgens liest er rituell die Zeitung (den Sportteil immer zuerst!), spricht mit seiner Gattin die wesentlichen Abläufe durch und geht darauf in sein Zimmer oder die Universität zur Denkarbeit. Kehrt er zurück, wird gegessen, danach gerne gemeinsam musiziert oder Musik gehört, zu Bett eine gepflegte Lektüre, ja, da darf es auch mal ein Kriminalroman sein. Soweit es sich rekonstruieren lässt, führen die Cassirers eine ausgesprochen erfüllte Ehe und sind mit ihren drei Kindern Heinz,

Georg und Anne »eine glückliche Familie«: Es ereignete sich also nicht allzu viel.

Cassirer ist unter den vier Philosophen der einzige, dem die eigene Sexualität nicht zum schweren Existenzproblem gedieh, der einzige, der niemals einen Nervenzusammenbruch erlitt. Auch von dauerhaften Schaffenskrisen oder gar schwereren Depressionen ist biographisch nichts bekannt. Seine Frau diagnostiziert für die ersten Ehejahre allenfalls eine »leichte Morgenmelancholie«. In stressreicheren Phasen neigt er zur fiebrigen Erkältung. Das ist alles. Ansonsten kann der Mann einfach immer schöpferisch denken, und zwar ohne jedes Aufheben davon zu machen. Er verlangte, erinnert sich seine Frau Toni, »von keinem seiner Nächsten, daß er Anteil an seiner Arbeit nehmen sollte. Ein Uneingeweihter hätte viele Monate, vielleicht Jahre in unserm Kreis verkehren können, ohne zu ahnen, daß Ernst eigentlich Philosoph war und von früh bis spät an philosophischen Problemen arbeitete«.[78] Der einzig wirklich radikale Zug an Cassirer ist sein Wille zur Ausgeglichenheit. So ist er unter den vier Meisterdenkern dieser politisch mehr als turbulenten Dekade nicht zuletzt der einzige explizite Unterstützer der 1919 ins Leben getretenen Weimarer Republik: ja, der einzige überzeugte Demokrat überhaupt.

GOETHE IN HAMBURG

Mit Aufnahme seiner Lehrtätigkeit an der Universität Hamburg tritt der frisch ernannte Philosophieprofessor in eine dauerhafte Phase höchster geistiger Produktivität ein. Cassirer eröffnet im Herbstsemester 1919, natürlich, mit einer Vorlesung zu »Kant und das deutsche Geistesleben«. Da ist ein Mensch im besten denkbaren Sinne angekommen: bei sich, den seinen und auch dem Ort seines Wirkens. Anders gesagt: Auch bei Cassirer sind die Gestalt, die er seinem Privatleben gibt, der Stil seines Denkens und die Sprache seiner Bücher bündige Verkörperungen eines einzigen

Ausdrucksstrebens. Nur dass dieses Streben uns im Falle Cassirers eben nicht in Form eines ewig umkämpften Ringens und Kampfes, sondern in Gestalt seiner dauerhaft produktiven Bewältigung entgegentritt. Cassirer verkörpert ein philosophisches Leben im Status seiner Lösung. Er ist ein Denker, der das Versprechen, das seine eigene Philosophie ihm gebiert, in seiner Existenz auch tatsächlich einlöst.

Wie ungeheuer hoch diese Leistung einzuschätzen ist, zeigt sich, wenn man begreift, dass Cassirers gesamte Philosophie im Zeichen einer produktiven Vermittlung von tief verankerten Dualismen und scheinbaren Gegensätzen besteht, wie: Innen und Außen, Leib und Seele, Gefühl und Vernunft, Geist und Materie, Gedanke und Wort, Mythos und Wissenschaft, Empirie und Metaphysik, Einheit und Vielheit, Mensch und Gott, Sprache und Kosmos.

In der prinzipiellen Möglichkeit solch einer schöpferischen Vermittlung besteht auch die zentrale Eingebung, die ihn auf seinen Straßenbahnfahrten durch das kriegsversehrte Berlin überkam und deren Ausarbeitung er ab 1919 seine gesamte geistige Energie und Neugier widmet. In den abschließenden Worten der während seiner Zug um Zug ausgearbeiteten Projektskizze lautet diese Einsicht:

> Wir kennen dies ›Leben‹ nur in seinen ›Äusserungen‹: aber eben dies ist die Quintessenz unserer ganzen vorangehenden Betrachtung, daß die »Äusserung« nichts Zufälliges, Unwesentliches, ›Äusserliches‹ ist, sondern daß sie die notwendige, die wahre und die einzige Offenbarung des »Innen« und des Wesens selbst ist. Von \der/ einfachsten Gebärde, vom Sprachlaut an bis zu den höchsten geistigen Bethätigungen u. bis zur reinsten ›Metaphysik‹ hat sich uns jetzt diese Einsicht bestätigt.[79]

Vor Cassirers geistigem Auge steht im Herbst 1919 also ein Forschungsprogramm, das den gesamten Raum des Geistes als ein sich beständig entwickelndes Kontinuum menschlicher Äußerungen begreift. Mit welchen Mitteln und Methoden ließ es sich verwirklichen? Und welche Form der »geistigen Bethätigung« sollte dabei zuerst näher in Augenschein genommen werden? Folgen wir Cassirers ersten Projektjahren anhand der sie leitenden Motive:

DAS GRUNDPHÄNOMEN

Der zentrale Gedanke von Cassirers Projekt besteht in der Tat in der Einsicht, dass das, was wir den »menschlichen Geist« nennen, »erst in seiner *Äußerung* zu seiner wahrhaften und vollkommenen Innerlichkeit gelangt. Die Form, die sich das Innere gibt, bestimmt auch rückwirkend sein Wesen und seinen Gehalt.«[80]

Die ersten Lalllaute und später auch Ein-Wort-Sätze eines Kleinkindes etwa (»Dadada«, »Ball!«) sind aus dieser Perspektive zeichenhafte Veräußerungen eines innerlich Erlebten, die dieses Erlebte allerdings nicht einfach nur abbilden oder spiegeln, sondern ihm eine konkrete (hier: lautliche) Form und Gestalt geben, die in ihrer ersten, wiederholbaren Festigkeit wiederum strukturierend auf das eigene Innenleben zurückwirkt.

Durch das beständige Streben des Menschen, seinen sinnlichen Erfahrungen durch äußere, materiell verkörperte Symbole sinnhaften Ausdruck zu verleihen, kommt also eine Dynamik in Gang, die sowohl dem eigenen Selbst wie auch der Welt eine konkrete Gestalt gibt.

Wo man auch hinsieht, prägt sich dabei nach Cassirer »das Grundphänomen aus, daß unser Bewußtsein sich nicht damit begnügt, den Eindruck des Äußeren zu empfangen, sondern daß es jeden Eindruck mit einer freien Tätigkeit des Ausdrucks verknüpft und durchdringt.«[81]

Den fortlaufenden, sich wechselseitig bedingenden Prozess dieser schöpferischen Gestaltungen in seiner Gesamtheit – von der einfachsten Gebärde bis zu reinsten Metaphysik – nennt Cassirer:

Kultur. Und trotz der faktisch nicht zu übersehenden inneren Vielfalt und Verschiedenartigkeit dieses Prozesses glaubt er, den sich damit öffnenden Raum als einen einzigen und einheitlichen fassen zu können: nämlich als den Raum des Zeichenhaften oder des symbolisch Geformten.

DER WILLE ZUR VIELHEIT

Der Gedanke, dass unser Geist die Wirklichkeit nicht einfach nur abbildet oder spiegelt, sondern diese vielmehr eigenständig formatiert, ist bereits der Zentralgedanke von Kants kritischer Philosophie und seiner sogenannten »kopernikanischen Wende«: Nicht unser Geist richtet sich demnach nach den Gesetzen der Dinge, sondern die Dinge sich nach den Gesetzen unseres Geistes. So weit weiß sich Cassirers Projekt also auf gut kantischem und damit auch idealistischem Grund. Allerdings verschärft Cassirers »Philosophie der symbolischen Formen« einen Gedanken Kants. Nämlich den Gedanken, dass es weit mehr als nur eine einzige Weise gibt, der Welt, in der wir leben, Struktur, Gestalt und Sinn zu verleihen. Kants Grundkategorien der Welterzeugung in seiner »Kritik der reinen Vernunft« orientieren sich im Wesentlichen am naturwissenschaftlichen Weltbild der newtonschen Physik. Das war die Welt, deren »Bedingungen der Möglichkeit« es zunächst zu erfassen und zu beschreiben galt.

Den für ihn erkenntnistheoretisch entscheidenden Impuls zur Öffnung seines Projekts auf eine Vielfalt *an sich gleichberechtigter* Formen von Weltzugängen empfängt Cassirer von der Sprachwissenschaft Wilhelm von Humboldts. Denn Humboldts Werke untersuchten die verschiedenen natürlichen Sprachen der Völker (Deutsch, Französisch, Finnisch, Sanskrit …) im Sinne von Kants kopernikanischer Wende als verschiedene Weisen, der Welt der Erfahrung eine symbolisch vermittelte Struktur zu geben. Cassirer erklärt seinen Ausgang von Humboldt wie folgt:

> In der Form des Bemerkens, die aller Wort- und Sprachbildung zugrunde liegt, prägt sich nach Humboldt je eine besondere Geistesform, je eine besondere Art des Begreifens und Verstehens aus. Die Verschiedenheit der einzelnen Sprachen ist daher nicht eine solche von Schällen und Zeichen, sondern eine Verschiedenheit von Weltsichten. Wenn etwa der Mond im Griechischen als der Messende (μήν), im Lateinischen als der Leuchtende bezeichnet wird, oder wenn in ein und derselben Sprache, im Sanskrit, der Elephant bald der zweimal Trinkende, bald der Zweizahnige, bald der mit einer Hand versehene heißt: so zeigt sich hierin, daß die Sprache niemals einfach die Objekte, die wahrgenommenen Gegenstände als solche, sondern die vom Geist selbsttätig gebildeten Begriffe bezeichnet, wobei die Art dieser Begriffe stets von der Richtung der intellektuellen Betrachtung abhängt.[82]

Cassirer überträgt nun den Gedanken von der Vielfalt der natürlichen Sprachen auf weitere kulturelle Großformen, die Welt in spezifischer Weise sichtbar zu machen, ihr eine handlungsorientierende Gestalt zu geben. Neben der Welt der Naturwissenschaft sind das für ihn insbesondere die Welten der natürlichen Sprache, des Mythos, der Religion, der Kunst und der Mathematik beziehungsweise Logik. Sie alle sind nach Cassirers Verständnis »symbolische Formen« mit je eigenen Gesamtstrukturen und jeweils gestaltbedingenden Aufbaugesetzen. Der erkenntnistheoretisch springende Punkt seiner Philosophie besteht nun in folgender Einsicht:

> Keine dieser Gestaltungen [sc. der symbolischen Formen] geht schlechthin in der anderen auf oder lässt sich aus der anderen ableiten, sondern jede von ihnen bezeichnet eine bestimmte geistige Auffassungsweise und konstituiert in ihr und durch sie zugleich eine eigene Seite des ›Wirklichen‹.[83]

Genauso wenig, wie die Frage sinnvoll ist, ob nun das Lateinische »luna« den »Mond an sich« korrekter darstellt als das Griechische (μήν), ist es sinnvoll zu fragen, ob die »Wirklichkeit an sich« nun in der Form des Mythos, der Kunst oder der Naturwissenschaft korrekter erfasst wird. Wie das Lateinische »luna« einen gewissen Aspekt des Mondes besonders betont und herausstellt (sein Leuchten), so legt das Griechische den Akzent auf seine mögliche Funktion zur Zeitmessung.

Mit anderen Worten: Prozesse der symbolischen Gestaltung sind nicht nur immer schöpferisch, insofern sie über ein reines Abbilden oder Kopieren des sinnlich Erfahrenen hinausgehen, sondern sie folgen in ihren jeweiligen schöpferischen Formungen auch spezifischen Interessen und Akzentsetzungen, die uns als handelnde und erleidende Wesen in dieser Welt spezifisch orientieren und leiten.

Die symbolischen Formen des Mythos und der Religion und der Kunst verfolgen nun schlicht andere Orientierungsinteressen als die der Naturwissenschaften: Ihnen ist je anderes wichtig. Sie lassen uns die Welt deshalb auf andere Weise erscheinen, geben ihr in jeweils anderer Weise Gestalt und damit Sinn.

> Auf die Frage aber, was das absolut Wirkliche außerhalb dieser Gesamtheit der geistigen Funktionen, was das »Ding an sich« in diesem Sinne sein möge – auf diese Frage erhält er freilich keine Antwort mehr … der echte Begriff der Realität lässt sich nicht in die bloße abstrakte Seinsform hineinpressen, sondern er geht in die Mannigfaltigkeit und Fülle der Formen des geistigen Lebens auf. …[84]

Die Frage nach dem, was und wie ein gewisses Etwas gegeben ist, lässt sich somit nicht unabhängig von allen symbolischen Formen, sondern sinnvoll jeweils nur *in* und *mit* ihnen stellen. Und je nachdem, mit welcher symbolischen Form im Blick man diese Frage stellt, wird sie – gemessen an den internen Regeln, die diese Form in ihrem Aufbau bedingen und begrenzen – *anders* ausfallen. In der Welt der Physik kommt der Begriff des »Lebens« zum Beispiel nicht vor, genauso wenig wie der der »Gnade« oder des »Schicksals«. Für die Biologie ist der Begriff des »Lebens« hingegen absolut zentral, wie für die meisten Religionen die Begriffe der Gnade und des Schicksals. Der sich nüchtern wissenschaftlich gebende Einwand, dass es »in Wirklichkeit« aber keine Gnade gibt, weil dieser Begriff letztlich auf nichts in der Physik reduziert werden kann, offenbart laut Cassirer damit nur eines: dass man nicht verstanden hat, worum es in der symbolischen Form der Religion – und der sie tragenden Lebensformen – eigentlich geht. So was kommt schon einmal vor. Allerdings sollte man die jeweils eigenen Begrenzungen und Vorurteile nicht in missverständlicher Weise zum Maßstab für alles »Wirkliche« erheben, wie das bis heute in den bekannten Eingrenzungen der *-ismen* immer wieder vorkommt, etwa in den Gestalten des Physikalismus, Ökonomismus, Materialismus, Biologismus … Für alle diese *-ismen* gilt nach Cassirer, dass sie einem Grundfehler des menschlichen Erkenntnisvermögens und letztlich narzisstischen Machtstrebens unterliegen. Er besteht darin, die jeweils eigene Erkenntnisperspektive, den jeweils eigenen Wirklichkeitszugang, zum einzig wahren und fruchtbaren zu erklären. Oder vielmehr, zu verklären.

VORWÄRTS

Die vermeintlich zentrale erkenntnistheoretische Frage nach der Beschaffenheit der »Wirklichkeit an sich« ist aus Cassirers Sicht also schlicht falsch gestellt. Im Sinne von: richtungslos und desorientiert. Sie gleicht der Frage, ob eine gewisse Stuhlform oder ein gewisses Tapetenmuster »passt«. Und wie sollte man nun darauf antworten? Denn offenbar ist »passen« ein relationales Verhältnis: Ob etwas passt, lässt sich nur konkret mit Blick auf ein Gesamtarrangement beurteilen, in das sich ein bestimmtes Etwas einfügen will. Und auch dieses Arrangement ist, soll es passen, wiederum in einen größeren Zweckzusammenhang eingelassen: ein Salon, ein Studentenzimmer, eine Arztpraxis …

Cassirer entwirft in diesen ersten Jahren seines Projekts also nicht nur eine neue, eigenständige Philosophie, sondern vor allem auch eine neue Art des Philosophierens selbst. Denn nach seinem Ansatz muss ein Philosoph die jeweilig gegebenen symbolischen Formen sowie deren spezifische Bildungslogiken erst einmal eingehend studieren. Da ein Philosoph als Forscher unmöglich in all diesen Gebieten gleichzeitig aktiv werden kann – und das in seiner Rolle als Philosoph auch gar nicht seine Aufgabe ist –, muss er sich mit offenem Ohr an die Wissenschaftler wenden, die ihm sagen können, wie diese symbolischen Welten jeweils aufgebaut sind, welchen Bildungsgesetzen und Aufbauprinzipien sie dem Grunde nach folgen. Also im Falle der Sprache: die empirischen Sprachwissenschaften. Im Falle des Mythos: die Anthropologen und Ethnologen. Im Falle der Physik: die theoretischen Physiker … Denn:

> Wenn alle Kultur sich in der Erschaffung bestimmter geistiger Bildwelten, bestimmter symbolischer Formen wirksam erweist, so besteht das Ziel der Philosophie nicht darin, hinter all diese Schöpfungen zurückzugehen, sondern vielmehr darin, sie in ihrem gestaltenden Grundprinzip zu verstehen und bewußt zu machen.[85]

Die Philosophie als die beständig prüfende Arbeit an den zentralen Begriffen, die unserem Leben in seiner ganzen Vielfalt Sinn und Halt geben, wird also zur Kultur-Philosophie. Und damit zu einer Tätigkeit, die, will sie nicht dem nach Cassirer notwendig sinnlosen Versuch verfallen, »hinter all diese Schöpfungen zurückzugehen«, um so das mutmaßlich »reine unverstellte Leben« oder die »reine, unverstellte Wirklichkeit« beim Schopf zu packen, nur im *aktiven Dialog* mit den anderen Wissenschaften und Wissensgebieten verstanden werden und sich bewähren kann. Cassirers Haus in Winterhude wird bereits mit den ersten Jahren selbst zu einem solchen Ort, zu einem, wie man heute sagen würde, interdisziplinären Forum. Im Winter 1921 beispielsweise hält Albert Einstein dort einen Vortrag zu seiner Relativitätstheorie (über die Cassirer, mehr nebenbei und, wie er sagt, »zur reinen Selbstverständigung«, 1920 ein eigenes kleines, von Einstein übrigens hoch geschätztes Werk verfasst hat).

GIBT ES *DIE* SPRACHE?

Das ist also das Programm von Cassirers »Philosophie der symbolischen Formen«. Auf dem Weg zu ihr tritt Cassirer an die einzelnen Forschungsergebnisse der genannten Wissenschaften zwar mit einem eigenen symbolphilosophischen Ansatz heran, dennoch muss er deren Ergebnisse im Zweifelsfall auch dann ernst nehmen und anerkennen, wenn sie seinen eigenen Gesamtansatz ausdrücklich in Zweifel zu ziehen drohen.

So stellt die menschliche Sprache nach Cassirer – und dies soll der Gegenstand des ersten Bandes seines Projekts werden – eine eigene symbolische Form dar. Da es aber nun extrem viele verschiedene menschliche Sprachen gibt, muss er von der Annahme ausgehen, den Grammatiken und Lautbildungsprinzipien sämtlicher menschlicher Sprachen eigne ein und dieselbe Tiefenstruktur mit ein und denselben Bildungsprinzipien – von einer abstrakteren Ebene aus betrachtet. Cassirer nennt diese angenommene Form am Grunde aller Sprachen die »reine Sprachform«. (Nebenbei eine Annahme, die in der Gestalt der Theorie der »generativen Grammatik« von Noam Chomsky die Linguistik als Wissenschaft ab 1960 für mehrere Jahrzehnte dominieren sollte.) Spätestens im Herbst 1919 aber, als Cassirer sich tiefer und tiefer in die vorliegenden sprachwissenschaftlichen Studien vertieft – es waren gemäß Leseliste mehr als 200 eigenständige Werke –, wird ihm diese tragende Grundannahme seines Projekts zweifelhaft. Womöglich, muss er sich eingestehen, gibt es diese einende Grundstruktur am Boden aller Sprachen, gibt es diese eine »reine Sprachform« gar nicht, sondern einfach nur mehrere verschiedene, miteinander vollends inkompatible Tiefenstrukturen. (Eine Annahme, die in der Linguistik nach Chomsky heutzutage mehr und mehr Unterstützung erfährt.) Womöglich gibt es *die eine* reine *Sprachform* also gar nicht, und also auch nicht die symbolische Form *der* Sprache. Was aber dann? In seinem Vorwort zum ersten Band der symbolischen Formen »Die Sprache« spricht er diese frühe Krise offen an:

> Es mußte versucht werden, einen möglichst weiten Überblick nicht nur über die Erscheinungen eines einzelnen Sprachkreises, sondern über die Struktur verschiedener und in ihrem gedanklichen Grundtypus weit voneinander abweichender Sprachkreise zu gewinnen. Der Kreis der sprachwissenschaftlichen Literatur … erfuhr hierdurch freilich eine so große Erweiterung, daß das Ziel, das diese Untersuchung sich anfangs gesteckt hatte, immer weiter in die Ferne rückte. …[86]

Je tiefer Cassirer in die Ergebnisse der sprachwissenschaftlichen Forschung eindringt, umso brüchiger wird ihm der philosophische Boden unter den Füßen. Dennoch – oder gerade deshalb – schreitet er erst einmal weiter. Er tut dies in der Hoffnung, diese einende Struktur am Boden aller Sprachen werde sich im Zuge zukünftiger sprachwissenschaftlicher Forschungen noch klarer aufweisen lassen.

Ein Philosoph nämlich, der im Jahre 1919 nichts zur Rolle der Sprache für die menschliche Erkenntnis und Lebensform zu sagen hat, so viel ist auch Cassirer klar, hat eigentlich gar nichts zu sagen. Sollte es eine Überzeugung geben, die Wittgenstein, Heidegger, Benjamin und Cassirer in diesem (und jedem anderen) Stadium ihres Denkens umstandslos und unbedingt bejaht hätten, dann war es die folgende: Die menschliche Lebensform ist eine des Sprechens. Die Sprache ist in diesem Sinne keine symbolische

Form unter anderen, sondern von allen die wichtigste und elementarste. Sie ist der eigentliche Boden unseres jeweiligen Selbst- und Weltverständnisses. Nicht zuletzt ist sie die Form, in der sich das Philosophieren als unhintergehbar »diskursive Tätigkeit« selbst abspielt und findet. In den Worten Cassirers von 1919:

> Sie [die Sprache] steht in einem Mittelpunkt des geistigen Seins, in welchem sich Strahlen verschiedener Herkunft vereinen und von dem Richtlinien nach den verschiedensten Gebieten ausgehen. Das mythische und das logische Moment, – die Richtung der aesthetischen Intuition und die des diskursiven Denkens: dies alles ist in ihr beschlossen, ohne daß sie doch in einem von ihnen aufginge.[87]

Wie gesehen, lautet die für alle vier Philosophen systematisch entscheidende Frage dabei, ob nun all den verschiedenen natürlichen Sprachen selbst wiederum eine einzige, einende und einheitliche Sprache zugrunde lag? Und falls ja, wie diese ihrer Form nach beschaffen war? Und nicht zuletzt, worauf sich deren Sinn dann letztlich gründen mochte? Was tut welche Sprache mit uns? Sind wir es, die unseren Worten Bedeutung und Sinn geben, oder ist es vielmehr die weltbildende Kraft der Worte und Zeichen selbst, die uns als fragende Wesen überhaupt erst ins Leben, Denken, Fragen rufen? Wer bildet wen? In welcher Form? Und vor allem: mit welchen Zielen?

IV.
BILDUNG

1922 – 1923

Heidegger ist kampfbereit, Cassirer außer sich, Benjamin tanzt mit Goethe und Wittgenstein sucht einen Menschen

FRIEDE DEN HÜTTEN

Im Herbst 1922 mehren sich auch im Hause Heidegger die Zeichen lebensweltlicher Überforderung. Selbst für die im bäuerlichen Milieu des Breisgaus bestens vernetzte Familie werden die Versorgungsengpässe bedrohlich. Wie bei der großen Bevölkerungsmehrheit der Deutschen nimmt ihr Alltag Züge eines Überlebenskampfes um das Notwendigste an. Im Bann der galoppierenden Inflation wird die Zeit zum entscheidenden Faktor. So gilt es mit Blick auf den nahenden Winter insbesondere in Sachen Brennholz und Grundnahrungsmittel kluge Vorsorge zu treffen. »Mutter fragt, ob sie noch vor 1. Okt. Kartoffeln schicken sollen; ich antwortete ja u. habe gleichzeitig das Geld geschickt. Was soll ich machen, wenn die Kartoffeln nun kommen«,[88] wendet sich Heidegger am 27. September 1922 an Elfride, die mit den beiden Söhnen auf der frisch erbauten Familienhütte in Todtnauberg weilt, während Heidegger unten in Freiburg mit Hochdruck an einem neuen Manuskript arbeitet.

Was tun mit den Kartoffeln: Lagern – und wenn ja, wo? Selbst essen? Mit den Husserls teilen? Gar weiterverkaufen? Konkrete Überlebensfragen, für deren Beantwortung zeitlebens Elfride zuständig bleiben wird. Nicht zuletzt, um ihren Denkergatten nachhaltig von den Zumutungen des alltäglichen Hin und Her zu befreien, hatte sie nach einer Winterwanderung im Februar 1922 den Plan gefasst, auf den einsamen Hängen des Südschwarzwalds ein Grundstück zu erwerben und dort eine Holzhütte erbauen zu lassen. Zur Finanzierung des Unternehmens löste sie im Frühjahr Teile ihres Erbes aus (gut 60 000 Mark). Elfride entwirft den Plan für die Hütte, organisiert sowie überwacht deren Bau. Denn auch hier drängt die Zeit. Um an kostbare Devisen zu gelangen, vermieten die Heideggers ihre Freiburger Wohnung ab dem 1. August 1922 für einige Wochen an ein amerikanisches Ehepaar. Bis dahin muss die Hütte bezugsfertig sein. Es gelingt, beinahe.

Am 9. August 1922 marschiert die mittlerweile vierköpfige Familie, den einen Sohn an der Hand, den anderen auf den Rücken gespannt, zum ersten Mal auf ihr in 1200 Metern Höhe gelegenes Refugium. Ein heute geradezu mythischer Ort der Philosophiegeschichte, an dem Heidegger bis an sein Lebensende so gut wie jede freie Minute verbringt. Dort, in der rauhen Abgeschiedenheit des Hochschwarzwalds, kommt er als Mensch und Philosoph eigentlich zu sich und also ins Denken. Allein darum geht es. Zumindest, wenn man die Welt so sieht und versteht wie er.

UNHEIMLICHE BERUFUNGEN

Bereits die ersten Augustwochen dort oben zeitigen spektakuläre Ergebnisse. »Ich muss sagen, wenn ich meine Hüttenmanuskripte, die ich mit habe, ansehe, sind sie alles andere als nicht gut gelungen«, meldet Heidegger seiner Frau am 11. September 1922 von Heidelberg aus, wo er für eine Woche bei Karl Jaspers zum gemeinsamen Gedankenaustausch weilt. Jaspers, von Hause aus eigentlich Mediziner und Psychiater, hat mit seiner »Psychologie der Weltanschauungen« im Jahre 1919 einen philosophischen Bestseller gelandet, dessen durchschlagende Wirkung in Akademie und Öffentlichkeit ihm eine Professur für Philosophie in Heidelberg sicherte.

In diesem Buch leitet Jaspers philosophisch-weltanschauliche Prägungen aus psychologischen Charakterstudien ab. Wichtiger aber noch, er entwirft ein Bild der menschlichen Existenz, deren wahres Wesen sich gerade in Ausnahmesituationen wie etwa der Todesnähe zeigt und offenbart, was immer auch etwas von einer Befreiung hat. Ein therapeutischer, lebensnaher Ansatz des Philosophierens also, der besonderen Wert auf die Bedeutung von Grenzerfahrungen und Ernstfällen zur wahren Selbstfindung legt. Ein Buch wie geschaffen für die Generation traumatisierter Kriegsheimkehrer und -verlierer.

Auch Heidegger fühlt sich von Jaspers großem Wurf unmittelbar angesprochen. Man begegnet sich zum ersten Mal 1920 bei einer sonntäglichen Kaffeestunde im Hause Husserl, schreibt einander ab 1921 regelmäßig und gewinnt, gleichermaßen frustriert über den Zustand der akademischen Normphilosophie, schon bald ein festes Bewusstsein für die Notwendigkeit, im »Kampf gegen die Ödnis« (Heidegger) gemeinsame Sache zu machen.

Kurzentschlossen nimmt Heidegger im September 1922 deshalb eine erneute Einladung Jaspers an, die erahnten Gemeinsamkeiten im Dialog zu entwickeln und »ein paar Tage in geeigneten Stunden« zu philosophieren. Heidegger bleibt fast eine Woche bei Jaspers, der angesichts der »gegenwärtigen Situation unserer beider Leben« darauf besteht, Heideggers Reisekosten zu übernehmen (1000 Mark). Jaspers ist Ordinarius mit festem Gehalt und soliden finanziellen Rücklagen. Heideggers knapp besoldete Stelle in Freiburg wird in zehn Monaten auslaufen. Ein Ruf tut also dringend not. Andernfalls droht die ohnehin äußerst prekäre Situation seiner jungen Familie vollends unhaltbar zu werden. So fürchtet es auch Elfride, die trotz dauerhafter Entkräftung und Überforderung Anfang 1922 ihr Studium in Nationalökonomie wieder aufnimmt. Irgendwer im Haus muss ja Geld verdienen. Und ihr philosophisch beseelter Gatte ist es absehbar eher nicht.

Beide Denker empfinden die gemeinsamen Tage in Heidelberg als enorm bereichernd, ja als freundschaftliches Glück. Für das kommende Jahrzehnt wird Jaspers einer der ganz wenigen Ansprechpartner sein, denen Heidegger nicht nur als Mensch vertraut, sondern den er auch als Philosophen aufrichtig achtet. Dennoch, eine gewisse Berufungsparadoxie überschattet auch dieses Treffen. Just in der Phase, in der sich beide zur antiakademischen Widerstandszelle verschwören, muss Heidegger nichts dringender hoffen, als irgendwo in den Weiten der auseinanderfallenden Republik in den Stand des lebenslangen Denkbeamten erhoben zu werden. Husserl ist dabei ein entscheidender Fürsprecher. Jaspers nun ein zweiter.

»Die acht Tage bei Ihnen gehen ständig mit mir«, schreibt Heidegger am 19. November 1922 an den neuen Freund. »Das Plötzliche, nach außen Ereignislose dieser Tage, die Sicherheit der ›Stils‹, in dem ein Tag ungekünstelt in den anderen hineinwuchs, der unsentimentale, herbe Schritt, mit dem eine Freundschaft auf uns zukam, die wachsende Gewißheit von einer auf beiden ›Seiten‹ je ihrer selbst sicheren Kampfgemeinschaft – all das ist für mich unheimlich in dem Sinn, wie die Welt und das Leben für den Philosophen unheimlich sind.«[89] In welchem Sinne genau die Welt einem Philosophierenden unheimlich bleiben muss, genau dafür hat Heidegger im Herbst 1922 endgültig seine eigene Sprache gefunden.

DASEINSVORSORGEUNTERSUCHUNG

Unter dem Druck, für eine in Marburg frei gewordene Professorenstelle die Ergebnisse seiner jüngeren Forschungen schriftlich einzureichen, erfährt Heidegger in den drei Wochen nach der Heidelberger Visite oben auf der neuen Hütte einen weiteren Durchbruch seines Denkens. Husserls Gattin tippt das Manuskript flink ins Reine. Bereits Anfang Oktober reicht Heidegger unter dem Titel »Phänomenologische Interpretationen zu Aristoteles – Anzeige der hermeneutischen Situation« seine Bewerbungsschrift in Marburg (und auch Göttingen) ein. Mit Aristoteles freilich hat diese Schrift in etwa so viel zu tun wie Benjamins »Aufgabe des Übersetzers« mit Baudelaire. Vielmehr geht es Heidegger, wieder einmal und in bisher einzigartig geschärfter und geklärter Weise, um die Frage, worin die eigentliche Aufgabe der Philosophie bestehen mag. Seine Antwort darauf lässt sich, dem Manuskript folgend, aus wenigen Schlüsselsätzen entwickeln:

> Der Gegenstand der philosophischen Forschung ist das *menschliche Dasein* als von ihr befragt auf seinen Seinscharakter.[90]

Zum ersten Mal taucht hier in Heideggers Schriften der Schlüsselbegriff des Daseins auf, verstanden als spezifische Art und Weise des Menschen, sich von dieser Welt immer schon sinnhaft angesprochen und herausgefordert zu finden.

> Die Welt begegnet uns immer in einer bestimmten Weise des Angesprochenseins, des Anspruchs.[91]

Philosophieren ist in diesem Sinne ein Frage-Prozess fortwährender Selbsterhellung. Mit der Begriffsinnovation des »Da-Seins« ist aber auch ausdrücklich die Nicht-Delegierbarkeit dieser Aufgabe mitgemeint: jeder für sich, jeder an seinem Ort, in seiner Zeit. Es gibt kein Alibi in der Existenz. Jedenfalls nicht in der philosophischen. In Heideggers Worten:

> Das faktische Dasein ist, was immer es ist, immer nur als das voll eigene, nicht das Überhauptsein irgendwelcher allgemeiner Menschheit.[92]

Natürlich kann dieser, durchaus unbequeme und vor allem keinesfalls ergebnissichere Prozess vom jeweiligen Dasein auch abgewiesen oder abgelenkt werden. Das menschliche Dasein wäre kein menschliches, das heißt kein freies, stünde ihm diese Möglichkeit nicht offen. Heidegger wählt für das mehr oder minder bewusste Auslassen dieser Möglichkeit – wie übrigens auch der Wittgenstein des »Tractatus« – den theologisch gefärbten Begriff des »Falls« im Sinne des *Verfallens*. Ein bedauerliches, wenn nach Heidegger auch allzu gängiges Schauspiel:

> An der Verfallensgeneigtheit liegt es, daß das faktische Leben, das eigentlich je solches des Einzelnen ist, meist nicht als dieses gelebt wird.[93]

Die Verfallensgeneigtheit der überwiegenden Mehrheit beruht nach Heidegger nicht etwa auf mangelnden intellektuellen Fähigkeiten. Sie ist vielmehr einem Hang zur existentiellen Bequemlichkeit geschuldet. Einfach gesagt: Die meisten Menschen gehen sich lebenslang lieber selbst aus dem Weg, als sich ernsthaft zu suchen. Diese Form bewusster Selbstvermeidung muss weder besonders leidvoll noch unangenehm sein. Ja, es ist sogar zweifellos der sicherere und in einem schalen Sinne auch glücksgewährende Weg. Er führt eben nur dazu, niemals wirklich der zu werden, der man ist oder sein könnte. Er führt in ein Leben selbstgewählter und dauerhafter Selbstverfehlung, dessen Hauptsorge sich dann im Sinne Heideggers auf Dinge konzentriert, die nicht eigentlich wichtig und lebenstragend sind: Im Bereich des Materiellen sind das gängige Konsumgüter; im Bereich des Sozialen berufliche Karriereziele; im Bereich des Dialogischen Freundschaften ohne eigentliches Gespräch, Ehen mit viel Routine und ohne Liebe; im Bereich des Religiösen ein angelernter Glaube ohne wahre Gotteserfahrung; im Bereich der Sprache zeigt es sich in der fortlaufenden, gedankenlosen Verwendung von präfabrizierten Sätzen und Floskeln, die jedermann im Mund führt und in der Regel auch für richtig hält; im Bereich des Forschens schließlich im Wiederkäuen von Fragen, auf die man die Antwort bereits sicher zu kennen glaubt.

Nicht mit Heidegger. Er hört einen anderen Anspruch aus seiner Umwelt heraus. Dieser besteht in nichts Geringerem als einer fundamentalen Kritik all jener Begriffe, Kategorien und Setzungen, die das Nachdenken des Menschen über sein spezifisches Dasein die vorangegangenen 2500 Jahre – und damit grob von Aristoteles ab – anleiteten. Er will endlich Ernst machen mit der »Befragung des Daseins auf seinen Seinscharakter«. Und so kommt er in seinen »Phänomenologischen Interpretationen zu Aristoteles« zu der Einsicht, dass dieses öffnende Fragen letztlich auf eine vollkommene *Destruktion* und Ersetzung eben jener Begrifflichkeiten und Kategorien abzielen muss.

Heidegger stilisiert sich bereits in dieser ersten wirklich eigenständigen Schrift als eine Art begriffliche Abrissbirne, deren Wirken das Ziel verfolgt, erst einmal wieder freie Sicht auf das hoffnungslos verstellte und verbaute Feld der Daseinsbefragung zu gewinnen.

MUT ZUM STURM

Just zu dem Zeitpunkt, an dem sein Land von den Fliehkräften der Versailler Nachkriegspolitik endgültig auseinandergerissen zu werden drohte, entscheidet sich Heidegger auch als Denker für die Existenztaktik einer Rückbesinnung auf das mutmaßlich Fundamentale. Der hoffnungslos scheinenden Zentrifugalität seines Zeitraums setzt er die Konzentration auf die Wurzeln und Ursprünge eines jeden Daseins entgegen. Rein auf die Philosophie bezogen geschieht dies in Form der möglichst klarsichtigen Freilegung ihrer eigentlichen Frage. Begrifflich in dem Willen, das alte, verstellende und für allzu selbstverständlich angenommene Vokabular der Tradition zeitgemäß zu erneuern und in konkreten Daseinserfahrungen zu fundieren. Existentiell in der emphatischen Personalisierung seines philosophischen Selbsterhellungsprojekts im Sinne eines Appells zur fragenden Einkehr, den im Grunde jedes Dasein in sich verspürt und vernimmt. In der konkreten Lebensumsetzung schließlich in dem feierlichen Rückzug auf die herbstlich umstürmte Denkerhütte in den höchsten der heimischen Schwarzwaldhöhen.

Immer wieder wird Heidegger in den folgenden Jahren die Erfahrung des Hüttenlebens, insbesondere dortiger Stürme, mit der Erfahrung des Denkens selbst gleichsetzen. In der vermeintlichen Geborgenheit der Holzhütte wird die Unheimlichkeit und fundamentale Ausgesetztheit des Menschen an die Urkräfte der Natur umso intensiver erfahrbar. Die wesensgemäße Unheimlichkeit des Philosophierens, von der Heidegger in seinem Novemberbrief an Jaspers feierlich spricht, zeigt sich dem Dasein gerade dort mit voller Macht und Intensität, wo es sich besonders tief verwurzelt fühlt.

Philosophieren, wie Heidegger es verstehen will, verfolgt durchaus nicht das Ziel einer fortwährenden Daseinsberuhigung oder Seelenruhe. Im Gegenteil: Es zeigt sich in dem bleibenden Willen, sich in den Sturm des radikalen Fragens zu stellen; in dem suchenden Mut, gerade dort einen bodenlosen Abgrund zu gewahren, wo man einst ein sicherndes Fundament wähnte und erhoffte. Der Weg dieses Denkens darf kein leichter sein. Nichts ist ihm willkommener als Momente höchster Anspannung und Gefahr.

Auf den Bereich des Politischen übertragen führt diese Haltung zu einer emphatischen Bejahung von Ausnahmezuständen höchster Krise und Gefahr, die alternativlos nach einer echten Entscheidung und Besinnung verlangen.

So beschwerlich die lebensweltlichen Auswirkungen der sogenannten »Katastrophenjahre« von 1922 und 1923 auch sein mögen, als sozusagen gesellschaftsklimatische Konstellation kann sie von Heidegger bedingungslos begrüßt werden. Und zwar als öffnender Moment, der einen fundamentalen Neuanfang und ein radikales Umdenken in Aussicht stellt. So empfindet er bereits im Winter 1922/1923 – wie auch exakt zehn Jahre später, und damit in einem Zeitraum von ebenfalls höchster Brisanz und Radikalität, der Heidegger dann in einer ganz anderen, institutionell gefestigten Position sehen wird.

STELLUNGSKÄMPFE

Im Hier und Jetzt des Herbstes 1922 jedoch gilt es erst einmal, überhaupt eine feste akademische Anstellung zu erobern. Heidegger ist sich nur zu bewusst, welche philosophische Sprengkraft seine »Aristoteles-Interpretationen« in sich tragen. »In Marburg hat die Arbeit nun auch eingeschlagen«, meldet er November 1922 im Landser-Stil an Jaspers. Und schließt seinen Brief mit der durchaus mehrdeutig zu lesenden Mitteilung: »Ich habe tüchtig Holz gesammelt und eingefahren für den Winter.«[94]

Heidegger wartet, harrt, beklagt nachvollziehbar den »scheußlichen Zustand«, in den einen dieses »Herumgezogenwerden« aus »halben Aussichten, Lobhudeleien und so fort bringt«. Im März 1923 schließlich erhält er über Umwege Kunde aus Marburg. Man will ihn dort nicht. Zumindest noch nicht. Zumindest sehr wahrscheinlich nicht. Elfride, über den Rand der Belastbarkeit hinaus, hatte ihr Studium im Januar 1923 endgültig an den Nagel gehängt. Die Lage ist nun sehr ernst. »Verhungern werden wir nicht gleich«, spricht Heidegger seiner Frau in einem Brief aus diesem März Mut zu, und reduziert nur einen Monat später sämtliche Existenzerwartungen auf ein radikales Minimum: »Genug, wenn wir mit unseren Kindern durchkommen; sonst habe ich wichtigeres zu tun als eine große Karriere o. dgl. anzustreben.«[95] Dann muss es eben anders, zur Not auch ohne akademische Anstellung weitergehen. Wie hatte er noch im September so richtig geschrieben: »Das faktische Leben ist als existenzbekümmertes *umwegig*.«

Die Inflation galoppiert derweil in Millionenschritten. Heidegger erschließt sich eine neue Einnahmequelle, indem er einem japanischen Adligen – »Graf Kuki« – als philosophischer Privatlehrer zu Diensten steht. Dennoch, die Kümmernis ist groß. Aus heiterem Himmel trifft am 18. Juni 1923 die Nachricht von seiner dann doch erfolgten Marburger Berufung auf ein »Extraordinariat mit Stellung und Rechten eines Ordinarius« ein. »Endlich ist der Bann gelöst«, gratuliert Jaspers umgehend aus Heidelberg, und weist Heidegger sogleich väterlich beratend in wesentliche Hoffnungsschranken: »In bezug auf Gehalt werden Sie kaum Forderungen stellen können«. Macht nichts! Heidegger hat – sozusagen wesensgemäß – ohnehin nicht vor, »ein vornehmtuender und vorsichtiger Professor zu werden, der bei seinem Auskommen ›fünf gerade sein lässt‹«. Vielmehr teilt er in seinem Antwortbrief vom 14. Juli 1923 offen mit, seinem Marburger Kollegen, dem Neukantianer und Cassirer-Gefährten Paul Natorp (der sich entschieden für Heideggers Berufung eingesetzt hatte), fortan »durch das Wie meiner Gegenwart … die Hölle heiß zu machen; ein Stoßtrupp von 16 Leuten, bei manchen unvermeidlichen Mitläufern einige ganz ernste und tüchtige, kommt mit.«

Heidegger hat also vor, Marburg im Sturm zu nehmen. Ach was, Marburg: die ganze denkende Welt.

SCHLECHTE NACHBARSCHAFT

Wie gesagt, es war kein Leichtes, Cassirer aus der Fassung zu bringen. Seine Arbeitskraft und Produktivität zeigt sich von den Zumutungen der Krisenjahre 1922/1923 denn auch vollends ungetrübt. Er schließt den ersten Teil seiner »Philosophie der symbolischen Formen« ab und macht sich direkt an die Vorbereitungen des zweiten Bandes. Dieser soll dem Phänomen des mythischen Denkens gewidmet sein: Denn auch Mythen und die mit ihnen verbundenen Rituale und Tabus gewähren dem Menschen von Urzeiten an eine handlungsleitende Form der Weltorientierung – bilden gar den eigentlichen Ursprung symbolischer Formwerdung überhaupt. »Um mich brauchst Du Dir wirklich keine Gedanken zu machen: Ich ertrage nicht nur, wie immer, die Einsamkeit ausgezeichnet, sondern ich suche sie geradezu, da sie für meine in letzter Zeit etwas überreizten Nerven das beste und absolut probate Heilmittel ist«,[96] schreibt er, begraben unter Bänden zur Religionsgeschichte und Völkerkunde, vom Arbeitszimmer seiner Hamburger Villa aus an seine gemeinsam mit den Kindern bei Verwandten in Wien weilende Frau am 5. Juli 1922. Ganz und gar spurlos jedoch ist der Vorfall des vorigen Monats auch an ihm nicht vorbeigegangen. Zwar waren seine Kinder, insbesondere Cassirers damals 14-jährige Tochter Anna, auf dem Schulweg bereits das ein oder andere Mal »durch Zurufe aus den Nachbarhäusern« belästigt worden, doch stellte das nun eingetretene Ereignis eine neue Dimension der Grenzüberschreitung dar. Selbst ein Ernst Cassirer konnte da nicht mehr an sich halten:

> Hamburg, 10. Juni 1922
>
> Sehr geehrter Herr!
>
> Sie haben gestern Nachmittag meine Abwesenheit von Hause dazu benutzt, sich meiner Frau und meinem Schwiegervater zu nähern, sich in ein Gespräch mit ihnen einzulassen und ihnen schließlich irgendwelche Schimpfworte über den Kanal hinüberzurufen. Ein solches Benehmen gegen eine Dame, die Ihnen gar nicht vorgestellt war, und gegen einen 76-jährigen alten Herren kennzeichnet sich selbst: es wäre überflüssig, irgendetwas zu seiner Charakteristik hinzufügen zu wollen. Ich habe, seit ich in Ihrer Nachbarschaft wohne, die Grenze gegen Sie sehr scharf und deutlich gezogen – und ich muß Sie dringend bitten, keine weiteren Versuche zu unternehmen, diese Grenzen zu überschreiten. Ich war bisher immer mit Erfolg bemüht, den Verkehr mit Leuten Ihres Schlages gänzlich zu meiden, und ich muß gleich anderen Vätern aus unserer Nachbarschaft auch im Interesse der Erziehung meiner Kinder darauf bestehen, daß jede Berührung mit Ihrem Sohn unterbleibt …[97]

Was war geschehen? Tags zuvor hatte ein Nachbar auf der anderen Seite des Alsterarmes, an dessen Garten das Grundstück der Cassirers grenzt – der Name des Herrn lautete Hachmann –, in brennender Wut über eine gewiss in vorzüglichster Höflichkeit vorgetragene Nachfrage von Frau Professor Cassirer, ob der siebenjährige Sohn des Hauses Hachmann nicht vielleicht ein bisschen leiser oder gar ganz woanders spielen könne als im eigenen Garten, da sein offenbar besonders durchdringendes und nervtötendes Gelärme die sommerliche Gartenlektüre sowohl von Frau Cassirer als auch ihres zu Besuch in Hamburg weilenden Vaters doch empfindlich störe, Folgendes zurückgerufen: »Glauben Sie denn, daß

Sie uns nicht stören? Durch ihren puren Anblick – Sie gehören ja alle nach Palästina.«[98]

In der Rückschau aus dem amerikanischen Exil erinnert Toni Cassirer diesen Zaunstreit als tiefen Einschnitt: »Von diesem Tage an erfolgte meine Loslösung von Deutschland.« Es war wohl nicht nur die schamlose Direktheit des hachmannschen Hasses, der hier ausschlaggebend wirkte, sondern Toni Cassirers sicheres Gespür, dass sich in diesen frühen Krisenjahren der Weimarer Republik eine explosive Mischung aus Antikapitalismus, Antikommunismus und auch Antisemitismus zusammenbraute, die bis in höchste Bildungskreise immer mehr Anhänger und auch öffentliche Zustimmung fand.

Soweit es Ernst Cassirer betrifft, sein Brief macht dies überdeutlich, glaubt er den mit dieser Dynamik verbundenen, immer alltäglicher werdenden Zumutungen durch scharfe private Grenzziehungen, bürgerliche Etikette sowie den selbstbestimmten Gelehrten-Rückzug in eigene Kreise und Wände dauerhaft entgehen zu können. Vor allem aber wird ihm in diesen Sommertagen nichts ferner gelegen haben als der Gedanke an einen innerlichen Abschied von seiner deutschen Heimat, insbesondere von Hamburg. Schließlich fühlt er sich erst jetzt und womöglich zum ersten Mal voll und ganz anerkannt, voll und ganz angenommen. Was nicht zuletzt daran liegt, dass auch Cassirer in dieser Lebensphase seinen wahren Denkort entdeckt. In seinem Fall handelt es sich nicht etwa um eine einsame Hütte am Schwarzwaldhang, sondern um die Bibliothek eines kulturwissenschaftlichen Privatgelehrten, der als Sprössling einer der einflussreichsten Bankiersfamilien der Welt über drei Jahrzehnte hinweg mehrere Zehntausende seltener und eigenwilliger Studien zur Geistes- und Wissenschaftsgeschichte in seinen Gemächern gesammelt und nach ganz eigenen Vorstellungen geordnet hatte. Die Rede ist von der Bibliothek des Abraham (»Aby«) Moritz Warburg, die Cassirer im Winter des Jahres 1920 zum ersten Mal betritt und die für die folgenden zehn Jahre zum eigentlichen Inspirationsort seines Schaffens wird.

GUTE NACHBARSCHAFT

Es war ein Schock: »Ich darf nie wieder an diesen Ort zurückkehren, sonst werde ich mich für ewig in diesem Labyrinth verlieren«,[99] murmelt Cassirer, nachdem ihm Dr. Fritz Saxl, als leitender Bibliothekar der warburgschen Sammlung, gut eine Stunde lang an den fein, wenn auch höchst eigenwillig sortierten Schränken und Regalen vorbeigeführt hat. Der überwältigende Reichtum an Forschungsliteratur sowie die schatzhafte Seltenheit der sorgsam aus aller Welt akquirierten Exemplare war das eine. Das eigentliche Wunder aber besteht für Cassirer in der Idee dieser Bibliothek selbst, in der offenbaren geistigen Zielsetzung, mit der sie zusammengestellt und geordnet ist.

Weder nach Alphabet noch Jahreszahl nämlich fügt sich hier ein Band an den anderen, vielmehr ließ Warburg die Bücher nach einem eigens ersonnenen System der sogenannten »guten Nachbarschaft« sortieren. Diesem System lag nun wiederum ein eigenes Forschungsprogramm darüber zugrunde, was menschliche Kultur eigentlich ist, was sie wesentlich auszeichnet und welche Dynamiken ihre Entwicklung in den letzten Jahrtausenden wesentlich bestimmten.

So ist der gesamte Bestand in vier Abteilungen gegliedert, die wiederum auf vier philosophischen Grundbegriffen beruhen. Sie lauten (bis heute):[100]

Orientierung Bild Wort Handlung

Mit dem Begriff der »Orientierung« wird von Warburg, als dem Kopf der Bibliothek, zunächst nur festgehalten, dass sich die Welt für Wesen wie uns durchaus nicht von selbst versteht. Der Mensch kommt nicht nur weitgehend schutz- und instinktlos auf diese Welt, sondern vor allem auch weitgehend ahnungslos. Dieses elementare Bedürfnis, sich in seinem Denken und Handeln, in seinem gesamten Weltverhältnis erst einmal zu orientieren, gebiert nun das, was Kultur genannt wird. Dies war bereits der eigentliche Ausgangspunkt der kantischen Philosophie. Er wird auch von Cassirer nicht nur ausdrücklich geteilt, sondern stellt das eigentliche Fundament seines damals noch in den Anfängen stehenden Hauptwerkes dar. Unter dem Begriff der Orientierung sortiert die warburgsche Bibliothek nun Werke zu Aberglaube, Magie, Religion und Wissenschaften – als zentralen kulturellen Ergebnissen der grundmenschlichen Orientierungsnot.

Mit den Abteilungen »Bild«, »Wort« und »Handlung« aber ist im warburgschen System implizit schon eine Antwort darauf gegeben, durch welche Formen und Medien diese Orientierungsleistungen auf Dauer gestellt werden können. Nämlich durch genau das, was Cassirer in seiner Philosophie »Symbol« und »Symbolsystem« nennt.

Unter »Bild« lässt Warburg Werke zum Ornament, der Graphik oder der Malerei sortieren. Unter »Wort« Beschwörungsformeln, Gebete, Epen und künstlerische Literatur. Unter dem Begriff »Handlung« schließlich Bücher, die den menschlichen Leib selbst als Medium symbolischer Formung erforschen – also Abhandlungen über Fest- und Tanzkultur, über Theater oder Erotik.

Cassirer musste deshalb bereits beim ersten Besuch das durchaus unheimliche, ja geradezu phantastische Gefühl übermannen, diese Bibliothek sei exakt nach jenem Plan und jenen Schwerpunkten entworfen und geordnet worden, die seit seiner Straßenbahneingebung von 1917 auch sein eigenes Schaffen anleiteten: Die Grundanlage der Bibliothek Warburg entspricht sowohl inhaltlich wie formal exakt der Grundanlage seiner Philosophie der symbolischen Formen!

Doch damit nicht genug, sie geht in einem entscheidenden Inspirationsschritt über die geplante Systemarchitektur von Cassirers Werk hinaus. Denn anstatt innerhalb dieses an sich schon hochoriginellen Ordnungssystems nun konsequent chronologisch zu verfahren und die Entwicklung der Kultur von den kultischen Anfängen des Totems, Ritus und Mythos bis hinauf zu den modernen Naturwissenschaften als eine kontinuierliche Aufstiegsbewegung zur wahren Welterkenntnis zu systematisieren, herrscht in den Regalen von Warburgs Bibliothek eben das Binnenordnungsprinzip der »guten Nachbarschaft«. Ihm folgend werden Werke aus verschiedensten Disziplinen und auch Epochen so nebeneinandergestellt, dass sie dem suchenden Forscher noch kaum bedachte Verhältnisse möglicher Verwandtschaft, Zugangsähnlichkeit und auch der kreativen Beeinflussung nahelegen. So haben Grundlagenwerke zur Chemie Bücher zur Alchemie als direkten Nachbarn; Forschungen zur antiken Eingeweideschau stehen neben Abhandlungen zur Astrologie und modernen Algebra.

UTOPIE IM REGAL

Warburgs Sammlung basiert auf dem Gedanken einer fortwährenden kulturellen Ungleichzeitigkeit des Gleichzeitigen, in der verschiedenste Zugänge verschiedenster Provenienz sich gegenseitig beeinflussen und auch abstoßen. Zudem ist sein Ordnungssystem von der Überzeugung getragen, dass es so etwas wie ein unbewusstes kulturelles Gedächtnis gibt, das hintergründig und im Stillen – gleichsam im Rücken der jeweiligen Epochen und ihrer Forschungsschwerpunkte – wirksam bleibt und wesentliche Veränderungen hintergründig herbeiführt. Symbole und Menschen, so der Kerngedanke Warburgs, erziehen einander permanent, wobei die Symbole, mit denen der Mensch denkt, spricht, flucht, betet, weissagt, fragt und forscht – kurz, sich in dieser Welt orientiert –, eben meist viel älter und in gewissem Sinne auch weiser sind als die Wesen, die diese Symbole in ihrer je eigenen Zeit verwenden und sich mit eigenen Interessen zu eigen machen. Es gab noch so vieles freizulegen, so viele schweigende Verbindungen und Konstellationen zum Sprechen zu bringen. Nur konsequent deshalb, dass Warburg seine Bibliothek unter den Schutz der griechischen Göttin der Erinnerung, der Mnemosyne, stellte.

Von dem Tag an, da Cassirer diese Bibliothek betrat, beginnt sein Denken sich der Ordnung ihrer Kulturvision immer enger anzunähern. Schrittweise erst, aber doch ununterbrochen und in steigendem Maße. In den Regalen Warburgs gibt es keine klar abgegrenzten Einzeldisziplinen, Forschungsfelder oder auch nur fest umrandete Kulturkreise. Sie sind eine vollends tabufreie Zone, deren Anordnung den Besucher dazu ermuntert, sich lustvoll auf das Erschließen des noch Unerschlossenen einzulassen – sei es das der Zukunft, der Gegenwart oder der Vergangenheit.

Wie wohl eine Welt aussähe, in der Frau Cassirer und Herr Hachmann, über alle fest scheinenden Grenzen, erlernten Abneigungen und Differenzen hinweg so nebeneinanderstehen könnten wie die Bücher in Warburgs Bibliothek? Versteht man die Bibliothek recht, verkörpert sie nicht weniger als eine Utopie der Gemeinsamkeit und Allverbundenheit, die zu gewahren und anzuerkennen es manchmal nur eines kleinen Schrittes oder Sprunges über die Gewässer des Vergessens bedarf.

Das Ereignis, das die Kulturwissenschaftliche Bibliothek Warburg für Cassirer war und bleiben sollte, trifft ihn 1920 vollkommen unvorbereitet. Als er den Ruf von Berlin nach Hamburg annahm, hatte er nichts von ihrer Existenz geahnt. Für die Betreiber der Bibliothek gilt das im Umkehrverhältnis nicht. Bibliothekar Dr. Saxl weiß genau, mit wem er es zu tun hat, als Cassirer erstmals die Räume des Warburg-Hauses betritt. Cassirer wurde erwartet – und daraufhin gezielt angefüttert. Saxl meldet vom ersten Besuch Cassirers an Warburg:

> Ich beginne also im zweiten Zimmer beim Schrank mit »Symbol«, da ich angenommen habe, daß Cassirer von da aus am leichtesten ans Problem herankommt. Sofort stutzt und erklärt er mir, das sei ja das Problem, das ihn schon so lange beschäftige und an dem er derzeit arbeite. Die Literatur über den Begriff Symbol, die wir besitzen, hat er aber nur zu einem kleinen Teil gekannt und Ihre visuelle Einstellung (die Sichtbarmachung des

> Symbols in Mimik und Kunst) überhaupt nicht. Cassirer war sofort im Bild und hat sich nun über eine Stunde lang von mir zeigen lassen, wie da ein Schrank an den anderen gereiht ist, ein Gedanke an den anderen. Es war schön, einmal einen Mann von der Qualität zu führen.[101]

Aus dem ersten, ehrfürchtigen Eindruck eines Labyrinths, in das er nicht zurückkehren dürfe, wird bei Cassirer schon nach wenigen Monaten der ausdrückliche Wunsch, am liebsten Jahre darin zu verbringen.[102] Was er dann auch tut. Cassirer hat seinen intellektuellen Traumort entdeckt. Und die Bibliothek genau den Forscher, für den sie eigentlich ersonnen wurde. Eine perfekt symbiotische Beziehung entspinnt sich, die auch das leitende Personal der Bibliothek mit einschließt. Cassirers präzise Buchwünsche erweitern fortan den Bestand der Sammlung, während Dr. Saxl und die seinen, wann immer sich eine neue Forschungsfrage auftut, an Cassirer herantreten und ihn im Geiste der Bibliothek zu einer Abhandlung ermuntern. Als erstes Ergebnis dieser enorm fruchtbaren Zusammenarbeit erscheint im Juli 1922 Cassirers Schrift »Die Begriffsform im mythischen Denken«.

AUSGANG VOM MYTHOS

In diesem, für seinen Denkweg entscheidenden Werk untersucht Cassirer die spezifischen Eigenheiten des mythischen Begriffs- und Weltaufbaus (im Gegensatz zu dem der modernen Naturwissenschaften). Wie Heidegger, der in seinen Untersuchungen zu Aristoteles gleich einem Archäologen oder auch Sprengmeister der Frage nachgeht, inwiefern gewisse begriffliche Grundunterscheidungen unser gesamtes Denken bis heute entscheidend prägen oder auch verstellen, begibt sich Cassirer mit seiner Untersuchung der mythischen Begriffsform ebenfalls an einen mutmaßlichen Beginn unserer Kulturgeschichte und legt frei, inwiefern diese eigenwillige Urschicht des Denkens unser Weltverständnis bis heute beeinflusst und prägt.

Weit davon entfernt, rein irrational und beliebig zu sein, erkennt Cassirer das mythische Denken als von höchster Strenge, Notwendigkeit und Konsequenz geprägt. Schließlich legen dessen Begrifflichkeiten für alles und jeden im Universum einen festen und starren Ort fest. Dies vollzieht sich über grundlegende und absolute Kernunterscheidungen, die einer Logik des Totems folgen. In der Regel setzt es damit an, eine soziale Gemeinschaft – in der Regel den eigenen Stamm – in zwei streng unterschiedene Gruppen zu trennen und diese Trennung mit starr festgelegten Attributen, Eigenschaften und vor allem auch Überschreitungstabus zu belegen. Ausgehend von dieser Grundunterscheidung werden Untergruppen bildbar, so dass dann beispielsweise »die Männer der einen Klasse, die ein bestimmtes totemistisches Abzeichen besitzt … auch nur die Frauen eines ganz bestimmten, durch ein besonderes Totem gekennzeichneten Clans heiraten können.« So wird zunächst eine erste Ordnung geschaffen. Aber damit nie genug:

> In der Tat breitet sich die Unterscheidung der einzelnen Clans nach ihren Totems von dem engeren sozialen Kreis, in dem sie zunächst gilt, weiter und weiter aus, um schließlich auf alle Kreise des Daseins überhaupt, des natürlichen wie des geistigen, überzugehen. Nicht nur die Glieder des Stammes, sondern das gesamte Universum mit allem, was in ihm enthalten ist, wird durch die totemistische Denkform in Gruppen zusammengefaßt.[103]

Diese ungeheure Transferleistung – allem, was überhaupt ist, einen festen Ort und Wert zuordnen zu können! – wird im mythischen Denken ferner über Ähnlichkeitsbeziehungen erreicht. Wobei es nun die bestimmende Eigenart des mythischen Denkens ist, dass diese Ähnlichkeit hier niemals als ›bloße‹ Beziehung, die etwa in unserem subjektiven Denken ihren Ursprung hätte, aufgefaßt [wird], sondern alsbald auf eine reale Identität zurückdeutet: Dinge können nicht als ähnlich *erscheinen*, ohne in ihrem Wesen irgendwie eins zu sein.[104]

Wenn man nun erkennt, dass totemistische Wertunterscheidungen es an sich haben, stark wertgeladen zu sein und damit auch Logiken der absoluten Aus- und Eingrenzung zu befördern (darin besteht ja ihr erster Ordnungsakt), wird auch die politisch-moralisch Brisanz dieser Denkform am Grunde unserer Kulturentwicklung sichtbar. In unserer Alltagssprache zeigt sich das etwa bis heute in Beschimpfungen wie der, jemand sei ein »linker Hund«. Hier werden gleich mehrere untergründige Wertakzente mobilisiert. Der niedere Wertakzent der »linken« Hand im Vergleich zur »rechten«, der als Grundunterscheidung unsere ganze abendländische Kultur durchzieht, und die angenommene Unheiligkeit und Schmutzigkeit des Hundes (oder auch Schweines), wie sie sich aus den abrahamitischen Religionen und deren totemistischen Grundunterscheidungen ergibt. Die wertende Kraft der mythischen Begriffsform ist also sprachlich mitten unter uns. Ja, sie spricht, ob wir es nun ausdrücklich wollen oder nicht, wie so gut aus jedem Wort zu uns – und vor allem: aus uns.

DIE NEUE AUFKLÄRUNG

Derartige Hintergründe analytisch freizulegen, bedeutete für Cassirer Aufklärung im besten kantischen Sinne zu betreiben. Das heißt, einen »Ausgang des Menschen aus seiner selbstverschuldeten Unmündigkeit« zu ermöglichen, insofern als diese Unmündigkeit für uns vor allem darin besteht, uns über die wahren Hintergründe eben der Begriffe, die uns im Denken und damit unserem gesamten Weltzugang orientieren, im Unklaren und Ungeprüften bleiben zu wollen.

Exakt diese Bequemlichkeit oder, wie er es nennt, Unbekümmertheit bekämpft auch Heidegger 1922 in seiner Anzeige der hermeneutischen Situation. Heidegger spricht dabei allerdings ausdrücklich von einer notwendigen »Destruktion« der vorhandenen, insbesondere philosophischen Begriffe. Im Gegensatz dazu verfolgen Cassirers Analysen gerade nicht das Ziel einer fundamentalen Destruktion vorhandener Begriffe – wohin sollte sie auch führen können als in den totalen Neuanfang eines dann wiederum notwendig mythischen Sprechens? –, sondern sie sind von dem radikal aufklärerischen Impetus einer Bewusstwerdung der jeweiligen Möglichkeiten und Unmöglichkeiten getragen, die eine jede Begriffsform, sei sie nun mythisch, religiös oder naturwissenschaftlich, notwendig mit sich bringt.

Die zentralen Gefahren, denen jede moderne Kultur zu jedem Zeitpunkt ihrer Entwicklung ausgesetzt ist, sieht Cassirer dabei vor allem in zweierlei. Erstens: Jede Kultur ist manifest rückfallanfällig, jeder ihrer Entwicklungsschritte ist reversibel. Und zweitens: Gerade in Zeiten der höchsten Krise, Spannung und Unübersichtlichkeit– wie den Jahren 1922 und 1923 – droht die Gefahr eines entlastenden Rückfalls in maximal klar ordnende und wertende Deutungsmuster, wie sie insbesondere das mythische Denken liefert.

ÜBER DEN FLUSS

Das Beispiel des Zaunstreits zwischen Frau Cassirer und Herrn Hachmann taugt vor diesem Hintergrund als Paradefall eines momenthaften Rückfalls in mythisches Denken: Hachmann findet sich voll und ganz im Banne mythischer Schwundstufen, wenn er ausgehend von einer letztlich totemistischen Grundunterscheidung »der Deutschen« und »der Juden« allein schon den Anblick und damit die Nähe von Frau Cassirer als Beleidigung, Störung, ja Verunreinigung empfindet und gleichzeitig wie selbstverständlich davon ausgeht, jeder Mensch habe aufgrund der Gruppe, der er zugehört, auch seinen festen und vorgegebenen Ort auf dieser Welt: ein Da, wo er absolut und allein hingehört. Im konkreten Fall der Juden: Palästina.

So nahm es auch Frau Cassirer auf: »Als Herr Hachmann mir über den Kanal zurief, daß wir alle nach Palästina gehörten, war dies in seinem Munde genau dasselbe, als wenn er gesagt hätte, daß wir auf den Misthaufen gehörten. Palästina war damals in den Köpfen dieser Menschen einfach ein Schimpfwort. Für uns war es die Stätte, wohin sich eng mit der Tradition verbundene Juden oder aber die russischen und polnischen Flüchtlinge wandten, um ein neues Vaterland zu finden.«[105]

Eng verbunden mit der Tradition beziehungsweise orthodox fühlten und dachten die Cassirers nun ausdrücklich nicht – und wollten sich dieses Denken auch keinesfalls von primitiveren Menschen aufzwingen lassen. Wobei, und darin besteht die eigentliche Pointe der cassirerschen Kulturphilosophie, das Kriterium für philosophische Primitivität sich nicht etwa daraus ergibt, welcher Begriffsform man sich nun unbedingt zugehörig fühlt, sondern in dem Verfolgen der fixen Idee, es sollte überhaupt so etwas wie eine einzige und einende, alles Seiende absolut erschöpfende Form geben.

Keine einzige Begriffsform ist jedoch reich genug, den Raum des Wirklichen auszuschöpfen. Andererseits eignet jeder Begriffsform – aus sich heraus – eine gewisse Übergriffigkeit. Jede strebt nach totaler Ordnung und Aneignung und damit nach einer feindlichen Übernahme aller anderen. In diesem Impuls besteht für Cassirer sozusagen das stets mögliche Verhängnis unserer kulturellen Existenz:

> Eine bestimmte anschauliche, gefühlsmäßige und gedankliche Unterscheidung bleibt an dem Punkte, an dem sie zuerst entstand, nicht stehen, sondern sie hat die Tendenz, von ihm aus fortzuwirken, immer weitere Kreise zu ziehen und schließlich

> das Ganze des Seins zu umspannen und in irgendeiner Weise zu »organisieren«.[106]

Das gilt für den Mythos ebenso sehr wie für die moderne Wissenschaft und ihre totalisierenden Binnenströmungen (Biologismus, Physikalismus, Ökonomismus). Es gilt für die Religion und deren psychotische Fundamentalismen. Es gilt für gewisse ästhetische Totalversionen der Kunst im Sinne eines einseitigen Verständnisses des Gesamtkunstwerks. Diesen unabstellbaren Drang zur Übergriffigkeit eben jener Grundunterscheidungen, die einem selbst gerade am meisten sagen, gilt es nach Cassirer, durch das bisweilen mühsame, aber immer auch extrem erhellende Geschäft des Aufzeigens von versteckten Verwandtschaften und auch offenbaren Beschreibungsgrenzen der jeweiligen symbolischen Formen zu therapieren. Ein endloses, labyrinthisches Geschäft – so endlos und labyrinthisch wie der Raum des kulturellen Schaffens selbst.

In den Jahren 1922 und 1923 nimmt Cassirer darin volle Fahrt auf. Er hat nicht nur seine Familie und Frau, seine freie Hansestadt und deren Fakultät, sondern nun auch seine Traumbibliothek im Rücken. Selbst finanziell sieht er Licht am Ende des Tunnels. So vermeldet er seiner, mittlerweile um die Zukunft des Haushalts, ja der ausreichenden Ernährung ihrer Kinder ebenfalls konkret besorgten Gattin im April 1923:

> Heute erhielt ich von Bruno [dem Verleger Cassirers] die Abrechnung über das erste Vierteljahr 1923. Er hat in diesen drei Monaten 1240 Exemplare meiner Bücher verkauft, was für mich ein Honorar von über 1 Million Mark ergibt. So sind jetzt nicht nur meine Schulden bezahlt, sondern ich habe noch über ½ Million herausbekommen.[107]

Heimat gefunden. Haus abbezahlt. Buchversorgung gesichert. Und noch eine halbe Million auf der hohen Kante! Das alles kann man von Walter Benjamin so nun wirklich nicht behaupten.

IM STRUDEL

Das Jahr 1922 hätte – wieder einmal – Walters eigentlichen Durchbruch bedeuten sollen. Auf Anregung des Heidelberger Verlegers Richard Weißbach, der auch Benjamins Baudelaire-Übersetzungen zu publizieren versprach, plante er im Herbst 1921 mit großer Hoffnung und vor allem Ambition eine Zeitschrift namens »Angelus Novus« ins Leben zu rufen. Deren Autorenschaft sollte aus seinem engsten Bekanntenkreis bestehen, wobei Chefredakteur Dr. Walter Benjamin seinem Duzfreund Gershom Scholem – als einem anvisierten Autor – die Zielsetzung des Projekts folgend darlegte:

> Der Plan, der durchaus von mir stammt, sucht eine Zeitschrift zu begründen, die auf das *zahlungsfähige* Publikum nicht die mindeste Rücksicht nimmt, um dem geistigen um so entschiedener dienen zu können.[108]

Eine Erstausgabe der nach einer Zeichnung von Paul Klee (die Benjamin 1921 in München erworben hatte) benannten Zeitschrift liegt Anfang 1922 im Prinzip druckfertig vor. Trotz Benjamins unablässigem Drängen hält Weißbach sie aber zurück. Das wirtschaftliche Risiko ist dem Verleger dann doch zu groß. Auch die Veröffentlichung der Baudelaire-Übersetzungen (samt Benjamins Vorwort zur »Aufgabe des Übersetzers«) zieht sich über das gesamte Jahr quälend hin, ohne dass Weißbach ein konkretes Erscheinungsdatum in Aussicht stellt. Die einsetzende Inflation treibt nicht zuletzt die Papierpreise in die Höhe und zwingt die gesamte Buchbranche zu besonderer Vorsicht. Einem esoterischen Außenseiter, wie Benjamin es ist und vor allem unbedingt sein will, verbaut diese Entwicklung so gut wie jeden Publikationszugang. Auf die Frage, was er wohl an Buchveröffentlichungen vorzuweisen hätte, kann er auch im Jahre 1922 nur eine ehrliche Antwort geben. Bis auf seine vollends resonanzlos gebliebene Dissertation: keine.

Publizistisches Selbstbild und Wirklichkeit klaffen also weiterhin denkbar weit auseinander. Gleiches gilt, damit eng verbunden, für seine akademischen Ambitionen. Das Jahr 1922 sieht ihn als rastlosen Handlungsreisenden in Sachen Habilitation. Kaum eine größere deutsche Universität, bei der er nicht auf die eine oder andere Weise an die Tür geklopft hätte. Vor allem in Heidelberg rechnete er sich Chancen aus, auch wenn er nicht genau anzugeben vermochte, in welchem Fach und bei wem genau. Philosophie, Germanistik, Soziologie ... Jaspers, Lederer, Alfred Weber? Zu ihnen allen sucht Benjamin näheren Kontakt.

Im Spätherbst des Jahres 1922 spitzt sich die Lage auch für ihn weiter zu. Die Bindung zum Elternhaus scheint nun endgültig gerissen. Benjamins Vater beharrt darauf, der Sohn solle Bankangestellter werden, während Walter sich im Prinzip für jede Form eines Broterwerbs offen erklärt, sofern diese nicht seine Habilitationspläne zunichtemacht. Ohne konkrete Habilitationsaussicht schwebt diese Bedingung indes im Leeren. Und ohne ausreichend Zeit und Muße, sich eine solche plausibel zu erarbeiten, droht entweder eine Existenz als Bankangestellter oder aber der endgültige Zuwendungsentzug des Elternhauses. Für das Jahr 1922 hat Benjamin keine eigenen Einkünfte vorzuweisen.

Wie tief man in solch einer Zeit sinken kann, führte ihm im Oktober das Beispiel seines Freundes Erich Gutkind vor Augen (eben jenes Gutkinds, mit dem die Benjamins noch 1921 eine bukolische Kommunenexistenz auf einem Bauernhof Süddeutschlands angedacht hatten):

> »unsere Lage [ist] schlecht. Bei Gutkinds scheint sie katastrophal zu werden. Da es mit seiner Mutter noch immer beim Alten ist, so hat sich Erich vor einigen Tagen entschlossen ... Stadtreisender für Margarine zu werden. ... Aber wenn das glücken soll, so muß der liebe Gott mitverkaufen«.[109]

Bereits kurz darauf notiert Benjamin:

> »Gutkinds … Unternehmen ist jedoch mit völligem Fiasko – einem Verdienst von 150 Mark in vier Tagen – das heißt, auf die Fahrtgelder verrechnet, fast mit Verlust zu Ende gegangen. Ich habe einen ähnlichen, aber leichtern Weg zu gehen unternommen und es mit dem An- und Verkauf von Büchern versucht, derart, daß ich im Norden der Stadt kaufe und im Westen verkaufe, wobei mir einige Kenntnis alter Bücher und ihres Marktes zu gute kommt. … Freilich ist diese Arbeit, so fesselnd es sein kann bei Trödlern oder kleinen Antiquaren nach Schätzen zu suchen, höchst absorbierend … so beginnt auch schon die Arbeit derart zu stocken, daß ich einhalten muß.«[110]

»Arbeit«, damit meint Benjamin zeitlebens nichts anderes als die schriftliche Entwicklung eigener Gedanken. Mochte die Lage noch so prekär, ja vollends aussichtslos erscheinen, hierin gibt es für ihn keinen Spielraum, keinen Kompromiss, keine Wahl. Eine Habilitation – am besten in Form einer damals erstmals aufkommenden bezahlten Dozentur – scheint nach wie vor der einzig plausible Weg zur Rettung der eigenen Lebensform. Dementsprechend weit geht Benjamins Opfer- und auch Erniedrigungsbereitschaft.

Die diesbezüglichen Hürden sind in seinem Fall tatsächlich besonders hoch. Zum einen gibt es unter der deutschen Professorenschaft so etwas wie eine stillschweigende Regel, nie mehr als einen Juden gleichzeitig bei einer Habilitation zu betreuen. Zum anderen geht aus Benjamins Lebensverlauf klar hervor, dass er sich als Simulant vor dem Kriegsdienst gedrückt hat. Das hilft nirgendwo. Für viele Professoren stellt es geradezu ein Ausschlusskriterium dar. So jemanden fördert man einfach nicht.

DRITTER IM BUNDE?

Der Dezember 1922 sieht Benjamin deshalb erneut in Heidelberg anklopfen, dieses Mal freilich in besonders bedauerlicher Situation. Immer schwieriger wird es, bei seiner Budgetlage angemessen Unterkunft zu finden. So mietet er sich für den gesamten Weihnachtsmonat in einem primitiven, aber warmen Zimmer ein,

> das den großen Nachteil hat neben der Küche einer Proletarierfamilie, die ein zwei Monate altes Kind hat zu liegen.... Ich gehe aber mit einem bei mir ungewohnten Stoizismus an die Sache heran – trotzdem das Kind 1) Nachts auch neben mir schläft 2) ein Siebenmonatskind ist und daher ein besonders erbittertes Feldgeschrei gegen das Leben erhebt. Heute am Sonntag wo alles zu Hause ist, ist es vollends als wäre die Hölle losgelassen.[III]

Wie Cassirer hat also auch Benjamin Schwierigkeiten mit Nachbarskindern. Eine scharfe Grenzziehung ist ihm in seiner Lage indes ebenso wenig möglich wie ein befriedender Appell an die bürgerliche Etikette. Was nicht heißen soll, dass Benjamin und die seinen selbst in diesen schwierigsten Zeiten wirklich ins finanziell Bodenlose und Unbehauste abzustürzen drohten. Vor allem Doras Wiener Familie bietet fortwährend Halt und Unterstützung. Während Benjamin im Jahre 1922 als Chefredakteur, Großkritiker, Buchantiquar sowie Habilitand in spe geschäftig durch die Republik reist und dabei völlig ironiefrei über den »ungewohnten Wirbel vielgestaltiger Beschäftigungen« klagt, verbringt Dora mit Sohn Stefan ganze Monate im österreichischen Erholungsheim der Tante am Fuße des Semmering – mithin in unmittelbarer Nähe des Feriensitzes der Eltern von Toni Cassirer.

Nein, noch sind nicht alle Netze gerissen. Wo Jaspers es im September 1922 für unbedingt geboten erachtet, Heideggers Reise nach Heidelberg mit 1000 Mark zu finanzieren, weil eine solche Ausgabe das Budget der Freiburger Dozentenfamilie zu sprengen drohte, ist dies eine Summe, für die Benjamin auf seinen Streifzügen durch die Antiquariate Berlins, Göttingens, Frankfurts und Heidelbergs im gleichen Zeitraum ohne zu zögern das ein oder andere seltene Buch für seine Privatsammlung erwirbt.

Überhaupt: Jaspers. Er ist ein wesentlicher Grund, weshalb Benjamin in diesem Dezember 1922 einmal mehr in Heidelberg weilt. »Wie es mit den Universitätsdingen wird, weiß ich noch nicht«, meldet Benjamin am 6. Dezember 1922 Freund Scholem, » … ich werde alles an den Versuch setzen, Jaspers vorgestellt zu werden.« Höchst unwahrscheinlich, wenn auch nicht gänzlich unmöglich, dass Benjamin damals etwas von der frisch gestifteten »Kampfgemeinschaft« zwischen Jaspers und Heidegger wusste. Ob es ihn wirklich abgehalten, auch nur gestört hätte?

Nach den Zurückweisungen der vergangenen Monate, Benjamin hatte sich bei Jaspers bereits 1921 als Zuhörer im Kolleg eingefunden (er gefiel ihm damals »ganz gut«[112]), zählt der frisch gekürte Ordinarius in Philosophie jedenfalls zu seinen letzten echten Hoffnungen. Jaspers, mit einer Jüdin verheiratet, steht für ein unkonventionelleres und freieres Philosophieverständnis, fern der schulischen Enge und Traditionszwänge des kleinsten gemeinsamen Hauptfeindes, auf den sich in diesen Jahren alle innovativ wähnende Jungdenker einigen konnten – also des Neukantianismus. Und genau wie der verzweifelt auf Stellensuche befindliche Heidegger des Jahres 1922 hat auch Benjamin in diesem Winter ein eigenes, neues und extrem ambitioniertes Bewerbungsmanuskript mit im Gepäck. Ein Essay, so stark, thesenreich und methodisch verfeinert, dass es, wie er deutlich spürt und auch offen ausspricht, gar »die Methode seiner zukünftigen Arbeiten vorzeichnet«. Es handelt sich um eine knapp 100-seitige kritische Auseinandersetzung mit Goethes Roman »Die Wahlverwandtschaften«.

GOETHE IN WEIMAR

Wie stets, wenn Benjamin philosophisch hinlangt, geht es auch in diesem Text um einfach alles. Nicht zuletzt um eine klärende Deutung seiner eigenen Lebenssituation. Denn die zentrifugalen Kräfte dieser Jahre haben nicht zuletzt auch seine Ehe mit Dora bis an den Zerreißpunkt geführt. Sicher, die Universität Heidelberg ist damals einer der geisteswissenschaftlichen Leuchttürme des Kontinents – die Brüder Max und Alfred Weber hatten dort der modernen Soziologie ihr eigentliches Fundament gegeben, der Jurist und Rechtsphilosoph Gustav Radbruch war dort eine bewunderte Leuchtgestalt gewesen, der junge Georg Lukács hatte hier seine Theorie des Romans geschrieben, Friedrich Gundolf dominierte von Heidelberg aus die Germanistik, Stefan George streifte noch im Sommer 1921 gedankenversonnen durch eben jene Schlossruinen, die einst Hölderlin und Hegel zu höchsten Geistesflügen inspirierten. Und auch bei den Philosophen beginnt mit Jaspers gerade ein neuer Stern zu strahlen.

Der eigentliche Grund jedoch, weshalb Benjamin ab 1921 regelmäßig und für lange Wochen durch die Heidelberger Altstadtgassen schleicht, ist die Bildhauerin Jula Cohn. Benjamin hat sich bereits bei der ersten Zusammenkunft der beiden, einem Freundestreffen in Berlin, schwer in diese Frau verliebt – natürlich unglücklich und dauerhaft erfolglos. Doch ist das nicht alles. Jula Cohn wiederum ist zeitgleich in Benjamins alten Schulfreund Erich Schön verliebt, mit dem nun wieder, fast ist es zu banal um wahr oder auch nur interessant sein zu können, Benjamins Gattin Dora seit 1921 ganz offen ein Verhältnis pflegt. Eine vertrackte Viererkonstellation, für die damals tatsächlich jedes Kind in Deutschland das klassische Vorbild zu nennen in der Lage gewesen wäre: eben Goethes tief komplexer Beziehungsroman »Die Wahlverwandtschaften«.

Als sich Benjamin in den letzten Tagen des Jahres 1921 an seinen Berliner Schreibtisch setzt, um einen neuen Anlauf in Sachen

Habilitationsprojekt zu nehmen, wird ihm die eigene Beziehungskonstellation zum entscheidenden Anstoß, seine langjährige Beschäftigung mit Goethes Werk und Weltsicht – basierend auf der durch die Dissertation gefestigten Überzeugung von den eigentlichen Aufgaben und Methoden literarischer Kritik – zu einer Abhandlung von knapp 100 Seiten Länge zu bündeln.

Der extrem dichte und bis heute als eines der Hauptwerke Benjamins gefeierte Text mit dem Titel »Goethes Wahlverwandtschaften«[113] gibt sich das Gewand einer klassischen Romaninterpretation. In Wahrheit aber unternimmt Benjamins Auseinandersetzung mit Goethes Roman – wie mutmaßlich Goethes Roman selbst – eine denkbar umgreifende Kritik, man könnte sogar sagen, Meditation auf die Institution der bürgerlichen Ehe und damit die mutmaßliche Keimzelle der bürgerlichen Gesellschaft als Ganzes. Es geht mit anderen Worten um die entlarvende Freilegung jener verborgenen Kräfte und Dynamiken, die eine moderne bürgerliche Gesellschaft mit ihrem konstitutiven Freiheits- und Selbstverwicklungsversprechen in Wahrheit zusammenhalten. Für den Benjamin der »Wahlverwandtschaften« sind dies letztlich *mythische Kräfte*, Denkmuster und Dynamiken – und damit notwendig unheilvolle, entmündigende und verengende. Darauf aufbauend beantwortet er die Frage, wie es dem mutmaßlich freien und selbstbestimmten Subjekt wohl gelingen könnte, sich erfolgreich von dem meist verborgenen Wirken dieser Kräfte und Vorstellungen zu befreien und damit ein Leben zu führen, in dem nicht nur wahre Liebe, sondern vielleicht sogar eine wahre, erfüllende Ehe möglich wäre.

Benjamins Essay amalgamiert – freilich ohne bewusste Kenntnis dieser beiden zeitgleich entstehenden Schriften zu haben – die beiden zentralen Gedankenmotive und Antriebe der cassirerschen Schrift zur mythischen Begriffsform sowie die heideggersche »Anzeige der hermeneutischen Situation« zu einer eigenständigen Theorie. Und zwar einer Theorie über die Bedingungen der Möglichkeit einer wahren Ehe – weiter verstanden: einer wahren, freien, eigentlichen Lebensform. Wie Cassirer sieht er die Notwendigkeit, im Prozess dieses befreienden Bewusstwerdens das hintergründige und stets präsente Wirken mythischer Denkmuster inmitten unserer Kultur freizulegen. Und wie der Jaspers-Freund Heidegger im selben Jahr zielt auch Benjamin auf bestimmte, sich in extrem zugespitzten Situationen zeigende Öffnungen ab, die den mutigen Sprung in eine andere, wesentlichere Daseinsform ermöglichen. Alle drei Autoren zeigen sich dabei (mit Kant) fest davon überzeugt: Ein Mensch, ein Subjekt, ein Dasein, das sich über die wahren Bedingungen seiner Weltorientierung nicht im Klaren ist, kann nicht wahrhaft frei entscheiden. Es ist nicht wahrhaft mündig. Und nur mündige Menschen, würde Benjamin hinzufügen, sollten einander heiraten – ja können im eigentlichen Sinne miteinander verheiratet sein.

MEHR LICHT

Alle drei Autoren erkennen also in diesem Zeitraum die philosophische Notwendigkeit, das moderne Vernunftsubjekt einem konsequenten begrifflichen *Ent-Bildungsprozess* zu unterziehen, um die wahrhaft in ihm und durch ihn wirkenden sprachlichen Kräfte dorthin zu bringen, wo sie eigentlich sichtbar und damit gegebenenfalls auch behandelbar werden: ans Licht.

Gleich zu Beginn seines Essays hält Benjamin mit Blick auf die vier, allesamt im Sinne einer bürgerlichen Erziehung hochgebildeten Protagonisten des goetheschen Romans deshalb fest:

> Sie jedoch unterstehen auf der Höhe der Bildung den Kräften, welche jene als bewältigt ausgibt, ob sie auch stets sich machtlos erweisen mag, sie niederzuhalten.[114]

Er äußert damit einen Verdacht, den auch Cassirer, Heidegger sowie selbstverständlich Wittgenstein hegen: Das emphatische

Freiheitsbewusstsein des modernen Subjekts verdankt sich gerade dort, wo es sich in seinem Selbstbestimmungsstreben ganz und gar frei und souverän wähnt, Prozessen der Verdrängung und Verdunkelung, die, sofern nicht aufgearbeitet, letztlich in die Misere, wenn nicht den gesellschaftlichen Untergang führen müssen. Das Paradebeispiel einer freien und selbstbestimmten Wahl des modernen, freien, bürgerlichen Subjektes ist aber nun, exakt: die Ehe. Hier, so legt es bereits Goethes Romantitel nahe, kann das mündige Subjekt noch die letzte Grenze der Natur überspringen und sogar wildfremde Menschen ganz souverän zu ureigenen Verwandten wählen.

FREIHEIT ODER SCHICKSAL

Die beiden zentralen Begriffe, zwischen denen jedes moderne Dasein nach Benjamin steht, lauten »Freiheit« und »Schicksal«. Wenn es wahre Freiheit geben soll, müssen schicksalhafte Kräfte gegenüber dem menschlichen Wollen letztlich machtlos bleiben. Behalten aber schicksalhafte Konstellationen die Oberhand, ist jede Freiheit und Wahl nur eine scheinbare – und insbesondere auch der moralisch aufgeladene Begriff der »Schuld« leer in seiner Anwendung. Das Schicksal kennt keine Schuld, sondern nur Sühne. Die Freiheit kennt keine Sühne, nur Verantwortung.

Goethes Wahlverwandtschaften bringen nach Benjamin nun das notwendige Scheitern einer Existenzform zur Aufführung – eben der modernen bürgerlichen –, die es letztlich nicht vermocht hat, sich voll und ganz von der mythischen Denkform eines naturhaft vorgegebenen Schicksals zu lösen, und deren Individuen damit nicht in der Lage sind, hinsichtlich eigener, mutmaßlich selbstbestimmter Wahlentscheidungen vollumfänglich Verantwortung für die Konsequenzen ihrer Handlungen zu übernehmen.

Diese, die gesamte bürgerliche Lebensform und damit das gesamte moderne Leben auch und gerade in der Weimarer Republik prägende Ambivalenz zeigt sich nun besonders deutlich im Konzept der romantischen Liebe und ihrer notwendigen sittlichen Folge, der Ehe. Denn dieser Liebe muss, so will es die gemeine Vorstellung, einerseits immer etwas Schicksalhaftes, etwas vage Vorbestimmtes, Unerklärliches eignen (meist verklärt durch den Mythos, wie absolut unwahrscheinlich das erste Zusammentreffen der Liebenden in der Rückschau war). Andererseits muss dieses schicksalhafte Ereignis durch die bewusste Wahl zur Ehe, also zur Verrechtlichung des Verhältnisses, voll und ganz in den Raum der Vernunft und Selbstbestimmtheit überführt werden. *Ja, ich will!* Beides zugleich aber ist, macht man sich diese Situation erst einmal in dieser Weise klar, in sich widersprüchlich und damit existentiell uneinholbar.

Die notwendige Folge dieser Unentschiedenheit ist nun, in Benjamins Worten, eine Daseinsweise, die sich »durch ein schuldig-schuldloses Verweilen im Raum des Schicksals« auszeichnet. Und sie führt, wie Goethe in den »Wahlverwandtschaften« exemplarisch zur Ansicht bringt, unausweichlich in die Katastrophe. Notwendig werden in diesem ebenso ungeklärten wie tragisch unentschiedenen Zustand des Verweilens nämlich »die Gewalten obsiegen, die im Zerfallen einer Ehe an den Tag treten. Denn es sind eben jene des Schicksals«.[115] Nach Benjamins Goethe-Lektüre handelt es sich dabei um mythische Gewalten im Sinne der Natur und der Naturkräfte (Umwelt, Gewässer, Vorzeichen, Astrologie, Flüche …), die das menschliche Wollen übersteigen und die menschliche Existenz in diesem Sinne entmündigen.

Die Neigung, das Scheitern einer eigenen Ehe – gerade im Prozess ihres Scheiterns – letztlich auf »höhere Kräfte« zurückzuführen, wird von Benjamin als ein Paradebeispiel für eben jene existentielle Bequemlichkeit und unernste Unbekümmertheit angeführt, die auch Heidegger in seiner »Anzeige der hermeneutischen Situation« am Ursprung aller modernen Selbstverfehlung sieht. Mit Cassirer gesprochen ist es der selbstverschuldete Rückzug in eine Denkform – die mythische – in der es so etwas wie wahrhaft selbstbestimmtes Handeln und damit Verantwortung nicht mehr geben kann.

Erst einmal wieder eingesponnen in das mythische Denken, in dem jede Begebenheit der Natur zum möglichen Vor- oder Anzeichen eines schicksalhaft vorbestimmten Planes oder eben Schicksals wird, verliert sich der Mensch als freies Wesen – und verliert sich nach Benjamin nur allzu gerne, weil er so der größten aller Zumutungen entgeht: wahrhaft Verantwortung für sein Handeln übernehmen zu müssen. Eine Neigung, die selbst Goethe, wie dieser sich nur zu bewusst war, mit aller Macht in sich spürte. Benjamin schildert diesen Zustand folgend:

> Der Mensch erstarrt im Chaos der Symbole und verliert die Freiheit, die den Alten nicht bekannt war. Er gerät im Handeln unter Zeichen und Orakel. In Goethes Leben haben sie nicht gefehlt … Ja in »Wahrheit und Dichtung« hat er erzählt, wie er auf einer Wanderung, zwiespältig über seinen Ruf zu Dichtung oder Malkunst, ein Orakel eingesetzt. Die Angst vor Verantwortung ist die geistigste unter allen, denen Goethe durch sein Wesen verhaftet war. Sie ist ein Grund der konservativen Gesinnung, die er Politischem, Gesellschaftlichem und im Alter auch wohl Literarischem entgegenbrachte. Sie ist die Wurzel der Versäumnis in seinem erotischen Leben.[116]

Das ist also die eine Art der Entmündigung, die Benjamin mit Goethe am Beispiel der Ehekrise freilegt: der Rückfall in Weltbeschreibungen und Weltanschauungen, die dem bequemen Drang zu Selbstentmündigung nachgeben. Beispielhaft als Rückfall in die Denkform des Mythos, die bei Benjamin (wie auch in Cassirers Analyse) jede Form deterministisch-deutenden Aberglaubens, insbesondere der Astrologie einschließt.

Das angesprochene Versäumnis aber – und hier spricht der ebenso unglücklich verliebte wie verheiratete Benjamin auch zu sich selbst – meint den Zustand einer mutlos ausgelassenen und ihrem Wesen nach unwiederbringlichen Chance auf eine erneuernde Liebeserfahrung – in ein neues Leben.

WAHL ODER ENTSCHEIDUNG

Doch geht das gedanklich nicht alles ein bisschen zu fix und vor allem zu düster vor sich? Ist nicht gerade das absolut freiwillige *Ja* der Gatten ein Paradebeispiel für ein mündiges Versprechen, für eine währende Selbstbindung, für die Bereitschaft, lebenslang Verantwortung nicht nur für das eigene, sondern auch für das Leben des erwählten Gegenübers zu übernehmen?

Eine erste benjaminsche Antwort darauf lautet: Sofern die Ehe wirklich auf einer Wahl beruht, kann sie nicht auf dem begründet sein, auf dem sie begründet sein soll, nämlich der wahren Liebe. Denn die wahre Liebe ist nach Benjamins Bild nichts, was man wählen könnte, sofern »Wahl« hier so etwas wie eine bewusst getroffene Auswahl aus fest vorgegebenen Alternativen bedeutet (wie etwa die Wahl zwischen zwei Paar Schuhen). Die vollkommene Ausblendung des Aspekts des Schicksalhaften aus dem Liebesgeschehen scheint die Auslöschung der Liebe selbst bedeuten zu müssen. Der gängige Begriff für solch ein Verhältnis lautet: Vernunftehe. Diese mag es geben, ja sie mag sogar bis heute am häufigsten verbreitet sein. Das Ideal einer wahren Ehe aber erfüllt sie definitionsgemäß nicht. Schon von dieser Seite also ist ein letztlich befreiender Ausbruch aus dem Gestell des mythischen Denkens gerade dem bürgerlich-romantischen Ehe-Ideal verbaut. Allzu vernünftig und selbstbestimmt darf es in diesen Dingen doch nicht zugehen. Wer von Amors Pfeil wirklich getroffen werden will, darf den Schuss nicht selbst in Auftrag gegeben haben.

Vor allem aber ist es nach Benjamins Überzeugung so, dass man sich mit dem Ja zur bürgerlichen Ehe als liebesfähiger Mensch unentrinnbar in einen Zusammenhang aus Schuld- und Opferdenken einlässt. Denn was bedeutet das *Ja* der Ehe anderes als das Versprechen, sich eben jenem einmalig existenzöffnenden Ereignis, das den wahren Grund des nun gegebenen Versprechens bildet, in Zukunft und bis an den Rest des Lebens zu entsagen? Und dabei noch so zu tun, als bestünde darin das eigentliche, das vernünftige Lebensglück? Als sei es wirklich möglich, sich mit diesem selbstgewählten Zustand dauerhafter Selbstentsagung zu versöhnen! Genau das glaubte Goethe nun nicht. Genau das erfuhr er als Mensch aus Fleisch und Blut, als erotisches Naturwesen, fundamental anders! Wie Benjamin festhält:

> In der ungeheuern Grunderfahrung von den mythischen Mächten, daß Versöhnung mit ihnen nicht zu gewinnen sei, es sei denn durch die Stetigkeit des Opfers, hat sich Goethe gegen sie aufgeworfen.[117]

Goethes Roman ist damit für Benjamin das denkbar kunstvoll und kühl gestaltete Zeugnis einer Rebellion gegen zwei ebenbürtige Kräfte: dem mythischen Wirken des Eros (der Mensch als leidenschaftliches Naturwesen) und der immer lockenden Aussicht, dieser Mächte mit den Mitteln der Vernunft, des Rechts und der freiwilligen moralischen Selbstbildung gestaltend Herr zu werden (der Mensch als sprachliches, bildungsbefähigtes Vernunftwesen). In Goethes Zeit war dies die klassische Konstellation zwischen »Sturm und Drang« und »Aufklärung«. Das Beispiel der Ehe zeigt nun deutlich, dass eine befriedende Versöhnung zwischen diesen Kräften letztlich nicht möglich ist, dass es also so etwas wie ein wahrhaft gelingendes, wahrhaft selbstbestimmtes Leben unter den Prämissen des bürgerlichen Existenzentwurfes nicht geben *kann*. Das bürgerliche Freiheitsversprechen ist ein notwendig trügerisches, verstellendes, schicksalhaft befangenes. Seine Freiheit mithin eine rein eingebildete:

> Denn was hundertfach der Dichter verschweigt, geht doch einfach genug aus dem Gange des Ganzen hervor: daß nach sitt-

> lichen Gesetzen die Leidenschaft all ihr Recht und ihr Glück verliert, wo sie den Pakt mit dem bürgerlichen, dem reichlichen, dem gesicherten Leben sucht.[118]

Es gibt keine wahre Ehe unter bürgerlichen Vorzeichen, kein richtiges Lieben im falschen. Die bürgerliche Ehe führt, gerade als stabile, in einen bedauerlich unentschiedenen Zustand des »schuldig-schuldlosen Verweilens im Raum des Schicksals«, wobei diese Stabilität Goethe wie Benjamin zufolge eine immer nur scheinbare sein kann, ist jede Form der Stagnation doch nur eine versteckte Form des Verfallens, die letztlich die mythischen Kräfte in all ihrer zerstörerischen Gewalt entfesselt und den gewählten Bund dem Untergang zuführt.

DIE GESCHIEDENE REPUBLIK

Das ist nun, Stand 1922, für jeden, der damals lesen konnte, weit mehr als nur eine geniale Analyse und Entschlüsselung des philosophischen Gehalts des goetheschen Romans. Bringt man die Offenheit auf, sich klarzumachen, dass Benjamin die Institution der Ehe – als mutmaßliches Fundament, ja Keimzelle jeder bürgerlichen Gesellschaft – als Chiffre für den Zustand der bürgerlichen Demokratie, sprich, der Weimarer Republik einsetzt, ist damit sein prophetisch-philosophisches Verdikt über das absehbare Schicksal eben dieser Republik ebenfalls klar zu Papier gebracht. Auch diese Republik wird, wenn sie nur tüchtig so weitermacht und in ihrem unentschiedenen Herauszögern von Reparationszahlungen und Reparationsverweigerungen, eben in ihrem weimartypischen »schuldlos-schuldhaften Verweilen im Raum des Schicksals«, notwendig in den Bannkreis mythischer Denkformen zurückfallen – und letztlich von diesen zerstört werden.

SPRUNG DER ERLÖSUNG

Ist dieser Prozess wirklich unausweichlich? Gibt es wirklich keinen Weg aus den fest vorgestellten Alternativen, keine Möglichkeit zu einem alles befreienden Schulden-Schnitt, einem Sprung in die Freiheit, in eine glückliche »Ehe«? Doch, nach Benjamin gibt es diesen durchaus. Zumindest wird er in Goethes Roman, genauer, in der ins Zentrum gestellten und von der eigentlichen Handlung scheinbar vollends entkoppelten Novelle von den »Wunderlichen Nachbarskindern«, subtil angedeutet. Denn die Heirat dieser »Kinder« ist die einzige, die im Roman wirklich glückt, was in Benjamins Lesart darin gründet, dass sie nicht auf einer *Wahl* im konventionellen Sinne, sondern im Gegensatz dazu auf einer *Entscheidung* im existentiellen Sinne beruht. Und zwar einer Entscheidung, die in der Ausnahmesituation konkreter Lebensnot und -bedrohung getroffen wurde.

In höchster Bedrängnis durch die Macht der bürgerlichen Konvention nämlich entscheidet sich das weibliche der Nachbarskinder zu einem *Sprung* aus fahrendem Kahn in ein mutmaßlich todbringendes Gewässer und wird von ihrem ebenso todeswilligen und zum Letzten entschlossenen zukünftigen Bräutigam gerettet. Benjamin bietet – womöglich ganz direkt und kalkulierend auf Jaspers als angedachtem Idealleser dieses Bewerbungsschreibens zielend – das gesamte Repertoire der existentialen Ernstfallrhetorik als Bedingung der Möglichkeit wahrer Selbstfindung auf:

> Und doch waltet in dieser Novelle das helle Licht. Alles steht, scharf umrissen, von Anfang an auf der Spitze. Es ist der Tag der Entscheidung, der in den dämmernden Hades des Romans hereinscheint … Weil diese Menschen [die Nachbarskinder] nicht um einer falsch verstandenen Freiheit willen alles wagen, fällt unter ihnen kein Opfer, sondern in ihnen die Entscheidung. … Das chimärische Freiheitsstreben ist es, das über die Gestalten des Romans das Schicksal heraufbeschwört. Die Liebenden der

> Novelle stehen jenseits von beiden und ihre mutige Entscheidung genügt, ein Schicksal zu zerreißen, das sich über ihnen ballen, und eine Freiheit zu durchschauen, die sie in das Nichts der Wahl herabziehn wollte.[119]

»Mut«, »Tag der Entscheidung«, »chimärisches Freiheitsstreben«, »Zerreißen des Schicksals, »Nichts der Wahl« … so sieht Benjamins Goethe angedichteter Weg aus der notwendigen Misere seiner eigenen Zeit aus. Heidegger hätte diese Passage 1922 gewiss sofort und unbedingt unterschrieben. Und Jaspers gar erwägen müssen, ob sich da nicht ein weiterer Kandidat für die eingegangene Kampfgemeinschaft, ein Dritter im Bunde, mit aller Macht und Magie ihm anbot. Das heißt: Hätte er sich damals den einen Tag genommen, Benjamins Text zu lesen. Oder auch nur die eine Stunde, ihn bei sich vorsprechen zu lassen.

RETTENDE TRANSZENDENZ

Wobei hier, bei aller von Benjamin wohl ganz bewusst gesuchten begrifflichen Nähe zum existentiellen Sprung in die wahre Freiheit, eine wesentliche Differenz verbleibt. Heideggers Springen leistet ganz entschieden Verzicht auf jede Form eines Jenseits, einer Transzendenz und damit auch auf jede Religion. Die Befreiung aus den Gestellen der falschen (bürgerlichen) Existenz, aus den falschen (aristotelisch-cartesischen) Grundlagen des modernen Subjekts kann das endliche Dasein nur aus sich selbst heraus gewinnen. Philosophie, hält Heidegger 1922 unmissverständlich fest: »Philosophie ist grundsätzlich atheistisch.« Die Selbsterhellung der eigenen Faktizität ist eine, die sich im vollen Bewusstsein der eigenen Endlichkeit – Heidegger spricht vom »Bevorstehendhaben des Todes« – zu vollziehen hat. Sie darf sich im Rahmen der eigenen Bekümmerung keinem Umweg in eine Sphäre jenseits dieser Endlichkeit hingeben. Benjamin hingegen deutet den

Sprung der liebenden Nachbarskinder – in vollem Einklang mit dem eigentlichen existentialistischen Königsdenker des Sprungs, nämlich Sören Kierkegaard – ganz explizit als Sprung in den Gottesglauben, den Glauben an die Möglichkeit der Erlösung aus den letztlich falschen Alternativen, die jede rein diesseitige Existenz bedingen und verheeren müssen.

> Das hat Goethe in der Novelle ausgesprochen, da der Anblick der gemeinsamen Todesbereitschaft durch göttlichen Willen das neue Leben den Liebenden schenkt, auf das alte Rechte ihren Anspruch verlieren. Hier zeigt er das Leben der beiden gerettet in eben dem Sinne, in dem es den Frommen die Ehe bewahrt: in diesem Paare hat er die Macht wahrer Liebe dargestellt, die in religiöser Form auszusprechen er sich verwehrte.[120]

Ja, für Benjamin verweist in dieser Schrift sogar jede Entscheidung, die diesen Namen wahrhaft verdient, auf eine Sphäre des Jenseitigen, des Transzendenten: Denn »Wahl ist natürlich und mag sogar den Elementen eignen; die Entscheidung ist transzendent.«[121] Bei ihr ist immer mehr im Spiel, als der Mensch will und vermag. Und dies lässt sich im Jahre 1922 auch ganz konkret auf Benjamins *politische Theologie* übertragen. Er sieht die Weimarer Republik in eben jenem heillosen Strudel, in dem Goethe seine Ehepaare schildert. Rettung, wahre Erlösung aus dem Schlamassel, können Wahlen hier nicht mehr bewirken. Anstatt permanent und zunehmend hoffnungsfrei zur Urne zu gehen, ist vielmehr der Mut zum quasireligiösen Sprung in ein neues System, die Entscheidung für eine radikal neue Form des messianisch erlösten Zusammenlebens gefragt.

Rein privat gesehen hatte das mit Jula Cohn schon einmal nicht geklappt. Sie war einfach nicht auf ihn, Benjamin, angesprungen. Auch für eine mutige Selbstbefreiung aus dem bürgerlichen Ambitionsgestell der akademischen Karriere fehlen ihm 1922 die nötige Kraft sowie das nötige Geld. Welche politische Regierungsform der Weimarer Republik im Sinne einer bleibenden Erlösung aus dem Strudel wohl folgen sollte, hätte Benjamin damals ebenfalls nicht präzis anzugeben gewusst. Genauso wenig wie übrigens Heidegger. Vor diesem Hintergrund gewinnt auch Cassirers Wille, fest an seiner beispielhaft bürgerlichen, wenn vielleicht auch hinreichend leidenschaftslosen Ehe mit Toni Cassirer festzuhalten, seine eigene, distinkt politische Note: Bloß keine heillos verwirrten Revolutions- oder Bürgerkriegsabenteuer, sonderlich nicht in Zeiten höchster Gefahr und Krise. Das macht alles nur noch schlimmer!

Und Wittgenstein? Nun, er hatte, wie bereits gesehen, auf Kierkegaards und Tolstois Spuren, seinen ganz eigenen Sprung in ein neues Leben gewagt und nun dauerhaft mit den Konsequenzen dieser Entscheidung zu leben.

GNADENLOS

»Laßt uns beten.« Andächtig legt der Lehrer seine Taschenuhr auf das Katheder, den Stock auf die andere Seite. Er faltet die Hände, schließt die Augen und spricht seinen 40 Schülern und Schülerinnen im Klassenraum mit tiefer Stimme die allmorgendlichen Verse vor:

> Heiliger Geist, komm zu verbreiten
> über uns dein Gnadenlicht,
> daß wir immer weiter schreiten,
> immer lernen unsere Pflicht.
> Das Erlernte wohl behalten
> und im Guten nicht erkalten.[122]

Das Ritual ist ihm heilig. Ein ums andere Mal wird Wittgenstein auch in dieser Woche wieder Erzählungen zum Besten geben, »in denen der Kampf um religiöse Überzeugungen Menschen in äußerst gefährliche Situation brachte«.[123] Dann beginnen eben jene

Augen vor Begeisterung zu leuchten, die er sonst scheu mit seinen Händen verdeckt und sich dabei mit den Fingernägeln tiefe Kerben in die Stirn gräbt. Dass dieser Lehrer anders als alle anderen der Schule ist, begreift jedes Kind. Gestern noch hat er einem Schüler dessen Heft so lange auf den Kopf geschlagen, bis es sich in Fransen auflöste und die Blätter lose auf dem Boden des Klassenzimmers lagen. Das Vergehen des Jungen hatte darin bestanden, auf Wittgensteins Frage, wo Jesus geboren sei, »in Jerusalem« zu antworten.[124]

Jeden Tag aufs Neue kämpft Wittgenstein mit der Aufgabe, das von ihm erst philosophisch Erkannte und dann religiös Erwählte zu behalten, ohne dabei im Guten zu erkalten, ohne dabei die Selbstbeherrschung, ja überhaupt jeden möglichen Lebenssinn einzubüßen.

> Ich hätte mein Leben zum Guten wenden sollen und ein Stern werden. Ich bin aber auf der Erde sitzen geblieben und nun gehe ich nach und nach ein. Mein Leben ist eigentlich sinnlos geworden und darum besteht es nur mehr aus überflüssigen Episoden. Meine Umgebung merkt das freilich nicht und verstünde es auch nicht; aber ich weiß, daß es mir am Grundlegenden fehlt …[125]

schreibt er im Januar 1921 dem Freunde Paul Engelmann von seiner ersten Lehrstation in dem kleinen Gebirgsdorf Trattenbach aus. Mittlerweile, im November 1922, hat er bereits zweimal die Stelle gewechselt und hofft nun – oder gibt vor zu hoffen –, in der Dorfschule von Puchberg wenigstens einigermaßen erträgliche Bedingungen vorzufinden.

Der Zweifel am eigenen Sinn und vor allem Lebenswert greift immer stärker auf seine Mitmenschen und sogar Freunde über. »Zu meiner großen Schande muß ich gestehen, daß die Zahl der Menschen mit denen ich reden kann sich immer weiter verringert«, bekennt er gegenüber Engelmann im August 1922. Zum entscheidenden Kriterium wird für Wittgenstein in dieser Phase das feste Bekenntnis zum katholischen Glauben: Wem es – wie allen voran Bertrand Russell, dem späteren Autor des Weltbeststellers »Warum ich kein Christ bin«[126] – daran gebricht, dem fürchtet sich Wittgenstein nicht mehr verständlich machen zu können. Die Freundschaft steckt demgemäß in einer schweren Krise. Jenes schreckliche Misstrauen gegen alles Menschliche, von dessen Anwachsen Wittgenstein dem Freund und Förderer zu Beginn der Lehrtätigkeit in Trattenbach berichtet, betrifft zunehmend den engsten Freundeskreis: »Es ist wahr, daß die Menschen im Durchschnitt nirgends viel wert sind; aber hier sind sie viel mehr als anderswo nichtsnutzig und unverantwortlich. … Trattenbach [ist] ein besonders minderwertiger Ort in Österreich und die *Österreicher* sind – seit dem Krieg – bodenlos tief gesunken.«[127] In seinen ersten beiden Lehrerjahren ist Wittgenstein gefangen in einer misanthropischen Abwärtsdynamik, in der Selbst- und Fremdhass einander immer weiter verstärken.

DREI VIERTEL VERSTANDEN

Als er sich im Herbst 1922 von Trattenbach in das Nachbarnest Haßbach versetzen lässt, hält er es auch dort nur wenige Wochen aus, erscheinen ihm die dortigen Einwohner doch als »*gar* keine Menschen, nur ekelhafte Larven«. Erst mit der Versetzung nach Puchberg in Niederösterreich im November 1922 tritt eine leichte Wende zum Besseren ein. Nicht, dass die Menschen ihm dort angenehmer als anderswo erschienen wären. Auch in Puchberg sieht er sich von Wesen umgeben, die bestenfalls »drei Viertel Mensch, zu einem Viertel aber Tiere« sind. Doch legt Wittgenstein, bis dato nominell noch immer pädagogische Ausbildungskraft, in diesem Monat die Prüfung zur »definitiven Lehrbefähigung« ab. Fortan hat er eine größere Freiheit in der Gestaltung des Unterrichts. Auch sein Status im Kreise der Kollegen ist gefestigter. Vor allem aber dürfte die relative Entspannung der Puchberger Phase mit Entwicklungen zu tun gehabt haben, die auf sein altes, aufgegebenes Leben verweisen. Mochte der Kontakt zu Russell auf rein persönlicher Ebene zunehmend problematisch geworden sein, so hat dieser nach seiner Rückkehr aus China im August 1921, wie versprochen, seine Bemühungen um eine Publikation von Wittgensteins Werk weiter und letztlich erfolgreich intensiviert. Um den 15. November 1922 trifft in Puchberg das erste in deutsch-englischer Fassung gedruckte Exemplar von Wittgensteins philosophischer Abhandlung ein, und zwar unter dem fortan definitiven Titel »Tractatus logico-philosophicus«.

Wittgenstein zeigt sich hochzufrieden mit der erhaltenen Erstausgabe. Dass er von seinem Verlag Kegan Paul keinen einzigen Schilling beziehungsweise Penny für die Publikation erhält – geschenkt. Ebenso wie die Tatsache, dass er noch immer auf die erste Menschenseele wartet, die seinen Traktat verstehen würde. Immerhin ist er nun, weitestgehend fehlerfrei und nicht einmal übel übersetzt, in England erschienen. Das Werk ist endlich ein allen zugänglicher Teil dieser Welt, ein öffentlich einsehbares Faktum: der Fall. Und vollends ausgeschlossen blieb es ja nicht, dass dereinst irgendein Mensch das eigentliche, also lebenstherapeutische Ziel dieser durch und durch ethisch motivierten Abhandlung erfassen würde.

IN THERAPIE

Das Ziel lag schlicht darin, »die Welt richtig zu sehen«, um ausgehend von dieser vollends geklärten Sichtweise, die auf einer scharfen Grenzziehung zwischen dem beruht, was sich sinnvoll sagen lässt und was nicht, auch ein geklärteres Leben führen zu können. Dieser Ansatz ist es auch, der Wittgenstein zur Zustimmung für den – auf einer Anregung G. E. Moores basierenden – Titelvorschlag »Tractatus logico-philosophicus« bewogen hatte. Der Titel spielt deutlich auf eines der Hauptwerke von Baruch de Spinoza an, nämlich dessen »Tractatus theologico-politicus« und damit auf ein Buch, das im 17. Jahrhundert ganz explizit mit dem Ziel geschrieben worden war, seine Leser von falschen, letztlich auf Denk- und damit Begriffsfehlern beruhenden Annahmen über die Natur des menschlichen Geistes zu befreien. Vor allem, was dessen Beziehungen zu göttlichen Offenbarungen als vermeintlicher Verstandesgrundlage ethischer und politischer Handlungsweisen betraf. Bereits für Spinoza bedeutete Philosophieren in erster Linie: bestehende Verwirrungen als solche aufzuzeigen und leitende Fehlannahmen mit den Mitteln einer logisch-klärenden Analyse freizulegen, auf dass der Mensch die Welt, deren Teil er ist, endlich »richtig sehen« möge. Auch Spinozas Programm war ein zunächst destruktives oder eben ent-bildendes – im Sinne einer sprachlich vollzogenen Befreiung von eben jenen sprachlich bedingten und allzu alltäglich erlernten Fehlannahmen und Verwirrungen, die den eigenen Blick dauerhaft verstellen.

Soweit es Wittgenstein betraf, waren diese Fehlannahmen im Jahre 1922 allerdings durchaus nicht nur und nicht einmal vorrangig religiöse Überzeugungen, sondern in erster Linie die leitenden Grundannahmen des sich vollends aufgeklärt wähnenden Weltbilds der modernen Naturwissenschaften. Gerade diese Weltanschauung zeigte sich – ohne es zu ahnen und vor allem selbst wahrhaben zu wollen – in extrem primitiven und nach Wittgenstein klar als haltlos nachweisbaren Überzeugungen befangen, die letztlich noch hinter jede Form eines geklärten religiösen Glaubens zurückfielen. Gerade die wissenschaftlich aufgeklärte Moderne, mit ihrem fundierenden Glauben an das unabänderliche Wirken von notwendigen Naturgesetzen, die alles, was war, geschah und geschehen würde, kausal erklären und letztlich auch zu prognostizieren vermeinten, beruhte auf einer fortwährenden begrifflichen Selbsttäuschung. Sie lag darin, den Begriff der »logischen Notwendigkeit« nicht sauber von dem der »naturgesetzlichen Notwendigkeit« zu trennen.

Vor dem Hintergrund des Problemkreises, der Heidegger, Cassirer und Benjamin in genau diesen Jahren beschäftigte, könnte man auch einfach sagen: Es ging Wittgenstein als Philosoph vor allem anderen um eine klärende Freilegung des Verhältnisses von »Schuld« und »Schicksal«, »Freiheit« und »Notwendigkeit«, »Glauben« und »Wissen«, »Dasein« und »So-Sein« – als den zentralen Leitbegriffen jedes wahrhaft mündigen Lebens. In aller wünschbaren Klarheit nachzulesen in eben jenem Buch, das Wittgenstein nun zum ersten Mal gedruckt in seinen Händen halten durfte:

6.36311 Daß die Sonne morgen aufgehen wird, ist eine Hypothese; und das heißt: wir *wissen* nicht, ob sie aufgehen wird.

6.37 Einen Zwang, nach dem Eines geschehen müßte, weil etwas anderes geschehen ist, gibt es nicht. Es gibt nur eine *logische* Notwendigkeit.

6.371 Der ganzen modernen Weltanschauung liegt die Täuschung zugrunde, daß die sogenannten Naturgesetze die Erklärungen der Naturerscheinungen seien.

6.372 So bleiben sie bei den Naturgesetzen als bei etwas Unantastbarem stehen, wie die Älteren bei Gott und dem Schicksal.

Und sie haben ja beide Recht, und Unrecht. Die Alten sind allerdings insofern klarer, als sie einen klaren Abschluß anerkennen, während es bei dem neuen System scheinen soll, als sei *alles* erklärt.

In Wahrheit aber ist nichts erklärt, sonderlich nicht die Frage, weshalb es nun diese Welt mit ihren für uns beschreibbaren Regelmäßigkeiten überhaupt gibt – und nicht vielmehr nichts. Und es würde auch niemals erklärt werden können, weil jede Erklärung dazu auf etwas *außerhalb* dieser Welt zurückgreifen und damit notwendig Unsinn verzapfen musste. Genau diesen Klärungsschritt hatte ein wahrhaft religiöser Mensch, wie er Wittgenstein vorschwebte und für den er sich mittlerweile unbedingt hielt, jedem modern wissenschaftsgläubigen Menschen entscheidend voraus!

Das bedeute nun nicht, dass jenseits der Grenzen des Sagbaren kein eigentliches Sinnzentrum zu erspüren wäre, sondern nur, dass genau das, was man jenseits dieser Grenzen unter Umständen mit aller Bestimmtheit und Sicherheit erspüren mochte, sich nicht für Begründungen oder Erklärungen eignete, die *diese* Welt betrafen – wären diese Begründungen nun sachlicher oder ethischer Natur.

> 6.41 Der Sinn der Welt muß außerhalb ihrer liegen. In der Welt ist alles, wie es ist, und geschieht alles, wie es geschieht; es gibt *in* ihr keinen Wert – und wenn es ihn gäbe, so hätte er keinen Wert. Wenn es einen Wert gibt, der Wert hat, so muß er außerhalb allen Geschehens und So-Seins liegen. …

VON OBEN HERAB

Zugegeben waren all dies wiederum Sätze, die nach Wittgensteins eigenen Kriterien streng sinnlos waren. Aber genau darin bestand ja der eigentlich geniale Kniff seines begrifflichen Entbildungsprogramms. Wie sollte man die Klärung einer sprachlich erzeugten Verwirrung anders vollziehen als eben mit den Mitteln der Sprache selbst?

So bleibt am Ende nur übrig, eben jene erkenntnisfördernde Satzleiter, die man mit dem »Tractatus« mühsam hinaufgestiegen ist, befreiend von sich zu stoßen.

Was aber nun, auf neu erlangter Höhe, ohne Leiter tun? Was bleibt einem Menschen dann noch offen, um wieder Bodenhaftung zu finden? Eigentlich nur noch eines: die Entscheidung zum Sprung! Zum Sprung in den Glauben! Zum Sprung in eine wahrhaft ethische Existenz, zum Sprung in die Freiheit! Und zwar als ein Sprung, der sich dadurch auszeichnet, im vollen Bewusstsein seiner fundamentalen Haltlosigkeit und Grundlosigkeit vollzogen zu werden! Also ein Sprung aus dem Nichts, sofern »etwas« hier eine innerweltliche Tatsache, einen Grund oder ein Faktum meinen sollte. Erst der wahrhaft grundlose Sprung verleiht wahren Glaubenshalt, denn nur er entsagt sich von vornherein jeder begründbaren Erwartung auf zu erfahrenden Lohn, auf Gerechtigkeit, Seelenheil, auf Unsterblichkeit oder irgendeine andere klassisch religiös in Aussicht gestellte Folgeerscheinung. Auch das ist so Wort für Wort im »Tractatus« nachzulesen:

> 6.422 Der erste Gedanke bei der Aufstellung eines ethischen Gesetzes von der Form »Du sollst …« ist: Und was dann, wenn ich es nicht tue? Es ist aber klar, daß die Ethik nichts mit Strafe und Lohn im gewöhnlichen Sinne zu tun hat. Also muß die Frage nach den *Folgen* einer Handlung belanglos sein. Zum Mindesten dürfen diese Folgen nicht Ereignisse sein. Denn etwas muß doch an jener Fragestellung richtig sein. Es muß zwar eine Art von ethischem Lohn und ethischer Strafe geben, aber diese müssen in der Handlung selbst liegen …

Wenn überhaupt, so rechtfertigt sich der Wert der Entscheidung für ein freies Leben in dem erfahrenen Vollzug dieses Lebens selbst (und kann also nicht extern als dessen Folge erfasst werden). Und zwar als Sprung in dieses konkrete Leben und kein anderes oder späteres oder gar ewiges:

> 6.4312 Die zeitliche Unsterblichkeit der Seele des Menschen, das heißt also ihr ewiges Fortleben auch nach dem Tode, ist nicht nur auf keine Weise verbürgt, sondern vor allem leistet diese Annahme gar nicht das, was man immer mir ihr erreichen wollte. Wird denn dadurch ein Rätsel gelöst, daß ich ewig fortlebe? Ist denn dieses ewige Leben dann nicht ebenso rätselhaft wie das

gegenwärtige? Die Lösung des Rätsels des Lebens in Raum und Zeit liegt *außerhalb* von Raum und Zeit.

Gerade die Entscheidung für den Sprung in den Glauben, breiter verstanden, den Sprung in eine wahrhaft ethische Existenz, den vor allem Heidegger, Benjamin und Wittgenstein ihren Lesern im Jahre 1922 mit aller rhetorischen Macht und begrifflichen Schärfe ansinnen, sucht dafür keine andere Gewähr und keinen anderen Grund als den Vollzug des Lebens selbst. Und wer nun ernsthaft die Frage stellt, weshalb man sich eigentlich für solch ein Leben entscheiden sollte – ist es etwa leichter, angenehmer, bequemer, sorgenfreier? –, zeigt damit nur, die mögliche *Pointe* dieses Sprungs nicht verstanden zu haben. Ja, er oder sie zeigt, letztlich gar nichts verstanden zu haben. Weder über sich selbst. Noch über die Welt. So jedenfalls sieht es Wittgenstein – und nicht nur er.

Nicht zuletzt erhellt die von Wittgenstein geklärte Motiv- und Erwartungslage eben jene Differenz von »Wahl« und »Entscheidung«, auf die es auch Benjamin, Heidegger und selbst Cassirer in ihren zeitgleichen Schriften unbedingt ankommt: Eine Wahl sucht ihre Rechtfertigung in absehbaren Folgen, eine Entscheidung gerade nicht. Eine Wahl ist in diesem Sinne immer bedingt, eine Entscheidung unbedingt – und damit eigentlich frei. Eine Wahl bleibt mythisch verstrickt, eine Entscheidung aber bricht – im Idealfall – aus der mutmaßlich existenzleitenden Vernunftlogik von Ursache und Wirkung, Schicksal und Notwendigkeit, Schuld und Sühne befreiend aus. Genau dies verleiht ihr ihre eigene Heiligkeit. So weit die philosophisch-pädagogische Befreiungstheorie beziehungsweise -theologie Ludwig Wittgensteins in den zwanziger Jahren.

Eines jedoch vermochte Wittgenstein, gerade im vollen Bewusstsein des von ihm 1919 vollzogenen Sprungs in ein neues Leben als Volkschullehrer dennoch nicht zu leugnen: Der mögliche Sinn dieser Existenz zeigte sich ihm im täglichen Vollzug nicht. Jedenfalls erfüllte er ihn nicht, sondern ließ ihn über Tage und

Wochen in eben jener tauben Leere, der erlösend zu entkommen er mit seinem Entschluss eigentlich erhofft hatte. Er ist selbst in Puchberg mehr als nur schwer bekümmert, er ist »es« einfach leid. Monoton künden seine Briefe dieser Zeit von der allzu deutlich empfundenen Unmöglichkeit, den dunklen Kräften seines Charakters und seiner Natur zu entkommen. Immer wieder zieht es ihn mit aller Macht zurück in die tieferen, lichtlosen Schichten seines Selbst.

Gewiss, er bemüht sich redlich um sozialen Anschluss, isst mittlerweile mit den Kollegen im Gasthaus zu Mittag, findet in Rudolf Koder sogar einen Menschen, der seinen musikalischen Ansprüchen genügt und mit dem er bald jeden Nachmittag Duette für Piano und Klarinette von Brahms und Mozart spielt. Aber am Ende, er und alle um ihn herum spüren es deutlich, liegt da zwischen ihm und der Restwelt eben jene wie unsichtbare und gerade deswegen undurchdringliche Scheibe, von der er seiner Schwester Hermine gegenüber einst so offen gesprochen hatte. Wittgenstein ist auch in diesem Winter und Frühling des Jahres 1923 vor allem eines: jämmerlich einsam.

Die Publikation seines Buches änderte daran gar nichts. Im Gegenteil: Sie wird das Gefühl seiner fortwährenden, schicksalhaften Isolation nur noch verstärkt und intensiviert haben. Was anderes bewies ihm der täglich wiederholte Blick auf dies Werk in seiner kärglich eingerichteten Kammer als die schlichte Wahrheit, dass es mit dem befreienden Herausphilosophieren aus den je eigenen Kümmernissen seine klaren und fürderhin festgezogenen Grenzen hatte. Was bringt es schon, diese Welt »richtig zu sehen«, wenn es weit und breit niemanden gibt, mit dem man sie auch teilen will?

V.
DU

1923 – 1925

Wittgenstein flucht, Cassirer heilt,
Heidegger wird dämonisch und Benjamin porös

DER IDIOT

Den erhofften inneren Frieden, geschweige denn so etwas wie Lebensglück findet Wittgenstein auch in Puchberg zu keinem Zeitpunkt. In der engen Schul- wie Dorfgemeinschaft verbleibt er ein Außenseiter, über den seltsamste Legenden kursieren. Vom Dorfheiligen zum Dorfdeppen ist es bekanntlich nur ein Schritt. Den einen gilt er als »Baron« oder »reicher Freiherr«, andere erzählen, »er habe freiwillig auf all seinen Reichtum verzichtet«. Eine dritte Gruppe schließlich weiß zu berichten, Wittgenstein habe als Offizier im Krieg eine Kopfverletzung erlitten, ja, »die Kugel stecke noch immer in seinem Kopf und bereite ihm größte Pein«.[128] Nichts davon war völlig richtig – oder falsch. Als eigentlich anerkannt jedoch kann sich ein Mensch unter diesen Vorzeichen nicht erfahren. Gleich einem Mönch, der er ja eigentlich hatte werden wollen, lebt Wittgenstein in einer kargen, unverputzten Kammer mit nicht mehr als einem Bett, einem Stuhl und einem Tisch darin. Seine Unterkunft, darauf legt er höchsten Wert, soll von jeder Bequemlichkeit frei sein, frei von den sogenannten Errungenschaften der modernen Zivilisation. Auch seine Kleidung, die in dieser Phase aus Lederrock, Lederhose mit Wickelgamaschen und schweren Bergschuhen besteht, fügt sich perfekt in dieses Streben. Dass er sie niemals den jeweils vorherrschenden Wetterbedingungen anpasst oder auch nur wechselt, fällt der Kollegenschaft nicht nur angenehm auf. Er müffelt. Man tuschelt.

Denkt Wittgenstein in den immer häufigeren Nächten der Schlaflosigkeit, in denen er aus seinem Kammerfenster in den Puchberger Sternenhimmel starrt, an die wenigen Phasen erfahrenen Glücks, führen alle Erinnerungen zurück auf die studentischen Vorkriegsjahre in England. Dort hatte er nicht nur wahre Geistesfreunde, sondern in David Pinsent auch die Liebe seines Lebens gefunden. Dem Andenken des während des Kriegs bei einem Testflug ums Leben gekommenen Freundes widmete Wittgenstein sogar seinen »Tractatus«. Mit Pinsent war er einst auf dem Pony durch Island geritten und in Norwegen auf eine einsame Hütte gefahren. Mit ihm war ein möglicher Sinn des Lebens spürbar geworden.

Bereits im Sommer 1920 berichtet Wittgenstein von seiner währenden Trauer um die verlorene Liebe: »Ich bin nicht mehr im Stande mir neue Freunde zu erwerben und die alten verliere ich. Das ist schrecklich traurig. Fast täglich denke ich an den armen David Pinsent ... Er hat mein halbes Leben mit sich genommen. Die andere Hälfte wird der Teufel holen.«[129] Drei Jahre später ist nun selbst die Freundschaft mit Russell im Absterben begriffen, wie sich beide im Sommer zuvor nach einem letzten, missglückten Treffen in Innsbruck klar eingestehen müssen. Es ist vor allem Russells Scheidung und sein langes, »wildes«, erst kurz vor der Geburt seines Sohnes legalisiertes Verhältnis mit Dora Black, das Wittgensteins moralisches Empfinden empört, während Russell immer weniger Verständnis für den frömmelnden Mystizismus seines genialen Schülers aufbringen will.

IT'S COMPLICATED

Wittgenstein sieht deutlich, dass er die letzten Bindungen seines Lebens zu verlieren droht. Und bei aller Entschlossenheit, mit der er einen radikal neuen Weg eingeschlagen hat, schmerzt ihn diese Aussicht. Diese Verlustängste machen ihn im Austausch noch komplizierter und empfindlicher, wie ein Brief an John Maynard Keynes aus dem Frühjahr 1923 zeigt:

> Lieber Keynes!
> Besten Dank dafür, daß Sie »Reconstruction in Europe« geschickt haben. Es wäre mir allerdings lieber gewesen, eine Zeile von Ihnen persönlich zu erhalten, worin es heißt, wie es Ihnen ergeht usw. Oder sind Sie zu beschäftigt, um Briefe zu schreiben?

Ich glaube, nicht. Bekommen Sie Johnson je zu Gesicht? Wenn ja, so bestellen Sie ihm liebe Grüße von mir. Ich würde so gern auch von ihm hören (*nicht*, was er über mein Buch, sondern was er über sich selbst zu sagen hat).

Also, wenn Sie sich dazu herablassen wollten, schreiben Sie mal.

Aufrichtig Ihr
Ludwig Wittgenstein[130]

Genau der Ton, der denkbar wenig Lust auf eine Antwort bereitet. Zumal Keynes in dieser Zeit tatsächlich enorm zu tun hat: Als Kassandra des drohenden Desasters steigt er in diesen Nachkriegsjahren zum einflussreichsten Ökonomen der Welt auf. Exakt so, wie er als Mitglied der britischen Delegation bei den Vertragsverhandlungen von Versailles gewarnt und es 1919 in seinem Buch »The Economic Consequences of the Peace« vorausgesagt hatte, führt nämlich die Hyperinflation Deutschland und Österreich nun an den Rand des politischen Zusammenbruchs. Das Schicksal des Kontinentes steht erneut auf dem Spiel. Neue kriegerische Auseinandersetzungen zwischen Frankreich und Deutschland drohen. Auch die revolutionäre Sowjetunion des dahinsiechenden Lenin versinkt in einem Bürgerkrieg, dessen Folgen niemand abzusehen vermag. Keynes berät die englische Regierung, engagiert sich als global gehörter Publizist für seine Überzeugungen und lehrt wie nebenbei am King's College von Cambridge Ökonomie. Während Wittgenstein seinen Schülern in Puchberg die Grundrechenarten beibringt, sitzt Keynes in den Beratungsräumen der Mächtigen, um sie über sträflich vernachlässigte ökonomische Grunddynamiken aufzuklären. Wittgenstein kämpft täglich, um bei Verstande zu bleiben. Keynes derweil darum, den Kontinent auf ein neues volkswirtschaftliches Fundament zu stellen. Wittgenstein spielt mit dem Koder Rudolf im Puchberger Hinterzimmer Mozart. Keynes räsoniert an den Wochenenden bei Erdbeeren und Pim's mit seinen alten Cambridger Freunden der Bloomsbury-Group über die mögliche Gestalt dieser und manch anderer Erfahrungswelten – unter ihnen Virginia Woolf, deren Gatte Leonard, die Schriftsteller Edward Morgan Forster und Lytton Strachey.

Wittgensteins existentielle Sackgasse wird im Frühjahr 1923 immer enger. Will er seine letzten, ihm wertvollen Beziehungen nicht endgültig verlieren, muss etwas geschehen. War da nicht noch jener junge, offenbar ungewöhnlich aufgeweckte Mathematiker, der seinen »Tractatus« so vorbildlich aus dem Deutschen ins Englische übertragen hat und von dem auch Charles Kay Ogden, als Herausgeber der Reihe, in der Wittgensteins Buch erschien, nur das Allerbeste zu berichten wusste? Wie lautete gleich sein Name?

> Lieber Herr Ramsey!
>
> Neulich habe ich von Herrn Ogden einen Brief erhalten, in dem es heißt, daß Sie in einem der nächsten Monate möglicherweise nach Wien kommen werden. Nun, da Sie den Tractatus so ausgezeichnet ins Englische übersetzt haben, können Sie zweifellos auch einen Brief übersetzen, und deshalb schreibe ich den Rest dieses Briefes auf deutsch …[131]

Der originaldeutsche Rest dieses Briefes aus dem Frühjahr 1923 ist nicht erhalten, aber offenbar enthielt er eine Art Einladung an Ramsey, ihn, Wittgenstein, doch bei Gelegenheit einmal in Puchberg am Schneeberg zu besuchen. Für den gerade einmal 20-jährigen Frank Ramsey, Sohn aus bestem Cambridger Akademikerhause, die Chance seines Lebens. Auf Du und Du mit Wittgenstein den »Tractatus« durchgehen, eben jenes Werk, das schon wenige Wochen nach seiner Veröffentlichung die junge Geisteselite seiner Universität fesselte und verstörte. Im September 1923 ist es so weit. Ramsey reist nach Puchberg und geht mit Wittgenstein – für zwei lange Wochen – jeden Tag gleich nach Unterrichtsschluss für vier bis fünf Stunden ohne Unterbrechung Satz um Satz den »Tractatus« durch. Was Ramsey sich davon verspricht, ist nur zu verständlich. Wesentlich weniger klar muss Wittgensteins Motivationslage scheinen. Ramsey berichtet seiner Mutter vom Fortgang des Besuchs:

> Es ist schrecklich wenn er sagt »Ist das klar« und ich sage »nein« und er sagt »Verdammt, es ist abscheulich, das noch einmal durchzugehen«. Manchmal sagt er, ich könnte das nicht einsehen, und dass wir es nun dabei belassen müssten. Öfters vergaß er die Bedeutung dessen, was er gerade niedergeschrieben hatte, nach nur 5 Minuten, erinnerte sich aber später wieder daran. Einige seiner Sätze sind gewollt zweideutig, da sie sowohl eine gewöhnliche wie eine eher versteckte Bedeutung in sich tragen, an die er ebenfalls glaubt.

Wenige Tage später per Postkarte schreibt Ramsey an den Tractatus-Verleger Ogden, mit fast gegensätzlichem Tenor:

> L. W. erklärt mir jeden Tag sein Buch von 2–7 Uhr. Es ist ungemein erhellend; er scheint es zu genießen und wir schaffen etwa eine Seite pro Stunde ... Er ist ganz bei der Sache, obwohl sein Geist, wie er sagt, nicht mehr geschmeidig ist und er niemals wieder ein Buch schreiben kann ... Er ist sehr arm und fristet ein trauriges Dasein, mit nur einem einzigen Freund hier – die meisten seiner Kollegen halten ihn für leicht verrückt.[132]

Ramsey, ein etwas übergewichtiger, blässlicher junger Mann mit Mondgesicht und Nickelbrille, erweist sich in all seiner Unbekümmertheit, Neugier und nicht zuletzt offenbaren intellektuellen Brillanz in Wittgensteins Augen tatsächlich als der erste verständige Leser des »Tractatus«. Eine damit auch für Wittgenstein einmalige Chance und Erfahrung, deren gesamtes Potential ihm erst während der zwei Wochen des Septembers 1923 voll aufgegangen sein mag. Schließlich ist die Rezeption seines Werks in den inneren Kreisen der vor allem formal und logizistisch ausgerichteten Philosophie bereits voll im Gange, und zwar, soweit es Wittgenstein zu übersehen vermag, in ganz und gar abwegiger Weise.

So hat niemand anders als Wittgensteins Verleger, der Literat, Sprachwissenschaftler und Philosoph C. K. Ogden, im Frühjahr 1923 mit großem Widerhall ein Buch mit dem Titel »The meaning of meaning« veröffentlicht. In der angestrebten Aufnahme von Kerneinsichten Wittgensteins strebt es danach, die Grundlagen sprachlicher Bedeutung zu erklären. Voller Stolz sendet Ogden das Buch im Februar 1923 nach Puchberg – um darauf im März folgende Antwort von Wittgenstein zu erhalten:

> … Ich habe Ihr Buch nun gelesen und will in aller Offenheit bekennen, dass Sie meiner Ansicht nach die eigentlichen Probleme, an denen – zum Beispiel – ich gearbeitet habe, nicht richtig erfasst haben (unabhängig davon, ob nun meine Lösung dafür korrekt ist oder nicht).[133]

Ogdens (bis heute sprachphilosophisch populärer) Lösungsvorschlag, das Rätsel sprachlicher Bedeutung über die Kategorie der Kausalität und einer bewussten Bezugnahme des Sprechers auf das bezeichnete Objekt zu lösen, ist nach Wittgenstein bereits dem Ansatz nach zu abwegig, um überhaupt ernsthaft als Antwortkandidat infrage zu kommen. Hatte Wittgenstein nicht in aller Klarheit aufgezeigt, dass es über die eigentlich bedeutungsbegründende Relation von logischer Satzstruktur und logischem Aufbau der Welt selbst nichts Sinnvolles zu sagen oder auch nur zu ergründen gäbe, sondern diese schlicht als vor-gegeben angenommen und damit allenfalls bestaunt werden könne?

> 4.12 Der Satz kann die gesamte Wirklichkeit darstellen, aber er kann nicht das darstellen, was er mit der Wirklichkeit gemein haben muß, um sie darstellen zu können – die logische Form.
> Um die logische Form darstellen zu können, müßten wir uns

mit dem Satz außerhalb der Logik aufstellen können, das heißt außerhalb der Welt.

> 4.121 Der Satz kann die logische Form nicht darstellen, sie spiegelt sich in ihm.
> Was sich in der Sprache spiegelt, kann sie nicht darstellen. Was *sich* in der Sprache ausdrückt, können *wir* nicht durch sie ausdrücken.

Genau Letzteres aber hatte Ogden mit seiner Kausaltheorie der Bedeutung versucht. Er wollte, was sich in Sprache ausdrückt, durch sie ausdrücken. Zumal es nach Wittgensteins Überzeugung ja ohnehin überhaupt nicht möglich ist, von so etwas wie Kausalität oder eben Kausalitätsgesetzen als letzterklärungstauglichen Kategorien unseres Weltbezugs auszugehen.

> 6.36 Wenn es ein Kausalitätsgesetz gäbe, so könnte es lauten: ›Es gibt Naturgesetze‹.
> Aber freilich kann man das nicht sagen: es zeigt sich.

Mit ähnlichem Argwohn dürfte Wittgenstein spätestens im August 1923 während seines Ferienaufenthaltes in Wien vernommen haben, dass sein »Tractatus« nun auch an der dortigen Universität Seminare und wissenschaftliche Gesprächskreise (später als »Wiener Kreis« bekannt) zu befeuern begann. Die Wiener Gruppe will die Gesellschaft durch das Bekenntnis zu einer streng naturwissenschaftlichen Weltanschauung retten und heilen. Was nun gerade nicht Wittgensteins angestrebter Stoßrichtung entspricht, sieht er eine rein naturwissenschaftliche Weltanschauung doch als nur einen weiteren, in seiner vermeintlichen Klarheit und wertfreien Aufgeklärtheit auf besonders hartnäckigen Missverständnissen beruhenden Fehlweg seiner Epoche.

Wie schmerzhaft es für seinen Geist auch sein mochte, dieses verdammte Buch noch einmal Satz für Satz durchzugehen – es gab so einiges zu klären. Wobei das Wittgenstein eigentlich peinigende Lebensproblem im Jahre 1923 gewiss nicht darin liegt, als Philosoph unverstanden zu sein und es gegebenenfalls auch bleiben zu müssen, sondern in seiner zunehmend freundlosen Isolation und Einsamkeit. Vor diesem Hintergrund erkennt er Ramseys Erscheinen in Puchberg vor allem als eine Chance, Möglichkeiten für eine wie auch immer geartete Rückkehr nach England zu sondieren. Offenbar selbst zu dem Wittgenstein extrem hoch erscheinenden Preis einer Wiedereingliederung in das dortige akademische Leben. Jedenfalls fungiert das von allen Cambridger Leitfiguren – Moore, Russell, Keynes – gleichsam geförderte und umhegte Wunderkind Frank Ramsey ab Oktober 1923 als Wittgensteins englischer Emissär. Dessen erster Auftrag besteht darin zu ermitteln, ob Wittgenstein, als ehemaliger Student und nun Autor des »Tractatus«, eventuell einen Abschluss in Cambridge erlangen könnte. »Keynes habe ich noch nicht getroffen, um nach Ihrem Abschluss zu fragen«, meldet Ramsey im Oktober 1923 im Telegrammstil nach Puchberg. Bereits einen Monat später gibt es deutlich konkretere Informationen.

> Lieber Wittgenstein!
> Vielen Dank für ihren Brief.
> Ich habe gute Nachrichten für Sie. Falls Sie England einen Besuch abstatten wollen, so stehen Ihnen £ 50 (=16 000 000 Kronen) für Ihre Auslagen zur Verfügung. Also kommen Sie bitte. … Ich habe Keynes nach Ihrem Abschluß gefragt, und anscheinend steht die Sache folgendermaßen. Die Vorschriften sind geändert worden, so daß man den B.A. nicht mehr aufgrund eines Studiums von sechs Trimestern und einer Dissertation erlangen kann. Anstatt dessen können Sie nach dreijährigem Studium und Vorlage einer Dissertation den Ph.D. bekommen. Falls Sie noch ein Jahr hier hinbekommen könnten, so könnten Sie wahrscheinlich die Erlaubnis erhalten, auch Ihre beiden früheren Jahre mitzuzählen und auf diese Weise den Ph.D. zu erlangen.[134]

Die Wittgenstein dafür zur Verfügung gestellten 50 englischen Pfund, umgerechnet damals 16 000 000 Kronen, stammen von Keynes, der als Spender allerdings nicht namentlich in Erscheinung treten will, fürchtet er doch für diesen Fall eine sofortige Ablehnung der Summe. Wie er auch Ramsey gegenüber nun immer deutlicher werden lässt, will Wittgenstein auf keinen Fall irgendwelche Almosen oder Zuwendungen. Auch um einen offiziellen Studienabschluss oder sonst irgendeine urkundliche Beglaubigung seiner philosophischen Kompetenz geht es ihm nicht in erster Linie. Das erfährt nun auch Keynes, der sich nach mehr als zwölf Monaten des Schweigens dann doch an den Schreibtisch setzt, um den hochkomplizierten Hausfreund Wittgenstein zu sich nach England einzuladen. Der Austausch zwischen den beiden verdient es, in annähernd voller Länge zitiert zu werden:

29. März 1924

46, Gordon Square
Bloomsbury

Mein lieber Wittgenstein!
Nun ist ein ganzes Jahr vergangen, und ich habe immer noch nicht auf Ihren Brief geantwortet. Dies beschämt mich, aber es hat nicht daran gelegen, daß ich nicht an Sie gedacht hätte, und es hat auch nicht an dem Gefühl gefehlt, daß ich unbedingt erneut meine Freundschaft bekunden wollte. Der Grund war der, daß ich versuchen wollte, Ihr Buch gründlich zu verstehen, bevor ich Ihnen schrieb … Ich weiß immer noch nicht, was ich über Ihr Buch sagen soll, außer daß ich das Gefühl habe, daß es ein außerordentlich wichtiges und geniales Werk ist. Ob es nun richtig oder falsch ist, es dominiert, seit es geschrieben wurde, alle grundlegenden Diskussionen in Cambridge.
In einem separaten Paket habe ich Ihnen die Bücher mitgeschickt, die ich seit dem Krieg geschrieben habe … Ich würde

Sie ungeheuer gern wiedersehen und mich mit Ihnen unterhalten. Besteht vielleicht die Möglichkeit, daß Sie England einen Besuch abstatten?

In Treue und Zuneigung
J.M. Keynes

… Ich würde alles tun, was in meiner Kraft steht, um Ihnen die weitere Arbeit zu erleichtern.[135]

Doch diesmal verfehlt Keynes, gerade weil er besonders höflich und vorsichtig kommunizieren will, den gefragten Ton und vor allem das entscheidende Anliegen Wittgensteins. Dieser antwortet Keynes im Juli 1924:

4. Juli 1924

Mein lieber Keynes,

Ich bin Ihnen schrecklich dankbar, daß Sie mir Ihre Bücher und Ihren Brief vom 29./3. geschickt haben. Ich habe es so lange aufgeschoben, an Sie zu schreiben, weil ich nicht zu einem Entschluß komme, ob ich Ihnen auf englisch oder deutsch schreiben soll. … Also: Zuerst möchte ich Ihnen noch einmal für die Bücher und Ihren lieben Brief danken. Da ich sehr beschäftigt bin und mein Gehirn für alles Wissenschaftliche ganz unaufnahmefähig ist, so habe ich nur in *einem* der Bücher gelesen (»The economic consequences [of the peace]«). Es hat mich sehr interessiert, obwohl ich von dem Gegenstand natürlich so gut wie nichts verstehe. Sie schreiben, ob Sie etwas tun könnten, um mir wieder wissenschaftliches Arbeiten zu ermöglichen: nein, in dieser Sache lässt sich nichts machen; denn ich habe selbst keinen starken inneren Trieb mehr zu solcher Beschäftigung. Alles was ich wirklich sagen mußte, habe ich gesagt und damit ist die Quelle vertrocknet. Das klingt sonderbar, aber es ist so. – Gerne, *sehr* gerne möchte ich Sie wiedersehen; und ich weiß, daß Sie so gut waren, mir Geld für einen Aufenthalt in England zuzusichern … Wenn ich aber denke, daß ich von Ihrer Güte nun wirklich Gebrauch machen soll, so kommen mir allerlei Bedenken: Was soll ich in England tun? Soll ich nur kommen um Sie zu sehen und mich auf alle mögliche Weise zu zerstreuen? Will sagen, soll ich denn bloß kommen, um nett zu sein? Nun meine ich zwar gar nicht, daß es sich nicht lohnt, nett zu sein – wenn ich nur WIRKLICH nett sein könnte – oder etwas Nettes zu erleben, wenn es tatsächlich etwas SEHR Nettes wäre.

Aber mich im Zimmer aufzuhalten und jeden zweiten Tag mit Ihnen Tee zu trinken oder so etwas, das wäre nicht *nett genug*. Doch dann würde ich für diese kleine Nettigkeit den großen Nachteil in Kauf nehmen, meine kurzen Ferien wie ein Phantom verschwinden zu sehen … Natürlich ist ein Aufenthalt bei Ihnen viel netter, als in Wien allein zu sein. Aber in Wien kann ich mich wenigstens sammeln, und obgleich meine Gedanken es nicht wert sind, sie zu sammeln, so sind sie doch immer noch besser als bloße Zerstreuung. …

Wir haben uns seit 11 Jahren nicht mehr getroffen. Ich weiß nicht, ob Sie sich in dieser Zeit verändert haben, aber *ich* habe mich gewiß ungeheuer verändert. Leider muß ich sagen, daß ich nicht besser bin als früher, aber ich bin *anders.* Und deshalb werden sie wahrscheinlich finden, wenn wir uns treffen, daß derjenige, der Sie besucht, eigentlich nicht der ist, den Sie einladen wollten. Selbst wenn wir uns miteinander verständigen *können*, besteht kein Zweifel daran, daß ein oder zwei Plauderstündchen den Zweck *nicht* erfüllen, daß das Ergebnis unseres Zusammentreffens Enttäuschung und Ekel Ihrerseits und Ekel sowie Verzweiflung meinerseits sein wird. – Hätte ich in England eine bestimmte Arbeit – und sei's Straßenkehren oder jedermanns Stiefel putzen –, so würde ich mit großer Freude hinüberkommen, und dann würde sich die Nettigkeit im Laufe der Zeit von selbst einstellen. …

Herzliche Grüße! Immer Ihr
Ludwig Wittgenstein

P.S. Grüße an Johnson, falls Sie ihn sehen.[136]

Fürs Erste kehrt Wittgenstein also nicht zurück nach Cambridge. Doch offenbart sich in diesem Austausch bereits jener Grundwiderspruch, der für die kommenden Jahre bis zur eigentlichen Rückkehr – und tatsächlich weit darüber hinaus – das Erwartungsverhältnis beider Parteien dauerhaft belastet: Wittgenstein will seine Freunde zurück, die Cambridger Gruppe ihr philosophisches Jahrhundertgenie. Dafür ist sie bereit, alles in ihren Kräften Stehende zu tun. Und auch Wittgenstein zeigt erstaunliche Flexibilität. Sogar eine Rückkehr in die Philosophie würde er in Kauf nehmen. Schließlich ist alles besser, als in der Puchberger Zelle darauf zu warten, dass sein vereinsamender Verstand ihn endgültig verlässt oder gnadenlos verrät.

GASTFREUNDSCHAFT

Ehrensache, dass Cassirer seinen aus Marburg angereisten, dort frisch zum Professor berufenen Gast persönlich durch die Räume der Bibliothek Warburg führt. Noch am Abend zuvor, dem 17. Dezember 1923, hat Heidegger auf Einladung der Hamburger Kant-Gesellschaft, der Cassirer vorsteht, einen Vortrag über die »Aufgaben und Wege der phänomenologischen Forschung« gehalten. Mit Blick auf die seltenen Schätze in den Schränken und Regalen ergibt sich nun Gelegenheit, das am Vorabend begonnene Gespräch zu vertiefen. Natürlich, stimmt Cassirer einer Kernthese seines Gastes zu, kann man die Fragen nach den Grundlagen des menschlichen Weltbezugs nicht voll und ganz den empirischen

Wissenschaften wie Psychologie, Anthropologie oder Biologie überlassen. Schließlich ist beispielsweise die Begriffsform des Mythos, als kulturell vorgängiger Weise der Weltschließung, von fundamental anderen Kategorien und Annahmen geprägt als die des wissenschaftlichen Weltbildes.

Sicher, nickt Heidegger, gerade solch »primitiven Phänomene« können hilfreich sein, bestehende Verstellungen der Selbstauslegung des Daseins aufzuzeigen. Andererseits besteht bei einer Konzentration auf die mythische Denkform immer auch die Gefahr, das Primitive mit dem Ursprünglichen zu verwechseln. Beruht, recht bedacht, nicht selbst der Zeichengebrauch im Mythos auf einer Form der Welterschlossenheit, die er nicht etwa selbst hervorbringt, sondern vielmehr in besonderer Weise ausdeutet? Und wäre dem so, müsste es in der beschreibenden Gewinnung eines wahrhaft ursprünglichen Weltbegriffes nicht eher darum gehen, diesen im Sinne der Alltäglichkeit zu beschreiben? Also als einer Grundorientierung, die dem Dasein noch vor aller symbolischen Formung gegeben und erschlossen sein muss? Kennt nicht auch das primitive Dasein eine Alltäglichkeit, genau wie das modern wissenschaftliche?

»Gewiß«, erwidert Cassirer, als beide zum Abschluss der Führung noch einmal vor dem Schrank mit dem Thema »Symbol« zum Stehen kommen, »nur eben nicht vor und unabhängig von aller Symbolisierung. Wie wäre die in der Alltäglichkeit sich zeigende Orientierungsleitung ansonsten überhaupt zu denken und zu erklären?« »Genau das«, gibt Heidegger da spitz lächelnd zurück, »frage ich mich auch«.

VON HAMBURG NACH BELLEVUE

So, oder ganz ähnlich, dürfte die erste längere persönliche Diskussion zwischen Heidegger und Cassirer damals in Hamburg, in den Räumen der Bibliothek Warburg, vonstattengegangen sein.

Jedenfalls ist dies der Kontext, in dem sich Heidegger in seinem späteren Hauptwerk »Sein und Zeit« an das Treffen des Winters 1923 erinnern wird.[137]

Nur allzu wahrscheinlich auch, dass Heidegger sich während der Führung nach dem eigentlichen Gründer und Kopf hinter der Bibliothek erkundigte: Aby Warburg? Lebt er noch? Und falls ja, wo und wie?

Selbst für einen Menschen mit der Weltläufigkeit Cassirers keine ganz leicht zu lösende Situation. Befindet sich Aby Warburg, der Kopf und Gründer der Bibliothek, aufgrund eines schweren Nervenleidens, das 1918 voll zum Ausbruch gekommen war, doch bereits mehrere Jahre in psychiatrischer Anstaltsbehandlung. Seit dem Frühling 1921 ist er in einer Schweizer Institution in Kreuzlingen am Ufer des Bodensees untergebracht. Die dortige Nervenheilanstalt Bellevue, eine der renommiertesten und auch fortschrittlichsten des Kontinentes, wird von der Ärztefamilie Binswanger geleitet – seit 1910 von Ludwig Binswanger, dem ältesten Sohn von Robert Binswanger und Enkel Ludwig Binswangers d. Ä., der das Sanatorium 1857 auf einem verlassenen Klosterareal gegründet hatte. Bellevue ist weniger eine geschlossene Anstalt als vielmehr eine Waldsiedlung von Häusern und Appartements, in denen die Patienten ein Höchstmaß an Freiheit und Würde erfahren sollen und meist großzügige Wohnräume sowie persönliche Pfleger oder Pflegerinnen zugeordnet bekommen. Auch Aby Warburg bewohnt dort eine Wohnung mit eigenem Schlaf-, Arbeits- sowie Badezimmer – was nicht zuletzt der Schwere seiner schizophrenen Erkrankung geschuldet ist. Verfolgungswahn und Zwangsstörungen bilden deren Zentrum und gehen in intensiveren Phasen mit schweren Wut- und Gewaltausbrüchen einher. Besonders bestimmend ist Warburgs dauerhafte Angst, vergiftet zu werden, verbunden mit dem Verdacht, er werde in Wahrheit mit den Eingeweiden seiner Frau oder Kinder gefüttert oder aber mitsamt seiner Familie in Bälde umgebracht. Warburgs Angstschübe werden von aufwendigen Wasch- und Wiederholungszwängen grundiert, meist gebunden an das Ordnen und Aufräumen bestimmter Bereiche seines Zimmers. Zwänge, die bereits vor seiner Selbsteinlieferung im Jahre 1918 begonnen hatten, seinen Tagesablauf zu dominieren.

Über die Jahre seines Aufenthalts in Kreuzlingen gehen Phasen vollständigen Kontrollverlustes mit Episoden größter geistiger Klarheit und Frische einher, in denen Warburg sich – hauptsächlich durch fortwährenden Austausch mit Dr. Saxl – über die Entwicklungen in seiner Forschungsbibliothek auf dem Laufenden hält. Die Ankunft Ernst Cassirers in Hamburg hat dabei sein besonderes Interesse geweckt.

SCHLÜSSELEXPERIMENT MIT SCHLANGE

Warburg verkörpert den seltenen, nicht zuletzt klinisch besonders interessanten Fall eines Nervenleidenden, der von eben jenen Wahnideen, Zwangsvorstellungen und Angstschüben heimgesucht wird, die über Jahrzehnte zuvor auch das Zentrum seines kulturwissenschaftlichen Forschens bildeten. Gemäß Warburgs Kulturtheorie, die sich insbesondere auf das Medium des Bildes und der bildlichen Darstellung stützt, ist der Drang des Menschen, seinen tiefsten und existentiellsten Ängsten symbolischen Ausdruck zu verleihen – ihnen eine feste Gestalt zu geben und sie in dieser Weise behandelbar oder beschwörbar zu machen –, eigentlicher Ursprung aller Kultur und Bildung. Diesen Ursprung der Kultur aus dem Gefühl der Existenzangst und Übermannung durch äußere Naturgewalten – seien diese real oder imaginiert – vermag der menschliche Geist selbst in seinen sublimsten und abstraktesten Leistungen, wie der Kunst oder Wissenschaft, niemals ganz zu überwinden oder zu verleugnen. Er bleibt stets mitpräsent und wirksam.

Gerade anhand von kultischen Leitsymbolen oder Ritualen primitiver – oder, wie man heute sagen würde, indigener – Völker und Kulturen lässt sich diese Dynamik der Angstbewältigung besonders klar aufzeigen. Und damit auch, wie sehr sich diese Leitsymbole über alle kontinentalen und zeitlichen Grenzen hinweg ähneln und überlagern. Beispielhaft aufgezeigt in Warburgs Vortrag über das »Schlangenritual der Pueblo-Indianer Nordamerikas«, den er, auf Anregung seines behandelnden Arztes Ludwig Binswanger, während seines Aufenthalts in Kreuzlingen ausarbeitet und dort schließlich am 21. April 1923 vor den Patienten und dem Personal der Anstalt frei hält.

Warburg bezeichnet die mythisch aufgeladene Schlange darin (durchaus mit Blick auf den biblischen Sündenfall) »als ein internationales Antwortsymbol auf die Frage: Woher kommt die elementare Zerstörung, Tod und Leid in die Welt?«[138]

Genau die Ängste, Dämonen und Zwangsvorstellungen, die nach Warburg am Grund unser aller kulturellen Existenz stehen und in ihren frühen Entwicklungsstadien ein magisch-rituelles Zwangsregime führen, haben also in Gestalt seiner Erkrankung – wie Warburg sich in seinen klaren Phasen nur zu bewusst ist – auch von seinem Geist Besitz ergriffen. Sie bestimmen sein Denken, sein Fühlen, seinen gesamten Alltag.

Die für seine Heilung entscheidende Frage lautet damit, ob es wohl gelingen wird, sich mit den Mitteln der wissenschaftlichen Reflexion und Analyse von diesen Zwängen zu befreien. Ob er, sozusagen stellvertretend für die Menschheit als Ganzes, noch einmal zu einer befreienden Distanzierung von diesen engen, magisch und totemistisch belegten Urstufen des symbolischen Bewusstseins in der Lage sein wird? Oder muss der Rückfall in seinem Fall ein währender bleiben?

TUNNEL UND LICHT

Der erfolgreich gehaltene Vortrag über das Schlangenritual von 1923 markiert in Warburgs Privatmythologie deshalb einen entscheidenden Wendepunkt, triumphieren doch hier erstmals seit vielen Jahren wieder die guten, befreienden Geister der Aufklärung und Analyse über die magisch-mythischen Kräfte der Angst und des Zwangs. Cassirer ist einer der ganz wenigen, denen Warburg damals Einblick in seinen schriftlich ausgearbeiteten Vortrag gewährt. Ein Vertrauensbeweis, der Dr. Saxl in der Überzeugung bestärkt, ein persönliches Treffen der beiden Forscher könne eventuell den entscheidenden letzten Schritt zu Warburgs Genesung und damit dessen Rückkehr nach Hamburg bewirken.

Es ist eine Vortragseinladung in die Schweiz, die Cassirer im Frühjahr 1924 zur Gelegenheit nimmt, den bewunderten Kollegen und Gönner Warburg persönlich in Bellevue aufzusuchen.[139] Das Zusammentreffen erfordert umsichtige Vorbereitung und Betreuung. Sowohl Saxl als auch Warburgs Gattin Mary sind bereits Tage vor Cassirers Eintreffen nach Kreuzlingen gereist, um dem äußerst erwartungsfrohen und damit auch angespannten Patienten zur Seite zu stehen. Für Warburg ist es das erste längere Forschungstreffen mit einem Unbekannten seit Jahren, und in diesem Fall noch mit einem Denker wie Cassirer, dem er höchste Achtung entgegenbringt, ja, von dem er mit gutem Grund annehmen darf, er sei einer der ganz wenigen, die seinen eigenen bildgeschichtlichen Ansatz in seiner ganzen Tiefe und möglichen Wirkung zu erfassen in der Lage ist.

Tagelang bereitet sich Warburg intensiv auf die Begegnung vor, indem er ihm besonders wichtig erscheinende Fragen und Probleme auf Zettel notiert und ordnet, nur um, wenige Minuten vor Cassirers Eintreffen in Kreuzlingen, sämtliche, sorgsam auf seinem Schreibtisch geordneten Notizen für tabu zu erkennen. Trotz geduldigster Zurede der betreuenden Personen besteht er darauf, das gesamte Zimmer von diesen sowie weiteren Unglücksobjekten zu befreien. Es *muss* sein. Cassirer wartet derweil im Gang darauf, über die Schwelle des Arbeitszimmers treten zu dürfen.

Ungeachtet dieser anfänglichen Komplikationen findet man im freien Gespräch schnell zueinander. Cassirer versteht das Werden des Menschen im Symbol als ein kontinuierliches Befreiungsgeschehen, das von den das mythische Denken leitenden Begriffsformen seinen Ausgang nimmt. Dieser Vision kann Warburg unbedingt zustimmen, wobei es ihm dabei in besonderer Weise um den Nachweis der unauslöschlichen Energien und Anstöße mythischer Bildwelten innerhalb dieses Fortschrittsprozesses geht. Warburg fasst den befreienden Eindruck, endlich einen ihm Gleichgesinnten gefunden zu haben, noch am ersten Tag des Treffens so zusammen: »Es kam mir vor, als hörte ich jemanden an der anderen Seite des Tunnels klopfen.«

Fast zwangsläufig konzentriert sich die Diskussion der beiden auf die Epoche der Renaissance und der Frühen Neuzeit als einer Übergangsphase des europäischen Denkens. Sie zeichnete sich durch eine spannungsreiche Gleichzeitigkeit von mythisch-magischen Denkweisen aus, wie beispielsweise die der Astrologie, sowie den eher logisch-mathematischen Zugängen der Astronomie. Beim Spaziergang im Park bestimmt vor allem Keplers (Wieder-)Entdeckung der Ellipse für die Astronomie die Gespräche, regelmäßig unterbrochen von Warburgs angsterfüllten Erklärungen und Hinweisen, in welchem der zahlreichen Gebäude der Anlage man seine Frau, die direkt neben ihm am Arme läuft, derzeit gefangen und eingesperrt halte.[140] Die vollendete Bipolarität allen Daseins, die Warburg in der Figur der Ellipse als einem geometrischen Körper mit zwei Brennpunkten zu ihrem klarsten Ausdruck gekommen sieht, hat seinen Geist auch an diesem denkwürdigen Nachmittag des 10. April 1924 nicht verlassen: Er erfährt sich noch immer als eine plastische Mischung aus vollkommener Rationalität und Irrationalität, aus genialer wissenschaftlicher Intuition und wahnhafter Ideenverengung. Dennoch hat er jetzt wieder Hoffnung gefasst: Auf eine neue Gemeinschaft der Forschenden, eine Weiterführung seines wissenschaftlichen Lebensprojekts, ein Du in Gestalt Cassirers, das seinen Gedankenimpulsen folgen und sie auf eigene Weise aufnehmen und deuten würde.

Zurück in Hamburg, sendet Cassirer umgehend neue bibliographische Hinweise und Quellen zum Problem der Ellipse nach

Kreuzlingen, während Warburg sich noch am Abend von Cassirers Abreise hinsetzt, um in einem Brief an die »Leiter der Kuranstalt Bellevue« Aufklärung darüber zu erbitten, »wie meine Herren Ärzte sich zu dem Symptom der wiedereinsetzenden wissenschaftlichen Arbeit als subjektivem Heilfaktor stellen ... Es ist vielleicht nicht zuviel gesagt – vielleicht hat Cassirer mit Ihnen darüber gesprochen – daß ich noch eine wirklich tragfähige Methode der kulturpsychologischen Geschichtsauffassung skizzieren könnte.«[141]

Warburg will jetzt nichts wie zurück zu seiner Bibliothek und fühlt sich erstmals seit Jahren stark genug für diese Rückkehr. Bereits im August 1924 stimmen die Ärzte dieser Einschätzung zu. Binswanger notiert dazu am Abreisetag des 12. August 1924: »*Heute vormittag* in Begleitung des Referenten nach Frankfurt *abgereist*, dort von Dr. Embden in Empfang genommen, zur Weiterreise nach Hamburg ... Vorbereitungen zur Reise ruhig und sachlich getroffen, auch Abreise ohne Erregung. Auf der Fahrt nach Frankfurt auffallend geordnet, zuvorkommend und ruhig ...«[142]

Warburg hat im Kampf gegen seine Dämonen wieder Halt und Sicherheit gefunden. Zwar ist er durchaus nicht frei von tiefer Todesangst, jedoch nicht mehr deren Sklave. Genau die Situation, in der sich jeder Mensch als wahrhaftigstes Ergebnis einer ehrlichen Analyse seines jeweiligen In-der-Welt-Seins erkennen soll. Jede weitere Form der Beruhigung wäre falsch und fatal. So jedenfalls sieht es Martin Heidegger im Herbst 1924, kurz bevor auch seine Existenz von einem neuen, ihm bislang unbekannten Dämon erfasst wird.

WEIMAR WANKT

Seinen ersten Marburger Professorenherbst verlebt Heidegger getrennt von der Familie. Die Wohnungsfindung gestaltet sich außerordentlich schwierig. Nicht zuletzt aufgrund der Flüchtlingswelle aus dem von den französischen Truppen besetzten Ruhrgebiet, die auch in Marburg dazu führt, dass der ohnehin schon knappe Wohnraum per Zwangsanweisung an heimatlos gewordene Familien vergeben wird. Gleichzeitig spitzt sich die Währungskrise weiter zu. Binnen nur weniger Stunden halbiert sich der Kaufwert ausgezahlter Gehälter, sofern im Lohnbüro der Universität überhaupt ausreichend Geldscheine zur Auszahlung vorhanden sind. Ende Oktober 1923 gelingt es Heidegger immerhin, »drei mal 20 Milliarden« nach Hause zu überweisen. Umgehend erkundigt er sich bei Elfride, ob das Geld auch tatsächlich in Freiburg angekommen ist.

Vielen scheint es so, als ob der Krieg erst jetzt wirklich verloren wurde. In den Städten regiert der Hunger. Aufstände und Plünderungen sind die Folge. Die Weimarer Republik steht in diesem Herbst am Rande des Kollapses. Bayern ruft im September eigenständig den Notstand aus und installiert unter der Führung des Konservativen Gustav von Kahr faktisch eine Diktatur. Andere Teile der Republik, wie das noch junge Bundesland Thüringen oder Sachsen, drohen dem Beispiel zu folgen. In den größeren Städten liefern sich kommunistische Brigaden und nationalistische Freikorps tagelange Straßenschlachten. Faktisch herrscht Bürgerkrieg. Der Staat ist kaum mehr handlungsfähig, er hat sein Gewaltmonopol eingebüßt.

Reichskanzler Gustav Stresemann von der nationalliberalen »Deutschen Volkspartei« (DVP) ruft Ende September 1923 seinerseits den militärischen Notstand aus. Die Katastrophe wirkt vorprogrammiert. Fraglich scheint lediglich, welche Gestalt sie annehmen wird.

Vor allem in Bayern brodelt das revolutionäre Potential. Am 8. November 1923 kommt es im Münchner Bürgerbräu-Keller zu einer weiteren Verschärfung, als Adolf Hitler, geschützt von einem zahlenstarken Stoßtrupp seiner SA-Miliz, mit einem Pistolenschuss an die Decke einen Redeauftritt von Kahrs unterbricht, diesen zur Flucht aus dem Saal zwingt und die Anwesenden für den nächsten Tag – dem glorreichen Beispiel Mussolinis und seiner faschistischen Bewegung in Italien folgend – zum »Marsch auf die Hauptstadt« aufruft. Tausende folgen Hitlers Appell. Doch endet die Revolution bereits nach wenigen Kilometern im Münchner Stadtzentrum. Durch von Kahr mobilisiert, hat die Landespolizei Schießbefehl erhalten und feuert auf die Menge der Marschierenden. 20 Menschen verlieren ihr Leben, Hitler gelingt in einem Sanitätswagen die Flucht.

Noch gibt Stresemann sich in Berlin nicht geschlagen. Um die Inflation zu stoppen, führt seine Regierung nur eine Woche darauf die Rentenmark ein. Ein Manöver, das sich zur allgemeinen Verwunderung als erfolgreich erweist und zu einer deutlichen Stabilisierung der Gesamtlage beiträgt. Zum Jahreswechsel verkünden die Franzosen den Abzug aus dem Ruhrgebiet. Die Weimarer Republik ist noch einmal davongekommen. Nicht wenige politische Kräfte wollen genau darin die eigentliche Katastrophe erkennen.

FESTE BURGEN

Auch bei Heideggers stabilisiert sich die Lage zu Beginn des Jahres 1924 deutlich. Endlich wurde in der Nähe des Professoren-Kollegen Nicolai Hartmann eine Wohnung gefunden, nicht ideal zwar und leider ohne Garten, doch schon im Januar ist die Familie fröhlich vereint am neuen Ort. Marburg, das erinnert schon rein klanglich an Freiburg. Nur dass die Berge dort nicht so hoch, die Hänge nicht ganz so steil, die Gotteshäuser nicht ganz so ehrwürdig und die Gassen nicht ganz so heimelig sind. Zwar ist es keine Liebe auf den ersten Blick, aber den Heideggers doch vertraut und provinziell genug.

Auch an der Universität selbst – von Hermann Cohen, Paul Natorp und Ernst Cassirer in den Jahrzehnten zuvor zur Hochburg des Neukantianismus der »Marburger Schule« gemacht – erfährt Heidegger mitsamt seinem »Stoßtrupp« im ersten Jahr gute

Resonanz. Die Liste der Schüler, die Heidegger in Marburg für sein Denken gewinnt, liest sich wie ein »Who is Who« der deutschen Nachkriegsphilosophie und philosophischen Publizistik: Hans-Georg Gadamer, Gerhard Krüger, Karl Löwith, Walter Bröcker, Hans Jonas und Leo Strauss.

Gadamer ist Heidegger in den ersten Chaos-Monaten eine besondere Stütze, denn er ist von Hause aus Marburger, seine Eltern in der Stadt hochangesehen und damit enorm hilfreich bei der Lösung der vielen kleinen und großen Besorgungen. Philosophisch findet Heidegger vor allem in dem evangelischen Theologen Rudolf Bultmann einen bereichernden Gesinnungsgenossen. Dem von Kierkegaard und Jaspers beeinflussten Theologen geht es in seinem Schaffen um eine Wiedergewinnung der wahren existentiellen Wucht des Christentums – fern aller Mythen und falschen Gelehrtheit und auch fern aller institutionellen Zwänge und Korsette. Auch Bultmann geht es um eine Entmystifizierung des Christentums. Er will die menschliche Existenz in ihrer ganzen Absurdität und damit Nacktheit freilegen und sie so allererst hellhörig machen für die Kraft der christlichen Befreiungsbotschaft.[143] Genau das will der ehemalige Kirchendenker Heidegger auch – nur eben ohne anschließendes christliches Heilsversprechen.

EREIGNIS SEIN

Die Einsicht in die fundamentale Grundlosigkeit seiner selbst wird dem Individuum, wie Heidegger in den ersten Marburger Monaten immer klarer zur Erkenntnis kommt, vor allem durch das stets in der Existenz mitlaufende Wissen um die Sterblichkeit ermöglicht. Allerdings kann der Mensch sein je eigenes Heil nicht von außen, nicht von anderswo, nicht als versprochenes oder gar offenbartes vorfinden, sondern dieses nur aus dem offenen und damit immer auch angstbelegten Blick in den Abgrund der eigenen Endlichkeit gewinnen. Schließlich gibt es für das menschliche

Dasein nur ein wirklich unausweichliches und zudem noch stets gewisses Faktum: den nahenden und in jedem Moment als reale Möglichkeit mitlaufenden Tod. Von dieser Zumutung verspricht der christliche Glaube jeden Menschen auf ewig zu erlösen. Genau das macht ihn aus Heideggers Sicht so überaus verdächtig.

Sowohl Bultmann als auch Heidegger geht es in ihrer Marburger Lehre also darum, dem Einzelnen den Weg zu einer Entscheidung im eminenten Sinne zu bahnen – als ersten Schritt zu einer freien, eigentlichen Existenzweise. Die Nähe der beiden Denker ist für jeden vernehmbar, wie auch deren Differenzen. Diese philosophisch-theologische Konstellation wirkt geradezu elektrisierend auf die jungen Zuhörer beider Fakultäten. Im Marburg des Jahres 1924 kommt geistig etwas in Bewegung. Das spricht sich auch unter den Studierenden bald herum. Nicht nur im näheren Umkreis, sondern bis nach Berlin und sogar darüber hinaus.

Die Intensität, die Heidegger im Denken sucht und als Lehrender auch zu erzeugen weiß, duldet keine Vertröstungen oder Vermittlungen. Hier muss jeder Kompromiss als faul erscheinen. Als denkfaul. Heideggers Mobilisierung der »Angst« sowie des »Vorlaufens des Daseins zu seinem Vorbei«, wie er es im Sommer 1924 den Studenten gegenüber formuliert, mag auch ein kompensatorisches Moment eignen. Er ist 35 Jahre alt, verheiratet, hat zwei Kinder, steht in der Mitte seines Lebens und Schaffens. Und doch weiß er für sich nur zu genau, dass er die Grenzerfahrung der Todesnähe, jenes konkrete Vorlaufen auf den Tod im Gegensatz zu der überwältigenden Mehrheit seiner Generationsgenossen nie am eigenen Leib erlebt hat. Gleichviel, da funkt und blitzt etwas, wenn er in einer eigens für ihn entworfenen Kombination aus engen Breeches und langem Überrock – halb Tracht halb Anzug – den Vorlesungssaal betritt, leise, fast flüsternd ansetzt und mit dem Blick hinaus zum Fenster, ohne Skript und erkennbare Vorbereitung, immer eindringlicher und dichter ins Philosophieren gerät. Der Mann ist das Ereignis, das er sein will.

DU, DÄMON[144]

Erst im Wintersemester 1924/1925 erfährt er zum ersten Mal am eigenen Leibe, wovon er bisher nur so mitreißend gesprochen und geschrieben hat: »Noch nie ist mir so etwas geschehen«, gesteht er sich – und nicht nur sich – am 27. Februar 1925 ein: »Das Dämonische hat mich getroffen«.[145] Doch ist es nicht etwa eine in seinen Vorlesungen beschworene Erfahrung der Angst oder der Todesnähe, von der Heidegger hier kündet, und auch sonst kein *rein* ich-bezogener Ausnahmezustand. Im Gegenteil. Es ist die Erfahrung eines anderen Menschen, ist die Erfahrung der Liebe: »Daß die Gegenwart des Anderen in unser Leben einmal hereinbricht, ist das, was kein Gemüt bewältigt«, denn »wir wissen um das nie, was wir durch unser Sein anderen werden können.« In solch einem Ausnahmezustand, schreibt der Liebende, bleibt deshalb nur noch eines zu tun: »Menschliches Schicksal gibt sich menschlichem Schicksal, und der Dienst der einen Liebe ist, dieses Sichgeben wach zu halten wie am ersten Tag.« Als Briefanfang:

> 10.II.1925
>
> Liebes Fräulein Arendt!
> Alles soll schlicht und klar und rein zwischen uns sein. Dann sind wir einzig dessen würdig, daß wir uns begegnen durften. Daß Sie meine Schülerin wurden und ich Ihr Lehrer ist nur die Veranlassung dessen, was uns geschah.
> Ich werde Sie nie besitzen dürfen, aber Sie werden fortan in mein Leben gehören, und es soll an Ihnen wachsen. …[146]

Bei dem »Fräulein«, an das sich Heidegger derart ungeschützt und offen wendet, handelt es sich um die damals 18-jährige Hannah Arendt, eine aus Königsberg stammende Studentin der Gräzistik, Philosophie und evangelischen Theologie. Auch Arendt wird bereits kurz nach ihrem Eintreffen in Marburg im Herbst 1924 im Kreise der Studierenden als eine Art Ereignis und Sonderfall wahrgenommen. Und das nicht nur wegen ihrer ausnehmenden Schönheit und ihres extravaganten, betont farbenfrohen Kleidungsstils. Genau wie Heidegger, der bei seinem Amtsantritt 1923 einen, wie er es nannte, ganzen »Stoßtrupp« von Studenten und Promovierenden mit aus Freiburg nach Marburg brachte, hat auch die intellektuell auffällig brillante Studentin Arendt einen ganzen Kreis von Freunden und Kommilitonen – gleichsam als deren Anführerin und geistiges Oberhaupt – dazu bewegen können, mit ihr gemeinsam von Berlin nach Marburg zu wechseln, um dort mit eigenen Augen und Ohren zu erfahren, was man sich mittlerweile in der ganzen Republik unter Philosophiestudierenden zuflüsterte: Dass da in Marburg jemand Neues und Brillantes erschienen sei, bei dem man das »Denken neu lernen« könne. Eben der Daseins-Prophet Martin Heidegger.

INMITTEN DES SEINS

Das eigentliche Kennzeichen des heideggerschen »Daseins« besteht nun darin, dass es keinen Plural kennt und kennen kann. »Dasein« gibt es bei ihm immer nur als Einzelnes, Vereinzeltes oder, wie er auch sagt, als *»Jemeiniges«*. Will es sich wahrhaft befreien und selbst ergreifen, muss es dies ganz aus sich selbst heraus leisten. Und doch ist da nun plötzlich ein anderes Dasein, ein Du – und zwar bereits bei der ersten Begegnung anlässlich eines Sprechstundenbesuchs im November 1924 – mit der Macht eines einzigen Blicks tief in ihn hineingebrochen. Und er in es. Kein Wunder, dass der junge Meisterdenker sich zunächst außerstande bekennt, dieses Ereignis für sich zu bewältigen. Was nicht zuletzt daran liegen mag, dass man, wie Heidegger in den Briefen an seine neue Liebe festhält, eben niemals wissen könne, was ein liebendes, hereingebrochenes Du inmitten des eigenen Ichs wohl zu wirken und anzurichten vermag. Würde es das eigene Ich von innen heraus spalten? Und damit von sich entfremden? Es feindlich übernehmen? Oder gar, philosophisch noch fataler: ihm letzte, ewig fraglose Geborgenheit gewähren?

All das schien auf einmal konkret möglich. Denn Martin liebt Hannah, wie er noch nie in seinem Leben etwas geliebt hat. Er gesteht es ihr diesen Frühling in fast täglichen Briefen: Mir ist etwas Neues erschienen, ein großes Du, inmitten meines Selbst, meines Seins.

Rein lebenspraktisch finden sich schnell klassische Lösungen: Heidegger plant die Zusammenkünfte mit höchster Sorgfalt. Vorrangig zu Hannahs Schutz, natürlich. Es wird über Lichtzeichen am Fenster oder Kreidesymbole auf der Lieblingsparkbank kommuniziert. Arendt reist Heidegger zu Vorträgen nach, wartet gegebenenfalls zwei Tramhaltestellen weiter oder vor Landgasthöfen, nur wenige Kilometer außerhalb der Stadt.[147] Was man eben so macht in gegebener Konstellation.

Beiden ist von Anfang an klar, dass sie einander »nie vollends besitzen« werden – zumindest nicht im bürgerlich-ehelichen Sinn. Zu keinem Zeitpunkt erwägt oder erwähnt Heidegger die Möglichkeit einer Trennung von seiner Frau Elfride. Doch auch ein Abbruch des Verhältnisses mit Hannah kommt für ihn nicht infrage. Zu stark ist die Anziehung, zu mitreißend der erotische Taumel. Ein Liebessog, der vor allem die junge Studentin Arendt an den Rand des Selbstverlustes führt. In einem langen, allegorischen Bekenntnisbrief, dem sie den Titel »Schatten« gibt, hält sie Heidegger gegenüber die beglückende Zerrissenheit ihres Zustands fest. Einerseits fühle sie sich durch diese Liebe von dunkler Vereinzelung und Uneigentlichkeit befreit, ihr Dasein wie aus einer Höhle endlich ans Licht des Tages geführt. Andererseits formuliert sie ernste Zweifel, ob sie unter dem rauschhaften Einfluss gerade dieses Dämons jemals wahrhaft zu sich selbst finden könne.

DAS SCHWERSTE DENKEN

Auch Heideggers philosophisches Empfinden schwankt in diesen Frühlingstagen beständig zwischen Befreiung und Bedrängung: »Weißt du, was das Schwerste ist, was einem Menschen zu tragen gegeben wird?«, schreibt er Arendt am 13. Mai 1925. »Für alles sonst gibt es Wege, Hilfe, Grenzen und Verstehen – hier nur bedeutet alles: in der Liebe sein = in die Existenz gedrängt sein«.[148] Bemerkenswerte Worte, vor allem, wenn man sie mit den Briefen vergleicht, die Heidegger die Jahre zuvor an seine Frau schreibt. In diesen zeichnete er das Philosophieren konsequent als die schwerste und tiefste Herausforderung seiner Existenz aus. Nun ist es die Liebe selbst. Durch seine Beziehung zu Arendt erfährt sich Heidegger unabweisbar zu einer neuen, dialogischen Form der Eigentlichkeit gedrängt. Will seine Philosophie jedoch bestehen, darf genau das nicht der Fall sein.

Schon nach wenigen Wochen erfindet er in seinen Briefen deshalb für sich eine deutende Vermittlung, die er auch Arendt philosophisch anträgt: Gerade die erlebte Zerrissenheit soll nun Gewähr wahrer Selbstfindung sein. Gerade der Einbruch des Anderen eigentlichste Befreiung. Gerade das liebestypische Gefühl des hilflosen Geschehen-Lassen-Müssens Ausweis höchster Entschiedenheit. Anders gesagt: Anstatt die volle, daseinsspaltende Wucht des erfahrenen Einbruchs anzuerkennen, sucht Heidegger mit Hochdruck nach dialektischen Wegen, ihr einen Platz im Rahmen seiner Philosophie der radikalen Vereinzelung zuzuweisen. Im Namen seines Existenzideals einer heroischen Eigentlichkeit versagt er der Erfahrung des Du letzte Anerkennung. Ihn selbst scheint das zu befriedigen. Die ihn liebende, junge Philosophin Hannah Arendt jedoch nicht. Ohne Heidegger vorzuwarnen, verlässt sie bereits im Sommer 1926 Marburg und geht nach Heidelberg, um dort bei Karl Jaspers eine Doktorarbeit zu beginnen. Ihr gewähltes Thema: »Der Liebesbegriff bei Augustin«. Arendts besonderes Interesse gilt dabei der Frage, welche Rolle die Erfahrung der Liebe für Wesen spielt, deren Dasein schon immer und unaufhebbar auf die Existenz anderer bezogen bleibt. Faktisch eine Umkehrung des heideggerschen Ausgangspunktes.[149]

AMOR MUNDI

Arendts Dissertation, die sie 1928 abschließt (und damit zu einer Zeit, in der sie sich mit Heidegger noch immer gelegentlich im Geheimen trifft), steht am Beginn eines Denkweges, dessen Eigenständigkeit und Bedeutung nicht dadurch geschmälert wird, dass er in bleibendem Bezug zu Heideggers Werk verweilt. Denn Arendts Philosophieren zeichnet sich fortan durch die Fähigkeit aus, all jene mit dem Ereignis des »Du« verbundenen existentiellen Aspekte aufzuspüren, zu erhellen und auszuarbeiten, für die Heidegger in der Behausung seines Denkens blind bleiben muss, will er nicht das vollendete Vertriebensein und Heimatlosigkeit riskieren. Genau in dieser Rolle aber sollte sich Arendt zeitlebens verstehen: als, wie sie Heidegger Jahre nach Kriegsende schreibt, ein »Mädchen aus der Fremde«, deren Denken befreiend in die Häuser und Gehäuse anderer eindringt und diese von innen heraus öffnet. Wie Heidegger-Biograph Rüdiger Safranski treffend festhält: »Auf das *Vorlaufen in den Tod* wird Arendt antworten mit einer Philosophie der Geburtlichkeit, auf den existentiellen Solipsismus der *Jemeinigkeit* wird sie antworten mit einer Philosophie der Pluralität; auf die Kritik der *Verfallenheit* an die Welt des *Man* wird sie antworten mit einer ›amor mundi‹. Auf Heideggers *Lichtung* wird sie antworten, indem sie die Öffentlichkeit philosophisch adelt.«[150]

Im Gegensatz zu Martin Heidegger wird sich Hannah Arendt dem Ereignis ihrer geteilten Liebe auch philosophisch gewachsen zeigen. Heidegger hingegen findet für den dämonischen Einbruch des Du, den er in seinen Briefen an Hannah als existentielle Befreiung beschwört, in seinem Denken nie einen wesentlichen Platz. Ein dialogischer Mangel, der seine Philosophie – wie auch den an ihn anschließenden Existentialismus – schwer belastet und begrenzt.

Heidegger kommt als Liebender also nie über Arendt hinweg. Für Arendt aber wird Heidegger – übrigens ganz wie von ihm in seinen frühen Briefen erhofft – ab 1925 zum Ursprung in den eigenen Weg.

HUNGERKUREN

Inmitten des deutschen Krisenherbstes 1923 erklärt sich auch Habilitand Walter Benjamin zum Äußersten bereit: »Auf alle Fälle bin ich entschlossen ein Manuscript anzufertigen, d.h. lieber mit Schimpf und Schande davongejagt zu werden als mich selbst zurückzuziehen«,[151] schreibt er Ende September in einem Brief an Florens Christian Rang. Immerhin, nach mehr als zwei Jahren suchenden Nomadentums verfügt Benjamin nun sowohl über ein fixiertes Thema wie auch über eine Fakultät, die sich die Annahme einer Arbeit aus seinen Händen zumindest vorstellen könnte. Entschieden protegiert von seinem Großonkel, dem dortigen Mathematikprofessor Arthur Moritz Schoenflies sowie dem Familienfreund und Soziologen Gottfried Salomon-Delatour, hat er den gesamten Frühling 1923 in Frankfurt verbracht, um dort Anschluss an das Universitätsleben zu erlangen. Zwar erweist sich Benjamins Hoffnung, seinen bereits vorliegenden Essay zu Goethes »Wahlverwandtschaften« dort direkt als Habilitationsschrift einreichen zu können, schnell als illusorisch, doch sind seine Bemühungen zumindest insofern erfolgreich, als es ihm gelingt, den Literaturhistoriker und Germanisten Franz Schultz als Fürsprecher und Betreuer für sich zu gewinnen: Schultz schlägt eine Abhandlung über die »Form des barocken Trauerspiels« vor, und zwar insbesondere über die sogenannte Schlesische Schule. Für Benjamin alles andere als ein Wunschthema, ist er doch weder mit dem damit verbundenen Zeitraum – Ende des 17. Jahrhunderts – noch mit den betreffenden Werken und Autoren näher vertraut. Anstatt des angestrebten Durchmarsches läuft es deshalb auf ein vollkommen neu zu erarbeitendes Themenfeld samt umfangreicher Erstlektüren hinaus.

Doch was bleibt ihm übrig? Soweit es die Frankfurter Ästhetik betraf, hatte diese in Gestalt von Professor Cornelius jede Annahme und Zusammenarbeit entschieden ausgeschlossen. Selbst die Fürsprache eines jungen, hochtalentierten Doktoranden, mit dem Benjamin sich über die Frankfurter Monate anfreundet, sein Name lautet Theodor Wiesengrund Adorno, vermag daran nichts zu ändern. Professor Schultz, den Benjamin weder persönlich gut kennt noch als Akademiker besonders schätzt, ist damit seine einzige Hoffnung. »Ich bin nunmehr mitten in der von Ihnen besonders angeregten Arbeit über die Form des Trauerspiels«, meldet Benjamin aus dem von Barrikadenkämpfen, Stromausfällen und Hungerrevolten geplagten Berlin im Oktober 1923 an seinen neuen Patron. Finanziell ist die Lage in diesem Spätherbst kritischer denn je. Dora, die als Sekretärin im Auslandsbüro der amerikanischen Mediengruppe Hearst einen Devisenjob gefunden hatte, verliert ihre Anstellung bereits nach wenigen Wochen. Die verhasste Delbrückstraße, wo Benjamins Vater nach einer Amputation seines rechten Beines mit dem Tod kämpft, wird der Familie einmal mehr zum letzten Rückzugsort. Von dort aus schreibt Benjamin an Freund Rang: »Wer in Deutschland ernsthaft geistig arbeitet, ist vom Hunger in der ernsthaftesten Weise bedroht … Gewiß gibt es vielerlei Arten zu hungern. Aber keine ist schlimmer als es unter einem verhungernden Volke zu tun. Hier zehrt alles, hier nährt nichts mehr. Meine Aufgabe, selbst wenn sie hier wäre, wäre hier nicht zu erfüllen. Dies ist die Perspektive aus der ich das Auswanderungsproblem ansehe. Gebe Gott, daß es lösbar ist.«[152]

Die Benjamins sehen in Deutschland keine Zukunft mehr für sich. Doch die USA, Doras Wunschziel, kommen für Benjamin nicht infrage. Er spricht kein Wort Englisch. Palästina, wohin Gershom (Gerhard) Scholem mit seiner Frau im Herbst 1923 auswandert, um dort eine Stelle als Bibliothekar anzutreten, ist ebenfalls keine Option. Auch in diesem Fall mangelt es Benjamin an den nötigen sprachlichen Grundkenntnissen. Um Hebräisch zu erlernen, bräuchte er mehrere Monate, wenn nicht Jahre intensiven Studiums. Zeit und Energie, über die er nicht verfügt, will er seine Habilitationsschrift zu einem erfolgreichen Abschluss bringen. Denn auch hier drängt es enorm. Salomon-Delatour rät unbedingt zu einer raschen Abgabe, wenn irgend möglich noch binnen der nächsten zwölf Monate. Nur so lange wird Schultz in Frankfurt als Dekan besonders entscheidungsmächtig sein. Zumal in diesem Herbst Gerüchte kursieren, die gesamte, noch junge Frankfurter Universität stehe als Nachkriegsgründung aufgrund finanzieller Engpässe vor der Abwicklung beziehungsweise dem Zusammenschluss mit Marburg.

Trotz aller Unsicherheiten und Zurückweisungen erscheint Benjamin die Habilitation weiterhin als einzig zielführender Weg, und sei es nur der Hoffnung wegen, dann wenigstens »eine Privatanleihe aufnehmen zu können«. Wie der Fuchs in der Falle, als der er sich zum Jahreswechsel 1923/1924 erkennt, entscheidet Benjamin sich zu extremen Maßnahmen. Er beißt sich ein Bein ab und humpelt möglichst weit von dannen. Will heißen: In weniger als vier Monaten schließt er in Berlin die Quellenarbeit zum barocken Trauerspiel ab, exzerpiert dabei gut 600 zitierfähige Stellen und ordnet diese in Form eines Katalogs. Mit diesem Fundament, das »merkwürdig – ja, unheimlich – schmal« ist und »lediglich die Kenntnis einiger weniger Dramen, längst nicht aller, die in Frage kommen«,[153] einschließt, fasst er den Plan, seine Arbeit in mönchischer Abgeschiedenheit irgendwo in einer »freiern Umwelt« presto niederzuschreiben, vorzugsweise im südlichen und damit kostengünstigen Ausland: fern der verhassten Familienfehden, fern des ihn befremdenden Deutschlands, fern allzu alltäglicher Ablenkungen und auch Großstadtverführungen. Nichts spricht klarer für den Grad von Benjamins Entschlossenheit als seine erklärte Bereitschaft, zur Umsetzung des Plans Teile seiner Bibliothek zu veräußern.

GOODBYE DEUTSCHLAND

Maßgeblich von den ebenfalls reisefreudigen Gutkinds und Rangs angeleitet, fällt die Wahl auf die italienische Insel Capri. Beim Flanieren durch Berlin am 1. April – womöglich handelte es sich auch nur um einen diabolisch realitätsnahen Scherz – liest Benjamin an einem Zeitungskiosk von einem drohenden Ausreise-Bann, mit dem die Kapitalflucht vermögender Reichsbürger ins Ausland unterbunden werden soll. Fluchtartig entscheidet er sich zur Abreise. Schon am 9. April 1924 treffen Benjamin und seine 600 Zitatexzerpte in Capri ein.

Berauscht von der Frühlingsschönheit und Naturpracht der Insel ist an konzentrierte Arbeit zunächst natürlich nicht zu denken. Zumal nun auch Ehepaar Gutkind und Ehepaar Rang auf Capri eingetroffen sind. Gemeinsam bewohnt man eine Etage in einer Sommervilla, die über einen der höchsten Balkone der Insel verfügt. Benjamin verlebt nach eigenem Empfinden »einige der schönsten und seltsamsten Tage« seines Lebens. Bereits nach drei Wochen, die Rangs stehen kurz vor der Heimreise, die Gutkinds zieht es ebenfalls wieder gen Norden, wird auch Benjamin, noch ohne eine Zeile zu Papier gebracht zu haben, auf den Boden der sogenannten Tatsachen zurückgeholt. Das Geld, es fehlt. Was jetzt helfen mag, ist nur noch ein Brief an seinen Heidelberger Verleger Weißbach:

> Sehr vereehrter Herr Weißbach!
>
> … Unvorhergesehene Konstellationen haben mich einen Teil meiner Reisekasse gekostet, so daß ich in größter Zwangslage hier sitze. Ich bitte Sie, mir die Frage, bezw. die Bitte nicht zu

> verübeln, ob Sie die Freundlichkeit haben könnten, mir den Gegenwert von M 60 – in Devisen, sei es als Vorschuß, sei es als Darlehen (rückzahlbar 1. Juli 1924) hierher in Ferma in poste zu senden.[154]

Worin genau die »unvorhergesehen Konstellationen« bestanden haben mögen, ist schwer zu ermitteln (sofern es sie überhaupt gab). Gut vorstellbar jedoch, dass Benjamin gleich bei seinem ersten Ausflug über die Bucht hinüber nach Neapel »Geld und Ausweispapiere im Handumdrehen entwendet« wurden.[155] Wie auch immer. Ein Wunder geschieht. Weißbach überweist tatsächlich das Geld und Benjamin taucht immer tiefer in den Zauber der Insel ein. Wanderungen und Ausflüge bestimmen seine Tage, immer häufiger auch nach Neapel, das eine besondere, morbide Faszination auf ihn ausübt. Im Mai feiert die dortige Universität ihr 700-jähriges Bestehen. Zu diesem Anlass wird ein großer internationaler Philosophiekongress organisiert, der auch Benjamin anzieht. Der Verlauf des Kongresses führt ihn allerdings auf den Schluss, »daß die Philosophen die schlechtbezahltesten weil überflüssigsten Lakaien der internationalen Bourgeoisie sind; daß sie aber ihre Subalternität mit einer derart würdigen Schäbigkeit überall zur Schau stellen, war mir neu zu sehen.«[156]

Kaum einen Tag hält es Benjamin bei den seinen aus.

TRAUBEN UND MANDELN

Da ist das Gesprächsklima auf seiner Trauminsel doch deutlich anregender. Anstatt der internationalen Bourgeoisie, so jedenfalls will man sich selbst beschreiben, ist Capri bereits seit der Jahrhundertwende zu einem Sehnsuchts- und Erholungsort der linken Intelligenzija geworden. Der russische Schriftsteller Maxim Gorki, eine literarische Ikone der Revolution, hatte hier sogar eine eigene, wenn auch kurzlebige Akademie gegründet. Aufgrund der niedrigen Lebenskosten und der stabilisierten Rentenmark wird Capri im Sommer 1924 vor allem zum Anlaufpunkt deutscher Denker und Kunstschaffender. Benjamin ist keineswegs die einzige prekäre Denkerexistenz, die sich in dem ewigen Frühling Capris ein Mehr an Lebensqualität und geistiger Sammlung erhofft. Als Treffpunkt der Szene dient dabei das von einem deutschen Paar geführte »Café zum Kater Hiddigeigei«. Nach der Abreise der Freunde sieht man Benjamin des Nachmittags dort immer häufiger den ersten Kaffee seines Tages schlürfen, um angeregt von dem Treiben auf der Piazza eigene Gedanken zu sammeln oder sich bei der Lektüre der Zeitungen ein ums andere Mal dafür zu beglückwünschen, hier, an diesem glänzend distanzierten Traumort in angenehmster Maiwärme den gewiss nahenden Untergang des Abendlandes zu bezeugen.

Doch auch in Capri ist nicht alles rosig. Vor allem die noch immer nicht begonnene Niederschrift der Arbeit drückt Geist und Stimmung. Wie immer unter Stress, meldet sich Benjamins Lärmkrankheit zurück. In italienischen Dorfgefilden ein besonders hartnäckiges Problem. Er sucht binnen dieses Monats fieberhaft nach einem neuen, bezahlbaren Quartier und verlegt sich aufgrund der nun drückenden Tageshitze auf lange Abendschichten des Schreibens. Doch leider »regt sich das Federvieh auch des Nachts«. Und dann gibt es da noch diese junge Dame, die er seit mehreren Wochen von seinem Platz im Café aus beobachtet, wie sie gemeinsam mit ihrer kleinen Tochter Einkäufe erledigt oder sich kurz zum Sonnenbad ausruht, während die Tochter mit einem Eis in der Hand um den Brunnen der Piazza tanzt. Keine Deutsche, so viel ist sicher. Die hohen Wangenknochen und das runde, wenngleich schmale Gesicht verweisen auf eine andere Herkunft. Und noch mehr ihre großen Augen, die sich, wann immer sie lacht, zu einem winzigen Spalt zusammenziehen und dem Antlitz eine fast asiatische Anmutung geben. Benjamin ist verzaubert und sieht, als die schöne Unbekannte, es ist wohl Ende Mai, bei einem der Straßenhändler eine Tüte Mandeln erwerben will, sich ihm jedoch auf

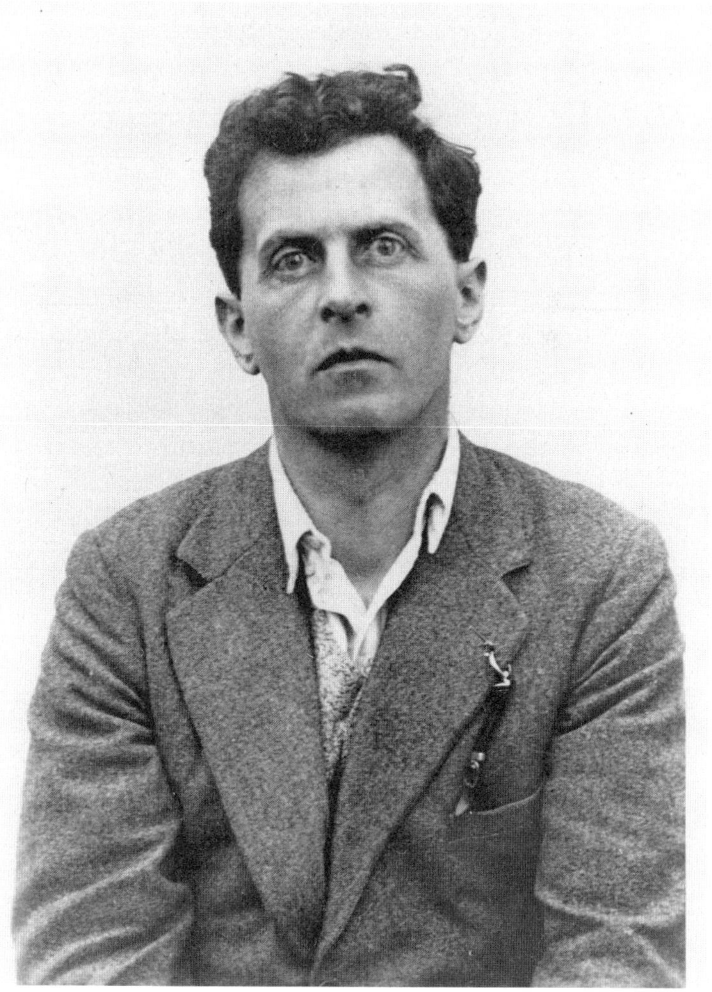

1. Porträt Ludwig Wittgensteins anlässlich der Verleihung des College-Stipendiums, 1929

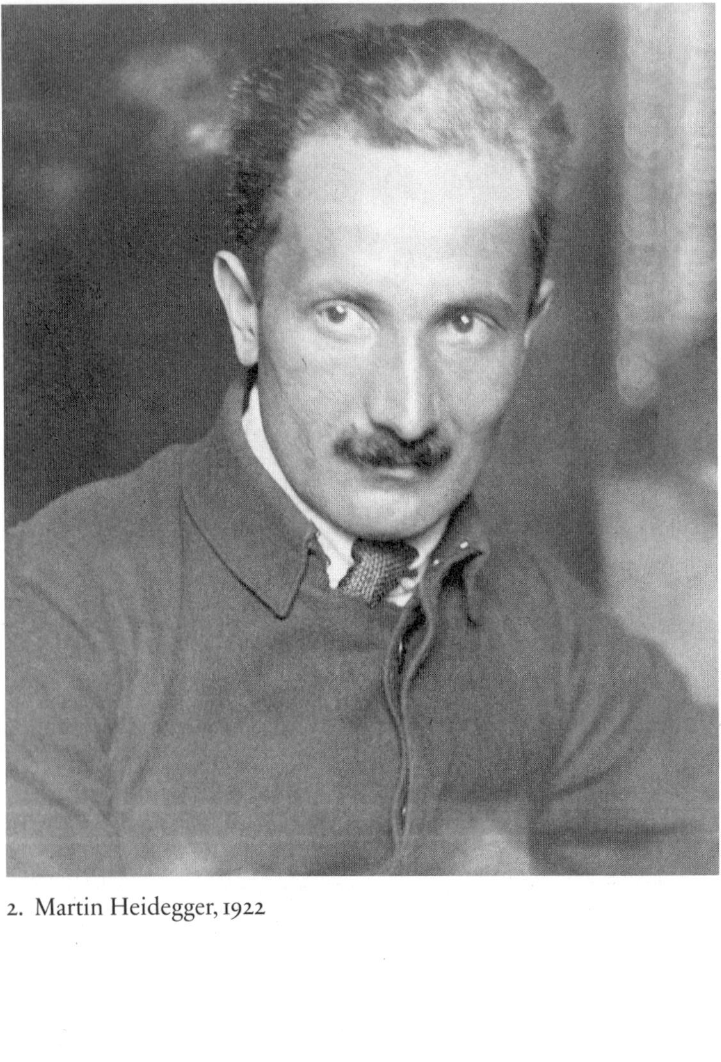

2. Martin Heidegger, 1922

3. Ernst Cassirer bei der Ernennung zum Rektor der Hamburger Universität, 1929

4. Walter Benjamin, 1925

5. Die Geschwister Wittgenstein v.l.n.r.: Hermine, Helene, Margarete, davor Paul und Ludwig

6. Die Familie Wittgenstein bei der Silberhochzeit der Eltern am 23. Mai 1899 auf dem Familiensitz in Neuwaldegg; Ludwig Wittgenstein im Matrosenanzug vorne links in der Bildmitte

7. Wittgenstein als Volksschullehrer mit seinen Schülern in Puchberg, 1922

8. Court des Trinity College, Cambridge

9. Das von Wittgenstein erbaute Haus in der Wiener Kundmanngasse, 1928

10. Margarete Stonborough (geb. Wittgenstein), Hochzeitsbild von Gustav Klimt, 1905

11. Martin Heidegger mit Ehefrau Elfride und den Söhnen Jörg und Hermann, 1924

12. Hannah Arendt, 1927

13. Martin Heidegger, ca. 1922

14. Stadtansicht Marburgs mit der Universität, 1930

15. Ernst und Toni Cassirer, 1929

16. Kulturwissenschaftliche Bibliothek Warburg in Hamburg, 1926

17. Ernst Cassirer in seiner Hamburger Wohnung in der Blumenstraße 23, Ende 1920er Jahre

18. Walter Benjamin, 1924

19. Dora und Stefan Benjamin, 1921

20. Asja Lacis, 1924

21. Café zum Kater Hiddigeigei auf Capri, 1886

22. Davos im Winter 1929

23. Publikum bei den »Davoser Hochschulkursen«, 1929

24. Heidegger im Parsenn-Gebiet, 1929

25. Ernst Cassirer und Martin Heidegger, Davos 1929

26. Gruppe um Cassirer und Heidegger in Davos, 1929

27. Einsetzende Wirtschaftskrise in Berlin, 1929

Italienisch nicht recht verständlich machen kann, seinen Augenblick gekommen:

»Gnädige Frau, dürfte ich ihnen behilflich sein?«

»Bitte.«

Der Mann, der ihr gegenübersteht, hat dunkles, dichtes Haar und trägt Brillengläser, »die wie kleine Scheinwerfer Lichter werfen«.[157] Schmale Nase, Hände, die niemals ernsthaft gearbeitet haben. Den Typus kennt sie: »ein klassischer bourgeoiser Intellektueller, vermutlich einer der wohlhabenden Sorte«. Abgesehen vom finanziellen Status eine treffsichere Einschätzung, deren Wahrheitsgehalt sich sogleich erweist. Denn Benjamin lässt eben die Einkaufstüten, die hilfreich zu tragen er sich anerboten hat, so ungeschickt fallen, daß die Waren weit verstreut über die Piazza kullern. »Gestatten Sie, das ich mich vorstelle: Doktor Walter Benjamin.«

Benjamin begleitet die beiden nach Hause und lädt sich bereits für den nächsten Abend zu Spaghetti und Rotwein ein. Mit Beginn des Junis werden seine Abendschichten, wie er Scholem ins ferne Palästina schreibt, nun noch ein wenig weiter in die Nacht hinein verlegt: »Mit der Zeit, zumal seit Gutkinds Abreise, lerne ich in dem Scheffel-Café Hiddigeigei (an dem außer dem Namen nichts unangenehm ist) einen um den anderen kennen. … Eine bolschewistische Lettin aus Riga, die am Theater spielt und Regie führt, eine Christin, ist am meisten bemerkenswert … Heute ist der dritte Tag, daß ich an diesem Brief schreibe. Ich habe mit der Bolschewistin bis halb ein Uhr gesprochen und dann bis halb fünf gearbeitet. Jetzt sitze ich vormittags unter bedecktem Himmel bei Seewind auf meinem Balkon, einem der höchsten von ganz Capri.«[158]

Gut möglich, dass es den ein oder anderen Abend sogar noch ein bisschen später wurde. Reden ist ja nicht alles. Und Benjamin verliebt wie nie im Leben. Verliebt in Asja Lacis, die er Scholem brieflich mal als »russische Revolutionärin aus Riga« oder »hervorragende Kommunistin, die seit der Dumarevolution in der Partei arbeitet«, anpreist, vor allem aber als eine »der hervorragendsten Frauen, die ich je kennen gelernt habe«.

Lacis, damals 32 Jahre alt und damit ein Jahr älter als Benjamin, ist mit ihrem damaligen Lebensgefährten, dem deutschen Theaterregisseur Bernhard Reich, ebenfalls im April aus Berlin nach Capri gereist, vorrangig, um eine Atemwegserkrankung ihrer dreijährigen Tochter Daga auszukurieren. Reich kehrt bereits im Mai nach Deutschland zurück. Asja und Daga bleiben zur weiteren Kur allein auf der Insel. Vor ihrer Berliner Zeit war Lacis als Schauspielerin wie Regisseurin Teil der russischen Avantgardeszene und hatte zu Beginn der zwanziger Jahre in der zentralrussischen Stadt Orjol ein eigenes Jugendtheater gegründet.

Für Benjamin, den Deutschen in der südlichen Fremde, öffnen sich mit dieser Beziehung ganz neue Erfahrungshorizonte. Sowohl geistig wie auch erotisch. So berichtet er Freund Scholem in diesen magischen Sommertagen der Liebe und des Lichts auch von den Weingärten der Insel als nächtlichen Wundererscheinungen: »Du wirst das gewiß kennen gelernt haben, wenn Frucht und Blatt in der Schwärze der Nacht untertauchen und man vorsichtig – um nicht gehört und verjagt zu werden – nach den großen Trauben tastet.« Und fügt, auf dass die eigentliche Botschaft auch verstanden werde, noch hinzu: »Aber es liegt noch viel mehr darin, worüber vielleicht die Kommentare des hohen Liedes Aufschluß geben.«[159]

Lacis wird jene Tage gegenüber Benjamin später scherzhaft als eine Zeit erinnern, in der »du 24 Stunden am Tag auf mir lagst«.

AUFBRÜCHE

Die Wirkungen dieser Beziehung für Benjamins gesamtes Weltverhältnis sollten nicht unterschätzt werden. Er selbst spricht mehrfach davon, wie verwandelt zu sein. Seit seinem jungen Erwachsenenalter war er – initiiert von einer frühen Paris-Reise –

regelmäßiger Bordellgänger. Die Ehe mit Dora ist seit Jahren eine geschwisterlich geführte. Die Schwärmerei für Jula Cohn blieb unerwidert und unerfüllt. Es ist deshalb nicht zu viel gesagt, dass die Beziehung mit Lacis – einer Frau, die er körperlich extrem anziehend findet und auch intellektuell hochschätzt – für Benjamin ein erotisches Erwachen, geradezu eine sinnliche Initiation bedeutet: eine im vollen Sinne erfüllte Liebe. Natürlich eröffnen die Gespräche mit der überzeugten Kommunistin und Aktivistin auch geistig neue Horizonte und Perspektiven: Lacis' Verhältnis zu Theorie und Praxis, Kunst und Politik, Engagement und Analyse ist dem Benjamins bis dato geradezu entgegengesetzt. Auch vermag die russische Aktivistin durchaus nicht zu begreifen, wie man sich inmitten eines sich revolutionär erhebenden Europas ausgerechnet mit dem deutschen Barocktheater des 17. Jahrhunderts beschäftigen kann. Für sie ein Paradebeispiel eben jenes bourgeoisen Eskapismus, den Benjamin seiner Zunft anlässlich des Kongresses in Neapel vorwarf. Mit Lacis bricht der Kommunismus als praktisch relevante Theoriealternative in Benjamins Denken ein. Er wird für den Rest seines Lebens daran arbeiten, diesen Einbruch geistig zu bewältigen. Vergeblich, übrigens.

Schon bald sieht man die beiden Fremden mit Kind regelmäßig gemeinsam über die Feldwege der Insel wandern, scherzend und diskutierend, an Gesten entschiedener Zuneigung dürfte es ebenfalls nicht gefehlt haben. Immer häufiger werden auch die Ausflüge in jene Stadt am anderen Ende der Bucht, die auf beide, Benjamin wie Lacis, eine geradezu hypnotische Anziehungskraft ausübt: Neapel. Doch wo Lacis im emotionalen Überschuss des dortigen Alltagslebens vor allem revolutionäres Potential erkennt, sieht Benjamin erste und urwüchsige Symbolmächte am Werk. Wo Lacis in den gewitzten Rollenspielen auf der Piazza ein mehrbühniges Avantgardegeschehen erblickt, findet Benjamin das allegorische Mysterienspiel des Barock zur freien Aufführung gebracht. Wo Lacis schließlich konkrete Materialität und Improvisationskunst analysiert, sieht Benjamin ewige Ideenkonstellationen momenthaft verkörpert. Wie es unter frisch Verliebten zu sein pflegt, sind beide nur allzu begierig, die Welt auch mit den Augen des anderen zu sehen, die Perspektive des anderen ins Zentrum des eigenen Selbst aufzunehmen.

Als Zeugnis dieses Geschehens liegt aus dem Sommer 1924 das von beiden gemeinsam geschriebene Stadtbild »Neapel«[160] vor: als einzigartiges Dokument dessen, was geschieht, wenn sich die Weltanschauungen einer handfesten Kulturpraktikerin des Avantgardekommunismus mit den überzeitlichen Konstellationsanalysen eines idealistischen Ideenesoterikers füreinander öffnen. So dass es fast nur konsequent erscheint, dass in diesem Text das Phänomen der *Porosität*[161] als einer produktiven Brüchigkeit, die einstmals feste Dualismen überwindet, zum Leitbegriff der geistigen Stadterschließung wird. Porosität als Prinzip des wahren, eben neapolitanischen Lebens:

> In den Felsengrund selbst, wo er das Ufer erreicht, hat man Höhlen geschlagen. Wie auf Eremitenbildern des Trecento zeigt sich hier und da in den Felsen eine Türe. Steht sie offen, so blickt man in große Keller, die Schlafstelle und Warenlager zugleich sind. Weiterhin leiten Stufen zum Meer, in Fischerkneipen, die man in natürlichen Grotten eingerichtet hat. Trübes Licht und dünne Musik dringt abends von dort nach oben.
> Porös wie dieses Gestein ist die Architektur. Bau und Aktion gehen in Höfen, Arkaden und Treppen ineinander über. In allem wahrt man den Spielraum, der es befähigt, Schauplatz neuer, unvorhergesehener Konstellationen zu werden. Man meidet das Definitive, Geprägte. Keine Situation erscheint so, wie sie ist, für immer gedacht, keine Gestalt behauptet ihr »so und nicht anders«.[162]

> ... Denn fertiggemacht und abgeschlossen wird nichts. Porosität begegnet sich nicht allein mit der Indolenz des südlichen Handwerkers, sondern vor allem mit der Leidenschaft für Improvi-

> sieren. Dem muß Raum und Gelegenheit auf alle Fälle gewahrt bleiben. Bauten werden als Volksbühne benutzt. Alle teilen sich eine Unzahl simultan belebter Spielflächen. Balkon, Vorplatz, Fenster, Torweg, Treppe, Dach sind Schauplatz und Loge zugleich. Noch die elendste Existenz ist souverän in dem dumpfen Doppelwissen, in aller Verkommenheit mitzuwirken an einem der nie wiederkehrenden Bilder neapolitanischer Straße, in ihrer Anmut Muße zu genießen, dem großen Panorama zu folgen. Eine hohe Schule der Regie ist, was auf den Treppen sich abspielt. Diese, niemals ganz freigelegt, noch weniger aber in dem dumpfen nordischen Hauskasten geschlossen, schießen stückweise aus den Häusern heraus, machen eine eckige Wendung und verschwinden, um wieder hervorzustürzen.[163]

Kein Zweifel, die Sprache ist die Benjamins. Die sie leitende Anschauung aber stammt von Lacis.[164] Pure Lust am Dasein, ewiger Überschuss und Wandlungsfreude, so etwas war Benjamins Texten zuvor vollkommen fremd geblieben. In der Dialektik dieser neuen Anschauung durchdringen sich Gegensätze ebenso unauflöslich wie fortwährend: Gut und Böse, Außen und Innen, Arbeit und Spiel, Tod und Leben, Theorie und Praxis. Anstatt im Abtragen von Schicht um Schicht zum Eigentlichen vorzudringen, wird hier Lage um Lage übereinandergelegt und den dabei verwendeten Stoffen werden ganz neue Aspekte und Qualitäten abgewonnen. Die Verflüssigungs- und Verdampfungstendenz, die nach Marx den Kapitalismus ausmacht und letztlich zu einer Zerstörung und Einebnung aller lebensleitenden Traditionsverhältnisse führen muss, erfährt in diesem neuen Denkbild eine geradezu utopische Umdeutung: »Neapel« wird zum Sinnbild einer anderen, lebenswerten und dauerhaft revolutionären Moderne. Und wie in einem geheimen Dialog, dessen wahre Bedeutung nur die Turtelnden selbst kennen, ist in diesem Stadtbild bald jeder Absatz durchdrungen von den Lieblingsbegriffen des jeweils anderen. So schreibt ein sich vormals fremdes, glückliches Paar in der Fremde.

Im Sommer des Jahres 1924 gelingt Benjamin der Durchbruch zu einem neuen Schreiben, einer neuen Anschauungsweise. Sie wird ihn fortan tragen und begleiten. Mit Blick auf die fast zeitgleiche Liebeskonstellation Heidegger-Arendt lässt sich festhalten, dass der Denker Benjamin sich in seinem Lieben als porös und plastisch genug erwies, den schockhaften Einbruch des geliebten Menschen in das eigene Selbst auch philosophisch als grundlegende Erneuerung zu erfahren.

Diese Erschließung einer neuen Denkart während eines Zeitraums, in dem es Benjamin darum gehen musste, seine bisherigen Ansätze möglichst klar und methodisch geordnet auf ein ihm nur noch bruchstückhaft zugängliches Themengebiet anzuwenden, sorgt mit Blick auf die Habilitation natürlich für weitere Spannung und zeitliche Druckverhältnisse. Noch im späten September, da Lacis mit ihrer Tochter aus Capri nach Berlin zurück zu ihrem Lebensgefährten Bernhard Reich reist, ist kaum ein Drittel der Arbeit fertiggestellt und Benjamin überdies mit einem angenommenen Übersetzungsauftrag für einen Proust-Roman schwer im Verzug. Glaubt man seinen Briefen an den Verleger Weißbach, den er weiterhin, nun aber erfolglos, um finanzielle Zuwendungen bittet, liegt das vor allem an einer Blutvergiftung, die er sich unglücklicherweise zugezogen hat (ob durch Insektenstiche oder aber falsche Ernährung, Benjamin schwankt da in seinen Erklärungen). Immerhin ist er im August und September munter genug, die antiken griechischen Tempel von Paestum zu besichtigen. Zudem führt er den nun ebenfalls eingetroffenen Ernst Bloch als Reiseführer über die Insel. Spätabends kehrt er dann an den Schreibtisch seines im Juli zur Kostenminderung neu erwählten Domizils zurück: eine ehemalige Rumpelkammer mit geweißten Wänden von der Größe einer Mönchszelle, dafür aber immerhin mit einem »Blick tief in den schönsten Garten von Capri«.

Immer kühler weht der Herbstwind durch die Fenster. Zeit zur Rückkehr, aus der Traum. Am 10. Oktober verlässt Benjamin Capri. Nach ausführlichen Städtebesuchen in Rom und Florenz trifft er Mitte November 1924 wieder in Berlin ein. Eine Rückkehr zu Dora – und nun auch Asja. Vor allem aber zu seiner Arbeit über das deutsche Trauerspiel, die noch immer, weitgehend unbewältigt, sämtliche Ausgänge in eine bessere Zukunft verstopft.

VI. FREIHEIT

1925 – 1927

Benjamin trauert, Heidegger zeugt,
Cassirer wird zum Stern und Wittgenstein zum Kind

ROTE STERNE

Schwer zu sagen, wie die vier Deutschen, die in einem jener Straßencafés, die es Benjamin bereits im Jahr zuvor so ungeheuer angetan hatten, auf die vorbeiziehenden Neapolitaner der Piazza gewirkt haben mögen. Verstanden jedenfalls hätten die Einheimischen auch dann kaum ein Wort des Spektakels, wenn das, was die werten Herren im bürgerlichen Sommeranzug einander an den Kopf warfen, auf Italienisch und nicht Deutsch stattgefunden hätte. Mochte der Diskussionsstil auch authentisch neapolitanisch anmuten, thematisch leitend waren deutsche Spezialsorgen. Begriffe wie »Entfremdung« und »Verdinglichung« spielten eine zentrale Rolle, genauso wie »Innerlichkeit« und »Wesenserkenntnis«. Immer wurden Begriffe wie »Ursprung«, »Offenbarung« oder »Verblendung« ausgerufen. Und natürlich auch: »Klassenbewusstsein«![165]

Theodor Wiesengrund Adorno, einer der Diskussionsteilnehmer, erinnert sich in einem Brief an seinen Kompositionslehrer Alban Berg an »eine philosophische Schlacht, in der wir zwar das Feld zu behaupten vermochten, aber gleichwohl es recht sehr notwendig fanden, unsere Kräfte umzugruppieren.«[166] Mit »wir« meinte der damals 22-jährige Frankfurter Habilitand im Fach Philosophie sich selbst sowie seinen 14 Jahre älteren Freund und Lebensgefährten Siegfried Kracauer, seines Zeichens Leiter im Feuilleton der »Frankfurter Zeitung«. Mochte deren schon immer schwierige Beziehung während ihres dreiwöchigen Aufenthalts in Italien ein Stadium endgültig kritischer Porosität erreicht haben, galt es im Angesicht der Stärke des Feindes am Kaffeetisch dennoch höchste Geschlossenheit zu demonstrieren. Denn dieser bestand in niemand anderem als dem Herzensneapolitaner Walter Benjamin sowie seinem langjährigen Bekannten Alfred Sohn-Rethel, der Deutschland bereits vor mehreren Jahren verlassen hatte, um sich in Sorentino, einem Dorf an der Amalfiküste, der intensiven Lektüre des marxschen Kapitals zu widmen. Die rote

Fraktion hatte also klaren Heimvorteil und zudem – ein Blick auf die Piazza genügte – die konkrete Anschauung auf ihrer Seite.

Da Kracauer stotterte und somit nur eingeschränkt schlachttauglich war, fiel die Last der Verteidigung einer künstlerischen Avantgardehaltung, die auf nicht eben leicht zu durchleuchtende Weise mit einem kierkegaardschen Ideal von »Innerlichkeit« und »Individualität«[167] zur Deckung kommen sollte, ganz auf den jungen Meisterstudenten Adorno, der kaum ein Jahr zuvor von Professor Cornelius mit der Arbeit »Die Transzendenz des Dinglichen und Noematischen in Husserls Phänomenologie« in Frankfurt promoviert worden war. Es gab vieles, was man dem jungen Wiesengrund – wie er in seinen Kreisen neckisch genannt wurde – anlasten mochte, aber auf den Mund gefallen war er nicht. Auch war er während seiner Frankfurter Studienjahre nicht eben durch übermäßige theoretische Selbstbescheidung aufgefallen. Man kannte einander bereits aus dem Vorjahr in Frankfurt, wo ähnliche Caféhaus-Diskussionen einen festen Bestandteil, ja genau genommen sogar den eigentlichen Kern dieser extrem bürgerlichen Intellektuellenexistenzen gebildet hatten. Nun also: Hochbegabte auf Klassenfahrt.

Benjamins Diskussionsverhalten in Neapel sollte dabei als besonders scharf und unnachgiebig erinnert werden. Von Konsenswille nicht die Spur. Kein Wunder, war seine zur Habilitation eingereichte Arbeit »Zum Ursprung des deutschen Trauerspiels« doch nur zweieinhalb Monate zuvor, also im Juli 1925 – und zwar maßgeblich aufgrund eines Gutachtens des Philosophen Hans Cornelius und damit Adornos Doktorvaters –, in Frankfurt als unzureichend bewertet und abgelehnt worden. Um Benjamin die Schmach eines urkundlich gescheiterten Verfahrens zu ersparen, hatte die Fakultät ihm in einem Brief Anfang August nahegelegt, das Habilitationsgesuch aus eigenen Stücken zurückzuziehen, was er nach tagelangem Seelenkampf schließlich auch tat. Ein klassischer Benjamin also. Einmal mehr.

KRITISCHE VORREDE

Wie war es dazu gekommen? Hatte er nicht noch im Februar desselben Jahres, einen Monat vor der Einreichung der ersten Teilstücke der Arbeit, an Freund Scholem im fernen Jerusalem schreiben können: »Die Dinge liegen nicht ungünstig: Schultz ist Dekan: auch sonst ist einiges praktisch gelagert«? In der Tat war es das, jedenfalls bevor die Arbeit den Gutachtern vorlag. Da Benjamin im Februar und März noch immer an ihr schrieb und werkelte, trudelte sie bei Professor Schultz während des Frühjahrs nach und nach in mehreren Tranchen ein. Erst im Mai 1925 lag sie zur Gänze vor. Zu diesem Zeitpunkt hatte der Literaturhistoriker Schultz[168] sein Urteil nach einem ersten, vermutlich eher kursorischen Blick in die dem Werk vorangestellte »Erkenntniskritische Vorrede« bereits gefällt. Als eigentlicher Betreuer und Themengeber der Arbeit erklärte er sich für inhaltlich unzuständig und gab den Fall an seinen Kollegen, den Philosophen und Ästhetik-Professor Cornelius weiter. Anstatt im Fach Literaturgeschichte sollte es nun um eine Habilitation im Fach Ästhetik gehen. Doch auch Cornelius verzweifelte am Text. Benjamins »Vorrede« entzog sich seinen Verständnisbemühungen in einer derart hartnäckigen Weise, dass er sich außerstande sah, zu einer inhaltlich gesättigten Einschätzung des Werkes zu gelangen. Den eigens zurate gezogenen Assistenten Dr. Max Horkheimer und Dr. Adhémar Gelb erging es ebenso. In den Worten des von Cornelius der Fakultät zur Kenntnisnahme übermittelten Gutachtens: »Bei allem Wohlwollen für den mir sonst als einsichtig und geistreich bekannten Verfasser, [kann ich mich] dem Bedenken nicht verschließen, dass er mit seiner unverständlichen Ausdrucksweise, die doch wohl als ein Zeichen sachlicher Unklarheit gedeutet werden muss, den Studierenden kein Führer auf diesem Gebiete sein kann.«[169]

Soweit es die Vorrede betrifft, ein absolut nachvollziehbares Urteil, das nicht zuletzt Benjamin selbst gefällt hatte, als er Scholem gegenüber vom »sprödesten Teil des Ganzen« sprach. Tatsächlich weckt das Maß an Ungeschicklichkeit und Strategieferne, mit dem Benjamin seine Arbeit aufgebaut hatte, den Verdacht einer willentlichen Obstruktion. Jedenfalls meint man angesichts der extremen Komplexität und Esoterik der Diktion, die noch weit über die der Vorrede zu seinen Baudelaire-Übersetzungen hinausgeht, die Haltung eines Autors zu vernehmen, der aus Furcht vor einer zu erfahrenden Ablehnung sein antizipiertes Schicksal lieber selbst in die Hand nimmt, indem er allen Beteiligten beste Gründe für eben jenen Urteilsspruch liefert. Zudem bleibt es eine ernste Überlegung wert, ob es für die Habilitationsaussichten des Autors nicht noch verheerender gewesen wäre, hätte sich der Sinn seiner Vorrede den Gutachtern auch nur in Ansätzen erschlossen. Benjamin charakterisiert diesen Werkteil Scholem gegenüber als »maßlose Chuzpe – nämlich nicht mehr und nicht weniger als Prolegomena zur Erkenntnistheorie, so eine Art zweites, ich weiß nicht, ob besseres, Stadium der früheren Spracharbeit, die du kennst, als Ideenlehre frisiert.«[170]

EIN FALL FÜR ADAM

Mit der »früheren Spracharbeit« meint Benjamin hier seinen im Jahre 1916 geschriebenen und erst posthum veröffentlichten Text »Über Sprache überhaupt und über die Sprache des Menschen«[171]. Getränkt von Motiven der jüdischen Theologie, analysiert dieser Text das Zeitalter der modernen Philosophie und insbesondere deren Sprachphilosophie als eine Epoche des wahrheitsfernen Verfalls, dessen Folge in einer tiefen Trauer bestehe, die sich über die gesamte Natur und auch die modernen Menschen gelegt habe. Denkmotive, die nun auch die »Erkenntniskritische Vorrede« zum Trauerspiel-Werk prägen.

Der darin verwendete, titelspendende Begriff der »Erkenntniskritik« bezieht sich dabei klar auf ein auch 1925 noch kulturleitendes Verständnis der modernen Philosophie als Erkenntnistheorie.

Ganz im Sinne der ersten und vermeintlich zentralen Grundfrage Kants: »Was kann ich wissen?« Anstatt diese Frage direkt beantworten zu wollen, hielt es Kant – und darin lag die epochale Genialität seines Ansatzes – zunächst einmal für angebracht, die Bedingungen und Grenzen des menschlichen Erkenntnisvermögens selbst grundlegend zu prüfen. Und zwar im Rahmen seiner »Kritik der reinen Vernunft« (1781).

Benjamins »Erkenntniskritische Vorrede« ist aber nun gerade keine weitere Übung *innerhalb* dieser Disziplin der Erkenntniskritik, sondern vielmehr ein poetisch-analytischer Frontalangriff auf die weit geteilte Vorstellung, die Aufgabe der zukünftigen Philosophie müsse oder könne in erster Linie in einer Erkenntnistheorie kantischer Prägung liegen. Was Benjamin kritisiert, ist, mit anderen Worten, die entstandene Verengung der modernen Philosophie auf Erkenntnistheorie selbst. Für ihn stellt diese Verengung eine vollkommen fehlgeleitete, ja gesamtkulturell verheerende Entwicklung dar.

Womit es sich bei Benjamins Habilitationsschrift in erster Linie nicht etwa um eine Analyse der »Form des barocken Trauerspiels« und dessen vermeintlichen Ursprungs handelt, sondern um eine in die Gestalt literaturwissenschaftlicher Analyse gekleidete Grundlagenkritik an eben jenem »Trauerspiel«, das die moderne Philosophie in seinen Augen geworden ist. Nur konsequent deshalb, dass es in deren Vorrede nicht etwa um die Freilegung der wahren *Bedingungen der Möglichkeit von Erkenntnis* geht, sondern im Gegenteil um eine denkbar konzentrierte Darstellung der weithin vorherrschenden, modernen *Bedingungen der Unmöglichkeit von wahrer Erkenntnis*.

Diese Un-Bedingungen kommen nun, und darin besteht Benjamins analytischer Schlüssel, im Phänomen des barocken Trauerspiels in einzigartiger Konzentration zur künstlerischen Darstellung. Sie *zeigen* sich in den real existierenden Werken des barocken Trauerspiels in beispielhafter Klarheit, erfahren darin eine paradigmatische künstlerische Verkörperung. Im Freilegen von über Jahrhunderte verborgenen Wahrheiten, die Kunstwerke in sich tragen, hatte Benjamin ja bereits in seiner Dissertation von 1919 die eigentliche Funktion von *Kritik* erkannt.

Ist die Absicht der Arbeit so weit erschlossen, stellen sich eigentlich nur noch drei wesentliche Fragen, die mit dem Aufbau von Benjamins Trauerspiel-Werk vollends übereinstimmen. Sie lauten: Was ist an der modernen Philosophie als Erkenntnistheorie so verheerend, worin bestehen ihre zentralen Fehlannahmen? (»Erkenntniskritische Vorrede«) Welche Form der Trauer wird durch das von ihr gehaltene Weltverständnis erzeugt? (Teil I: »Trauerspiel und Tragödie«) Und inwiefern kommt dem sprachlichen Kunstmittel der Allegorie innerhalb dieser Verfallsanalyse eine besondere erkenntnistheoretische Funktion zu? (Teil II: »Allegorie und Trauerspiel«)

Gleich Skizzenblättern im Atelier eines Künstlers liegen Benjamins Grundthesen dabei weit über den Textboden der Vorrede verstreut. Es ist deshalb ein Text, der zu den dunkelsten, aber eben auch reichsten zählt, die jemals in deutscher Sprache verfasst wurden. Analytisch aufgearbeitet und, den Hinweisen des Autors folgend, auf die Frage nach der Rolle der Sprache als Erkenntnisbedingung per se konzentriert, ordnet er sich zu einer verdichteten Sammlung sämtlicher philosophischer Kernüberzeugungen, die Benjamins Denkweg von 1916 an prägen und anleiten. Wie ein tiefes, sphinxhaftes Rätsel ist diese Vorrede von Benjamin jedem Lesenden persönlich zu lösen aufgegeben, will er oder sie sich frei im Raum seines Denkens bewegen. Es mag also den Versuch lohnen.

TRAUER-ARBEIT

Zunächst besteht die eigentliche Ursünde der modernen Sprachphilosophie für Benjamin in der Annahme einer grundsätzlichen Arbitrarität oder eben Willkürlichkeit der sprachlichen Zeichen. Ihr zufolge steht beispielsweise das Wort »Tisch« in keiner wesentlichen, sondern vielmehr völlig beliebigen Beziehung zu dem von ihm bezeichneten Objekt. Dieser, in der Tat kaum je hinterfragten, Grundannahme des modernen Denkens setzt Benjamin eine adamitische oder auch paradiesische Sprachkonzeption entgegen. In einer ursprünglichen und damit eigentlich bedeutungsschaffenden, von Benjamin sogenannten »reinen Sprache« standen die Zeichen/Namen der Dinge nämlich in einem alles andere als beliebigen, vielmehr notwendigen und wesensbestimmenden Verhältnis zum Bezeichneten:

> Das adamitische Namengeben ist so weit entfernt, Spiel und Willkür zu sein, daß vielmehr gerade in ihm der paradiesische Stand sich als solcher bestätigt, der mit der rein mitteilenden Bedeutung der Worte noch nicht zu ringen hatte.[172]

Folglich liegt die zweite grundsätzliche Fehlannahme der modernen Sprachphilosophie darin, in der Kommunikation die eigentliche Aufgabe, ja das Wesen der Sprache zu erkennen. Nach Benjamin ist die Sprache aber ausdrücklich kein *Mittel*, um anderen Menschen eine verwertbare Information mitzuteilen, sondern ein *Medium*, *in* dem der Mensch sich selbst und aller ihn umgebenden Dinge gewahr wird – sie und sich also nennend erkennt. Nicht der Mensch spricht sich durch die Sprache aus, sondern die Sprache sich in ihm:

> Es ist fundamental zu wissen, daß dieses geistige Wesen sich *in* der Sprache mitteilt und nicht *durch* die Sprache. Es gibt also keinen Sprecher der Sprachen, wenn man damit den meint, der *durch* diese Sprachen sich mitteilt. Das geistige Wesen teilt sich in einer Sprache und nicht durch die Sprache mit …[173]

Was Benjamin 1916 noch als »geistiges Wesen« anspricht, nennt er, gemäß seines angestrebten »Frisierens des Ganzen auf Ideenlehre«, im Vorwort zum Trauerspiel-Werk nun »Idee«. Als These: Sprache steht mitnichten im Dienst der weltlichen Mitteilung, sondern im Dienst der Offenbarung des Seins. Sprache ist also, recht erfasst, ein Offenbarungsgeschehen, kein Mitteilungsgeschehen. Ganz im Einklang übrigens mit dem Wittgenstein des »Tractatus« sowie den sich in den Jahren um 1925 langsam ausbildenden Überlegungen Heideggers zum Wesen der Sprache.

Doch ist Offenbarung nichts, was erkenntnisdurstige Subjekte selbst hervorbringen können. Vielmehr verlangt das Gewahrwerden dieses lichtenden Geschehens nach einer bestimmten, eher passiv lauschenden Haltung des Menschen gegenüber dem Sein. Eine Haltung also, die der modernen Aktivität des wissenschaftlich-forschenden Befragens der Natur (etwa in Form des wissenschaftlichen Experiments) sowie des neugierig Wissen sammelnden Subjekts der Moderne gerade entgegengesetzt ist.

An die Stelle eines momenthaft erlösenden Offenbarungs- oder auch Lichtungsgeschehens, das mit Benjamin ganz distinkt nicht von dieser Welt ist und in ihr nicht aktiv hervorgebracht werden kann, tritt in der Moderne eine Geschichtsphilosophie im Zeichen des schrittweisen, auch sozialen Fortschritts auf allen Gebieten – unterwegs zu Wahrheit, Freiheit, Gerechtigkeit.

Gegen dieses Bild des kontinuierlichen Fortschreitens der Menschheit, das die gesamte Aufklärung und nicht zuletzt die Philosophie Immanuel Kants beseelte, steht bei Benjamin die Logik des disruptiven Einschnitts, später »Chok« genannt. Das beste Beispiel für solche, gesamte Weltbilder stürzende und auch erschaffende »Chok«-Ereignisse sind nun *Ur-Sprünge* (wie etwa der »Ursprung des Trauerspiels«). Denn:

> Im Ursprung wird kein Werden des Entsprungenen, vielmehr dem Werden und Vergehen Entspringendes gemeint. Der Ursprung steht im Fluß des Werdens als Strudel und reißt in seine Rhythmik das Entstehungsmaterial hinein.[174]

Ursprünge sind für Benjamin also nicht Ereignisse *in* der historischen Zeit, sondern Anfänge neuer historischer Zeitrechnungen und auch Weltverhältnisse.[175] Der Ursprung der philosophischen Moderne und all dessen, was er an vorgängigen Wissenskonstellationen mit in seinen Strudel hinabreißt, um überhaupt selbst hervortreten zu können, ist dabei der eigentliche Gegenstand des benjaminschen Denkens in seiner werdenden Gesamtheit.

ERINNERNDES VERNEHMEN

Bereits hier lässt sich erkennen, wie unendlich weit Benjamins Schrift sich in Ansatz und Charakter von den Vorgaben – oder eben Zumutungen – einer akademischen Zweckschrift entfernt zeigt. Kein Wunder, dass die Gutachter schockiert und entsprechend befremdet waren. Sie hatten, mit allem Recht, eine Qualifikationsarbeit bestellt und erwartet. Was sie bekamen, war ein philosophischer Offenbarungseid. Und zwar ein Eid, dem es darum zu tun war, nicht etwa Geistesarmut des Autors, sondern die des gesamten Philosophierens seiner Zeit zu offenbaren. Benjamins »Erkenntniskritische Vorrede« will selbst ein Ereignis sein – der mitreißende und alles öffnende Sprung in ein neues, die moderne Philosophie überwindendes Denken. Maßlose Chuzpe, in der Tat.

Vor allem, wenn man sich vor Augen hält, welche durchaus reaktionär anmutende Ursprungsalternative Benjamin dem Zeitalter der modernen Philosophie anempfiehlt. Letztlich, so Benjamin, könne nur ein Gott – ein göttliches Ereignis – wahre Rettung gewähren. Göttlich, wie das Phänomen der Sprechens selbst. So wie die Sprache nämlich – als Grundlage allen bedeutungsvollen Weltzugangs – für ihn nicht menschlichen Ursprungs sein kann, kann es auch das schockhafte Heilsereignis des Gewahrens der Wahrheit (in einer »reinen Sprache«) nicht sein. Genau wie Wittgenstein beharrt Benjamin deshalb ein ums andere Mal darauf, dass die Erklärung für das Wunder der Sprache selbst nicht *in* dieser Sprache erklärt werden kann. Allenfalls lasse sich das eigentliche Wesen dieser Relation durch besondere sprachliche Darstellungsweisen *zeigen*.

Die sprachliche Anstrengung, aus dem faktischen Urvernehmen seines konkreten Zeitraums hinaus konzentrierte Hinweise auf die eigentlichen Gründe des, wie er es nennt, »ursprünglichen Vernehmens« zu geben, ist das, was Benjamin Philosophie nennt. Und zwar in der Form eines Erinnerns:

> Sache des Philosophen ist es, den symbolischen Charakter des Wortes, in welchem die Idee zur Selbstverständigung kommt, die das Gegenteil aller nach außen gerichteten Mitteilung ist, durch Darstellung in seinen Primat wieder einzusetzen. Dies kann, da die Philosophie offenbarend zu reden sich nicht anmaßen darf, durch ein aufs Urvernehmen allererst zurückgehendes Erinnern einzig geschehen.[176]

Diesem Erinnern, das sich vor allem im Sich-Versenken von eigens zu diesem Zweck geschaffenen künstlerischen Denkbildern vollzieht, eignet dabei ein eher passiver Charakter des Vernehmens – und nicht etwa der eines aktiven Erkennens. Benjamin spricht in diesem Zusammenhang, dem es, wie er ausdrücklich betont, zunächst einzig um die Einsicht in eine Unmöglichkeit zu tun ist, von einer »fruchtbaren Skepsis«. Ihre Umsetzung findet sie in einer auf kontemplative Wiederholung ausgelegten Schärfung der eigenen Wahrnehmung für die offenbare Gegebenheit aller Phänomene in ihrem ganzen möglichen Erfahrungsreichtum. Durchaus vergleichbar etwa einem buddhistischen Mandala, in dessen allegorisch aufgeladener Musterung sich der suchende Geist klärend und alle Scheinbilder löschend zu versenken hat. In Benjamins Worten:

> Sie ist dem tiefen Atemholen des Gedankens zu vergleichen, nach dem er ans Geringste sich mit Muße und ohne die Spur einer Beklemmung zu verlieren vermag. Vom Geringsten wird nämlich überall dort die Rede sein, wo die Betrachtung sich in Werk und Form der Kunst versenkt, um ihren Gehalt zu ermessen. Die Hast, die sich an ihnen mit dem Griffe übt, mit dem man fremdes Eigentum verschwinden läßt, ist Routinierten eigen und um nichts besser als die Bonhomie der Banausen. Für die wahre Kontemplation dagegen verbindet sich die Abkehr vom deduktiven Verfahren mit einem immer weiter ausholenden, immer inbrünstigern Zurückgehen auf die Phänomene, die niemals in Gefahr geraten, Gegenstände eines trüben Staunens zu bleiben, so lange ihre Darstellung zugleich die der Ideen und darin erst ihr Einzelnes gerettet ist.

Entscheidend für Benjamins Verfallsdiagnose bleibt dabei die Einsicht, zu welcher Form eines Urteils solch ein paradiesisches »Zurückgehen auf die Phänomene«, auf die »Sachen selbst«, niemals führen wird: nämlich zu einem *Werturteil* im moralischen Sinn.

Die Anmaßung moderner, sogenannter urteilskräftiger Subjekte, sich im Angesicht der Schöpfung zu Richtern über Gut und Böse zu erheben und damit die Idee zu propagieren, eine menschliche Ethik könne auf dem Boden der Phänomene – gar dem Phänomen der Sprache selbst – begründet werden,[177] bedeutet für Benjamin den eigentlich fatalen und alles verstellenden Sündenfall der Moderne. Dem Themenauftrag seiner Arbeit folgend, schaltet er diesen Sündenfall mit dem Ursprung des barocken Trauerspiels deutscher Prägung, als exemplarische Schwundstufe einer Schwundgattung, gleich:

> Die ungeheure widerkünstlerische Subjektivität in dem Barock schießt hier zusammen mit der theologischen Essenz des Subjektiven. Die Bibel führt das Böse unter dem Begriff des Wissens ein. Zu werden »erkennend Gutes und Böses« verheißt den ers-

> ten Menschen die Schlange. Von Gott aber ist nach der Schöpfung gesagt: »Und Gott sah alles, was er gemacht, und siehe, es war sehr gut. Also hat das Wissen von dem Bösen gar keinen Gegenstand. Dies ist nicht in der Welt. … Wissen um Gut und Böse ist also Gegensatz zu allem sachlichen Wissen. Bezogen auf die Tiefe des Subjektiven, ist es im Grunde nur Wissen vom Bösen. Es ist »Geschwätz« in dem tiefen Sinne, in welchem Kierkegaard dies Wort gefasst hat. Als der Triumph der Subjektivität und Anbruch einer Willkürherrschaft über Dinge ist Ursprung aller allegorischen Betrachtung jenes Wissen. … Denn Gut und Böse stehen unbenennbar, als Namenlose, außerhalb der Namensprache, in welcher der paradiesische Mensch die Dinge benannt hat und die er im Abgrund jener Fragestellung verlässt.[178]

Triumph der Subjektivität und eine aus dem Geiste der Immanenz geborene Willkürherrschaft über die Dinge, nicht zuletzt über die sich unter diesen Vorzeichen selbst zum Ding wandelnde Natur – eben dies führt letztlich auch in die heillose Verdinglichung des Menschen. Exakt hierin gründet, in einem Satz, das eigentliche Trauerspiel der Moderne, um deren segenslosen Ur-Sprung es Benjamin in seinem Werk geht. Insbesondere das Wissen um Gut und Böse hat in Wahrheit »keinen Gegenstand«, ist »nicht *in* der Welt«. Um mit Benjamins eigentümlicher Ontologie des Namens zu sprechen: Es steht »außerhalb der Namenssprache«.

Wovon man nicht sprechen kann, darüber aber muss man schweigen. Und genau dies tut das moderne Subjekt in seinem Willen zur totalen Selbstermächtigung nicht, sondern es »schwätzt« und verstrickt sich in diesem Prozess immer tiefer in ein taubes Unvernehmen, dessen Wirkung – freilich eine immer nur untergründig erahnte – Trauer ist.

Das sind nun Diagnosen über den Zustand der eigenen Kultur und auch der Philosophie als vorgeblich akademischer Disziplin, die, wie gesehen, sowohl Wittgenstein als auch Heidegger vollauf teilen. Wie insbesondere auch die Überzeugung, es gäbe keine philosophische Ethik und jeder Versuch, eine solche aus dem Geiste der Immanenz zu begründen, sei nichts anderes als das deutlichste Symptom, wie tief die Verstrickung in das Geschwätz bereits in den Menschen als Nennenden eingedrungen ist.

Keiner dieser Denker hat jemals eine Ethik im konventionell modernen Sinne geschrieben oder sich auch nur daran versucht. Und auch Cassirer hat es nicht getan. Sie hatten ihre Einsichten für diesen Verzicht.

TRAUERNDE TROPEN

Die spezifische Trauer, die mit dem Ursprung der Moderne das gesamte Weltbefinden zunehmend überschattet und dämpft, betrifft dabei für Benjamin nicht nur und nicht einmal ausschließlich den sich als richtendes Subjekt missverstehenden Menschen. Es betrifft in gleicher Weise auch die mutmaßlich stummen Objekte der sogenannten Natur, über die der moderne Mensch eben so frei und beliebig meint verfügen zu können wie über die arbiträren Zeichen, mit denen er sie benennt. Doch ist die Natur für Benjamin durchaus nicht wesensgemäß stumm. Vielmehr ist sie im Zeitalter »nach dem Fall« mehr und mehr verstummt. Und zwar: verstummt für uns.

In der »wahren Sprache« spricht die Natur zu uns wie wir zu ihr. Niemand gibt hier dem anderen Bedeutung, sondern: Bedeutung ergibt sich.

Ein Verhältnis sich wechselseitig belauschenden Vernehmens, das unter den vollends verstellten Erkenntnisvoraussetzungen der Moderne allerdings dazu führt, dass beide Pole dieser Dynamik – Natur und Mensch – einen sich wechselseitig verstärkenden Resonanzverlust erleiden. Dieses depressionsnahe Phänomen des totalen Bedeutungs- beziehungsweise Sprachverlustes (»Nichts spricht mich mehr an«) nennt Benjamin, passend, Trauer:

> … die Traurigkeit der Natur macht sie verstummen. Es ist in aller Trauer der tiefste Hang zur Sprachlosigkeit, und das ist unendlich viel mehr als die Unfähigkeit oder Unlust zur Mitteilung … In der Sprache der Menschen aber sind sie [die Dinge der Natur] überbenannt … Überbenennung als tiefster sprachlicher Grund aller Traurigkeit und (vom Ding aus betrachtet) allen Verstummens.[179]

Genau diese, aus dem Geiste der modern neugierigen »Überbenennung«[180] erstandene Verstummung versucht nun das Zeitalter des Barock künstlerisch zu kompensieren. Und zwar, im deutschen Trauerspiel denkbar hilflos und formal überfordert, indem es auf der Bühne *alles* zum Sprechen bringt; indem es alles, und sei es noch das Entlegenste und Fernste, zum Gegenstand einer dramatischen Mitteilung an das Publikum macht. Gleichsam als blinde Raserei im freien Fall des ursprünglichen Bedeutungsverlustes. Ein wahres Trauerspiel des Erkennens also, das sich für Benjamin in den sprachlichen Exzessen des Expressionismus, die er ausdrücklich mit denen des Barock gleichsetzt, mit Beginn der zehner Jahre aus einsehbaren Verfallsgründen wiederholen muss.

Vor diesem Hintergrund erhellt sich auch die entscheidende Rolle der Allegorie als barocktypischem Mittel der künstlerischen Darstellung. Zunächst handelt es sich bei einer Allegorie (etwa der Darstellung einer Frau mit Waage in der Hand als Allegorie für Gerechtigkeit, oder in neuerer Zeit auch einem Roman wie »Hundert Jahre Einsamkeit« als Allegorie auf das koloniale Schicksal Kolumbiens) um eine Form des indirekten Vermittelns. Anstatt etwas direkt zu sagen, wird es indirekt symbolisiert. Als präferiertes Darstellungsmittel des barocken Trauerspiels leistet die Allegorie für Benjamin aber vor allem eines: Sie ist die übersichtliche Darstellung des hoffnungslos disparat Gewordenen. Und damit bestens geeignet, die wahre Beschaffenheit der Welt *nach* dem Fall zur Anschauung zu bringen. Gerade die Allegorie als »diabolisches Erkenntnismittel« ist in einer Welt, die den Gesetzen der vollständigen (semiotischen) Beliebigkeit hörig ist, das künstlerische Erkenntnismittel par excellence. In Benjamins Worten:

> Die Intention der Allegorie ist so sehr der auf Wahrheit widerstreitend, daß deutlicher in ihr als irgend sonst die Einheit einer puren, auf das bloße Wissen abgezweckten Neugier mit der hochmütigen Absonderung des Menschen zutage tritt.[181]

Sofern die eigentliche Aufgabe der Philosophie in einem »aufs Unvernehmen allererst zurückgehende(n) Erinnern« besteht, wird sie in Zeiten nach dem modernen »Fall« in nichts anderem bestehen können als dem Freilegen der Bedingungen der faktischen Unmöglichkeit von wahrer Erkenntnis. Und hierfür kann kein Erkenntnismittel besser geeignet sein als eben jenes, das sich dadurch auszeichnet, die vollkommene Beliebigkeit und Disparität, durch die sich die gegebene Zeit auszeichnet, möglichst eindrücklich zu Darstellung zu bringen. Also eine Erkenntnismethode, die der eigentlich untersuchungsleitenden Intention auf Wahrheit so deutlich und bestimmt widerstreitet, dass sich in ihr der Abgrund des eingetretenen Verlusts besonders deutlich erahnen lässt, er sich gleichsam als Negativfolie *zeigen* kann.

Es gibt nach dem Fall in die Moderne keine direkte Weise mehr, Wahrheit auszusprechen. Dafür ist die Sprache selbst längst zu verstrickt und entleert. Sehr wohl aber gibt es innerhalb dieses Verstrickungszusammenhangs Weisen, den Grad des eingetretenen Unvernehmens sichtbar und erinnerlich zu machen: eben die Allegorie. In der Schreib- und Erkenntnisweise des Denkbildes wird sie Benjamins Schaffen von 1924/1925 bestimmen und so zu einem neuen formalen Höhepunkt geführt.

KRITISCHES ALBUM

Es ist für das Gesamtverständnis seines durchaus systematisch gedachten und auch durchgeführten philosophischen Projekts nun entscheidend zu betonen, dass es sich für Benjamin bei der allegorischen Darstellungsweise um ein Anti-Erkenntnismittel im eminenten Sinne handelt. Andere Mittel stehen nun einmal, wie die Dinge in ihrer sprachlichen Gesamtheit liegen, nicht zur Verfügung (und werden es vielleicht niemals mehr tun). So wie Wittgenstein seine Leiter von erkannt sinnlosen und damit denkbar wahrheitsfernen Sätzen erst einmal emporsteigen musste, um die Welt »richtig zu sehen«, bedient sich Benjamin der Allegorie und allegorischen Lesart als primärem Mittel einer wahrheitsorientierten Kritik am Zustand seines, des noch immer modernen Zeitalters. Die Wahrheit lässt sich auch bei ihm in der Sprache und in dem Kulturzustand, in dem er sich nun einmal unwiderruflich vorfindet, nicht eigentlich sagen, sehr wohl aber zeigen beziehungsweise anzeigen.

An die Stelle der logisch stringenten Argumentation tritt im Zeichen des allegorischen Denkbildes deshalb die Werklogik des Albums, der es darum geht, ein weit verzweigtes Gedankengebiet, kreuz und quer, über Stock und Stein, passagenhaft nach allen Richtungen hin zu durchreisen und dabei gleiche Punkte, oder beinahe gleiche Punkte, stets von neuem nach verschiedenen Richtungen hin zu berühren und in neue Konstellationen zu stellen, dass sie dem Betrachter ein klares Bild der Lage, auch seiner jeweils eigenen, eröffnen werden. Bereits Benjamins erkenntniskritischer Vorrede selbst eignet, in ihrer grandios komplexen Zerstreutheit von Argumenten, dieser Album- oder auch Skizzencharakter. Wer es nicht vermag, dieses Rätsel für sich zusammenzusetzen, vermag es auch nicht, die Zeichen der je eigenen Zeit zu verstehen. Benjamins »Erkenntniskritische Vorrede« kann deshalb auch als eine Art Prüfung aufgefasst werden. Wer sie nicht besteht, sollte am besten schweigen. Auf keinen Fall aber urteilen – oder beurteilen.

So gesehen ist nicht etwa er in Frankfurt mit seiner Arbeit durchgefallen, sondern Frankfurt in seiner Arbeit. Und übrigens nicht nur die Frankfurter, sondern ein Gutteil der bis heute hinreichend aktiven Benjamin-Kultgemeinde, die es konsequent vorzuziehen scheint, ihren Helden auf das Podest eines assoziationsreichen Esoterikers zu heben, anstatt seine tief systematischen Impulse in aller Konsequenz und zukunftsweisenden Eigenständigkeit aufzunehmen. Das Zeitalter der Trauer dauert auch in diesem Sinne bis heute an.

PALÄSTINA ODER DER KOMMUNISMUS

Die von den ökonomischen Nöten bestärkte Zwangsvorstellung Benjamins, akademisch Karriere machen zu müssen – eine Vorstellung, vor der ihm in den klareren Momenten seiner Existenz »nichts als grauste« – bedeutete den Ursprung seines biographischen Trauerspiels. Mit der erfolgten, mehr als nachvollziehbaren Ablehnung einer Arbeit, die eine grundlegende Ablehnung eben jener akademischen Disziplinen und Institutionen anzeigte, für die sie formal vorgab sich qualifizieren zu wollen, erkennt sich Benjamin von diesem Kraftzentrum seines bisherigen Erwachsenenlebens befreit. Trotz aller dunklen Affekte, die notwendig mit einer Zurückweisung einhergehen, begreift er das Frankfurter Urteil als Befreiung. Wie er noch im August 1925 auch seinen »Manager« und einzigen wahren Fürsprecher in Frankfurt, Gottfried Salomon-Delatour, brieflich wissen lässt: »Hinge ich in meiner Selbstschätzung auch im mindesten nur von jenen Stellungnahmen ab, so hätte die verantwortungslose und leichtfertige Manier mit der die maßgebende Instanz meine Sache behandelt hat, mir einen Chok versetzt, von dem meine Produktivität sich nicht bald erholt hätte. Daß von alledem nichts – es sei denn das Gegenteil – der Fall ist, bleibt meine Privatsache.«[182]

Mitte des Jahres 1925 ist Benjamin also erstmals ein wirklich freier Mann – die Freiheit zu verhungern ausdrücklich eingeschlossen. Die zukünftige Ausrichtung seines Schaffens, und damit verbunden die Wahl seines zukünftigen Lebensmittelpunkts, verlangt nach einer Entscheidung im eminenten Sinn. Im Trauerspiel-Buch waren sämtliche zentralen Einsichten seiner ihm bisher wesentlich scheinenden Werke – also die Schrift »Über Sprache überhaupt und über die Sprache des Menschen«, der Aufsatz »Schicksal und Charakter«, das »Vorwort« zu Baudelaire und der Essay zu den »Wahlverwandtschaften« – in einzigartiger Dichte aufeinander bezogen und miteinander verwoben worden. Benjamin verfügt 1925 über eine ganz eigene philosophische Sicht und auch Stimme, die sich mit den ersten Denk-Bildern, wie etwa dem Neapel-Text, immer freier und anschauungsfreudiger zu artikulieren beginnt. Systematisch gesehen legen die Analysen des Trauerspiel-Buches ihm dabei zwei annähernd gleichwertig anschlussfähige, jedoch miteinander unvereinbare Forschungs- und Lebenswege nahe. Sie lassen sich bündig auf die Entscheidung zwischen Palästina und Moskau herunterbrechen.

Palästina, das bedeutete eine durch seine Schriften extrem nahe liegende Versenkung in die Theologie des Judentums im Sinne einer fortwährenden Suche nach der verlorenen adamitischen Sprache und der Bewahrung eines wahrhaft transzendenten Heilshorizontes des jüdischen Messianismus. Für diesen Weg steht sein bester und auch treuester Freund Gershom Scholem, der bereits 1923 nach Palästina ausgewandert war und Benjamin ins Gelobte Land zu locken trachtete. Notwendige Bedingung dafür allerdings war das Hebräische, das Benjamin bis dato weder sprach noch las.

Andererseits wiesen, wie es Benjamin in der traumgleichen Phase seines Kopfkissenkommunismus auf Capri im Sommer 1924 aufgegangen war, viele seiner Einsichten in die Richtung einer Zeitdiagnostik, wie sie beispielsweise in den jüngeren Werken von Georg Lukács exerziert wurde – vor allem in dessen 1923 erschienenem, weit beachteten und auch von Benjamin, gemeinsam mit

Adorno, Kracauer und Sohn-Rethel, intensiv diskutierten Buch »Geschichte und Klassenbewußtsein«.

Bereits die dunklen, für das bürgerliche Selbstbewusstsein im Verborgenen waltenden mythischen Kräfte von Benjamins Essay zu den »Wahlverwandtschaften« ließen sich problemlos als die des Klassenkampfes decodieren oder umschreiben. Und ohne Vorbehalte bestand der Kernvorwurf, den Benjamin dem Trauerspiel der gesamten Moderne und ihrer Philosophie macht, in dem einer »Verdinglichung« – sowohl der Natur wie insbesondere auch des Menschen.

Lukács hat als zentrale Sünde des Kapitalismus eine entfremdende Dynamik der »immer stärkeren Ausschaltung der qualitativen, menschlich-individuellen Eigenschaften des Arbeiters« ausgemacht.[183] Dieser Vorwurf einer verdinglichenden Entfremdung des Proletariats durch das System fügt sich trefflich in das von Benjamin entworfene Bild einer Entdifferenzierung und auch beliebigen Austauschbarkeit aller Dinge im Geiste einer Sprachphilosophie, die jedes Zeichen für arbiträr motiviert erklärt und keinen ursprünglich bedeutsamen Zusammenhang des heiligen Nennens mehr anerkennen will. Durch die deutende Weiterverfolgung einer so entstandenen individualitätsvergessenen Wirrnis hatte sich, Benjamins Analysen folgend, die allegorische Kunst des Barock ausgezeichnet:

»Jede Person, jedwedes Ding, jedes Verhältnis kann ein beliebiges anderes bedeuten. Diese Möglichkeit spricht der profanen Welt ein vernichtendes doch gerechtes Urteil: sie wird gekennzeichnet als eine Welt, in der es aufs Detail so streng nicht ankommt.«[184]

Und damit, wie man explizit hinzufügen darf, auch nicht auf das menschliche Individuum als Individuum. Wohin sich richten? Benjamin sieht die Wegscheide selbst mit aller Klarheit und schreibt im Mai 1925, als sich das Scheitern des Habilitationsverfahrens bereits deutlich abzeichnet: »Für mich hängt alles davon ab, wie sich die verlegerischen Beziehungen gestalten. Wenn mir da nichts glückt, so werde ich meine Beschäftigung mit marxistischer

Politik wahrscheinlich beschleunigen und – mit der Aussicht in absehbarer Zeit mindestens vorübergehend nach Moskau zu kommen – in die Partei eintreten. Diesen Schritt werde ich über kurz oder lang wohl auf alle Fälle tun. Der Horizont meiner Arbeit ist nicht mehr der alte und ich kann ihn nicht künstlich verengen. Natürlich ist es zunächst ein ungeheuerlicher Konflikt der Kräfte (meiner individuellen), in den dies und das Studium des Hebräischen treten müssen und eine grundsätzliche Entscheidung sehe ich nicht ab, sondern muß das Experiment machen, hier oder dort zu beginnen. Die Totalität des dunkel oder heller von mir erahnten Horizonts kann ich nur in diesen beiden Erfahrungen gewinnen. – …«

Als emphatischer Theoretiker des Ernstfalls, der Entscheidung und des Ur-Sprungs blieb Benjamin im sogenannten wirklichen Leben ein zaudernder Charakter. Wie der berühmte Floh, der mit jedem seiner Sprünge immer nur die Hälfte der Distanz einholt, die ihn letztlich ans Ziel bringen würde, neigt er lebensweltlich zum Halbsprung. So auch im Herbst 1925.

Benjamins »verlegerische Verhältnisse« haben sich insofern enorm verbessert, als er einen Vertrag mit dem Rowohlt Verlag unterzeichnet. Rowohlt will für das folgende Jahr sowohl den Essay zu den »Wahlverwandtschaften« als auch die Arbeit zum »Trauerspiel« sowie ein weiteres Werk (die spätere »Einbahnstraße«) veröffentlichen und gewährt Benjamin dafür ein, wenn auch kaum existenzsicherndes, Monatsfixum. Zudem erhält er den Auftrag, für Rowohlt weitere Bände von Prousts »Auf der Suche nach der verlorenen Zeit« zu übersetzen.

Vor die eigentlich entscheidende und als unvermeidlich erkannte Alternative zwischen Moskau und Palästina gestellt, zieht es ihn im November 1925 mit einem unheimlichen Gespür für eine symbolische Aufladung seiner Geistesverfassung für mehrere Wochen ins lettische Riga. Der Grund dafür ist Asja Lacis, die dort an mehreren Inszenierungen arbeitet. Der Eros des Leibes siegt gegen den der Freundschaft zu Scholem. Mit vernehmbar schlechtem

Gewissen meldet Benjamin von Riga dem Freunde, nun fleißig Hebräisch zu lernen (er wird für die kommenden Jahre immer wieder vorgeben, dies zu tun), und ja, sogar einige »Ostjuden« habe er in der winterdunklen Stadt am baltischen Meerbusen schon »vereinzelt zu sehen bekommen«.[185] Fraglos ein Zeichen. Nur wofür?

NAHE SEIN

Während Walter Benjamin in Frankfurt das Urteil über sein »Trauerspiel« erwartet, durchlebt Martin Heidegger den Frühsommer des Jahres 1925 in einer Stimmung erotischer Angeregtheit. Nicht einmal das dröge Nebelnest Marburg und die ihm immer leidiger werdende Bindung an den dortigen Lehralltag vermögen daran etwas zu ändern. »Ich bin in einer sehr ärgerlichen Lage, da mich einer mit einer fertigen Dissertation überfallen hat, die ich durcharbeiten muß – wenn auch nur, um sie abzulehnen. Mitten in der schönsten Arbeit geht mir so eine halbe Woche verloren. Hoffentlich bin ich fertig, bis Du kommst. Ich will es wenigstens. Weil ich immer gern aus meiner Arbeit her dir nahe bin. … Komm bitte *Freitag* abend, wie das letzte Mal«, schreibt Heidegger seiner Hannah am 1. Juli 1925. Die Gelegenheit ist insofern besonders günstig, als Heideggers Frau Elfride, die zwei Tage darauf Geburtstag hat, gemeinsam mit Sohn Jörg zu ihren Eltern nach Wiesbaden gefahren ist. Auch sie wird von Heidegger deshalb mit einem Brief bedacht. Er gibt Einblick in den nunmehr eher funktional bestimmten Charakter des ehelichen Miteinanders: »Zu deinem Geburtstag sende ich Dir meine herzlichsten Glückwünsche. An diesem Tag möchte ich Dir danken für die Sorge für mich u. Deine Mitarbeit. Diese besteht – neben der phänomenologischen Kritik – doch gerade im Schwersten: im Verzichten und Warten u. Glauben. Und wenn ich ein solches Semester von Deiner Seite her betrachte, so verlangt es seinen Einsatz von Kraft. Es ist hier immer noch ein Unterschied zwischen dem, was Pflicht verlangt u. dem was Du an deiner Güte u. Kraft dazu gibst. Und wenn ich darüber nicht rede, so weißt Du doch, daß ich daran denke. So wenig schön es an sich ist, daß Du nun auch noch an diesem Tage fort bist, so wird er mir zur Gelegenheit Dir meinen Dank ausführlicher als sonst zu sagen. Und ich will umgekehrt mich freuen, wenn ich mit meinem Verzicht Dir u. den lb. Eltern eine Freude machen kann.«[186]

Jahrzehnte später wird Hannah Arendt über den Menschen Heidegger urteilen, dieser habe nicht etwa einen schlechten Charakter gehabt, sondern gar keinen. Man meint beim Lesen dieser beiden, sehr wahrscheinlich am selben Tag geschriebenen Briefe zu begreifen, was sie damit gemeint haben könnte. Eros und Ehe bleiben in Heideggers Leben jedenfalls, in gut bürgerlicher Manier, fein getrennte Bereiche. Ebenfalls deutlich geht aus diesen beiden Briefen hervor, dass Heidegger die Adressatinnen nicht eigentlich als eigenständige Personen anspricht, sondern sie in einem Verhältnis der funktionalen Unterordnung preist – als Mittel zum Zweck. Dieser heilige Zweck ist Aufgabe des Denkens. Seines Denkens. Das ist der primäre Bezug, den Heidegger gegenüber seinen Mitmenschen einnimmt, sofern er sie überhaupt als solche anerkennt. Genau diese Aufgabe drängt im Sommer 1925 unaufschiebbar zur Konkretisierung in einem eigenständigen Werk. Denn was von dem »geheimen König« der deutschsprachigen Philosophie bis dato schriftlich vorliegt, sind, abgesehen von seiner Dissertation und Habilitation, allenfalls Fragmente und Qualifizierungsproben. Nichts Ausgereiftes, nichts Fertiges. Nichts von eigenem Gewicht.

ANS WERK

Im Juli 1925 erhält Nicolai Hartmann, Ordinarius in Marburg, einen Ruf an die Universität Köln. Nicht zuletzt unter dem spürbaren Druck der heideggerschen Präsenz in Marburg nimmt er sofort an. Und während Heidegger sich mit Jaspers brieflich schnell einig wird, dass Ernst Cassirer »ohne Frage der Beste« wäre, die Vakanz in Marburg zu füllen, ruft die Fakultät, unter Federführung Hartmanns, Heidegger zum Wunschnachfolger auf den Lehrstuhl des 1924 verstorbenen Marburger Ordinarius Paul Natorp aus. Damit einher geht an ihn allerdings die dringende Aufforderung, endlich ein eigenes Werk vorzulegen. Andernfalls werde jede Fürsprache beim berufenden Ministerium in Berlin fruchtlos bleiben müssen. Auch Fuchs Heidegger sitzt nun also in der institutionellen Falle. Will er Selbstbild und Stand gerecht werden, muss er ordentlich liefern.

Nur elf Monate später, am 18. Juni 1926, sendet die Marburger Fakultät die ersten Druckbögen von »Sein und Zeit« nach Berlin. Wieder und wieder wird Heidegger den ungeheuren Zeitdruck beklagen, unter dem er sein sogenanntes Hauptwerk (faktisch das einzige eigenständige Werk in voller Buchlänge, das er jemals veröffentlichen wird) zu Papier zu bringen hatte. Tatsächlich darf die Niederschrift dieses Werkes zu den großen kreativen Ausbrüchen der Philosophiegeschichte gezählt werden. Zieht man die Zeiträume der Semesterverpflichtungen in Marburg, in denen Heidegger kaum kontinuierlich zum Schreiben gekommen sein dürfte, von der eigentlichen Entstehungszeit ab, muss der Kern des insgesamt knapp 450 Seiten starken Werkes von Heidegger binnen weniger als fünf Monaten geschrieben worden sein. Also um die 30 druckreife Seiten pro Woche.

Heidegger kann auf detaillierte Vorarbeiten zurückgreifen, insbesondere Vorträge und Vorlesungen der vorangegangenen sechs Jahre. »Sein und Zeit« bildet den vorläufigen Abschluss einer kontinuierlichen Denk- und Erschließungsbewegung, die von den ersten Vorlesungen des Notsemesters 1919 über die »Anzeige der hermeneutischen Situation« bis zu den Marburger Vorlesungen über Platons »Sophistes« sowie denen zur »Geschichte des Zeitbegriffs« reicht. Letztere hält er im Sommersemester 1925 (zweimal wöchentlich, von sieben bis acht Uhr morgens).

FREILEGEN DER FRAGE

Das inhaltliche Zentrum dieser Etappe seines Denkweges besteht in der Freilegung des Sinns einer einzigen Frage: Es ist die Frage nach dem Sein, genauer: nach dem *Sinn von Sein.* Bevor diese Urfrage des Denkens allerdings überhaupt (wieder) untersucht, geschweige denn einer Antwort angenähert werden kann, gilt es nach Heidegger, die spezifische Seinsart eben jenes Wesens freizulegen, für das sich diese Frage als einziges uns bekanntes überhaupt sinnvoll zu stellen vermag: also des Menschen.

Nur für den Menschen ist der Sinn von Sein ein möglicher Gegenstand des Fragens. Nur der Mensch ist in der Lage, darüber zu staunen, dass »überhaupt etwas ist und nicht vielmehr nichts«. Nicht zuletzt vermag sich nur der Mensch als Mitglied einer Lebensform der Sprechenden zu fragen, worin der Sinn seines spezifischen Daseins wohl liegen möchte. Um seine, wie er sie nennt, »fundamentalontologische« Untersuchungsweise bewusst von jeder biologischen, anthropologischen, psychologischen oder selbst transzendentalen Untersuchung im Sinne Kants abzusetzen, spricht Heidegger deshalb vom Menschen als »Dasein«:

> Das Dasein ist ein Seiendes, das nicht nur unter anderem Seienden vorkommt. Es ist vielmehr dadurch … ausgezeichnet, daß es diesem Seienden in seinem Sein *um* dieses Sein selbst geht. Zu dieser Seinsverfassung des Daseins gehört aber dann, daß es in seinem Sein zu diesem Sein ein Seinsverhältnis hat. Und dies wiederum besagt: Dasein versteht sich in irgendeiner Weise und Ausdrücklichkeit in seinem Sein.[187]

Dass ein jedes Dasein sich, wie Heidegger festhält, immer in irgendeiner Weise und Ausdrücklichkeit in seinem Sein versteht, bedeutet auch, dass sich dessen jeweiliges Seinsverständnis eben nicht von selbst versteht oder einstellt. Aufgrund falscher Analysen und gewählter Begrifflichkeiten kann dieses Verhältnis dem

Dasein auch verdunkelt und verstellt sein. Eben dies ist nach Heidegger – bezogen auf die gesamtkulturelle Konstellation, in der er sich wiederfindet – flächendeckend der Fall.

Im Zuge eines andauernden Verfallsgeschehens, das für den Heidegger des Jahres 1925 spätestens mit Aristoteles anhob, um dann mit dem Beginn der modernen Philosophie durch Descartes einen weiteren, entscheidenden Verdunkelungsschub zu erfahren, ist nicht nur der mögliche Sinn der Frage nach dem »Sinn von Sein« vollkommen in Vergessenheit geraten beziehungsweise für tabu erklärt worden, sondern das Dasein selbst ist gleichsam blind für die eigentlichen Grundlagen und Quellen seines Seinsverhältnisses und damit nicht zuletzt Lebenssinns geworden. Heidegger diagnostiziert in diesem Zusammenhang eine umfassende *Seinsvergessenheit* der modernen Kultur und insbesondere der modernen Philosophie als Erkenntnistheorie.

Seine Analyse verfolgt damit, der Sache nach, exakt jenes Ziel, dem sich auch Benjamin in seinem »Ursprung des Trauerspiels« verschrieben hat. Der übereinstimmende Ausgangspunkt beider Werke lautet: In dem Zustand, in dem sich die eigene Kultur vorfindet, wäre es viel zu früh und verfehlt, Antworten geben zu wollen. Worum es allein gehen kann, ist eine begrifflich einfallsreiche Gutschreibung des in Vergessenheit geratenen Verlusts. Um diese, zunächst rein fragevorbereitende Freilegung geht es Heidegger in »Sein und Zeit«: Er nennt sein Unternehmen deshalb eine »vorbereitende Fundamentalanalyse des Daseins«.

Der Begriff der *Analyse* ist hierbei nicht nur im rein beschreibenden, sondern auch im therapeutischen Sinne aufzufassen. Das verständige Dasein soll durch eine möglichst phänomennahe, vorurteilsfreie und damit allgemein einsichtige Neubeschreibung der eingetretenen Verdunkelung zurück ins freiheitsgewährende Licht seines eigentlichen Grundverhältnisses geführt werden. Ähnlich der freudschen Psychoanalyse oder auch der wittgensteinschen Philosophie des »Tractatus« geht das Ziel einer möglichst präzisen und strukturfreilegenden Beschreibung der jeweils eigenen

Situation (im weitesten Sinne) mit dem Ziel einer grundlegenden, selbstbestimmteren Transformation des eigenen Lebensvollzugs einher.

Dieses Projekt bringt für Heidegger die Notwendigkeit mit sich, die faktisch vorherrschenden, jedoch grundfalschen Begrifflichkeiten zur Beschreibung des modernen Weltverhältnisses (Subjekt, Objekt, Wirklichkeit, Individualität, Wert, Leben, Materie, Ding) im eigenen Philosophieren entweder ganz auszusparen oder aber durch Neuschöpfungen zu ersetzen (Dasein, Umwelt, In-der-Welt-sein, Jemeinigkeit, Sorge, Zeug). Es gibt kein richtiges Sprechen im falschen. Heidegger bringt deshalb ein neues zur Welt.

DIE ZEIT DES DASEINS

Von dem Streben nach Erfahrungsnähe und einer möglichst vorurteilsbefreiten Verbürgung des Erlebens, die Heidegger aus seiner phänomenologischen Prägung in der Nachfolge von Husserl übernimmt, ist nicht zuletzt das Verständnis von Zeit und Zeitlichkeit betroffen. Anstatt beim Begriff der Zeit von einem neutralen, mathematisch klaren und damit in eindeutig messbare Zeitpunkte zerstückelten »vulgären Zeitbegriff« der Sekunden und Minuten auszugehen, sucht Heidegger nach einem Zeitverständnis, das sich ganz aus der spezifischen Weise erhellt, in der das Dasein seine Zeitlichkeit erlebt. Diese Fundierung beschränkt den Rahmen der Zeit, von der Heidegger in seiner Daseins-Analytik sprechen will, streng auf den Raum der Immanenz des Erlebbaren. Anders gesagt: Die Zeit, die zur Erhellung des Daseins in seinen verstellten Seinsmöglichkeiten beitragen kann, ist eine distinkt als endlich begriffene Zeit. Ihr eigentlich sinnstiftender Horizont ist der Tod. Jeder Bezug auf Transzendenz, sei es in Form eines Nachlebens oder einer messianischen Offenheit im Sinne Benjamins, ist Teil des Verstellungsgeschehens, nicht der Freilegung. Wie für Wittgenstein ist der Tod auch für Heidegger dabei kein Ereignis des Lebens. In direkter Umkehrung des zum Sprung in den Glauben bereiten Wittgensteins aber sieht Heidegger gerade in der Vorahnung dieser absoluten Grenze die eigentliche Gewähr dafür, dass der Sinn des »Rätsels des Lebens«[188] nur *innerhalb* eines so verstandenen, also endlichen Zeithorizonts sinnvoll erfragt und gegebenenfalls sogar ergriffen werden kann.

Die unmittelbare Erfahrungsnähe, die Heideggers Philosophie auszeichnen soll, zeigt sich in diesem Werk nicht zuletzt dadurch, dass er zur Veranschaulichung seiner Analysen immer wieder auf Zusammenhänge, Befindlichkeiten und Grenzsituationen zurückgreift, die ihn selbst ganz nah und direkt angehen – und ihm so eine Veranschaulichung seines ganz eigenen Lebensvollzugs ermöglichen. Besonders trifft dies auf die drei Schlüsselbegriffe zu, die seine philosophische Daseinserhellung organisieren: *Zeug, Angst, Tod*.

DAS IST DER HAMMER: DIE ZEUG-ANALYSE

Der eigentliche Schreibrausch, es lässt sich recht genau datieren, wird um den 8. August 1925 eingesetzt haben. Heidegger hat sich für sein Werk auf die Hütte in Todtnauberg zurückgezogen, wo die Familie auch diesen gesamten Sommer verbringen wird. »Ich fahre am 1. VIII. auf die Hütte und freue mich sehr auf die starke Luft der Berge – dieses weiche leichte Zeug hier unten ruiniert einen auf Dauer. Acht Tage Holzarbeit, dann wieder Schreiben«, informiert er Jaspers noch aus Marburg. Nur in hoher Luft lässt sich klar atmen und denken. Es ist kein Zufall, dass Heidegger in dieser Passage die unmittelbar anstehende Holzarbeit in einem Atemzug mit seinem Schreiben nennt. Konsequent inszeniert er sich auch hier als Mann, der trotz professoraler Stellung seine bäuerliche (nicht proletarische!) und damit immer auch handfest zupackende Herkunft als die ihn prägende betont. Dieses Selbstbild überträgt sich direkt auf die philosophische Analyse, wenn es darum geht, das ursprüngliche Weltverhältnis des Daseins beschreibend freizulegen. Denn für einen ganz normalen, täglich tatkräftig mit anpackenden Bauernburschen stellt sich die Frage, wie er als denkendes Subjekt nun erkennend zu einer vorgeblich an sich bedeutungslosen Welt der Objekte kommen kann, aus dem eigenen Erleben keineswegs, da dieser als tätiger und ständig Schaffender ja immer schon »in der Welt« ist, wie Heidegger sagt. Und zwar nicht im Sinne eines räumlichen Verhältnisses (wie ein toter Fisch in der Konservendose), sondern im Sinne einer ursprünglich sinndurchtränkten Bezogenheit auf seine konkret erlebte Umwelt. Gleich zu Beginn seiner Daseinsanalyse stellt Heidegger der cartesischen Lehnstuhlsituation eines (leiblosen) Subjekts, das sich rein reflektierend der Wirklichkeit seiner Welt versichern will, also einen munter holzarbeitenden Schwarzwaldbauer entgegen, der die Hütte verlässt, um im Schweiße seines Angesichts selbstvergessen ranzuschaffen. In Heideggers Worten:

> Der phänomenologische Aufweis des Seins des nächstbegegnenden Seienden bewerkstelligt sich am Leitfaden des alltäglichen In-der-Welt-seins, das wir auch den *Umgang in* der Welt und *mit* dem innerweltlichen Seienden nennen. … Die nächste Art des Umganges … aber [ist] nicht das nur noch vernehmende Erkennen, sondern das hantierende, gebrauchende Besorgen, das seine eigene »Erkenntnis« hat. … in diese Seinsart des besorgenden Umgangs brauchen wir uns nicht erst zu versetzen. Das alltägliche Dasein *ist* schon immer in dieser Weise, Z.B.: die Tür öffnend, mache ich Gebrauch von der Klinke.[189]

Für all jene sogenannten »Dinge« aber, die im umsichtigen und selten bewusst nachdenkenden Vollzug unseres Alltags zum Gebrauch kommen, bringt Heidegger einen neuen, der bäuerlichen Alltagssprache des Schwarzwalds entnommenen Rahmenbegriff ins Spiel. Er nennt sie: Zeug.

> Wir nennen das im Besorgen begegnende Seiende das *Zeug*. Im Umgang sind vorfindlich Schreibzeug, Nähzeug, Werk-, Fahr-, Meßzeug. Die Seinsart von Zeug ist herauszustellen. ... *Ein Zeug* »ist« strenggenommen nie. Zum Sein von Zeug gehört ja immer ein Zeugganzes, darin es dieses Zeug sein kann, das es ist. ... Zeug ist seiner Zeughaftigkeit entsprechend immer *aus* der Zugehörigkeit zu anderem Zeug: Schreibzeug, Feder, Tinte, Papier, Unterlage, Tisch ... Diese »Dinge« zeigen sich nie zunächst für sich, um dann als Summe von Realem ein Zimmer auszufüllen ... *Vor* diesem *ist* je schon eine Zeugganzheit entdeckt.[190]

Genauso, wie Heidegger die mutmaßliche erkenntnis*theoretische* Ausgangssituation des rein Betrachtenden im Sinne seines erdnahen Pragmatismus vom Kopf zurück auf die Füße stellt, kehrt er mit der Freilegung des Zeugs als eines schon immer zu einer Zeugganzheit gehörigen die Erklärungsrichtung der klassischen Erkenntnistheorie cartesischer Prägung um. Sie ging von vereinzelten, atomisierten Dingen aus, um sich dann zu fragen, wie sich aus diesen ursprünglich vereinzelten Teilen ein Ganzes zusammenfügen lasse. Für den phänomenologischen Pragmatiker Heidegger jedoch ist diese Vereinzelung allenfalls die spezifische Schwundstufe eines Welterlebens, in dem Gegenstände ganz ursprünglich und noch vor aller theoretischen Reflexion als eingebunden in ein bedeutungsvolles Ganzes erfahren werden. Im hantierenden Besorgen mit dem Zeug ist dessen Eingebundenheit in ein Ganzes geradezu mit Händen zu greifen. Denn im Rahmen der eigentlich untersuchungsleitenden Frage nach dem »Sein« stellt Heidegger nun unmissverständlich klar, worin sich zumindest das Sein des Zeugs – und damit all der Dinge, mit denen wir im Alltag Umgang haben und mit denen wir uns in dieser Welt einrichten und zurechtfinden – eigentlich zeigt. Dazu wählt er als Hütten- und Holzarbeiter, naheliegend, das Beispiel eines Hammers:

> Je weniger das Hammerding nur begafft wird, je zugreifender es gebraucht wird, um so ursprünglicher wird das Verhältnis zu ihm, um so unverhüllter begegnet es als das, was es ist, als Zeug. Das Hämmern selbst entdeckt die spezifische »Handlichkeit« des Hammers. Die Seinsart von Zeug, in der es sich von ihm selbst her offenbart, nennen wir die *Zuhandenheit*.[191]

Weil das eigentliche Wesen dieses Zeugs in seinem hantierenden Gebrauch liegt, ist es für das Dasein nicht etwa nur *vorhanden* (wie es ein in seinem Nutzen erst noch zu erschließendes »Ding« wäre), sondern eben *zuhanden*. Im konzentrierten, erkenntnistheoretisch motivierten Begaffen (und Beschreiben) eines Etwas als rein Vorhandenem lag nun das eigentliche methodische Fundament der husserlschen Phänomenologie. Heideggers Werk ist damit nicht zuletzt ein Frontalangriff auf die Philosophie seines Lehrers und Förderers – was Husserl auch gleich bei der ersten Lektüre der Druckbögen aufging und Heidegger nicht ohne Stolz an Jaspers melden wird: »Mehr wird die Arbeit [»Sein und Zeit«] überhaupt nicht einbringen, als was ich schon von ihr besitze: daß ich für mich selbst ins Freie gekommen bin und mit einiger Sicherheit und Direktion *Fragen* stellen kann … Wenn die Abhandlung ›gegen‹ jemanden geschrieben ist, dann gegen Husserl, der das auch sofort sah, aber sich von Anfang an zum Positiven hielt.«[192]

STURM UND ANGST

So segensreich das alltägliche Aufgehen des bäuerlichen Daseins im besorgenden Umgang mit seinem Zeug auch wirken mag, für den philosophischen Sinnsucher Heidegger ist es doch von einem entscheidenden Makel gekennzeichnet. Gerade in einer angenommen ursprünglichen Verwurzelung mit seiner Umwelt nämlich, gerade im weitgehend störungsfreien Erledigen der anstehenden Aufgaben bleibt solch ein Dasein ein für sich fragloses. Sein Weltverhältnis ist so ursprünglich, unmittelbar und sinndurchdrungen, dass es ihm selbst niemals fraglich wird. Wer ganz und gar in seiner Welt aufgeht, für den stellt sich weder die Frage nach dem Sinn von Sein noch nach dem Sein des eigenen Lebens. Es ist erst die konkrete Erfahrung eines Sinnverlustes und damit eines in welcher Form auch immer gestörten Weltverhältnisses, die für das besorgende Dasein die Frage nach dem Sinn von Sein und nicht zuletzt dem Sinn der eigenen Existenz hervorruft: Wozu das alles? Warum bin ich überhaupt hier?

Kein menschliches Leben, und mag es sich noch so geborgen und zu Hause aufgehoben erfahren, verläuft ohne solche Existenzstörungen und damit Sinnfragen. Schlichtweg unabweisbar aber werden diese Fragen für Heidegger in der Erfahrung eines besonderen Gefühls, oder, wie er es präziser nennen will, einer besonderen »Gestimmtheit des Daseins«. Die Rede ist von der Erfahrung der Angst, die Heidegger deutlich von der Furcht, nämlich einer konkret belegten Furcht vor etwas Bestimmtem, unterscheidet:

> Worum sich die Angst ängstigt, ist das In-der-Welt-sein selbst. In der Angst versinkt das umweltlich Zuhandene, überhaupt das innerweltlich Seiende. Die »Welt« vermag nichts mehr zu bieten, ebensowenig das Mitdasein Anderer. Die Angst benimmt so dem Dasein die Möglichkeit, verfallend sich aus der »Welt« und der öffentlichen Ausgelegtheit zu verstehen. Sie wirft das Dasein auf das zurück, worum es sich ängstigt, sein eigentliches In-der-Welt-sein-können. Die Angst vereinzelt das Dasein auf sein eigenstes »In-der-Welt-sein«, das als verstehendes wesenhaft auf Möglichkeiten sich entwirft. Mit dem Worum des Sich-ängstens erschließt daher die Angst das Dasein als *Möglichsein* und zwar als das, das es einzig von ihm selbst her als vereinzeltes in der Vereinzelung sein kann.[193]

Die Angst steht bei Heidegger beispielhaft für das Erleben eines umfassenden Sinnverlustes, der gerade in der somit entstandenen

Leere und Unverbundenheit den Blick für die wahren Grundlagen des jeweiligen Daseins freilegt. Und so freilegt, dass diese Grundlage selbst nicht vorliegt, nicht besteht, nicht vorgegeben und durch nichts und niemanden gesichert ist! Im Modus der Angst erfährt das Dasein die faktische Bodenlosigkeit und mögliche Nichtigkeit seiner eigenen Existenz, ja alles Seienden. Die damit unabweisbar im Raum stehende Sinnfrage aber verträgt keine Delegierung an Zweite oder Dritte, kein Abschieben in die Transzendenz und auch keine Selbstberuhigung durch Brauch, Tradition oder Heimat. Vielmehr gilt es nach Heidegger, diese Frage um der Bewahrung der eigenen Existenzspannung willen radikal und möglichst dauerhaft offen zu halten:

> Die verfallende Flucht *in* das Zuhause der Öffentlichkeit ist Flucht *vor* dem Unzuhause, das heißt der Unheimlichkeit, die im Dasein als geworfenen, ihm selbst in seinem Sein überantworteten In-der-Welt-seins liegt.[194]

Besondere Schärfe und Eindringlichkeit erlangt die angsterfüllte Erfahrung des Unzuhauses und des gängig verheimlichten Unheimlichen in Kontexten, die dem Dasein eigentlich größte Geborgenheit und Vertrautheit vermitteln – insbesondere in den eigenen vier Wänden des heimatlichen Heims. Für Heidegger ist dies in beispielhafter Weise die Holzhütte in Todtnauberg. Gerade hier entfaltet die Angst ihre eigentliche daseinsöffnende und damit auch philosophisch anregende Wirkung. So auch im April 1926, als »Sein und Zeit« bereits in weiten Zügen beendet ist, Jaspers gegenüber: »Wie Sie sehen, sitzen wir noch hier oben. Ich habe am 1. April den Druck meiner Abhandlung »Sein und Zeit« begonnen. Sie umfasst ca. 34 Bogen. Ich bin richtig im Zug und ärgere mich lediglich über das kommende Semester und die spießige Luft, die einen jetzt wieder umgibt. Die Fakultät will mich wieder vorschlagen und die gedruckten Bogen beilegen. ... Die Buben haben beide auf der Hütte Scharlach überstanden. Es ist schon tiefe Nacht – der Sturm fegt über die Höhen, in der Hütte knarren die Balken, das Leben liegt rein, einfach und groß wie die Seele.«[195]

Die unheimliche Heimeligkeit einer Berghütte im wütenden Sturm erfährt Heidegger als das ihm nächstliegende Pendant für eben jene große und seelenruhige Intensität, die ihm die Erfahrung des Philosophierens selbst ist. Als Idealbild eines zum Denken gespannten Daseins.

DAS GEWISSE ETWAS: VORLAUFEN ZUM TOD

Doch kein Schwarzwaldsturm dauert ewig. Irgendwann muss noch der größte Denker wieder zurück in die spießige Luft der alltäglichen Besorgungen. Um der mit dieser ebenfalls fraglosen Tatsache einhergehenden Daseinserschlaffung vorzubeugen, verweist Heidegger auf eine weitere allzu gängige, ja die einzig wirklich unausweichliche Grundgegebenheit des menschlichen Lebens: dessen Endlichkeit. Es ist eine Endlichkeit – auch das zeichnet das Menschsein im Vergleich zu allen anderen Lebewesen aus –, um die das Dasein weiß. Und zwar mit einer Gewissheit, die im eigenen Lebensvollzug in der Form einer konkreten Möglichkeit ständig mitläuft und präsent ist. Ja, beobachtet man es recht, gibt es von all den Möglichkeiten, die ein sich auf die Welt hin frei entwerfendes Dasein bestimmen können, nur eine, deren zukünftige Realisierung wirklich gewiss ist: die Möglichkeit des Nicht-mehr-da-Seins.

Als einer sowohl zeitlich als auch inhaltlich für das Dasein völlig unbestimmten, jedoch sicher eintretenden Möglichkeit spricht Heidegger deshalb vom Tod doppelsinnig als der »gewissen Möglichkeit«. Im Gegensatz zur Angst ist der Tod zudem eine Gewissheit, in der Dasein ständig steht – also nicht eigentlich eine Stimmung, die mal einsetzen oder auch wieder verfliegen könnte. Als konkret erlebbare Gewissheit stellt der Tod die stete Bedingung der Möglichkeit sämtlicher der vom Dasein jeweils konkret im Lebenszusammenhang zu ergreifenden Möglichkeiten dar. Mit anderen Worten: Der Tod ist das Tor zur Freiheit.

Diese Funktion kann der Tod nur erfüllen, sofern er selbst vollständig unbestimmt bleibt: Annahmen, Spekulationen über oder auch nur Hoffnungen auf ein Leben nach dem Tod sind für Heidegger, im Rahmen seiner angestrebten Freilegung der Frage nach dem Sinn, deshalb zurückzuweisen. Sie verstellen dem Dasein den Blick auf dessen eigentliche Seinsmöglichkeiten. Gerade als ein in dieser Welt offen gespanntes, eben eigentliches, ist das Dasein damit ein kontinuierliches Vorlaufen zum Tode.

> Mit dem Tod steht sich das Dasein selbst in seinem *eigensten* Seinkönnen bevor. In dieser Möglichkeit geht es dem Dasein um sein In-der-Welt-sein schlechthin. Sein Tod ist die Möglichkeit des Nicht-mehr-dasein-könnens. Wenn das Dasein als diese Möglichkeit seiner selbst sich bevorsteht, ist es *völlig* auf sein eigenstes Seinkönnen verwiesen. So sich bevorstehend sind in ihm alle Bezüge zu anderem Dasein gelöst. Die eigenste, unbezügliche Möglichkeit ist zugleich die äußerste. Als Seinkönnen vermag das Dasein die Möglichkeit des Todes nicht zu überholen. Der Tod ist die Möglichkeit der schlechthinnigen Daseinsunmöglichkeit. So enthüllt sich der *Tod* als *die eigenste, unbezügliche, unüberholbare Möglichkeit.*[196]

Anstatt von der Gewissheit des Todes aus zurückblickend die Nichtigkeit alles Seienden und insbesondere der eigenen Existenz zu beklagen – wie es etwa die von Benjamin im Trauerspiel-Buch analysierte Epoche des Barock tat –, geht mit der Gewissheit um die dereinst eigene Nichtigkeit also der Appell eines selbstbestimmten Ergreifens der je eigenen Daseinsmöglichkeiten einher. Anstatt sich wie in manchen christlichen oder auch antiken Lebenslehren ständig im Bedenken der eigenen Endlichkeit aufzuhalten, gilt es im Lebensvollzug für Heidegger gerade darum, entschlossen auf sie hinzuzugehen. Anstatt sich damit zu trösten, dass sich die Welt auch nach dem eigenen Ableben, wie man so sagt, weiterdrehen wird, wird das Vorlaufen zum Tode für Heidegger zu einem uneinholbaren Anstoß, gerade die eigensten Daseinsmöglichkeiten einzuholen.

Jeder stirbt für sich allein. Der eigene Tod ist genauso wenig delegierbar wie das eigene Leben. Am tiefsten missverstanden fände sich Heideggers Daseinskonzeption des Vorlaufens zum Tode aber im Sinne eines Aufrufs zur Selbsttötung. Denn wer sein Leben von eigener Hand beendet, benimmt sich damit ja gerade endgültig all der Möglichkeit, die es in diesem Vorlaufen eigentlich zu ergreifen gölte. Den fortwährenden Prozess dieses entschlossenen Ergreifens – dem für Heidegger immer etwas von der Offenheit einer noch nicht ausreichend verstandenen Frage eignen muss (eben der Frage nach dem Sinn von Sein) – nennt Heidegger nun: existieren. Wer in diesem Sinne existiert, lebt, wie ein Dasein leben soll: nämlich eigentlich. Nur wenige Menschen tun das. Viel zu viele nicht.

Kein Wunder deshalb, dass Heidegger wahre Eigentlichkeit in Gesellschaft der sogenannten einfachen Menschen des Schwarzwalds viel eher verkörpert findet als in den gängig verbildeten akademischen Milieus. »Nach der Gesellschaft der Professoren habe ich kein Verlangen. Die Bauern sind viel angenehmer und sogar interessanter«, vertraut er Professor Jaspers an. Und: »Oft wünsche ich, daß Sie in solchen Stunden hier oben sein könnten. Zuweilen begreife ich nicht mehr, daß man da unten so merkwürdige Rollen spielen kann.«[197]

Existenzphilosoph Jaspers bleibt auch in der kreativen Rauschphase von »Sein und Zeit« die einzige akademische Bezugsperson, der sich Heidegger als Gleicher unter Gleichen anvertraut. Dies betrifft nicht zuletzt die konkrete Frage des Umgangs mit dem Sterben selbst. Denn auch, wenn es um die Frage nach dem Tod sowie der Angst der Sterbenden geht, öffnen sich Heidegger in der Spanne von 1924 bis 1927 neue Erfahrungshorizonte, die ihn tief angehen. Der Vater stirbt, nach einem Schlaganfall wochenlang im Todeskampf dämmernd, im Mai 1924. Was Heidegger aus dieser Phase am eindrücklichsten bleibt, ist die bis in das Sterben selbst hineinragende Angst des streng gläubigen, katholischen Vaters vor der Hölle und dem Letzten Gericht. Fast auf den Tag exakt drei Jahre danach erliegt die Mutter, ebenfalls nach monatelangem Leiden, einer Darmkrebserkrankung. Sie trägt besonders schwer an Martins Abfall vom Glauben und lässt ihn dies auch noch auf dem Sterbebett in aller Deutlichkeit wissen. Am 5. Februar 1927 berichtet Heidegger seiner Frau Elfride von den Gesprächen mit der bereits im Sterben liegenden Mutter: »Ich bin der Armen natürlich eine große Sorge u. sie meint immer, daß sie wäre verantwortlich für mich. Ich habe sie darüber beruhigt – aber gleichwohl trägt sie schwer daran. So stark sind doch die Mächte, daß sie gerade in solchen Stunden sich besonders geltend machen. Mutter war sehr ernst, fast sogar hart – u. ihr eigentliches Wesen war wie verdeckt: ›Beten kann ich für dich nicht mehr‹, sagte sie, ›denn ich hab für mich selbst zu tun.‹ Ich muß das tragen, u. meine Philosophie soll ja auch nicht nur auf dem Papier stehen.«[198]

Heidegger wird seiner Mutter am 3. Mai 1927 das erste gedruckte Buchexemplar von »Sein und Zeit« aufs Totenbett legen. Die bewusste, sogar das Seelenheil des Sohnes abkappende Vereinzelung der sterbenden Mutter mit Blick auf ihr Leben nach dem Tod – »nun habe ich für mich selbst zu sorgen« – dürfte auf ihn insofern besonders eindrücklich gewirkt haben, als dass auch in seiner Philosophie die Stimmung der Angst und die gewisse Möglichkeit des Todes im Dasein vor allem die Wirkung einer radikalen Vereinzelung zeitigen. Allerdings mit Blick auf das Leben *vor* dem Tod.

Die Eigentlichkeit, die es nach Heidegger für das Dasein zu erlangen gilt, ist nur aus dieser Erfahrung und dem Vollzug dieser radikalen Vereinzelung wirklich zu gewinnen. Das sorgende Mitsein anderer Menschen kann hierbei nicht helfen. Heideggers Appell zur Eigentlichkeit und damit Selbstfindung beruht so auf einer durchdringenden Asozialität des Daseins. Nur als voll entkoppeltes, als einziges und damit vereinzeltes, kommt es zur Einsicht in seine wahren Möglichkeiten.

Zum Sommer 1926, Hannah ist zum weitaus sozialeren Lebensphilosophen Jaspers getürmt, fühlt sich Heidegger wie verlassen und verloren in seinem Marburger Nebelnest. Immerhin, für die Familie wurde endlich eine neue, hellere Wohnung mit Garten gefunden. Und selbst das störrische Ministerium in Berlin wird nun, da »Sein und Zeit« in der deutschen Philosophie eine kometenartige Wirkung zu entfalten beginnt, nicht mehr lange in der Lage sein, sich dem ausdrücklichen Wunsch der Fakultät zu widersetzen. Das Ordinariat ruft. Ein Trost, aber kein Grund. Heideggers Zeit in Marburg, er begreift es mit todesähnlicher Klarheit, ist ein für alle Mal abgelaufen. Mit der gleichen Gewissheit wähnt sich Cassirer in seiner Hamburger Wahlheimat am Beginn einer neuen Geistesepoche.

DIE SCHULE VON HAMBURG

Von einem offiziellen Festakt zu sprechen, wäre übertrieben. Es ist eher ein Kreis aus engsten Freunden und gemeinsam Forschenden, der sich am 1. Mai 1926 in der Hamburger Heilwigstraße 116 einfindet, um den Neubau der Bibliothek Warburg einzuweihen. Bereits kurz nach seiner Rückkehr im Herbst 1924 hatte Aby Warburg mit der Planung des neuen Bibliotheksgebäudes begonnen. Die mehr als 30 000 Bände, die seine Sammlung nunmehr umfasste, ließen sich in der alten Lokalität nicht mehr geordnet unterbringen. An finanziellen Mitteln fehlte es nicht, genauso wenig wie an Vision und Elan. In weniger als zwei Jahren wird die erworbene Baulücke direkt neben Warburgs Wohnhaus mit einem Lese- und Forschungsbau gefüllt, wie er weltweit seinesgleichen sucht. Mit »26 Telefonanschlüssen, Rohrpost, Förderbändern sowie einem eigenen Aufzug für Bücher sowie einen für Menschen«[199] setzt die neue Kulturwissenschaftliche Bibliothek

Warburg – kurz KBW – allein schon aufgrund ihrer technischen Ausstattung neue Maßstäbe. Aber auch das bruchlos in den Freiraum gefügte Gebäude ist ein architektonisches Meisterstück. Das gilt insbesondere für den großen ellipsenförmigen Lesesaal, in dem Cassirer nun ans Rednerpult tritt, um über das Thema »Freiheit und Notwendigkeit in der Philosophie der Renaissance« zu referieren.

Gegen alle Widerstände und Bedenken der Ingenieure hat Warburg, in dessen Gedankenreich jedem geometrischen Körper eine besondere symbolische, ja weltanschauliche Bedeutung zukommt, auf der Ellipsenform des größten und zentralen Raumes der Bibliothek bestanden. Cassirer ist daran nicht unschuldig. War es doch insbesondere die gemeinsame Kreuzlinger Diskussion um die Bedeutung der Ellipse für die astronomischen Berechnungen Johannes Keplers, die Warburg das Vertrauen in seine geistige Belastbarkeit als Forschender zurückgegeben hat.

Für Aby Warburg markiert Keplers erstmalige Berechnung der Mars-Umlaufbahn als einer elliptischen – und damit eben nicht kreisrunden! – den eigentlichen Durchbruch vom mythisch-mittelalterlichen Denken in die Freiheit des modernen, naturwissenschaftlichen Denkens. Denn die Ellipse als Kreisform mit zwei Brennpunkten zählte nicht unter die geometrischen Idealkörper, die Platon in seinem Dialog »Timaios« herausgestellt hatte und die deshalb bis in Keplers Zeit hinein als verbindliche Formvorgaben der berechnenden Naturerschließung vorausgesetzt wurden. In Warburgs Augen stellt Keplers astronomisch-mathematisch motivierte Erweiterung dieses rein aus dem Geiste des antiken Mythos geborenen Formkanons einen höchst bedeutsamen Emanzipationsakt des menschlichen Geistes dar. Sie verkörpert beispielhaft die Überschreitung von der mythischen zur wissenschaftlichen Begriffsform und damit einen epochalen Freiheitsschritt: den Durchbruch zum modernen Weltbild.

Diesen Ursprung zu markieren und in seinen Ermöglichungsbedingungen kulturwissenschaftlich zu erschließen, ist ein Hauptziel seines nun wieder zu klarem Bewusstsein gekommenen Forschungsprogramms. Es folgt damit, der reinen Fragerichtung nach, nicht nur den Hauptwerken Heideggers und Benjamins – die ebenfalls eigenständige Anamnesen der Moderne sind –, sondern selbstverständlich auch den leitenden Forschungsinteressen des Philosophen *und* Philosophiehistorikers Ernst Cassirer als dem zweiten geistigen Haupt der Hamburger Schule im neu errichteten Ellipsenbau der KBW.

DER VERDECKTE URSPRUNG

Wie war es zum modernen Weltbild gekommen? Diese Frage untersucht Ernst Cassirer im Frühjahr 1926 in einem eigenständigen Werk und widmet dieses Aby Warburg zu dessen 60. Geburtstag. Sein Titel: »Individuum und Kosmos in der Philosophie der Renaissance«[200]. Aus diesem frisch verfassten Buch wird er zur Eröffnung des Bibliotheksbaus den Anwesenden nun das dritte von insgesamt vier Kapiteln vortragen. Cassirers bis heute gefeierte Renaissance-Studie ist dabei keineswegs »nur« eine philosophiehistorische Sichtungsarbeit. Vielmehr sucht sie aus der Freilegung der geistigen Wurzeln der Renaissance auch wiederbelebende Anstöße und Inspirationen für das Philosophieren des eigenen Zeitraums zu gewinnen.

Auch diesem stillen Hauptwerk eignet also der Charakter einer tiefgreifenden Verlustanzeige und Krisenanalyse. Allerdings nicht mit dem Ziel, die Moderne als solche als fundamentalen Fehlweg in die kulturprägende Welt-Trauer oder Seinsvergessenheit sichtbar werden zu lassen. Vielmehr geht es Cassirer um ein klares Bekenntnis, ja eine philosophische Feier des Renaissance-Ursprungs als eines denkbar umfassenden Selbstbefreiungs- und Weltgestaltungsgeschehens, dessen wesentliche Impulse dann ab dem 17. Jahrhundert von der abstraktionsfixierten, leibfeindlichen und rein bewusstseinsfokussierten Moderne des René Descartes und seiner methodischen Nachfolger überschattet wurden[201] – mit prägenden Folgen bis in die Philosophie der zwanziger Jahre des 20. Jahrhunderts hinein. Wenn auch vornehm hanseatisch verdeckt, stellt Cassirers »Individuum und Kosmos« ebenfalls den Appell zu einer grundsätzlichen Erneuerung modernen Philosophierens dar. Hier als geforderte Rückkehr zu seinen wahren Ursprungsquellen: eben denen der Renaissance. Dies entspricht einem Verständnis im Geiste eben jenes Philosophierens, an dessen Vollzug und Ausarbeitung sich Cassirer mit seiner »Philosophie der symbolischen Formen« gemacht hat. Thetisch und damit viel direkter formuliert, als Cassirers Stil es nahelegt: Die Erneuerung der Philosophie im Geiste der Renaissance als eigentlichem und bis heute wegweisendem Ursprung unserer Moderne wird die Gestalt einer Philosophie der symbolischen Formen annehmen müssen!

PLURALITÄT IM AUSGANG

Als wichtigstes Kennzeichen der Renaissance hebt Cassirer dabei – scheinbar paradox – die Tatsache hervor, dass die Philosophie im Rahmen dieses Erweckungsgeschehens keine wesentliche Rolle spielte. Erstarrt in den – durch kirchliche Institutionen begrenzten – Schulbildungen der Scholastik zeigt sie sich vielmehr außerstande, das rasende Innovationstempo des 14. und 15. Jahrhunderts – sei es in Bezug auf die Künste oder die Wissenschaften – begrifflich einzuholen oder auch nur ausreichend zu reflektieren. Wie große Teile der analytischen Philosophie heute erging sich auch die Scholastik damals lieber im Fetischismus feiner Unterscheidungen auf scheinbar gesichertem Fragefundament, als sich dem Abenteuer zu stellen, einen relevanten Verständnisbeitrag zu ihrem eigenen, sich in seinen Grundfesten wandelnden Zeitalter zu liefern. In Cassirers Worten: »So scheint gerade in der Philosophie die geistige Grundkraft der Epoche: der Drang zur scharfen Begrenzung und Formung, zur Sonderung und Individualisierung, noch nicht wirksam geworden zu sein oder doch im ersten Ansatz zu erlahmen.«[202]

Bereits auf den ersten Seiten wendet Cassirer sich damit ausdrücklich gegen eine prägende Grundannahme insbesondere der heideggerschen Verfallsanalyse. Man kann sie die Annahme einer »zivilisatorischen Überschätzung der Philosophie«[203] nennen. Wer die mutmaßlichen Ursprünge eines Zeitalters, und insbesondere der Moderne, allein in der Philosophie sucht, kann weder die Eigenheiten des infrage stehenden Zeitalters noch dessen Philosophie wirklich durchdringen. Cassirer sieht die Philosophie in seiner Analyse der Renaissance vielmehr als *eine* Innovationsstimme unter vielen und zudem eine Stimme, der eine Disziplinen verknüpfende Funktion zukommt. Genau dies ist ja auch das Verständnis, das seine Philosophie der symbolischen Formen in der künstlerisch, wissenschaftlich und technisch rasenden Innovationsdekade der zwanziger Jahre leitet. Auch die zwanziger Jahre des 20. Jahrhunderts begreifen sich, mit gutem Grund, als eine Dekade nie da gewesener, weltverändernder Innovationen vor allem technischer Art. Das Automobil beginnt als Massenartikel das Stadtbild zu bestimmen, das Radio wird zum globalen Kommunikationsmedium im öffentlichen, das Telefon im privaten Raum, das Kino wird als Kunstform geboren, die ersten kommerziellen Fluglinien starten, nicht nur Dampfschiffe, sondern bald auch Zeppeline und sogar Flugzeuge, Charles Lindbergh macht es vor, überqueren Ozeane. Man bezeugt die Geburt des globalen Kommunikationszeitalters aus dem Geiste einer sich als rasend ankündigenden technischen Innovation. Bis in unser heutiges Zeitalter. Kein Einzelner und keine Einzeldisziplin vermögen hier deutend Schritt zu halten. Selbst die Philosophie nicht. Sie begreift sich, gerade im deutschsprachigen Raum, selbst als Hauptgetriebene des Fortschritts, will dort in der Regel bestenfalls dessen kritische Bremse sein, keinesfalls aber als deren antreibender Motor fungieren.

So ist es womöglich mehr als nur ein wohlwollend dankbares Detail, wenn Cassirer in der Zueignung seines Werkes an Aby Warburg herausstellt, dass dieses Buch eigentlich als Gemeinschaftswerk eben jener eng im Austausch stehenden, interdisziplinären Forschergruppe begriffen werden muss, der die Bibliothek zum intellektuellen Zentrum ihres Arbeitens geworden ist. Zu deren engerem Kreis zählen 1926: Gertrud Bing, Ernst Cassirer, Edgar Wind, Erwin Panofsky, Joachim Ritter und Fritz Saxl – um nur die später Einflussreichsten unter ihnen zu nennen. Verkörpere doch, fährt Cassirer dankend fort, der Aufbau und die geistige Struktur der Bibliothek die Idee einer methodischen Einheit aller Forschungsfelder und Strömungen der Geistesgeschichte.

Eine wesentliche Aufgabe der Philosophie wird nach Cassirer darin liegen, über alle Differenzen der einzelnen Formen hinweg so etwas wie den Kern der einenden Leitmotive für jedes Zeitalter auszumachen. Und sei es nur, um allen an diesem Geschehen beteiligten Kräften und Strömungen den Blick für die jeweilige Begrenztheit und auch Verbundenheit der jeweiligen Disziplinen im Konzert des großen Ganzen zu geben. Ohne einheitsstiftende Anzeigen droht gerade in hochdynamischen Phasen die Polyphonie der Disziplinen zur Kakophonie zu werden. Und darunter leiden dann letztlich alle Beteiligten.

SELBSTGESTALTUNG DURCH WELTERSCHLIESSUNG

Die einenden Zentralmotive der Renaissance liegen für Cassirer in einer Neubestimmung der Stellung des Menschen in einem von ihm neu erschlossenen Kosmos. Daher der Titel: »Individuum und Kosmos«. Der Renaissance-Mensch begreift sich zunächst und vor allem als Individuum, dessen jeweilige Individualität sich in seiner Fähigkeit oder auch Offenheit zur aktiven, undogmatischen Selbstgestaltung findet und bewährt. Dieser Kosmos eröffnet sich dem Renaissance-Individuum aber als ein unendlich weiter Raum, dessen Gesetzmäßigkeiten sich eben durch die Praxis der aktiven, forschenden Selbstgestaltung als geradezu unglaublich erschließbar erweisen.

Für die menschliche Fähigkeit zur Selbsterforschung und -gestaltung steht dabei in Cassirers Vortrag der Begriff der Freiheit. Für den Prozess der erkennenden Welt- und damit immer auch Naturgesetzeserschließung der Begriff der Notwendigkeit.

So gefasst, und darin besteht für Cassirer ein besonderer Charme der Renaissance (wie auch seiner eigenen Philosophie der symbolischen Formen), bezeichnet das Begriffspaar Freiheit und Notwendigkeit kein Verhältnis wechselseitiger Ausschließlichkeit mehr. Die scheinbar zwingende Frage: »Wenn alles von Naturgesetzen beherrscht wird, wie kann es dann Freiheit beziehungsweise einen freien Willen geben?« verliert nach dieser Sicht ihren existentiellen Schauer. Vielmehr sind Freiheit und Notwendigkeit nun komplementäre Begriffe, die einander im Ursprung bedingen: Nur in den Werken der freien Selbstgestaltung nämlich, zu denen neben den Experimenten der Naturwissenschaften auch die der Künste, die Ingenieurwissenschaft oder die Medizin gehören, werden überhaupt jene Gesetzmäßigkeiten erschlossen, die es erlauben, von so etwas wie kausaler Notwendigkeit zu sprechen. Moderne Freiheit und kausale Notwendigkeit sind damit für Cassirer gleichursprünglich. Und dies nicht etwa als Ursprung eines Trauerspiels, das alles stumm und taub macht, sondern im Sinne einer erkennenden Feier des gesamten Reichtums der Schöpfung, die alles gemeinsam zum Sprechen und Klingen bringt. So wie Leonardo da Vinci es als Künstler, Wissenschaftler, Poet, Philosoph, Ingenieur, Arzt und erotisch wie leiblich vielseitig interessiertes Individuum in einer Person erfuhr und vermochte.

Was all diesen Tätigkeiten der Selbst- und Welterschließung ihre eigentliche Basis verleiht, ist für die Renaissance – wie für Cassirers eigene Philosophie – die Fähigkeit, der eigenen Erfahrung einen symbolischen Ausdruck zu geben. Also die eigene, jeweils ganz individuelle Weltvision in Form eines Werkes (und sei es nur eines Pfeifens, einer Geste, einer Zeichnung oder einer Berechnung) zur Gestalt werden zu lassen. Zum Zeichen geworden und damit in den Raum des Öffentlichen gestellt, kann ein »Werk« dann anderen, nachfolgenden wieder zum Ausgangspunkt ihrer jeweils eigenen Selbst- und Welterschließung werden: Kultur als der fortwährende Prozess einer symbolgeleiteten Orientierung oder auch Erschließung in der Form des Worts, des Bildes, der Berechnung oder auch des eigenen Leibes. Hierin besteht nach Cassirer die eigentliche »Logik der Forschung« der Renaissance. Nicht zufällig entspricht der Aufbau dieser einmalig kreativen Renaissance-Welt exakt dem inhaltlichen Aufbau der Bibliothek Warburg.

WAS IN DEN STERNEN STEHT

Ein besonderes Charakteristikum der Renaissance als einem Zeitalter des Übergangs und Durchbruchs zu einem neuen Weltverständnis liegt für Cassirer in der Erfahrung kultureller Gleichzeitigkeit von »mythischen Zugängen« und »modern wissenschaftlichen«. Dies zeigt sich insbesondere angesichts der damals noch verschwommenen Grenze zwischen der Astrologie und Astronomie. Astrologisch gesehen untersteht der Mensch geheimen Kräften und Konstellationen, die er bestenfalls deuten, nicht aber selbstbestimmt lenken und verändern kann. Gerade die Natur der Astrologie ist dabei eine streng gesetzmäßige. Hier gelten und wirken Naturgesetze. Doch tun sie dies im Sinne einer zunächst mythisch und nicht berechnend mathematisch erschlossenen und begriffenen Natur. Genau dieses Verhältnis kehrt sich mit der Astronomie um, und es ist das besondere Verdienst von Übergangsgestalten wie Kepler und Kopernikus, im Verlauf der Renaissance den Durchbruch von der sie selbst noch stark prägenden Astrologie zu der neuen Denkart der Astronomie vollzogen zu haben. Cassirer schildert die mit diesem Wandel verbundenen Auswirkungen für das Selbstbild des Menschen und seine damit neu gewonnene Stellung im Kosmos wie folgt:

> Mag der Mensch immerhin unter einem bestimmten Planeten geboren sein und unter seiner Herrschaft sein Leben führen müssen: bei ihm steht es, welche Möglichkeiten und Kräfte, die dieser in sich faßt, er in sich entfalten und zu voller Reife bringen will. Ja, er kann sich je nach den geistigen Neigungen und Bestrebungen, die er in sich walten lässt und fördert, bald unter den Einfluß des einen, bald unter den eines anderen Gestirns begeben.[204]

Es tritt also eine Umkehrung der Denkart ein: Die Blickrichtung geht nicht mehr von den kosmischen Naturmächten herunter auf das Individuum, sondern vom Mikrokosmos des Individuums aus hinauf in den Makrokosmos, als dessen Teil es sich begreift. Nicht geleugnet wird dabei, dass die natürliche Einbindung des Individuums in den großen kosmischen Gesamtzusammenhang seinem Selbstgestaltungsbestreben gewisse Grenzen und Bedingungen auferlegt. Die Fähigkeit des Individuums zur Selbstbestimmung ist im Renaissance-Verständnis also keine unbedingte, keine vollends autonome. Kein Erdling kann sich die Gesetze, die sein eigenes Werden bestimmen, ganz selbst erlassen. Totale Autonomie ist eine weltfremde Illusion. An ihre Stelle tritt mit der Renaissance das Bewusstsein einer, wie man sagen könnte, bedingten Freiheit und damit einer Plastizität der Selbstgestaltung innerhalb gewisser Spielräume. Je tiefer aber die Einsicht des Individuums in die jeweiligen Bedingungen, die sein Werden bestimmen, umso größer auch der erschlossene Spielraum innerhalb dieses erkannten Bedingungsgefüges.

Als technisches Beispiel: Kein Mensch kann so, wie er auf die Welt kommt, fliegen. Selbst Leonardo da Vinci nicht. Aber sind die Gesetze der Schwerkraft, der Trägheit und des Luftwiderstandes einmal erschlossen, öffnen sich, mithilfe gewisser Berechnungen und Techniken für den Menschen Spielräume, sein vorgeblich unabänderliches Schicksal des Nicht-fliegen-Könnens zu modifizieren und zu umgehen. Als schöpferischer Gestalter des eigenen

Weltzugangs spielt er dabei sozusagen das eine Gestirn (sprich: Gesetz) gegen ein anderes Gestirn (sprich: Gesetz) aus. Und gerät dabei ins Fliegen.

Genauso wenig, wie die so verstandene Renaissance von einer unbedingten Freiheit des Individuums ausgeht, wird sie folglich, bezogen auf das je eigene Dasein, von einer unbedingten Notwendigkeit der »Naturgesetze« ausgehen. Es gibt in diesem Sinne also durchaus die Möglichkeit, das Schicksal in die eigene Hand zu nehmen, und zwar durch den Prozess der forschenden Erschließung eben jener Dynamiken, die das eigene Werden in seinem Verlauf bedingen. Wieder gilt hier: Das von Cassirer so freigelegte, moderne Verhältnis von »Freiheit und Notwendigkeit in der Renaissance« ist kein anderes als das seiner eigenen »Philosophie der symbolischen Formen«.

Ja, auch Cassirers Aufsuchen des Ursprungs der Moderne in »Individuum und Kosmos« trägt, ähnlich wie Benjamins und Heideggers Werke, den Charakter einer Verlustanzeige. Doch lässt sich aus seiner Sicht in anderer Weise besonders klar aufzeigen, worin der Verlust der späteren Moderne gelegen haben mag: Berauscht von der Verfügungs- und Prognosemacht der Naturwissenschaften des 17. und 18. Jahrhunderts entwickelt sich ein Verständnis von physikalischen Naturgesetzen als absolut determinierenden Kräften allen kosmischen Geschehens – den Menschen als rein materielles Dingwesen eingeschlossen. Das Problem der (Willens-)Freiheit des Menschen konnte dann nur noch um den Preis gelöst werden, diesen Menschen in seinem eigentlichen Wesen absolut zu entweltlichen: nämlich in der Form der cartesischen Bewusstseinsphilosophie; der Mensch als rein denkende Substanz, die völlig losgelöst vom Leib zu begreifen ist.

In einem durch blinde Kausalketten vollends determinierten Naturgeschehen kann sich der Mensch nur dann als frei begreifen, wenn er sich entweltlicht und selbst zu einer Art kleinem Gott stilisiert, dem die dann immer mysteriös bleibende Fähigkeit zugesprochen werden muss, mit der Macht des Geistes selbst eigene Kausalketten sozusagen aus dem Nichts anregen zu können.

In Cassirers Terminologie ist die Diagnose über dieses Zeitalter der *späteren* Moderne und damit insbesondere auch der *Aufklärung* ebenso klar wie scheinbar paradox: Sie steht für einen abermaligen kulturellen Rückfall in mythische Denkkategorien – freilich auf deutlich höherem Verfügungsniveau. An die Stelle der eisern mythischen Notwendigkeit tritt die der Kausalgesetze, an die Stelle der launisch-souveränen Gestirne beziehungsweise des gütigen Gottes tritt der zum reinen Bewusstseinswesen verklärte »autonome« Mensch.

Das ist die wahre *Dialektik der Aufklärung*, die Cassirer klar benennt und beklagt. Allerdings nicht, weil bereits ihr Grundimpuls in der Renaissance fatale Folgen zeitigen musste, sondern weil dieser Grundimpuls im Verlauf ihrer Entwicklung selbst verdeckt und verstellt wurde. Cassirers Philosophie der symbolischen Formen strebt an, dieses Verdeckungsgeschehen rückgängig zu machen. Und zwar zu einer Zeit, inmitten der zwanziger Jahre, in der insbesondere das Verhältnis von Freiheit und Notwendigkeit, Determination und Unschärfe, wie es in der klassischen Physik gefasst wurde, denkbar radikal infrage gestellt wurde. Werner Heisenberg veröffentlichte seine Thesen zur »Unschärferelation« zeitgleich mit Cassirers »Individuum und Kosmos«, im Jahre 1927.

Freiheit ergreifen! Ausgehend von einem wissenschaftlichen Weltbild, im klaren Bewusstsein von dessen Grenzen, Missverständnissen und Deutungsübergriffen. Das war auch die Mission des »Tractatus logico-philosophicus« sowie seines Autors, des Volksschullehrers und geistigen Führers in eine »bessere« Zeit: Ludwig Wittgenstein.

KINDERMUND

> Auch hier in meinem idyllischen Otterthal wird mein Geburtstag, den ich am liebsten geheim gehalten hätte, von der Bevölkerung durch eine mächtige Demonst[r]ation gefeiert. Aus allen Gauen der Waldmark strömen Tausende und Abertausende herbei; um ihren geliebten Lehrer an seinem Jubeltag zu begrüßen und dem Wunsche Ausdruck zu verleihen, er möchte noch viele Jahre zum Wohl der vaterländischen Jugend wirken und dadurch auch den jüngeren Kräften – wie z.B. dir – ein Beispiel und Ansporn der Aufopferung und Pflichttreue sein. Ich selbst werde an diesem Tag über den Achtstundentag, den Völkerfrieden und die Arbeitslosenunterstützung reden.[205]

Kurz vor dem Ende hilft nur noch Sarkasmus. Und das Ende, Volksschullehrer Ludwig Wittgenstein spürt es an seinem 36. Geburtstag deutlicher als je, ist nah. Derartige Blödeleien an beste Freunde, wie hier an Rudolf Koder, zu versenden, ist für ihn durchaus nicht unüblich. Wer die Grenze des Sinns ziehen will wie er, hat sich auch mit den mannigfachen Spielarten des Unsinns besonders vertraut zu zeigen. Im Frühling des Jahres 1925 ernsthaft befragt, inwiefern er seine eigene Kultur auf einen neuen Tiefpunkt zusteuern sieht, hätte Wittgenstein gewiss jenes ebenso zeittypische wie explosive Gemisch aus politischem Führerkult, medial gelenkter Massenverblödung, dumpfem Nationalismus sowie nicht zuletzt sozialdemokratischer Fortschrittsgläubigkeit genannt, die auch den satirischen Gegenstand seiner Postkarte an Rudolf Koder vom 29. April 1925 bildet. 1925 – das Jahr, in dem Hitlers »Mein Kampf« erscheint, das Jahr, in dem Stalin die Macht endgültig an sich reißt, das Jahr, in dem ein junger spanischer General namens Francisco Franco unter dem Schlachtruf »Es lebe der Tod!« mit seinen Truppen Marokko unterwirft, das Jahr, in dem die NSDAP gegründet wird, das Jahr, in dem der Konservative Paul von Hindenburg den Sozialdemokraten Friedrich Ebert als Reichspräsident ablöst, das

Jahr, in dem Kafkas »Der Prozess« veröffentlicht wird – sieht Wittgenstein auf seiner vierten und, wie sich bereits ein Jahr später erweisen sollte, endgültig letzten Lehrerstation in Otterthal. Noch allerdings will sich der allseits »geliebte Lehrer« nicht endgültig geschlagen geben. Während Heidegger, Benjamin und Cassirer im selben Zeitraum ihre jeweiligen Verfallsanalysen der Moderne entwerfen, leistet Wittgenstein vor Ort widerständige Basisarbeit.

INGENIEURE DES SPRECHENS

Was die Therapievorschläge seines »Tractatus« betrifft, gibt er sich keinen Illusionen hin. Sie würden auf ewig der Minderheit vorbehalten bleiben. Die Welt in dem von ihm dargelegten Sinne »richtig zu sehen«, ist nichts, was sich im eigentlichen Sinne lehren ließe. Was nicht zuletzt daran liegt, dass der Leiterweg des »Tractatus« gerade im alles entscheidenden Anfang an bestimmte Erfahrungen und Einsichten gebunden war. Erfahrungen und Ahnungen, deren Substanz weit über das eigentlich Sag- und damit diskursiv Vermittelbare hinausgingen. So heißt es im Vorwort des Werkes auch ausdrücklich: »Es ist also kein Lehrbuch.« Den philosophischen Ursprung des »Tractatus« bildet eine unverfügbare, ja geschenkhafte Erfahrung, nicht ein glasklar rekonstruierbares Argument.

Andererseits sieht Wittgenstein als Pädagoge, ganz auf einer Linie mit weiteren Ikonen seiner Wiener Moderne – Ernst Mach, Karl Kraus, Sigmund Freud –, gerade was den Bereich der alltäglichen Sprache angeht, durchaus therapeutisches Interventionspotential. Die Krise der Kultur ist auch für ihn in erster Linie eine Krise des öffentlichen Sprachgebrauchs. Und um dieses Übel an seiner Wurzel zu packen, muss man durchaus nicht nur, wie Heidegger, Benjamin und Cassirer, weit in der historischen Vergangenheit liegenden Fehlbildungen nachgehen. Schließlich treten mit jedem Tag, den Gott gibt, neue Wesen in unsere Gemeinschaft ein, die noch gänzlich frei von jeder Kultur und den damit verbundenen Anfälligkeiten und Verwirrungen sind: Ist nicht jedes aufgeweckte Kind der lebendige Beweis für die prinzipielle Schulbarkeit eines besseren, klareren und damit autonomiefördernden Sprechens? Insofern Aufklärung »der Ausgang des Menschen aus einer selbstverschuldeten Unmündigkeit ist«, lässt sich diese Dynamik der »Selbstverschuldung« auch pädagogisch deuten. Die von Kant angeprangerte Selbstverschuldung wird dann als ein generationales Verhältnis und auch Verhängnis sichtbar: Wir erziehen unsere Kinder zur geteilten Unmündigkeit, indem wir ihnen unseren, selbst nicht ausreichend geklärten Sprach- und Begriffsgebrauch als Grundlage ihrer gesamten Weltorientierung antragen und nahebringen. Das ist kein Schicksal. Das lässt sich ändern. Durch gemäßes Einüben. Wenn schon nicht im eigenen Elternhaus, dann wenigstens in der Schule.

Die Überzeugung, dass die Sprache aus ihrer inneren Logik heraus zu jedem Zeitpunkt und Zustand der Kultur die Kräfte zur Heilung eben jener Missverständnisse und Fehldeutungen in sich trägt, die sie selbst permanent hervorruft und erzeugt, fundiert bereits Wittgensteins Therapieprogramm des »Tractatus«. Und sie wird auch die leitende Annahme der gesamten wittgensteinschen Spätphilosophie ab 1929 bilden, insbesondere seines zweiten Hauptwerks, den »Philosophischen Untersuchungen«. Dieses zweite, konsequent dialogisch gehaltene Buch wird dabei von der Stimme eines eigenwillig nachfragenden Kindes dominiert. Zu größten Teilen nämlich besteht dieses Werk aus den fortlaufenden Frage-Antwort-Spielen eines Philosophen mit einem (imaginierten, innerlichen) Kind. Fast jede Seite dieses Werks stellt beispielhafte Einweisungsszenen in unsere Lebensform dar, in denen eine väterlich-philosophische Stimme einem Kind zu erklären versucht, was Sprache ist, worauf sie basiert (und worauf nicht) und nicht zuletzt welche Rolle und Bedeutung gewisse zentrale Worte in unserem Leben wahrhaft einnehmen.

Bereits der erste Eintrag dieses in inhaltlich lose aufeinanderfolgenden Paragraphen geordneten Werkes zitiert solch eine erinnerte Unterweisungsszene. Und zwar mit dem Ziel, das Bild von der Natur der menschlichen Sprache, wie es niemand anders als Kirchenvater Augustinus in seinen »Konfessionen« erzeugte, ausdrücklich zurückzuweisen:

> »§ 1. Augustinus, in den Confessiones I/8: … Nannten die Erwachsenen irgend einen Gegenstand und wandten sie sich ihm dabei zu, so nahm ich das wahr und ich begriff, daß der Gegenstand durch die Laute, die sie aussprachen, bezeichnet wurde, da sie auf *ihn* hinweisen wollten … So lernte ich nach und nach verstehen, welche Dinge die Wörter bezeichneten, die ich wieder und wieder, an ihren bestimmten Stellen in verschiedenen Sätzen, aussprechen hörte. Und ich brachte, als nun mein Mund sich an diese Zeichen gewöhnt hatte, durch sie meine Wünsche zum Ausdruck.[206]

Wittgensteins unmittelbar anschließender Kommentar zu dieser erinnerten Urszene lautet folgend:

> In diesen Worten erhalten wir, so scheint es mir, ein bestimmtes Bild von dem Wesen der menschlichen Sprache. Nämlich dieses: Die Wörter der Sprache benennen Gegenstände – Sätze sind Verbindungen von solchen Benennungen. – In diesem Bild von der Sprache finden wir die Wurzeln der Idee: Jedes Wort hat eine Bedeutung. Diese ist dem Wort zugeordnet. Sie ist der Gegenstand, für welches das Wort steht. Von einem Unterschied der Wortarten spricht Augustinus nicht. Wer das Lernen der Sprache so beschreibt, denkt, so möchte ich glauben, zunächst an Hauptwörter, wie »Tisch«, »Stuhl«, »Brot«, und die Namen von Personen, erst in zweiter Linie an die Namen gewisser Tätigkeiten und Eigenschaften, und an die übrigen Wortarten als etwas, was sich finden wird. …[207]

Wittgensteins Therapiebemühungen verfolgen nun das Ziel, den in der Erinnerung haften gebliebenen Schein- und Fehlbildern andere, alternative Erinnerungen und Denkbilder entgegenzusetzen, um die Welt und unseren Platz in ihr »richtig zu sehen«. Der Bezug auf die Kindheit als dem eigentlich aufschlusskräftigen Stadium unseres Weltverhältnisses spielt dabei eine absolut zentrale Rolle. Wie bereits an Paragraph 5 deutlich wird:

> § 5. Wenn man das Beispiel im § 1 betrachtet, so ahnt man vielleicht, inwiefern der allgemeine Begriff der Bedeutung das Funktionieren der Sprache mit einem Dunst umgibt, der das klare Sehen unmöglich macht. – Es zerstreut den Nebel, wenn wir die Erscheinungen der Sprache an primitiveren Arten ihrer Verwendung studieren, in denen man den Zweck und das Funktionieren der Wörter klar übersehen kann.
> Solche primitiven Formen der Sprache verwendet das Kind, wenn es sprechen lernt.[208]

In die konkrete pädagogisch-philosophische Tat umgesetzt, lautet das beispielsweise so wie in Paragraph 11 der »Philosophischen Untersuchungen«:

> § 11. Denk an die Werkzeuge in einem Werkzeugkasten; es ist da ein Hammer, eine Zange, eine Säge, ein Schraubenzieher, ein Maßstab, ein Leimtopf, Leim, Nägel und Schrauben. – So verschieden die Funktionen dieser Gegenstände, so verschieden sind die Funktionen der Wörter (Und es gibt Ähnlichkeiten hier und dort) …[209]

Das versteht tatsächlich jeder Viertklässler. Wittgensteins therapeutische Losung lautet also klarerweise »back to the roots« – zu den eigentlichen Anfängen des Sprechens, zu den konkreten Kontexten ihres Erlernens. Und zwar nicht historisch oder metaphysisch – wie insbesondere bei Benjamin und Heidegger der Fall –, sondern lebensweltlich, bezogen auf unseren lehrenden Umgang mit Kindern.

Genau damit kennt er sich seit 1920 bestens aus. In der Hinwendung zur Figur des sprechenden Kindes, die für seine Spätphilosophie prägend ist, treffen sich biographische Erfahrungen und philosophische Einsichten, die direkt auf seine Zeit als Volksschullehrer verweisen. Besonders auf die Zeit ab 1924 in Otterthal. Denn es ist in Otterthal, wo Wittgenstein – zeitgleich mit Heidegger, Benjamin und Cassirer – ebenfalls ein neues Werk verfasst, das sich ganz explizit der Frage nach den sprachlichen Wurzeln unseres Weltverhältnisses stellt. Die Leitfrage dieses Buches, abgesehen vom »Tractatus« dem einzigen, das er zu Lebzeiten unter seinem Namen veröffentlichen wird, lautet ganz einfach: Welches sind die 3000 Wörter, die für ein Otterthaler Schulkind des Jahres 1925 die Welt bedeuten? Daher auch der denkbar direkte Titel des Werkes: »Wörterbuch für Volksschulen« – von Ludwig Wittgenstein.

LISTE DER VERNUNFT

Das zu lösende Problem, dem dieses Grundlagenwerk seine Existenz verdankt, ist zunächst alles andere als ein philosophisches. Es fehlt in Österreich zu dieser Zeit schlicht an einem Wörterbuch, das gerade für Schüler in den ärmeren Regionen des Landes erschwinglich gewesen wäre. Wittgenstein erkennt den Mangel, hält ihn für leicht behebbar und nimmt diesbezüglich bereits im Herbst 1924 erstmals Kontakt mit einem Wiener Schulbuchverlag auf, der sogleich Interesse an einer Umsetzung des Projekts signalisiert. Zu erstellen ist eine alphabetisch geordnete, orthographisch korrekte Liste der gebräuchlichsten und wichtigsten Wörter im Wortschatz eines Volksschülers vom Lande. Das Buch sollte es den Schülern ermöglichen, bei etwaigen Zweifeln einfach nachschlagen und ihre Rechtschreibung so eigenständig verbessern zu können. An sich, wie es scheint, keine große Sache. Das »Abendmahl«

ist gewiss gesetzt, auch das »Abendbrot«. Aber wie steht es um den »Abendstern« oder gar das »Abendland«? »Pfau« und »Pfeil« müssen herein, aber auch die »Promenade«?[210] Oder beginnt mit dem Eintritt dieses Begriffs in ein junges Landleben bereits der Kulturverfall?

Wenn es wahr ist, dass die Grenzen der Sprache die Grenzen der Welt sind, ist es dann nicht die Pflicht eines jeden guten Pädagogen, diese Grenzen möglichst sorgsam zu ziehen und auch zu bewachen? Fragen über Fragen, und zwar sämtlich solche der letztlich wertbehafteten Art. Der Wittgenstein-Test taugt bis heute: Nenne mir deine 3000 lebensweltlich zentralen Wörter, und ich sage dir, wer du bist. Das Projekt »Wörterbuch« steht denn auch in Inhalt wie Ausführung beispielhaft für Wittgensteins gesamten pädagogischen Ansatz.

Er trifft die Auswahl der Wörter eigenständig im stillen Kämmerlein, ohne Befragung oder gar Abstimmung mit seinen Schülern. Dialektwörter nimmt er auf, da sie Teil des natürlichen Sprachgebrauchs seiner Schüler sind. Zudem lässt er das Wörterbuch in Otterthal zu einem Projekt werden, das die Kinder im Verlauf des Schuljahres Schritt für Schritt umsetzen: vom eigenhändigen, oft stundenlangen Abschreiben der Wortlisten bis zur nochmaligen Übertragung in Schönschrift, dem Binden und Kartonieren der Blätter zu einem Buch. (Das Material dafür lässt Wittgenstein sich auf eigene Kosten aus Wien kommen.) Für viele seiner damaligen Schüler ist das handgefertigte Exemplar das erste und einzige Buch, das sie besitzen. Selbstgemacht!

Wittgenstein ist auch sonst ein ausgesprochener Projektlehrer. Stets strebt er danach, den vermittelten Stoff unmittelbar am Objekt zu veranschaulichen. Eine besondere Vorliebe von ihm gilt in diesem Zusammenhang Tierskeletten, die er gemeinsam mit den Schülern präpariert und zusammensetzt. Die dazugehörigen Kadaver, wie etwa umgefahrene Katzen und Füchse, sammelt er von den Straßen des Dorfes, weidet sie eigenhändig aus und kocht die Knochen dann für mehrere Tage gründlich aus. Bereits in Trattenbach hat der bestialische Gestank, der dabei stets entsteht, zu heftigen Beschwerden der betroffenen Nachbarschaft geführt. Was Wittgenstein allerdings nicht davon abhält, mit diesen Projekten auch in sämtlichen weiteren Stationen fortzufahren. Schließlich tut er es ja nicht für sich, sondern für den Unterricht. Zudem sind ihm die Ansichten seiner dörflichen Mitmenschen, im Gegensatz zu denen seiner Schutzbefohlenen, herzlich gleichgültig. Wann immer man bei ihm vorstellig wird, knallt er den aufgebrachten Dorfbewohnern die Tür vor der Nase zu und empfiehlt ihnen, sofern sie den Gestank wirklich nicht aushalten können, den Ort einfach zu verlassen – am besten für immer!

DAS PRINZIP VERANTWORTUNG

Mag er auch als Sonderling gelten, als Pädagoge auf dem Lande hat Wittgenstein klare Vorstellungen und Erziehungsideale: Erkennen, wer man ist. Erkunden, was man will. Erfahren, was man vermag. Offenen Unsinn und logische Fehler nach Möglichkeit vermeiden. Was sich sagen lässt, lässt sich klar sagen. Praxis trumpft Theorie. Und wenn es hier auf Erden überhaupt etwas zu retten und heilen gilt, dann die eigene Seele, nicht aber die ganze Welt.

Kocht man dies auf den täglichen Umgang mit Viertklässlern herunter, ist diese Ausrichtung weder besonders kompliziert noch elitär – noch abwegig. Dennoch erfährt sich Wittgenstein mit seinen Vorstellungen in Otterthal auch pädagogisch weitgehend isoliert. Bei allem erklärten Willen, sich auf den Spuren Tolstois dem »einfachen Volk« zuzuwenden, ja erlöst in dessen grundgütiger Bescheidenheit aufzugehen, bleibt sein Unterricht von einem robusten, meritokratischen Eigensinn geprägt. Es geht ihm als »Führer der Jugend« in erster Linie um die Förderung und Erzeugung fähiger, selbsterfahrener und moralisch gefestigter Individuen. Sein besonderes pädagogisches Wohlwollen gilt dabei stets den wenigen, nicht den vielen. Während Heidegger zeitgleich nicht müde wird, die ursprüngliche Weisheit und Unverstelltheit seiner Schwarzwaldbauern zu preisen, vermag Provinzlehrer Wittgenstein gerade in seinen erwachsenen Mitmenschen nur Vieh, Larven oder bestenfalls Dreiviertelmenschen zu erkennen. Wittgenstein liebt zwar die Idee des »einfachen Volkes«, nicht aber dessen real existierende Gestalt, er liebt die Idee des Lehrerdaseins, nicht aber den sich auch in Österreich unter den sozialdemokratischen Bildungsreformen rasch wandelnden Lehrbetrieb. Wie stark seine Abscheu gegen die damit einziehenden Lehrmethoden ist, bringt er denn auch im Vorwort zu seinem »Wörterbuch für Volksschulen« klar zum Ausdruck:

> Es ist aber unbedingt nötig, daß der Schüler seinen Aufsatz selbständig verbessert. Er soll sich als alleiniger Verfasser seiner Arbeit fühlen und auch allein für sie verantwortlich sein. Auch setzt nur die selbständige Verbesserung den Lehrer in den Stand, sich ein richtiges Bild von den Kenntnissen und der Intelligenz des Schülers zu machen. Das Vertauschen der Hefte und gegenseitige Verbessern der Arbeiten liefert ein sozusagen verschwommenes Bild von den Fähigkeiten der Klasse. Aus der Arbeit des Schülers A will ich nicht zugleich erfahren, was der Schüler B kann, sondern das will ich aus der Arbeit des B ersehen. Und die gegenseitige Verbesserung gibt nicht einmal, wie manchmal behauptet wird, ein richtiges Bild über das allgemeine Niveau der Klasse (dazu müßte jeder Schüler die Arbeiten aller seiner Mitschüler verbessern, was natürlich nicht möglich ist).[211]

Um eine Ahnung von Wittgensteins Beliebtheitsgrad in Otterthal zu erhalten, muss man sich nur einmal szenisch vorstellen, wie er seine Kollegen bei den stets gemeinsamen Mittagessen im Gasthof »Goldener Hirsch« über die grundlegende, bereits rein logisch bedingte Verfehltheit gewisser reformpädagogischer Maßnahmen ins Bild setzt. Rein argumentativ mag er recht haben.

Aber das ist im Leben bekanntlich nicht alles. Und allzu oft nicht einmal das Ausschlaggebende. Sonderlich nicht für einen Philosophen auf pädagogischen Abwegen. So werden nicht zuletzt auch von behördlicher Seite starke Vorbehalte gegen sein Wörterbuch geäußert. Der vom Bezirksschulamt zur Evaluation des Werkes eigens bestellte Gutachter, ein gewisser Herr Buxbaum, kommt zu folgendem Schluss:

> Vom methodischen Standpunkt muß es als befremdend bezeichnet werden, daß der Verfasser in der Vorrede davon spricht, er habe das Wörterbuch seinen Schülern diktiert. Das soll wohl nur so aufgefaßt werden, daß schon bekannte und im Sinne der Merkwörtermethode behandelte und oft geschriebene Wörter zur Kontrolle der Rechtschreibsicherheit nach Diktat niedergeschrieben wurden ... In der vorliegenden Fassung kann man das Buch nach dem Erachten des Unterzeichneten einer Schulbehörde kaum als empfehlenswert bezeichnen.[212]

Wieder Unverständnis. Wieder kein Lehrbuch. Selbst auf der Ebene des Wörterbuches blieb Wittgenstein für die Verlagswelt ein schwieriger Autor. Letztlich erschien das Werk dennoch ohne größere Änderungen. Allerdings erst im Herbst 1926, mehr als 18 Monate nach dessen Fertigstellung. Zu spät für Wittgenstein als Lehrer. Und Mensch. Ähnlich wie der »Tractatus« zuvor wird auch dieses Buch von einer Existenz zeugen, die sein Verfasser zum Zeitpunkt des Erscheinens bereits endgültig hinter sich gelassen hatte. Besser gesagt: hatte lassen müssen.

OHNMACHTSANFALL

Als »Prügelpauker« wollten seine ehemaligen Schüler ihn dann doch nicht bezeichnen. Dafür waren seine Stimmungen zu schwankend, seine Ausbrüche zu selten und seine Züchtigungen –

bevorzugt im Eilschritt durch die Bänke verteilte Kopfnüsse sowie Hiebe mit dem Stock – zu unregelmäßig. Und auch was der damals elfjährige Josef Haidbauer am Morgen des 10. April 1926 getan oder unterlassen hatte, um den Zorn seines Lehrers auf sich zu ziehen, vermochte in der Nachschau keiner der Klassenkameraden mit Sicherheit zu sagen. Zu den ausgesprochenen Rabauken zählte Josef, der seinen Vater nie gekannt hat und dessen Mutter als Magd beim »Piribauer« diente, jedenfalls nicht. Vielmehr wird er allgemein als ruhiges Temperament erinnert, von hohem Wuchs, nicht übermäßig aufgeweckt und vor allem immer ein bisschen blass um die Nase. Drei Jahre nach dem Vorfall, der bis heute seinen Namen trägt – der »Fall Haidbauer« –, sollte der Junge an Leukämie versterben. Womöglich hatte die Krankheit ihn schon Jahre zuvor entscheidend geschwächt. Unmöglich zu sagen. Jedenfalls verpasste Wittgenstein dem Haidbauer Josef während des Unterrichts ein bis zwei kräftige Disziplinarwatschen, nicht ungewöhnlich brutal, aber im Ergebnis doch kräftig genug, dass der Junge als direkte Folge in Ohnmacht fällt und über mehrere Minuten leblos auf dem Klassenzimmerboden liegt. Wittgenstein entlässt die Klasse umgehend, lässt nach dem Arzt rufen, trägt den noch immer leblosen Jungen in einen Ruheraum im zweiten Stock des Gebäudes – und wartet. Als der Arzt endlich aus dem vier Kilometer entfernten Kirchberg eintrifft, ist Josef bereits wieder bei Bewusstsein. Auch dessen Mutter sowie der Piribauer, seines Zeichens einer der reichsten Grundbesitzer der Region und zudem Elternvertreter, sind mittlerweile vor Ort. Vom Flur aus verflucht der Ziehvater Wittgenstein lautstark als »Unmenschen« und »Tierbändiger«, den er »anzeigen« werde, auf dass er nie wieder werde unterrichten dürfen. Und Wittgenstein? Er überlässt Josef der Obhut der Mutter und des Arztes, verlässt das Gebäude durch einen anderen Ausgang, packt seinen Koffer (eigene Möbel oder Bücher besitzt er ohnehin nicht) und nimmt den ersten verfügbaren Bus raus aus dem idyllischen Otterthal. Er türmt also.[213]

Als der Piribauer am folgenden Morgen auf der Gendarmerie

vorstellig wird, ist Wittgenstein bereits über alle Berge in Wien. Eine Anzeige wurde letztlich nie gestellt. Auch das interne Verfahren der Schulbehörde will als Ergebnis einer internen Untersuchung kein schwerwiegendes Fehlverhalten ihrer Lehrkraft feststellen. Dennoch: Der 10. April 1926 bleibt Wittgensteins letzter Unterrichtstag als Volksschullehrer. Wie er in zahlreichen Briefen an Freunde schon über Jahre vorgeahnt hatte, war es letztlich »zum Schlimmsten« gekommen.

»Ich habe den Zusammenhalt mit meiner Klasse verloren«, erklärt er Bezirksinspektor Kundt im persönlichen Gespräch. Trotz hartnäckiger Bitten von dessen Seite, sich die Sache doch noch einmal zu überlegen, bittet Wittgenstein um die sofortige Freistellung vom Schuldienst. Sie wird am 28. April 1926 offiziell gewährt. Zwei Tage nach seinem 37. Geburtstag.

Es ist Wittgenstein bei seinem Aufbruch in die Provinz niemals um vaterländische Jugend, Achtstundentage oder eine Verbesserung der materiellen Lebensbedingungen der Armen gegangen. Sondern in erster Linie um einen neuen, heilsameren Kontakt zu seinen Schülern und zu sich selbst. Vergebens. Exakt sieben Jahre nach seiner Rückkehr aus dem Ersten Weltkrieg muss er seinen Lebensentwurf als Volksschullehrer auf allen Ebenen als gescheitert erkennen. Bis auf weiteres ist es allein die Scham, die ihn am Leben hält.

VII. PASSAGEN

1926 – 1928

Wittgenstein baut vor, Benjamin bricht durch,
Cassirer wird gelockt und Heidegger kehrt heim

TECHNISCHE BEGABUNG

»Ich weiß, daß der Selbstmord immer eine Schweinerei ist, denn seine eigene Vernichtung *kann* man gar nicht wollen und jeder, der sich einmal den Vorgang beim Selbstmord vorgestellt hat, weiß, daß der Selbstmord immer eine *Überrumpelung* seiner selbst ist. Nichts aber ist ärger, als sich selbst überrumpeln zu müssen. Alles läuft natürlich darauf hinaus, daß ich keinen Glauben habe.«[214] Mit diesen Zeilen hatte sich Wittgenstein 18 Monate nach Kriegsende, in der Phase seiner großen Verzweiflung an seinen Freund Paul Engelmann gewandt. Sie hatten einander während der Frontausbildung in Olmütz kennengelernt und hielten auch nach dem Krieg regen Kontakt. Während Wittgenstein als Volksschullehrer wirkte, baute Heimkehrer Engelmann, als junger Mann einst Privatsekretär von Karl Kraus und später Schüler des Architekten Adolf Loos, in Wien ein eigenes Architekturbüro auf. Auch Freund Engelmann kann nicht entgehen, in welch desaströsem seelischen Zustand sich Ludwig nach seiner Flucht aus Otterthal einmal mehr befindet.

Die Nachricht vom Tod seiner Mutter am 3. Juni 1926 erhält Wittgenstein im Kloster der Barmherzigen Brüder zu Hütteldorf, wohin er sich in der Absicht, eine Aufnahme in den Orden zu erbitten, zurückgezogen hat. Kaum vorstellbar, was es für die Philosophie des 20. Jahrhunderts bedeutet hätte, wäre der dortige Prior auf Wittgensteins Wunsch eingegangen. Doch zu eindeutig tritt im Gespräch hervor, wie verloren und verwirrt der einstige Philosoph ist. Bleibe gewährt man ihm dennoch, und zwar im Gartenhaus des Klosters, wo Wittgenstein die Sommermonate damit zubringt, sich in der einzigen Weise von sich selbst abzulenken, die er als wirklich effektiv erfährt: durch harte körperliche Arbeit als Hilfsgärtner.

»Lukis« Zustand innerer Zerrüttung bereitet, wie bereits sieben Jahre zuvor, natürlich auch dem Familienkreis ernste Sorgen. Vor allem seinen beiden Schwestern Hermine (»Mining«) und Margarethe (»Gretl«), die nun, nach dem Tod der Mutter, als eigentliche Oberhäupter des Hauses Wittgenstein wirken – sowie über die damit verbundenen, noch immer beträchtlichen Vermögenswerte wachen. Hermine ist nun Familienälteste. Die acht Jahre jüngere Margarethe, seit 1905 verheiratet mit dem amerikanischen Unternehmer und Banker Jerome Stonborough, hat die Kriegsjahre in der Schweiz und den USA verbracht und war erst einige Zeit nach dem Krieg nach Wien zurückgekehrt. Mittlerweile getrennt vom Gatten lebend, hat sie in eben jene Rolle einer Kunstmäzenin und Gesellschaftsdame zurückgefunden, die sie bereits vor 1914 mit großer Wirkung und Einfluss ausfüllte. Gustav Klimts berühmtes Porträt der jungen Margarethe Stonborough-Wittgenstein von 1911 vermittelt hiervon immer noch einen Eindruck.

Woran es »Gretl« in Wien indes mangelt, um ihre Rolle nach ganz und gar eigenen Vorstellungen zu spielen, ist ein eigenes Haus nach der Art des alten Palais Wittgenstein. Engelmann wird hierfür als Architekt auserkoren. Durch die währende Freundschaft mit Ludwig war er über die Jahre auch zu einem Freund und Vertrauten der Familie geworden und hatte für Hermine bereits verschiedene Umbauarbeiten geplant und durchgeführt. Nun soll er also für Margarethe ein neues Stadthaus entwerfen. Geld soll dabei ebenso wenig eine begrenzende Rolle spielen wie vorherrschende Konventionen oder gar Moden. Bereits in den Winterferien 1925/1926 tauscht er sich auch mit Ludwig über das Projekt aus und schmiedet nun, im Angesicht des desolaten Zustands seines Freundes, einen Plan, von dem auch Gretl sich unmittelbar begeistert zeigt. Im Juni 1926 schreibt sie an ihren in Amerika weilenden Sohn Thomas Stonborough:

> Engelmann hat die geradezu geniale Idee gehabt, dem Luki ein Partnership anzutragen. Kannst du dir die ungeheuren Vorteile vorstellen, die daraus für alle Beteiligten erwachsen. Lukis große Begabung als moralische Instanz, als Aufsteller logischer Prin-

> zipien endlich ausgenützt. Seine technische Begabung, die dem Engelmann einen konsultierenden Ingenieur ersetzt. Und für Engelmann wieder die Möglichkeit zu bauen ohne auf eine moralische Tätigkeit verzichten zu müssen.[215]

Freund beschäftigt, Auftraggeber glücklich, Kosten gespart. Ludwigs Einbeziehung in das Projekt wirkt tatsächlich wie eine klassische Win-win-Situation. Sogar ein Grundstück ist mittlerweile gefunden und erworben. Dieses liegt, Margarethes ausdrücklichen Wünschen folgend, nicht etwa in den klassischen Villenvierteln wie dem I. oder III. Bezirk der Stadt, sondern in dem damals eher kleinbürgerlich bis gar proletarischen Stadtteil Wien-Landstraße. Schon die gewählte Lokalität ist also ein Statement. Und das darauf zu errichtende Gebäude soll es nach dem Willen der Auftraggeberin umso mehr werden.

Der finale Plan für eine dreistöckige Wohnvilla in der Kundmanngasse 19 wird schließlich am 13. November 1926 eingereicht. Verantwortlich im Sinne des Baurechts zeichnen dafür »Paul Engelmann und Ludwig Wittgenstein, Architekten, Wien III, Parkgasse 18«. Vom geschassten Volksschullehrer zum Star-Architekten in sechs Monaten. Im Österreich des Jahres 1926 geht so etwas noch. Zumindest, wenn man den Namen Wittgenstein trägt und die richtigen Freunde hat.

Der suizidale Problembruder hat nun also einen offiziellen Beruf und sogar eine entlohnte Beschäftigung. Und es wäre untertrieben zu behaupten, er sei in dem neuen Projekt nur aufgegangen. Vielmehr stürzt sich Ludwig geradezu in die neue Aufgabe. Bereits nach einem Monat hat er sämtliche am Bau beteiligten Personen unter das Joch seines kompromissfernen Zwangscharakters gebracht. Freund Engelmann, dessen Bauplan bereits vor Wittgensteins Einstieg weitestgehend abgeschlossen vorlag und auch so umgesetzt wurde, erinnert sich an die insgesamt 24 Monate bis zur Fertigstellung des Baus als »für mich sehr schwer«. Letztlich, so gesteht er, habe ihn die »Zusammenarbeit mit einem solchen Willensmenschen« gar »in eine tiefe innere Krise versetzt«. Ihre Freundschaft wird sich von dieser Erfahrung nie mehr erholen. Das Kommando jedenfalls liegt fortan einzig und allein bei Ludwig, der im Verlauf sowohl die Rolle des ausführenden Architekten, des Bauingenieurs sowie nicht zuletzt des Innenarchitekten in sich vereint: »Ludwig zeichnete jedes Fenster, jede Tür, jeden Riegel der Fenster, jeden Heizkörper mit einer Genauigkeit, als wären es Präzisionsinstrumente, und in den edelsten Maßen, und er setzte dann mit einer kompromisslosen Energie durch, dass die Dinge auch mit der gleichen Genauigkeit ausgeführt wurden. Ich glaube noch den Schlosser zu hören, der ihn anlässlich eines Schlüsselloches fragte: ›Sagen Sie, Herr Ingenieur, kommt es Ihnen da denn wirklich auf den Millimeter an?‹, und noch ehe er ganz ausgesprochen hatte, fiel ein lautes, energisches ›Ja‹, so dass der Mann beinahe erschrak.«[216]

Auch als Baumeister treibt Wittgenstein das Ideal millimeterscharfer Bündigkeit. Ein Gebäude von Grund auf neu zu erdenken und zu errichten – war es nicht das, was Philosophen ohnehin taten? Konnte es Zufall sein, dass Kant in seinen Werken ausdrücklich von einer *Architektonik* der Vernunft spricht? Dass Goethes Faust sich im zweiten und also eigentlich philosophischen Teil zum Baumeister wandelt? Dass angestrebte neue »Fundamente« und »Basissätze« das Wiener Denken der wittgensteinschen Epoche geradezu dominierten? Alle seine Talente und auch Sehnsüchte schienen in der neuen Rolle eine tätige Synthese zu finden: exaktes, mathematisches Planen mit ästhetischem Anspruch, Detailtreue als ermöglichendes Prinzip, schöpferische Umsetzung des rein Erdachten im Austausch mit den Materialien der Umwelt … Und das alles mit keinem geringeren Ziel, als dem Menschen, als grundlos in diese Welt gesetzten Wesen, ein sicherndes Obdach zu gewähren. Im konkreten Fall sogar frei von den üblichen materiellen und vor allem finanziellen Restriktionen, die mit dem Beruf des Architekten, Engelmann hatte es über Jahre freien Schaffens schmerzhaft einsehen müssen, notwendig einhergingen!

Gretl jedenfalls ließ ihrem genialen Bruder im Verlauf völlig freie Hand. Nichts sollte unwichtig sein – außer Zeit und Geld. Schließlich sollte es ihrem Wunsche nach ja von Anfang an um weit mehr und anderes gehen als um ein reines Wohngebäude. Vielmehr um den Ausdruck eines spezifischen moralischen wie ästhetischen Weltempfindens.

Mochte Hermine die eigentliche Lieblingsschwester und erwählte Vertrauensperson sein, was den Willen zu offener Extravaganz und Selbstinszenierung betrifft, teilt Ludwig mehr mit seiner Schwester Gretl, als er sich je würde eingestehen können. Wittgensteins offen zur Schau gestellter Wille zur mönchischen Reduktion ist aus dieser Sicht nicht mehr als eine konsequente Invertierung der Neigungen seiner Schwester Gretl, bei der schon seit ihrer Jugend »alles neuartig und groß sein mußte, was sie umgab«.

NUR FÜR GÖTTER

Bereits bei einem ersten Blick auf den bis heute zumindest äußerlich weithin unveränderten Bau drängen sich Vergleiche zu der eigenwilligen formalen Gestalt des »Tractatus« auf. Vollends ornamentfrei wirkt die Villa in der Kundmanngasse, mit den Worten Hermines, wie »hausgewordene Logik«. Ein Kälte verströmendes Quaderarrangement, das mit seinen schmal dimensionierten Fenstern eher den Ausdruck arkaner Verschlossenheit denn einladender Öffnung vermittelt.

Angstheischend hoch sind die Türen der riesigen Vorhalle, ihrer Anlage nach denen des alten Palais Wittgenstein nachempfunden, ebenso wie die Eisenwände, die anstatt Rollläden mechanisch von der Decke herunterfahren, um jeden Blick ins Innere zu unterbinden. Obwohl das Haus von innen betrachtet durch vollkommene Transparenz und freigelegte Mechanik, etwa des Aufzugsseils, besticht, wirkt es von außen wie ein tiefes Rätsel, dessen mögliche Bedeutung man zu erspüren glaubt, ohne die eigentlich hinter ihm stehende Frage selbst formulieren zu können. Damals wie heute sticht der Bau unwirklich aus seiner Umgebung hervor, wie eine jener anonymen Behörden, in der ein Josef K. vergebens nach endgültiger Aufklärung seines phantastischen Falles gestrebt haben mag. Sollte »wohnen« bedeuten, sich in einem Gebäude wirklich heimisch zu fühlen, ist die Villa in der Kundmanngasse geradezu als ein Anti-Haus zu bezeichnen. In den immer treffsicheren Worten Hermines ist es »eher eine Wohnung für die Götter als für … sehr kleine Sterbliche wie ich es bin.«

Eine Wohnung für die Götter – die Familienähnlichkeiten zwischen Werk und Bauwerk bleiben im Fall Wittgenstein in der Tat bestechend. Nur eben, dass ein Haus, würde es der Architektonik des »Tractatus« in letzter Konsequenz folgen, kein tragendes Fundament oder sichernde Erdung besäße, sondern gleichsam magisch, ohne sichtbaren Halt und Grund, in unantastbarer Festigkeit 15 Meter über dem Boden schwebte. Die Gesetze der Physik entsprechen dann doch nicht denen der Metaphysik. Letztere gibt es nämlich nicht. Der Analogie sind also klare weltliche Grenzen gesetzt. Und wahrhaft zaubern konnte selbst Wittgenstein nur als Denker, nicht aber als Architekt.

Bis heute wird über die gemäße stilistische Zuordnung des Hauses in der Kundmanngasse – klassische Loos-Schule, schon Bauhaus, gar Kubismus oder, wie Russell schrieb, à la Corbusier? – in ähnlicher Weise gerechtet wie über die Einordnung des »Tractatus« in das philosophische Traditionsgeschehen: Empirismus? Logizismus? Idealismus? Existentialismus? Ein Streit, der niemals sinnvoll abgeschlossen werden kann, stellt Wittgensteins Persönlichkeit wie auch seine im Kern ästhetische Weltauffassung doch ein geniales Amalgam aus radikaler Moderne und steinhartem Konservatismus, perfekter Geometrie und irritierender Disproportionalität, beweisnaher Strenge und aphoristischem Vielsinn, nicht zuletzt totaler Transparenz und mystischer Verborgenheit dar. Der Mann taugt für keine Schule. Weder als Lehrer noch als Gründer.

KREIS OHNE MEISTER

Wie schwierig es ist, das Phänomen Wittgenstein zu fassen zu kriegen, muss zu dieser Zeit nicht zuletzt Professor Moritz Schlick von der Philosophischen Fakultät der Universität Wien erfahren. Zwei lange Jahre war er den »Tractatus« Satz für Satz durchgegangen, bis er sich Mitte April 1926, nach einer Reihe letztlich erfolglos gebliebener Kontaktversuche, ein Herz fasst und gemeinsam mit einigen Studenten zu einer Wanderung nach Otterthal aufbricht, um das im Verborgenen lebende Genie am Ort seines neuen Schaffens aufzusuchen. Am Ziel eingetroffen, wird den Rucksackpilgern indes eröffnet, wenige Tage zu spät eingetroffen zu sein. Wittgenstein lehre nicht mehr hier, sei unbekannt verzogen.

Wie in Cambridge ist Wittgenstein auch in Wien gerade durch seine Abwesenheit zu einer omnipräsenten Gestalt geworden, deren Werk das Denken und Forschen der innovativsten Köpfe von innen heraus durchdringt und bestimmt. Jeden Donnerstag trifft sich die philosophische Avantgarde Wiens in Schlicks Villa, um im geteilten Geiste einer durch die Logik fundierten, wissenschaftlichen Weltauffassung an einer tiefgreifenden Reform der Philosophie, ja der europäischen Kultur als Ganzheit zu arbeiten. Es soll ein für alle Mal Schluss sein mit metaphysischen Scheingefechten, weltanschaulichen Verfallsgesängen und religiös geschwängerten Eigentlichkeitsappellen. Der neue Weg der Vernunft führt nicht über Meinungen, sondern Argumente, nicht über Dogmen, sondern Fakten, nicht über windige Prophezeiungen, sondern wiederholbare Experimente.

»Logischer Empirismus«, so lautet bald der Kampfname dieses Wiener Kreises, zu dessen prägenden Gestalten neben Moritz Schlick auch Rudolf Carnap, Friedrich Waismann, Herbert Feigl und Otto Neurath gehören. Was der Gruppe zu wahrer Vollständigkeit fehlt, ist allein ihr mutmaßlicher Meister und Inspirator: eben Ludwig Wittgenstein.

Es dauert ein weiteres volles Jahr, bis Schlicks Werben um eine

Audienz endlich erhört wird. Behutsam eingefädelt durch Gretl kommt es im Frühjahr 1927 zu einem ersten persönlichen Treffen. Man isst gemeinsam zu Mittag. Wittgenstein, geistig voll und ganz mit dem Hausbau in der Kundmanngasse beschäftigt, ist sich nicht sicher, überhaupt noch als philosophischer Gesprächspartner zu taugen. Direkt nach dem Mittagessen gibt er denn auch den Eindruck der Unterredung weiter, »jeder von uns hielt den anderen für vollkommen verrückt«.[217] Doch herrscht von Anfang an so etwas wie Grundsympathie. Dies mag nicht zuletzt habituelle Gründe haben. Wie Wittgenstein stammt auch Schlick aus extrem begütertem, in seinem Fall sogar blaublütigem Hause. Das alte protestantische Geschlecht der Schlicks hatte in Böhmen zu den wichtigsten Adelsfamilien des untergegangenen Kaiserreiches gezählt.[218]

VIEL ZU LERNEN IHR NOCH HABT

Die Umgangsformen sitzen also. Und das ist im Falle Wittgenstein schon einmal die halbe Miete. Nirgendwo ist er als Mensch unnachgiebiger und irritationsanfälliger als in Fragen des Gesprächsstils. Das erfasst auch Schlick sofort. Als er Wittgenstein im Sommer des Jahres 1927 schließlich so weit hat, auch die anderen Kernmitglieder des Kreises zu treffen, beschwört er diese, »ja keine Diskussionen, wie wir sie im Kreise gewohnt waren, anzufangen«.[219] Vielmehr solle den Ausführungen des Meisters andächtig gelauscht und im Anschluss gegebenenfalls vorsichtig um weitere Erläuterungen gebeten werden. Was man im Kreise dieser, später allesamt überaus einflussreichen Logiker, Mathematiker und Philosophen allerdings nicht ahnt: Wittgenstein verspürt zunächst nicht die geringste Lust, die Rolle eines Oberhaupts einzunehmen, ja mit ihnen überhaupt über sein Werk oder im engeren Sinne philosophische Fragestellungen zu sprechen.

Gleich bei einem der ersten dieser später legendären Montagstreffen setzt er den Ton. Ohne weitere Erklärungen oder Einführung stellte sich Wittgenstein mit dem Rücken zu seinen Zuhörern in die Mitte des Zimmers und rezitiert Gedichte des Inders Rabindranath Tagore, einer damals ob seiner spirituell angehauchten Lyrik und Prosa in gewissen Kreisen äußerst populären, heute allerdings weitgehend in Vergessenheit geratenen Kultgestalt der zwanziger Jahre. Es hieße Wittgensteins Gespür für die Inszenierung seiner Denkpersona schwer unterschätzen, würde man diesen Einstieg nur als die befremdliche Grille eines hoffnungslos selbstverstrickten Genies deuten. Vielmehr steht eine derartige Geste in einer langen Tradition paradoxer Meister-Initiationen fernöstlicher Weisheitslehren. Genauso gut wie Gedichte zu rezitieren hätte der Weise aus den Bergen seine allzu wissbegierigen Jünger dazu auffordern können, nun bitte mit einer Hand zu klatschen oder darüber zu meditieren, inwiefern die Buddha-Natur einem Scheißstock gleiche. Die vermittelte Botschaft jedenfalls ist klar: Ich bin nicht euer Meister. Ich habe keine Methode. *Die* Frage gibt es nicht. Und schon gar nicht die Antwort. Wenn ihr also denkt, ihr habt es verstanden, zeigt dies nur, dass ihr in Wahrheit gar nichts verstanden habt.

Die Perplexität war denn zunächst auch eine vollkommene. Doch gehört es zu absehbaren Dynamiken solch einer Kommunikationssituation, dass gerade die offensive Verweigerung der Meister-Rolle als unabweisbares Indiz der wahren Meisterschaft genommen wird. So auch im Wiener Kreis um Schlick. Zumal Wittgenstein, war der Oberton erst einmal gesetzt, sich in den folgenden Treffen durchaus bereit zeigt, philosophischen Fragen nachzugehen. Wenn auch auf seine ganz eigene Weise. Rudolf Carnap, nur zehn Jahre danach eine entscheidende Vermittlungsfigur für den Aufbau der sogenannten »Analytischen Philosophie« in den Vereinigten Staaten, erinnert sich:

»Er war äußerst sensibel und leicht verärgert. Was immer er sagte, war sehr interessant und inspirierend, seine Art und Weise,

> sich auszudrücken, war oft faszinierend. Seine Sichtweise auf Menschen oder Problemstellungen, gerade auch theoretischer Art, glich eher der eines Künstlers als der eines Wissenschaftlers; man könnte auch sagen, sie war ähnlich der eines religiösen Propheten oder Sehers. Sobald er damit begann, einen Standpunkt zu einem philosophischen Problem zu formulieren, konnte man den inneren Kampf, der sich in diesem Moment vollzog, förmlich spüren: eine höchst konzentrierte und schmerzhafte Anstrengung, der es darum ging, aus der Dunkelheit ins Licht zu kommen – was sich nicht zuletzt an seinem Gesichtsausdruck ablesen ließ. Wenn er dann schließlich, oft nach langem, großem Kampf mit einer Antwort aufwartete, stellte er diese wie ein neu geschaffenes Kunstwerk oder gar eine Offenbarung vor uns hin … er erzeugte den Eindruck, als ob die Einsicht dank einer göttlichen Inspiration erfolgt sei, so dass wir nicht anders konnten als das Gefühl zu haben, jeder rationale Kommentar oder Einwand müsse nun einer Entweihung gleichkommen.«[220]

Was als Ideal einer objektiven Forschungsmethode erhofft wurde, erweist sich also als höchst idiosynkratischer Denkstil, welcher in seinem Vollzug ebenso wie seinen Ergebnissen der gesamten kulturellen Ausrichtung des Wiener Kreises geradezu entgegengesetzt zu sein schien. Der Eindruck verfestigte sich, wurde schließlich unabweisbar: Sofern hier ein Meister spricht, dann ganz sicher nicht der eines logischen Empirismus. Denn fern davon, Erkenntnisansprüche im eigentlichen Sinne fundieren zu können, sieht Wittgenstein in der Technik der logischen Formalisierung lediglich ein hilfreiches Mittel zur Vermeidung gängigster und schalster Fehleinschätzungen. Zu diesen zählt er insbesondere die Ansicht, nur empirisch-experimentell zu beantwortende Probleme seien überhaupt des Ergründens wert. Wie einst bei Kant ist auch Wittgensteins Begrenzung des sinnvollen Sprechens in erster Linie mit dem Ziel vollzogen worden, die zentralen, eben metaphysischen Fragen den Zumutungen mutmaßlich objektivierender Methoden zu entziehen. Ja, die seiner Überzeugung nach eigentlich zu therapierende Unmündigkeit der modernen Kultur liegt für ihn in der Annahme, es gebe hinsichtlich wahrhaft philosophischer Fragen so etwas wie verifizierbare Methoden, akademische Professionalisierung und vor allem messbaren Erkenntnisfortschritt. Philosophie ist nach Wittgenstein gerade keine Rechtschreibung, und auch nicht geistiges Ingenieurwesen, ja überhaupt keine lehrbare oder thematisch einzugrenzende Wissenschaft. Genau diese Überzeugungen aber beseelen den Kern des Wiener Kreises.

Die einzige sachlich noch auszumachende Einigkeit zwischen Meister und Schülern bestand darin, dass metaphysische und religiöse Behauptungen die Grenzen des verifizierbaren Sinns notwendig sprengen. Für den Wiener Kreis sind sie damit philosophisch obsolet, für Wittgenstein eigentlich entscheidend. Für den Wiener Kreis ist die Logik ein festes, der konstruktiven Begründung bedürftiges Fundament allen Denkens. Für Wittgenstein schwebt gerade dieses sinnbedingende Fundament für ewig unergründbar in der Luft, als anhaltendes Wunder der Schöpfung, das es viel eher andächtig zu bestaunen als analytisch zu begreifen galt. Für den Wiener Kreis ist Metaphysik nichts anderes als eine dauerhafte, ideologische Überrumpelung der eigenen Kultur – und zwar eine mit durchaus todbringenden Folgen. Für Wittgenstein hingegen kommt das Ansinnen, diese Fragen konsequent zu verbannen und für nichtig zu erklären, dem Willen zum kulturellen Selbstmord gleich. Beide Parteien halten einander also der weiteren Aufklärung für unbedingt bedürftig. Nur dass die eigentlichen Ziele dieses geteilten Bemühens in geradezu entgegengesetzte Richtungen weisen.

Die Wiener Montagstreffen dieser Jahre sind demgemäß von der Dynamik eines Tauziehens bestimmt, in welchem die Schlick-Fraktion ihren großen Meister – und zwar im Namen dessen mutmaßlicher Ziehväter Frege und Russell – über den Demarkationsstrich des sogenannten Verifikationskriteriums ziehen will (Schlick:

»Der Sinn einer Behauptung besteht in der Methode seiner Verifikation«), wohingegen ein mythisch ausdauernder Wittgenstein am anderen Ende des Taus mit Schopenhauer, Tolstoi und Kierkegaard dagegenhält und auf das absehbare Umkippen des gesamten positivistischen Trupps hofft. Sogar der Name Heidegger wird in die Auseinandersetzung eingebracht. Als wollte er dem gesamten Kreis einen letzten Todesstoß versetzen, lässt Wittgenstein anlässlich einer weiteren Sitzung wissen:

> Ich kann mir wohl denken, was Heidegger mit Sein und Angst meint. Der Mensch hat den Trieb, gegen die Grenzen der Sprache anzurennen. Denken Sie z.B. an das Erstaunen, daß etwas existiert. Das Erstaunen kann gar nicht in Form einer Frage ausgedrückt werden, und es gibt auch gar keine Antwort. Alles, was wir sagen mögen, kann a priori nur Unsinn sein. Trotzdem rennen wir gegen die Grenzen der Sprache an.[221]

Heidegger verteidigen! Das ging dann doch den entscheidenden Schritt zu weit!

Das geradezu groteske Unvernehmen, von dem die Montagstreffen in Wien geprägt waren, böte eigentlich allen Anlass, das Verhältnis von Meister Wittgenstein zu seinen positivistischen Möchtegern-Jüngern als das anzuerkennen, was es unzweifelhaft war: eines der seltsamsten und nicht zuletzt humorträchtigsten Missverständnisse in der Geschichte der Philosophie. Anstatt sich aber im Geiste der offenbaren Situationskomik zu versöhnen, findet dieses Stück in den philosophischen Seminaren und Fakultäten der Welt seither eine fast tägliche und durchaus biestige Wiederaufführung, in deren Verlauf sich meist zwei Stämme ausbilden – der der sogenannten analytischen und der der sogenannten kontinentalen Philosophie –, um sich darauf in voller Kriegsbemalung wechselseitig zu beschuldigen, nicht einmal im Ansatz verstanden zu haben, worum es beim Philosophieren eigentlich gehen müsse.

Nach knapp hundert Jahren ist dieses Stück freilich so oft wiederholt worden, dass es allenfalls noch zur Farce taugt. Mit lebendigem Philosophieren hat diese Konstellation kaum noch etwas zu tun, wovon Wittgenstein von Anfang an fest überzeugt war. Doch gerade sein Werk und Wirken bilden im Rahmen dieses akademischen Tribalismus den bis heute wesentlichen Streit- und Angelpunkt. Verbissen wird gerade in der sogenannten Wittgenstein-Forschung seit Jahrzehnten um jeden Deutungszentimeter gerungen, gerade so, als gelte es, den unverrückbaren Bauplan eines genialen Meisters ohne geringste Abweichung umzusetzen, anstatt im Sinne eines möglichst geklärten Weltverhältnisses eigenständig und frei weiterzudenken. Gerade so, als ob Philosophen Ingenieure der Seele wären anstatt schöpferisch Suchende in einem offenen Raum ohne letztes Fundament oder sichernde Decken.

Zumindest so viel wäre aus der architektonischen Übergangsphase Wittgensteins von 1927/1928 zu lernen: Das Ideal totaler Präzision, nach der er im Denken suchte, war keines, das sich rein mathematisch oder logisch ausdrücken ließe. Es verlangte in gleicher Weise nach einem höchst subjektiven Gefühl für den Raum und die eigene, unaufgebbare Positionierung, in der man sich schöpferisch in ihm finden und begreifen wollte. Allein in dieser Überzeugung war er als Philosoph wie als Ingenieur gleichermaßen unerbittlich. Und genauso, wie er die Adepten des Wiener Kreises dazu zwingt, ihr methodisches Gebäude des »logischen Empirismus« noch einmal grundlegend zu überdenken, obwohl es dessen führende Stimmen zu dieser Zeit für absolut bezugsfähig und winterfest halten, verfährt er auch als Bauleiter in der Kundmanngasse: Es war im November 1928 schon mit den Reinigungsarbeiten im mutmaßlich fertiggestellten Gebäude begonnen worden, als Ludwig den »Plafond eines saalartigen Raumes um drei Zentimeter heben ließ«, weil es sich seinem Gespür nach nur dann richtig anfühlen würde. Eine objektiv nachvollziehbare Begründung für diese seine Einschätzung ist übrigens nicht überliefert. Wie hätte sie auch lauten sollen?

Und da war offenbar noch etwas, was er in diesem Wiener Winter mit immer denkbar großer, subjektiver Sicherheit spürte: Seine philosophische Mission war in Wahrheit noch lange nicht beendet. Womöglich fing sie sogar gerade erst an.

AUF DER KIPPE

»Ich habe einen (wie man so schön sagt) Nervenzusammenbruch gehabt; besser gesagt, einen nach dem andern; die dazwischenliegenden Perioden des Gutgehens machten es am Ende nur schlimmer ...«,[222] meldet Benjamin am 14. September 1926 aus Marseille. Von Paris aus hat er sich dorthin mit dem Vorsatz zurückgezogen, »die Feder kaum in die Hand zu nehmen«. Die Lage zeigt sich auch in diesem Herbst angespannt: geistig, sozial, finanziell. Keine Spur von der angestrebten oder zumindest erhofften Konsolidierung eigener Verhältnisse. Das gesamte Frühjahr ist er in einer »elliptischen Lebensweise« zwischen Berlin und Paris gependelt. Praktisch zeitgleich mit Abschluss des sogenannten »Aphorismenbuches« verstarb sein Vater Mitte Juni. Das Werk, an dem Benjamin die vorangegangenen zwei Jahre mehr oder minder kontinuierlich gearbeitet hatte, sollte ursprünglich »Straße gesperrt!« lauten. Nun trug es den Namen »Einbahnstraße«[223]. Bezogen auf seine Lebenssituation im Herbst des 1926 wäre »Sackgasse« ein mindestens ebenso einleuchtender Titel gewesen.

Immerhin wies das neue Werk – eine revuehaft arrangierte Sammlung von 60 meist biographisch getränkten Erinnerungsskizzen – seiner Einschätzung nach den Weg in eine neue Form des Schreibens und damit Denkens. Die entscheidenden Anstöße dafür führte er auf den Sommer des Jahres 1924 in Capri zurück, weshalb er dem Buch folgende Widmung voranstellt:

Diese Straße heißt
Asja-Lacis-Straße
nach der die sie
als Ingenieur
im Autor durchbrochen hat.

Der Lacis zugesprochene Durchbruch liegt in der Hinwendung zu Gegenständen des Alltagslebens als primären Ausgangspunkten philosophischer Reflexion. Nicht mehr per Umweg über Theorien oder klassische Kunstwerke soll die Essenz des eigenen Zeitalters ermittelt werden, sondern direkt anhand zeitgenössischer Objekte und Verhaltensweisen. Leitendes Ziel ist die Darlegung jener »Mechanismen … mit denen Dinge (und die Verhältnisse) und die Massen ineinander wirken.«

Bereits der erste Eintrag der »Einbahnstraße« annonciert die Konsequenzen dieser neuen Ausrichtung explizit. Er trägt die Überschrift »Tankstelle«: Unter den gegebenen gesellschaftlichen Verhältnissen, heißt es dort, könne

> bedeutende literarische Wirksamkeit … nur in strengem Wechsel von Tun und Schreiben zustande kommen; sie muß die unscheinbaren Formen, die ihrem Einfluß in tätigen Gemeinschaften besser entsprechen als die anspruchsvolle universale Geste des Buches in Flugblättern, Broschüren, Zeitschriftenartikeln und Plakaten ausbilden. Nur diese prompte Sprache zeigt sich dem Augenblick wirkend gewachsen.[224]

Und zwar in Form von eingefangenen Situationen, die, einmal zu Papier gebracht, ihrer Gattung nach eher Flugblättern, Broschürentexten oder Plakatslogans gleichen. Wie die von Benjamin entworfenen Plaketten seines jüngsten Werks. »Einbahnstraße«, das beinhaltet als Titel eine Ambivalenz, die jedes dieser Denkbilder, ja sogar jeden Satz darin bei näherer Betrachtung als literarische Kleinode erkennen lässt, die zu ganz verschiedenen, im

Idealfall sogar einander ausschließenden Deutungen einladen. »Einbahnstraße«, das klingt einerseits nach Geradlinigkeit und klarer Richtung ohne Gegenverkehr, weckt aber auch die durchaus generationstypische Lebensassoziation eines fatalen Irrwegs ohne ausreichende Auswege und Wendemöglichkeiten. Das Lebensgefühl einer »lost generation«, wie es die in Paris lebende Schriftstellerin Gertrude Stein zeitgleich in einem Gespräch mit Ernest Hemingway auf den Begriff bringt: verloren, chronisch unentschieden – und gerade deswegen den Extremen zugeneigt.

Benjamins Denkbilder sind zudem ganz bewusst als literarische Pendants zu jenen, in der damaligen Gestalttheorie und -psychologie besonders populären Kippbildern angelegt, die je nach eingenommener Sichtweise mal den einen, mal einen anderen Gegenstand vor Augen führen: beispielsweise einen mit schwarzem Strich gezeichneten Entenkopf, der sich von einem Moment zum anderen als Abbildung eines Kaninchenkopfes zeigt und für die Wahrnehmung in der Folge ununterscheidbar zwischen beiden Inhalten changiert, ohne sich endgültig auf eine der beiden Deutungen festlegen zu lassen. Nur wer in diesen Bildern beides in einem zu erkennen vermag, sieht sie »richtig«. Diese Dynamik einer »Identität, die sich allein im paradoxen Umschlagen des einen in das andere … erweist«,[225] schwebt auch Benjamin als Schlüsseleffekt seines neuen, objektzentrierten Schreibens vor. Ja, sollten ihn die Zeiten nicht täuschen, entsprach diese flimmernde Dynamik eines »freien Changierens« zwischen zwei einander sich ausschließenden Zuständen sogar dem paradoxen Grundgesetz eben jener physikalischen Kleinstpartikel, aus denen letztlich alles, was existierte, aufgebaut war: den von dem Physiker Max Planck sogenannten Quanten.

Auch diesen Quanten, so jedenfalls hatte eine Forschergruppe um Werner Heisenberg, Niels Bohr und Max Born seit 1923 ermittelt, eignete keine feste beobachtbare Identität mehr. Vielmehr lag ihre schwer zu fassende Natur gerade darin, je nach Standpunkt der Beobachtung sich einmal als Welle und das andere Mal als

Partikel zu zeigen – unter keinen Umständen aber gleichzeitig als beides. Das Gesetz des beobachterabhängigen »Umschlagens von einem zum anderen« war damit die Grundbewegung des werdenden Universums selbst. Ein Prozess zudem – denn auch das meinten Heisenberg und die seinen nachgewiesen zu haben –, der keinen streng deterministischen, sondern allenfalls statistischen Gesetzen folgte. Nicht nur am Grunde gesellschaftlichen, sondern auch des physikalischen Seins herrschte also eine unaufhebbare Ambivalenz und Unbestimmtheit.

Genau diese ontologische Unschärfe in allen Dingen nun versuchten Benjamins Denkbilder mit den Mitteln einer möglichst präzisen und tief in die inneren Strukturen eindringenden Beschreibung der ihn umgebenden Warenwelt zu liefern. Seine Hinwendung zum konkreten Alltagsding als Ausgangspunkt der Reflexion steht damit durchaus für eine philosophische Hinwendung zum Materialismus, jedoch nicht eines dialektischen im Sinne von Marx oder Lenin. Schließlich geht es Benjamin ganz explizit nicht darum, eine absehbare Vermittlung der im Objekt erspürten Widersprüche aufzuzeigen. Im Gegenteil. Was auf dem Spiel steht, ist gerade die Einsicht in die Unmöglichkeit einer solchen.

Das eigentliche »Ding«, das Benjamin 1926 mit den mikrologischen Plaketten seiner »Einbahnstraße« drehen und unter die literarische Lupe nehmen will, ist letztlich nichts anderes als die geschichtliche Welt in ihrer werdenden Gesamtheit. Der besondere Charme, ja sogar Zauber seines deshalb viel eher »magisch« zu nennenden Materialismus besteht darin, durch die Kunst der geschulten und geschärften Beschreibung »immer tiefer ins Innere der Gegenstände hineinzudringen«, bis diese »letztlich ein Universum nur in ihm darstellten« – und damit gerade in dieser Verdichtung ein getreues, gleichsam monadisches Abbild des gesamten, permanent auf der Kippe zwischen momenthafter Erlösung und ewiger Verdammnis stehenden geschichtlichen Prozesses zu ermöglichen.

In dem forschenden Abtauchen in die totale Immanenz des Jetzt und Hier sollte sich ein Fenster in die Transzendenz der Erlösung öffnen. Mit Benjamin klingt der mit diesem erkenntnistheoretischen (Anti-)Programm verbundene kategorische Imperativ so:

> Die Aufgabe ist … nicht ein für allemal, sondern jeden Augenblick sich zu entscheiden. Aber zu *entscheiden*. … Immer radikal, niemals konsequent in den wichtigsten Dingen zu verfahren, wäre auch meine Gesinnung, wenn eines Tages ich der kommunistischen Partei beitreten sollte (was ich wiederum von einem letzten Anstoß des Zufalls abhängig mache).[226]

Was fürderhin mit aller Konsequenz ausblieb, war freilich die Erfahrung solch einer Entscheidung. Vor allem in seinem Leben. Bereits seit April 1926 wurde er von schweren Depressionen heimgesucht. Nun, nach Abschluss des Projekts »Einbahnstraße« und dem Verlust der für ihn wie auch immer zentral gewesenen Vaterfigur, erwägt er in seinem Hotelzimmer mit Blick aufs Mittelmeer konkret den Selbstmord. Ernst Bloch, der anfänglich von Paris nach Marseille mitgereist war, erinnert, wie offen Benjamin bereits damals diese letzte Option im Leben eines Menschen andachte. Der Freitod, die ultimative Entscheidung! Gerade ihn kann ein Mensch nicht eigentlich »wählen«, setzt der Freitod doch nach Benjamins Überzeugung eine Form unbedingter Selbstbestimmung voraus, deren Radikalität sich gerade darin findet, jede weitere vernünftige Konsequenz auszuschließen.

Es kommt dann doch nicht dazu. Anstatt seinem Leben vorzeitig ein Ende zu bereiten, schließt sich Benjamin für drei Wochen in ein Hotelzimmer ein und liest Laurence Sternes humoristischen Roman »Tristram Shandy«. Der permanent selbstironische, bisweilen auch schlicht alberne Ton dieses Werkes mag Benjamin in den späten Septembertagen des Jahres 1926 das Leben gerettet haben. Zumindest das vermag Literatur.

Seine Gestimmtheit bleibt indes unverändert trüb. Anfang Oktober finden wir ihn wieder zurück in Berlin. Hätte ihm dort ein alter, sorgender Freund eine »Partnership« als Architekt angetragen, Benjamin – Schöpfer der »Einbahnstraße« – wäre vermutlich sofort mit von der Partie gewesen. Doch so einen Freund besaß er nicht. Und auch keinen entsprechenden Namen. Jedenfalls nicht in Berlin. Und schon gar nicht in Paris, wo er die Monate zuvor vergeblich nach Zugang zu den inneren Kreisen der französischen Literatenszene gestrebt hatte.

Noch immer ist kein einziges seiner größeren Werke in Buchform erschienen. Obwohl die Fahnen bereitliegen und vertraglich alles seit mehr als einem Jahr fixiert ist, hält Rowohlt sowohl die »Wahlverwandtschaften« wie das Trauerspiel-Buch zurück. Auch die »Einbahnstraße« sollte eigentlich in diesem Verlag erscheinen. Doch wann, wie und ob es jemals dazu kommen würde, ist nun fraglicher als je. Die einzige Kontinuität in Benjamins Leben besteht in seiner Übersetzungsarbeit am proustschen Romanzyklus, die bei ihm allerdings – da er Prousts künstlerische Intentionen den eigenen als durchaus verwandt empfindet – zunehmend »so etwas wie innere Vergiftungserscheinungen« hervorruft.[227]

ENDSTATION MOSKAU?

Anfang November 1926 erreicht ihn die Nachricht, Asja Lacis, noch immer die Liebe seines Lebens, habe ebenfalls einen schweren Nervenzusammenbruch erlitten. Kritisch geschwächt werde sie in einem Moskauer Sanatorium stationär behandelt.

Moskau. Winter. Nervenheilanstalt. Genau die Art von Konstellation, in der Benjamin einen möglichen Ausweg aus seiner Krise wähnt. Was belebt einen von Sinnlosigkeitsanfällen heimgesuchten Menschen wirksamer, als sich um einen geliebten anderen zu kümmern, dem es noch deutlich schlechter geht? Außerdem steht ihm ohnehin eine existentielle Entscheidung bevor, deren endgültiger Lösung er durch einen dortigen Aufenthalt wesentlich näher zu kommen hofft. In Moskau, dem damals noch immer wabernden Laboratorium der kommunistischen Revolution, würde er mit eigenen Augen durchdringen können, wie es um den kommenden Zustand der Welt und seiner selbst bestellt sein mochte.

Über engere Kontakte oder Beziehungen in die sowjetische Hauptstadt verfügt er freilich genauso wenig wie über brauchbare Russischkenntnisse. Außer Asja würde seine einzige Vertrauensperson deshalb der Theaterkritiker Dr. Bernhard Reich sein – mithin Asjas Lebensgefährte. Reich ist in Moskau über die Jahre zu einer anerkannten Größe des Theaterbetriebs aufgestiegen und als Mitglied der »Assoziation proletarischer Schriftsteller« offizieller Teil des Staatsapparats in eben jener Weise, die sich auch Benjamin als mögliche Existenzalternative ausmalt.

Solidarisch vereint sitzen die beiden Männer in den ersten Tagen jeden Nachmittag an Asjas Bettkante und bringen der sich extrem launisch gebärdenden Maladen abwechselnd Kuchen oder Tee, Schals oder Seifen, Magazine oder Bücher. Die gemeinsamen Stunden vertreibt man sich, auf Reichs Initiative hin, vor allem mit Domino-Partien. Obwohl Benjamin von Beginn an kaum eine gemeinsame Minute allein mit Asja erhält, macht er zunächst gute Miene. Zumal Reich ihn in den verbleibenden Stunden generös mit den zentralen Orten, Theatern und Kulturinstitutionen des Systems vertraut macht.

Augenmensch Benjamin muss in der russischen Millionenmetropole zunächst einmal seine Technik des Sehens umstellen, und das nicht nur, weil die Fenster der »ungeheizten elektrischen Bahn« bei Temperaturen unter minus 20 Grad permanent vereist sind. Vor allem der Gang »auf völlig vereisten Straßen« bei gleichzeitiger Enge der Trottoirs fordert ihm so viel Konzentration ab, dass er kaum dazu kommt, als Flaneur auch nur den Kopf zu heben. Dennoch erweisen sich die Eindrücke vom ersten Tag an als so übermächtig, dass er sie lediglich in Gestalt eines fortlaufenden Tagebuchs glaubt festhalten zu können:[228] Schlitten anstatt

Autos, morsche Sommervillen anstatt mehrstöckiger Hochhäuser, ihrer Art und Farben nach ebenso bunt und uneinheitlich wie das wuselnde Heer der Straßenhändler und Bettler; Mongolen in zerlumpten Pelzen, Chinesen, die künstliche Papierblumen verkaufen; tabakkauende Tataren an jeder Straßenecke, über ihnen gigantische Plakate mit revolutionären Parolen oder dem Konterfei Lenins; am linken Ufer der Moskwa exerzieren Rotarmisten zwischen einer Kirche und einer Baustelle hin und her, Kinder spielen mitten unter ihnen Fußball, an ihren Füßen nichts als zerrissene Filzschuhe …

Die denkbildartige Verdichtung des Gewahrten – sie würde auf einen späteren Zeitpunkt warten müssen. Denn hier »ist alles im Bau oder Umbau und beinah jeder Augenblick stellt kritische Fragen. Die Spannungen im öffentlichen Leben – die zum großen Teil einen geradezu theologischen Charakter haben – sind so groß, daß sie alles Private in unvorstellbarem Maße abriegeln … Und es ist völlig unabsehbar, was dabei in Russland zunächst herauskommen wird. Vielleicht eine wirklich sozialistische Gemeinschaft, vielleicht etwas ganz anderes. Der Kampf, der darüber entscheidet, ist ununterbrochen im Gange.«[229]

Knapp drei Jahre nach Lenins Tod ist Stalin in diesem Winter endgültig – und erfolgreich – gegen Trotzki an die Macht gekommen. Das sozialistische Experiment nimmt damit seine totalitäre Wendung. Binnen nur eines Jahrzehnts werden ihm Millionen Sowjetbürger zum Opfer fallen: durch Umsiedlung, Säuberungen, willkürliche Verbannungen, Folter, Zwangsarbeit in Gulags. Ein leidheischender Furor, der auch in der Nachbetrachtung allenfalls mit theologischen Kategorien zu fassen bleibt.

Von all dem weiß Tourist Benjamin, ahnt auch Reich damals so noch nichts. Obwohl er seinem Gast bereits am ersten gemeinsamen Abend eröffnet, wie stark ihn die »reaktionäre Wendung der Partei gerade in kulturellen Dingen« besorge. Die konkrete Möglichkeit eines augenblicklichen Umschlagens von einem Extrem in das andere ist im Moskau des Jahres 1926 ein Lebensgefühl, das alle Bereiche und Milieus beherrscht und bedroht, bis in die höchsten Kader und Kreise der Partei. Anstatt emanzipierender Entschiedenheit und Radikalität nährt diese Konstellation radikaler Unverfügbarkeit, beobachtet Benjamin nicht zuletzt an sich selbst, freilich eher die Neigung zum gottesfürchtigen Fatalismus: »Daß nichts so eintrifft, wie es angesetzt war und man es erwartet, dieser banale Ausdruck für die Verwicklung des Lebens, kommt hier in jedem Einzelfall so unverbrüchlich und so intensiv zu seinem Recht, daß der russische Fatalismus sehr schnell begreiflich wird.«[230]

Für den Moment jedoch ist, positiv gewendet, noch alles offen, alles neu, alles in revolutionärer Bewegung. Bereits der vierte Tag sieht einen hoffnungslos übermüdeten Benjamin – Asja hatte wegen einer Wohnungsangelegenheit mit Reich gestritten – zurückgezogen im Hotel: »Ich lese auf meinem Zimmer Proust, fresse Marzipan dazu.«

Wohnungsprobleme scheinen in Moskau, nach Benjamins Empfinden bereits damals »teuerste Stadt der Welt«, überhaupt die eigentlich lebensbestimmenden zu sein. Was er auch als Hotelgast bald am eigenen Leibe zu spüren bekommt. Bei der staatlich zugewiesenen Mitbewohnerin von Dr. Reichs Wohnung nämlich handelt es sich offenbar um eine Geisteskranke, weshalb Reich sich für einen Großteil der kommenden Wochen in Benjamins Zimmer miteinquartiert. Laut schnarchend nächtigt Reich im Bett. Benjamin derweil auf dem von Asja eigens zu diesem Zwecke hergerichteten Fauteuil. Womöglich auch nur ein taktisches Manöver. Aber an wirklich private Momente mit Asja ist für Nebenbuhler Benjamin jedenfalls in dieser Konstellation endgültig nicht mehr zu denken. Gerade in Dreiecksbeziehungen wird das Private zum Mittel der Machtpolitik.

DIE HÖLLE DES ANDEREN

Benjamins Aufzeichnungen geraten im Verlauf seines achtwöchigen Aufenthalts zum Zeugnis einer Beziehungskonstellation, die so absurd in ihrer Anlage und so schmerzhaft in ihrem Verlauf ist, dass es im Leser bis heute geradezu seelenzersetzende Wirkungen hervorruft. Das »Moskauer Tagebuch« steht als bleibende Lektion, zu welchen wechselseitigen Erniedrigungen an sich sogar gutmütige Menschen im Namen einer mutmaßlich geteilten Liebe fähig sind: Asja streitet mit Reich, Benjamin mit Asja, Reich mit Benjamin, Benjamin mit Reich, Asja mit Benjamin – die Anlasspalette reicht von Schnittmustern für Abendblusen über tröpfelnde Wasserhähne, fehlendes Bargeld und mutmaßliche Karrieregeilheit bis zur drohenden Verwahrlosung von Asjas Tochter Daga in einem staatlichen Kinderheim am Rande der Stadt. Am intensivsten aber zankt man sich über die Rolle des Schriftstellers im Kommunismus, die jüngste Inszenierung Meyerholds, Bulgakows Theaterkunst, die Schlussszene von »Metropolis« oder aber die Frage, wie oft der Begriff »Klassenkampf« in einem sowjetischen Enzyklopädie-Artikel über Goethe wohl mindestens zu fallen hätte. Phasenweise spricht man tagelang nicht miteinander, bekommt mehrfach Herzattacken, nur um am darauffolgenden Abend wieder treu vereint als Trio im ersten Rang zu sitzen. Benjamin versteht zwar auch im Theater kein Wort, wird aber per ins Ohr genuschelter Simultanübersetzung auf dem Laufenden gehalten. An besonders guten Abenden fällt dabei auch ein Küsschen ab. Allerdings nur, wenn Asja danach ist und Anstandsdame Reich anderweitig verpflichtet. Also so gut wie nie. »Man kennt eine Gegend erst, wenn man sie in möglichst vielen Dimensionen erfahren hat. Auf einen Platz muß man von allen vier Himmelsrichtungen her getreten sein, um ihn inne zu haben, ja auch nach allen diesen Richtungen ihn verlassen haben«[231] – notiert Benjamin am 15. Dezember 1926, während Reich direkt neben ihm im Hotelzimmer sitzt. Eine Beobachtung, die auch für das Feld menschlicher Verhältnisse trägt.

Bereits am 20. Dezember macht Benjamin die Analogie zwischen Städten und Menschen explizit: »Für mich ist Moskau jetzt eine Festung; das harte Klima, das mich sehr angreift, so gesund es mir ist, die Unkenntnis der Sprache, Reichs Anwesenheit, Asjas sehr eingeschränkte Lebensweise sind ebensoviele Bastionen und nur die gänzliche Unmöglichkeit, weiter vorzudringen, Asjas Kranksein, zum mindesten ihre Schwäche, die alles Persönliche, was sie betrifft, etwas in den Hintergrund schiebt, bewirkt, daß mich dies alles nicht vollständig niederdrückt. Wieweit ich den Nebenzweck meiner Reise, der tödlichen Melancholie der Weihnachtstage zu entgehen, erreiche, steht noch dahin.«[232]

Am 30. Dezember zeigt sich auch diese Frage entschieden. Als Benjamin bei einem Theaterbesuch gemeinsam mit Asja vor einem Anschlagszettel steht, bekennt er: »Wenn ich heute Abend allein irgendwo sitzen müßte, ich würde vor Trübsal mich aufhängen.«

MANN OHNE GERÜST

Mit Beginn des neuen Jahres erreicht nicht nur die Temperatur in Moskau einen weiteren Tiefpunkt: Asja, die erneut an Fieberschüben leidet, wird im Sanatorium eine ebenso laute wie leidenschaftlich vulgäre Zimmergenossin zugeteilt. Zu allem Unglück spricht sie Deutsch und klinkt sich sofort lebhaft in jedes Gespräch ein. Reich wohnt weiter mit im Hotel, das er nunmehr auch als Büro und Arbeitszimmer nutzt. Nicht einmal an Streit ist mehr zu denken. Zu verfahren die Lage, zu abgekämpft die Protagonisten. Am 8. Januar erleidet Reich einen schweren Herzanfall, auch Asja geht es nochmals schlechter. Immer defensiver in seinem Hotelzimmer verschanzt, erkämpft Benjamin einen Moment schmerzhaft eindeutiger Selbsteinsicht.

> Mir wird immer mehr klar, daß ich für die nächste Zeit ein festes Gerüst meiner Arbeit brauche. Als solches kommt natürlich Übersetzen nicht in Frage. Vorbedingung für dessen Konstruktion ist wiederum Stellungnahme. Was mich vom Eintritt in die K.P.D. zurückhält sind ausschließlich äußerliche Bedenken. Es wäre jetzt der richtige Zeitpunkt, den zu verpassen vielleicht gefährlich ist. Denn gerade weil möglicherweise die Zugehörigkeit zur Partei nur eine Episode, ist es nicht geraten sie zu verschieben. Sind und bleiben die äußerlichen Bedenken, unter deren Druck ich mich frage, ob nicht eine linke Außenseiterstellung durch intensive Arbeit sachlich und ökonomisch so zu lasieren wäre, daß sie mir weiter die Möglichkeit umfassender Produktion in meinem bisherigen Arbeitskreis sichert. Aber ob diese Produktion ohne Bruch in ein neues Stadium überzuführen ist, das ist eben die Frage. Und selbst dann müßte das »Gerüst« noch durch äußere Umstände, etwa einer Redakteursstelle, gestützt sein. Jedenfalls scheint die kommende Epoche für mich von den vorhergehenden sich darin zu unterscheiden, daß die Bestimmung durch Erotisches nachläßt. Daran, mir das bewußt zu machen, hat die Beobachtung von Reichs und Asjas Verhältnis einen gewissen Anteil. Ich bemerke, daß Reich allen Schwankungen Asjas gegenüber fest und von Verhaltungsweisen, die mich krank machen würden, wenig beeinflußt ist oder scheint. Und selbst das letzte ist schon sehr viel. Dies liegt an dem »Gerüst«, das er für seine Arbeit hier gefunden hat.[233]

Benjamins Lebenssituation der späten zwanziger Jahre in einer einzigen Passage. Was Wittgenstein das Kloster war, ist ihm die kommunistische Partei. In schonungsloser Offenheit paaren sich Einsichten in ausgebliebene Reifungsprozesse mit den blanken Opportunitätserwägungen eines sowohl sozial wie ökonomisch deklassierten Individualisten. Wenn es schon keinen letzten Grund für getroffene Entscheidungen gibt, sollten sie sich fortan wenigstens als nützlich erweisen! Radikaler Pragmatismus wird zur Option, bürgerliche Träumereien von einer »Redakteursstelle« irrlichtern durchs Bewusstsein. Alles, nur keine Fortsetzung des gegebenen Zustandes! Mittdreißiger Benjamin muss erkennen, keinen Halt im Leben, ja nicht einmal ein Leben selbst zu haben. Sogar Asja und Reich sind da besser dran. Sie haben wenigstens einander, dazu Asja ihre kommunistische Mission, Apparatschik Reich seinen sitzungsstarken Tagesablauf:

> Weitere Erwägung: in die Partei gehen? Entscheidende Vorzüge; feste Position, ein, wenn auch nur virtuelles Mandat. Organisierter, garantierter Kontakt mit Menschen. Dagegen steht: Kommunist in einem Staate zu sein, wo das Proletariat herrscht, bedeutet die völlige Preisgabe der privaten Unabhängigkeit. Man tritt die Aufgabe, das eigene Leben zu organisieren, sozusagen an die Partei ab.... Solange ich reise, ist der Eintritt in die Partei freilich kaum zu erwägen.[234]

Weiterreisen. Schon immer Benjamins liebste Wahl. Weder im Winter 1927 noch später wird er irgendeiner Partei beitreten. Am Ende trumpft stets der Wille zur Unabhängigkeit, als erkannte Bedingung der Möglichkeit einer frei denkenden Existenz. Er verlässt Moskau am 30. Januar 1927. Die letzten Minuten mit Asja gestalten sich als emotionales Kippbild à la Dr. Schiwago: »Unwillen über sie und Liebe zu ihr sprangen windschnell in mir um, schließlich grüßten wir uns, sie von der Plattform ihrer Tram herab – ich zurückbleibend, vielmehr erwägend, ob ich nicht ihr nach, noch zu ihr aufspringen solle.«

PARTY FOR ONE

Das Gefühl tiefer Verlorenheit folgt Benjamin bis nach Paris (oder ist er es, der diesem Gefühl folgt?), wo er annähernd den gesamten Frühling in »armseligen, winzigen und schlecht gehaltenen« Hotelzimmern verbringt, die »kaum mehr als eine eiserne Bettstelle« und einen kleinen Tisch enthalten. »Schwieriges Einleben; Probleme; Arbeit; zuviel um fertig zu werden, zu wenig um zu verdienen«, schreibt er am 9. April 1927 an Jula Cohn – seiner zweiten großen Liebe dieser Jahre. Auch ihr macht er nach wie vor intensiv den Hof.

Paris, das ist in jenen Jahren die Stadt von André Breton, Tristan Tzara und Luis Buñuel, von Jean Giraudoux und Louis Aragon, von James Joyce und Ernest Hemingway, von Gertrude Stein und Picasso, von F. Scott und Zelda Fitzgerald, von John Dos Passos und William Carlos Williams, von Anaïs Nin und Coco Chanel; Wiege des Surrealismus, Geburtsort des »Ulysses« (1922), von »Fiesta« (1926) und zu Teilen »Der Große Gatsby« (1925). Paris, das ist das an Kreativität geradezu überschäumende Laboratorium der Avantgarde. Hier ist nicht nur der literarische Weltgeist zu Hause, hier feiert und tanzt er auch, so jedenfalls berichten es seine Protagonisten, besinnungslos in jeden frischen Morgen hinein. Vom Trianon oder Ritz geht es durch den Montparnasse. Samstags hält Gertrude Stein in der rue de Fleurus ihr »open house« und erklärt jedem, der es hören will (oder nicht hören will), sie und nicht etwa Joyce sei das eigentliche Genie der Epoche. Selbst die wenigen, die schon gegen 2 Uhr nachts gehen wollen, treffen auf dem Weg nach Hause per Zufall so viele Freunde und Bekannte, dass es unweigerlich bis in den nächsten Mittag hinein weitergeht. Im Wesentlichen ohne Benjamin. Allein 200 000 Amerikaner haben, der günstige Franc lockt, zu Mitte der zwanziger Jahre in Paris ihr Quartier bezogen.[235] Die meisten davon jung, feierwillig und irgendwie künstlerisch interessiert. Fern der Heimat und mit einem aberwitzig günstigen Wechselkurs im Rücken, lassen sie es richtig krachen.

Gewiss, auch Benjamin versumpft hin und wieder in irgendeinem »Tanz- und Bumspalast« der Stadt, wo er dann, als der mäßige Weißweintrinker, der er zeitlebens bleiben wird, sogar hin und wieder in kalbsartigen Verrenkungen das Tanzbein schwingt und damit den Spott seiner beiden in Bordellfragen besonders versierten Literatenkollegen Franz Hessel und Thankmar von Münchhausen auf sich zieht. Es bleiben Ausnahmen. Denn so schwach, dass sich Benjamin auch in diesem Bereich nach Lüsten hätte austoben können, steht selbst der französische Franc nicht. Vor allem aber ist Benjamin, bei all seinen vorhandenen Schwächen für bezahlte erotische Abenteuer und auch das Glücksspiel, letztlich das gerade Gegenteil eines virilen Feierbiestes oder auch nur halbwegs effektiven Charmeurs. Wer sich seine Pariser Frühlinge der Jahre 1926 und 1927 als eine einzige, von Champagner, Salons und erotischen Abenteuern nur so überschäumende Feerie hemingwayscher Prägung vorstellt, liegt fehl. An den guten Tagen bringt er sich dazu, direkt nach dem Aufstehen – ohne sich gewaschen, etwas gegessen oder getrunken zu haben – für mehrere Stunden an seiner Proust-Übersetzung oder aber einer Lohn-Rezension für die »Frankfurter Zeitung« oder die »Literarische Welt« zu arbeiten, um darauf, mit erreichtem Pensum im Rücken, für den Rest des Tages möglichst kostenneutral durch die Passagen und Gassen der Stadt zu schlendern, immer auf Brautschau nach einem neuen, ihm noch unbekannten Seitenstraßen-Chinesen mit passablem Sparmenü.

Obwohl sein Französisch flüssig und weitgehend fehlerfrei ist, fühlt er sich in der fremden Zunge doch nie ermächtigt genug für die speziell hohen Standards seines sprachlichen Ausdruckswillens. Bittet er um Gesprächstermine bei einheimischen Literaten, erhält er diese meist ohne Umstände – freilich ohne die letztlich instrumentelle Rolle des Journalisten je verlassen zu können. Bleibende oder auch nur dienliche Bindungen findet er als Schriftsteller so gut wie keine. Für die mehr als vibrierende Szene der britischen und amerikanischen Autoren schließlich scheint er sich zu keinem Zeitpunkt auch nur in Ansätzen interessiert zu haben. Er las kein Englisch, sprach es auch nicht. Dennoch bleibt diese Leerstelle seines Interesses merkwürdig und hat fast schon etwas von einer aggressiven Verweigerung. Womöglich liegt es daran, dass seine Gattin Dora den Lebensunterhalt für sich und den gemeinsamen

Sohn noch immer maßgeblich mit literarischen Übersetzungen aus diesem Sprachraum bestreitet. Gemeinsam mit Stefan besucht sie ihn im Juni 1927. Eine freudige Unterbrechung. Ansonsten fühlt Benjamin sich in seinem Talent von beiden goldenen Weltstädten der Dekade, Paris und Berlin, mittlerweile gleichermaßen schändlich im Stich gelassen (»Berlin ist ein wunderbares Instrument, unter der Bedingung, daß man darauf pfeift«).

»Ich bin zur Zeit schon so gut wie ganz und werde in vierzehn Tagen hier gänzlich vereinsamt sitzen«, schreibt er im Juli an Scholem. Dieser befindet sich, von Jerusalem kommend, wo er mittlerweile an der 1925 gegründeten Hebräischen Universität von Jerusalem lehrt, auf einer Forschungsreise nach London und Paris. Nach vier Jahren wollen die Freunde sich im August 1927 zum ersten Mal für mehrere Wochen wiedersehen. Benjamin, beschämt ob seiner prekären Lage und verängstigt durch Scholems »ostentative Selbstsicherheit«, scheut zunächst die Begegnung, doch im Ganzen gestaltet sich das Wiedersehen positiv. Meistens treffen sie sich abends in den Cafés um den Boulevard Montparnasse, »im Dome und der Coupole«, Benjamins Lieblingslokalitäten. Scholem hat sein Gerüst über die Jahre gefunden, Benjamin gärt weiter vor sich hin. Mittlerweile hat er die Arbeit an einem neuen Projekt aufgenommen, das von den Pariser Einkaufspassagen handeln und eine Art Komplementär zu den meist in Berlin angesiedelten Denkbildern der »Einbahnstraße« bilden soll. Er sprach, erinnert sich Scholem, »damals davon, diese Arbeit in den nächsten Monaten zu vollenden«. Das knapp 50-seitige Manuskript, aus dem Benjamin dem Freunde in den Cafés vorliest, bildet den Embryo eben jenes »Passagen-Werkes«, an dem er das folgende Jahrzehnt arbeiten würde. Es wird – ein gigantisches – Fragment bleiben.

Benjamin berichtet aus Moskau; Scholem, mit durchaus klarem Bewusstsein für Benjamins prekäre Lebenslage, erzählt von Jerusalem, dem Aufbau eines neuen Staates für das jüdische Volk und der angedachten Rolle der frisch gegründeten Universität in der Festigung einer jüdischen Identität. Es trifft sich, dass auch Judah Leon Magnes, Kanzler der Jerusalemer Universität, der zudem fließend Deutsch spricht, sich in Paris aufhält. Scholem arrangiert ein Treffen: »So kam es«, erinnert er sich, »zu einem zweistündigen Gespräch zwischen uns Dreien, bei dem Benjamin, der sich auf diese Begegnung offenbar gut vorbereitet hatte, ihm seine geistige Lage in großartiger Formulierung darlegte, seinen Wunsch, sich durch das Medium des Hebräischen den großen Texten der jüdischen Literatur nicht als Philologe, sondern als Metaphysiker zu nähern, präzisierte und seine Bereitschaft erklärte, gegebenenfalls nach Jerusalem, sei es vorübergehend, sei es für dauernd zu kommen. ... Er wolle seine produktive Arbeit dem Jüdischen widmen ...«[236]

Da ist er wieder, so ein Moment des paradoxen Umschlagens von einem Extrem ins andere: immer radikal, niemals konsequent! Diplomatisch schließt Scholem die Passage: »Ich selbst war von der bestimmten und positiven Form überrascht, in der Benjamin diese Gedanken, die in dieser oder jener Form natürlich auch früher oft genug zur Sprache gekommen waren und an denen ich einen gewissen Anteil hatte, vortrug.«

Noch am selben Abend sichert Benjamin Kanzler Magnes zu – finanzielle Versorgung selbstverständlich vorausgesetzt –, für ein Jahr nach Jerusalem zu kommen, um sich dort Vollzeit dem Erlernen des Hebräischen zu widmen. Als womöglich phantastischste Wendung des gesamten Abends glaubt Magnes Walter Benjamin jedes Wort und verspricht, die Dinge von seiner Seite aus ins Gelingen zu bringen. Als einzige Bedingung erbittet er schriftliche Gutachten über Benjamins Arbeiten – präferiert aus der Feder ranghoher Autoritäten. Auf einmal öffnet sich Benjamin so etwas wie eine konkrete Lebensperspektive. Wenn nicht in Moskau, dann eben in Jerusalem. Hatte er Scholem vor Jahresfrist nicht selbst geschrieben, dass er eine endgültige Entscheidung vom Zufall abhängig machen wolle?

Auch in Berlin wandeln sich die Dinge plötzlich ins Positive. Die Bücher, endlich, werden zum Januar bei Rowohlt erscheinen!

Benjamin reist im November zurück, um die Publikation durch seine Präsenz zu begleiten. Und liegt dort erst einmal drei lange Wochen mit Gelbsucht zu Bett. Muße genug, über mögliche Gutachter von höchstem Rang nachzudenken. Für Jerusalem. Für ein neues Leben mit Gerüst!

Hugo von Hofmansthal, über die Jahre sein einziger treuer Bewunderer, ist als Nummer eins fest gesetzt. Das zweite Gutachten aber soll, wenn es sich denn irgendwie einrichten lässt, aus der Feder Ernst Cassirers stammen. Keine geringe Hürde. Noch im März 1928 ist Benjamin damit kaum einen Schritt weiter, und wähnt in klassisch benjaminscher Manier gar eine umfassende Verschwörung am Werk – wie er Scholem mitteilt: »Die Wichtigkeit von Cassirers Votum wäre mir schon evident, aber du siehst wie mein Vetter William Stern offenbar feindselig in Hamburg funkelt. Und um Warburg herum steht bis dato Gewölk, es sieht keiner so recht, was daraus hervorbrechen könnte. Sowie ich erfahre, was Cassirer über mich denkt, teile ich es Dir mit.«[237]

Was Cassirer über Benjamin dachte? Gute Frage.

HOHE SEE

Mehr beiläufig kommt es bei Ernst Cassirer am 30. Oktober 1927 zu einer Selbstbeobachtung, die auch als Charakterisierung seines gesamten Philosophierens taugen würde: »Ich kann alles, was ich brauche, ohne jede Schwierigkeit ausdrücken«, schreibt er seiner Frau von London aus. Man könnte die Tagebücher und Briefe Wittgensteins, Heideggers und Benjamins gewiss ewig durchpflügen, ohne auf einen derartigen Satz zu stoßen. Was die Grenzen der Sprachen, die Grenzen der Welt betrifft, ist Cassirer stets der Denker des Möglichen, nicht des Unmöglichen.

Konkret bezieht sich sein freudiges Erstaunen auf die Erfahrung, dass er bei seiner Ankunft in der Hauptstadt des Empires erstaunlich gut zurechtkommt. Vorbereitend auf die Einladung des King's

College hatte er in den Wochen vor der Abreise einige Privatstunden genommen, abgesehen davon aber niemals zuvor in seinem Leben auch nur ein Wort Englisch gesprochen. Schon wenige Tage darauf, am 3. November, meldet er seiner Gattin voller Stolz, insbesondere »die Sprache der Gelehrten ganz mühelos« zu verstehen. Der Philosoph als Genie des Symbolgebrauchs.

Tatsächlich dürfte es in diesem Herbst des Jahres 1927 weltweit keinen Menschen gegeben haben, der im weitesten Sinne mehr Sprachen flüssig sprach und verstand als Ernst Cassirer. Denn in dem verständigen Erwerb und der wechselseitigen Erhellung möglichst vieler »Sprachen« sah Cassirer die eigentliche Aufgabe seiner Philosophie. Nicht nur das Englische, Französische, Sanskrit oder Chinesische, vor allem auch der Mythos, die Religion, die Kunst, die Mathematik, ja sogar die Technik oder das Recht sind für ihn Sprachen mit ihrer jeweils ganz eigenen inneren Form und weltgestaltenden Kraft. Das Ziel seiner »Philosophie der symbolischen Formen« sah er folglich in nichts anderem, als den Blick »auf alle Richtungen des Weltverstehens zu richten«, und um für jede dieser verschiedenen Gestaltungen zur Welt

> gewissermaßen den bestimmten Brechungsindex anzugeben, der ihr spezifisch und eigentümlich zukommt. Sie [die Philosophie der symbolischen Formen] will die Natur der verschiedenen brechenden Medien erkennen; sie will jedes von ihnen nach seiner inneren Beschaffenheit und nach den Gesetzen seiner Struktur durchschauen.[238]

Im Herbst 1927 hat Cassirer dieses Projekt mit der Beendigung einer ersten Version des dritten Bandes der »Philosophie der symbolischen Formen« zu einem vorläufigen Abschluss gebracht. Jeder sogenannte normale Mensch wäre nach Beendigung solch einer Lebensarbeit nervlich zusammengebrochen oder wenigstens anständig krank geworden. Cassirer macht einfach weiter. Das Einzige, was er sich in diesem Herbst zum Abschluss sozusagen gönnt, ist besagte zweiwöchige Vortragsreise nach England und Holland. Ganz allein, ohne die Kinder und auch ohne seine Frau. Toni ist im September von einem Auto angefahren worden und noch Monate danach der intensiven, insbesondere krankengymnastischen Rehabilitation bedürftig.

Mehrmals erstattet ihr Cassirer von Bord des Passagierschiffes »New York«, das ihn von Hamburg aus nach Southampton bringen sollte, Bericht über den Verlauf seiner Reise.[239] Bereits wenige Minuten nach Bezug seiner »fabelhaft luxuriösen und bequemen Kabine« spürt er die große Versuchung, von Southampton gleich »bis nach New York durchzufahren«. Kaum vorstellbar, dass Cassirer die nahezu perfekte allegorische Übereinstimmung zwischen der Form seines philosophischen Projekts und dem Reisen auf einem Ozeandampfer entgangen sein wird. Schließlich hatte er sich nur wenige Tage zuvor, in der abschließenden Passage seiner Einleitung zum dritten Band seines Hauptwerks, selbst ausdrücklich als neugieriger Entdecker auf den Weltmeeren der symbolischen Formen stilisiert: »Nur dies kann gefordert werden, daß diese ›Reise um die Welt‹ das wirklich Ganze des globus intellectualis umfaßt«.

Nicht erst seit Nietzsches Forderung »Auf die Schiffe, ihr Philosophen!« liegen nautische Metaphern im philosophischen Trend. Das Meer als ewig beweglicher, den gesamten Globus umspannender Raum der Vorläufigkeit ist perfekt geeignet, die kaum noch zu überschauende, geschweige denn zu beherrschende Dynamik der zeitgenössischen Wissensproduktion zu versinnbildlichen. Zumal das daran gebundene, kulturbestimmende Gefühl, keinen festen Boden mehr unter den Füßen zu haben, in den zwanziger Jahren die Bereiche der Wirtschaft, Kunst, Politik und Wissenschaft mit gleicher Wucht erfasst. Selbst die Physik und Logik sind von einer Grundlagenkrise befallen, die sämtlichen Bemühungen, dem Gebäude des menschlichen Wissens ein festes, widerspruchsfreies Fundament zu verleihen, zu spotten droht. Otto Neurath, eines der wichtigsten Mitglieder des Wiener Kreises, gibt der philosophischen Situation, womöglich auch als Folge der mit den wittgensteinschen Séancen einhergegangenen Desillusionen, schon bald folgenden Ausdruck: »Wie Schiffer sind wir, die ihr Schiff auf offener See umbauen müssen, ohne es jemals in einem Dock zerlegen und aus besten Bestandteilen neu errichten zu können.«[240]

IM AUGE DES STURMS

»Das Transitorische, das Flüchtige, das Kontingente«, das Baudelaire nur wenige Jahrzehnte zuvor als zentrale Eigenschaften der Modernität bestimmte, hat auch die Philosophie voll erfasst. Es fällt nicht allen Protagonisten gleich leicht, das neue Daseinsgefühl vollends willkommen zu heißen. Wenn ein solches Schifferdasein überhaupt dauerhaft zu genießen und ruhig durch jeden Sturm zu steuern wäre, dann allenfalls auf einem modernen Ozeandampfer wie dem, auf dem Cassirer sich nun befand und dessen inneren Aufbau und Wirkungsweise er – als sei sein Dampfer selbst nichts anderes als eine weitere symbolische Form und also Weise, in der Welt zu sein – sogleich mit geradezu kindlicher Neugier zu erkunden beginnt.

Bereits nach sechs Stunden an Bord hat er »alles von oben bis unten besichtigt – auch in der dritten Klasse bin ich gewesen und habe mir dort von einem schnell erworbenen ›Freunde‹ alles bis ins Einzelne zeigen und erklären lassen. Auch hier ist, bei allem auffallenden Kontrast zu dem unglaublichen Luxus der ersten Klasse, doch alles bequem und in bester Ordnung«. Der Gedanke, mit der dritten Klasse womöglich doch nicht sämtliche auf dem Schiff angebotenen Schlafmöglichkeiten gesehen zu haben, kommt Cassirer ebenso wenig in den Sinn wie die etwaige Erkundigung nach blinden Passagieren oder Ratten in der Kombüse. Wo für andere Beobachter, wie zeitgleich etwa Bertolt Brecht, der Ozeandampfer zur perfekten Kulisse wird, die für diese Epoche dramatischen gesellschaftlichen Unterschiede zwischen »Ober-

und Unterdeck« zu veranschaulichen,[241] lässt sich Cassirer die Sache von einem »Freund« zeigen und urteilt zur allgemeinen Beruhigung: Im Prinzip alles in bester Ordnung!

Er selbst logiert im »fast höchsten Teil des Schiffs«, wohin ihn »ein Fahrstuhl hinaufbefördert«. Das dortige Reisegefühl beschreibt er als »durchaus unwirklich«, vor allem da das Schiff »mit einer Ruhe« dahingleitet, die einen »zeitweilig ganz das Gefühl verlieren lässt, sich in Bewegung zu finden«.

Selbst als zur Nacht hin ein Sturm über der Nordsee tobt, so heftig und machtvoll, dass zu Hause bei Toni Cassirer »alle nahen Freunde mit weinerlicher Stimme antelefonieren«, bietet ihr Gatte ein weiteres Paradebeispiel existentieller Wetterfestigkeit:

> ... gegen 3 Uhr morgens [wurde ich] durch das Heulen des Windes geweckt ... Wie da oben ein nächtlicher Sturm klingt, wirst Du Dir denken können. Da ich nicht gleich wieder einschlafen konnte, las ich eine Weile, wurde dann müde und habe bis 8 Uhr durchgeschlafen – eine immerhin ganz tüchtige Leistung. Von Seekrankheit fühle ich keinerlei Andeutung ... trotz des hohen Wellenganges bleibt die Fahrt des Schiffes wundervoll ruhig.[242]

Cassirer, diese Zeilen beweisen es einmal mehr, ist der unangefochtene Luxusliner unter den Hochseephilosophen. Kein noch so mächtiger Sturm vermag ihn aus der Ruhe, geschweige denn vom Kurs abzubringen.

ERNSTFALL FRANKFURT

Erst im Juni 1928, Cassirer nähert sich nun auch zunehmend dem internationalen Höhepunkt seines Wirkens, vermeint man erstmals so etwas wie ein existentielles Schwanken ausmachen zu können. Die Frankfurter Goethe-Universität, wie die Hamburger

Universität ebenfalls eine noch immer im Aufbau befindliche Junggründung, spricht einen Ruf an ihn aus, der mit dem ausdrücklichen Wunsch, ja der Aufforderung verbunden ist, »die gesamte philosophische Abteilung neu zu gestalten«.[243] Eine einmalige, höchst perspektivenreiche Chance. Eine gut dotierte dazu. Umgehend informiert Cassirer auch die Hamburger Verantwortlichen von der ergangenen Offerte. Noch im Juli will er eine Entscheidung treffen und die beidseitig zu führenden Verhandlungen abgeschlossen wissen.

Viel steht auf dem Spiel. Vor allem für die Hansestadt. Vor allem für Aby Warburg und die »Besatzung« seiner Bibliothek. Wohl nicht zuletzt um das Fort- und Nachleben der eigenen Forschungstätigkeit besorgt, entschließt sich Warburg zu einem offenen Brief im »Hamburger Fremdenblatt«, dem er den Titel »Ernst Cassirer: Warum Hamburg den Philosophen Ernst Cassirer nicht verlieren darf« gibt. Spätestens mit der Veröffentlichung dieses Appells, den Warburg als Sonderdruck zudem zeitgleich an »70 einflussreiche Persönlichkeiten in ganz Deutschland« versendet,[244] ist das Ringen um den zu dieser Zeit anerkanntesten Philosophen Deutschlands auch eine öffentliche, sogar politische Angelegenheit geworden. Es dauert nicht lange, bis sich die jeweiligen Bürgermeister mit eigenen Anwerbebriefen in den Prozess einschalten (»Kommen Sie nach Frankfurt und helfen Sie uns, der Universität Frankfurt die Stellung und Bedeutung zu geben, die der einzigartigen geographischen Lage der Stadt, ihrer kulturellen Tradition, der geistigen Beweglichkeit und inneren Freiheit der Bevölkerung zukommt«).[245]

Auch Warburg bleibt auf allen Fronten aktiv, etwa, indem er den anwerbenden Frankfurter Kurator der Frankfurter Goethe-Universität, Kurt Riezler zu bedenken bittet, welch »gewaltsamen Eingriff in die mühsam geschaffene Verwurzelung mit dem schwierigen Boden an der Nordseeküste«[246] Cassirers Weggang bedeuten müsste. Finanziell ist Hamburg, Warburg ist auch in dieser Richtung umtriebig, durchaus willens und in der Lage, das Frankfurter

Angebot zu kontern. Doch ob das reicht, Cassirer in einer Stadt zu halten, die damals (wie heute) zwar für vieles gerühmt wird, nicht indes für akademische Exzellenz?

Schon zu dieser Zeit ist Cassirer, wie er mehr und mehr zu realisieren beginnt, weit mehr als nur ein akademischer Philosoph. Er ist strahlkräftiges Symbol einer liberalen, republikanischen Haltung, die unter den deutschen Geistesgrößen der damaligen Zeit durchaus nicht selbstverständlich ist. Nicht zuletzt ist er, als bedeutendster lebender Neukantianer, als Schüler Hermann Cohens, als weltweit geachtete Autorität in Bezug auf die Werke Kants wie Goethes, eine der Galionsfiguren eines deutsch-jüdischen Patriotismus. Fast schon ironisch nimmt sich im Zusammenhang aus, dass der in Frankfurt als Habilitand krachend gescheiterte Walter Benjamin mit seinem Landungsversuch in Hamburg vollends auf Grund läuft. Vermittelt über Hugo von Hofmannsthal hatte er sein im Rowohlt Verlag erschienenes Trauerspiel-Buch persönlich an Panofsky nach Hamburg senden lassen. Die erfahrene, ebenfalls über Hofmannsthal zurückvermittelte Replik war allerdings derart schroff, dass Benjamin sogar die Notwendigkeit verspürte, sich ausführlich bei seinem Mittelsmann zu entschuldigen, ihn überhaupt für einen derart aussichtslosen Zweck in Anspruch genommen zu haben.

Welche Gestalt hätte Benjamins Lebensweg angenommen, wäre sein Werben um Aufnahme in den Warburg-Kreis erhört worden? Wie andere Mitglieder des Kreises auch wäre er anstatt nach Paris viel wahrscheinlicher bereits zu Beginn der dreißiger Jahre nach London oder in die USA exiliert. Und damit wohl kaum je unter die durchaus werkprägende finanzielle Abhängigkeit oder eben Förderung des später von Adorno und Horkheimer geführten Instituts für Sozialforschung geraten.

Für den Verlauf einer zukünftigen deutschsprachigen Philosophie aber noch weitaus interessanter gestaltet sich die Spekulation, was wohl geschehen wäre, hätte Cassirer den Ruf nach Frankfurt tatsächlich angenommen, um das dortige philosophische Seminar nach ganz eigenen Idealen von Grund auf neu zu gestalten. Ob es mit ihm als geistesprägender Gestalt dort jemals zur sogenannten »Kritischen Theorie« beziehungsweise »Frankfurter Schule« bekannter Prägung gekommen wäre? Eben jener Frankfurter Schule, zu deren heiligengleich verehrter Gründungsfigur mit Beginn der sechziger Jahre niemand anders als Walter Benjamin stilisiert werden sollte?

Cassirer jedenfalls, der Lotse auf den Ozeanen der Redevielfalt, blieb an Bord, blieb Hamburg, blieb Warburg und damit nicht zuletzt seinem eigenen, kontinuitätsaffinen Wesen treu. Ende Juli 1928 setzt er alle Beteiligten von seiner Entscheidung in Kenntnis. Der damit verbundene Preis – oder war es das Geschenk – freilich besteht in einer noch höheren Relevanz für das kulturelle wie politische Leben der Hansestadt.

Zeitgleich zu den beginnenden Verhandlungen um seinen Verbleib, und diese womöglich bewusst flankierend, wurde er aufgefordert, vor dem Hamburger Senat die Rede zur Neunjahresfeier der Weimarer Verfassung zu halten. Nach allgemeinem Empfinden eine hervorragende Idee. Allein Gattin Toni will nicht in den Chor einstimmen. Zum einen, weil sich der lang ersehnte Sommerurlaub im Engadin um volle zwei Wochen nach hinten zu verschieben droht. Vor allem aber, weil sie – von gesundheitlich chronisch schwacher Konstitution und dadurch anders als ihr Gatte mit einem besonders wachen Sinn für die Fährnisse der Existenz versehen – im Angesicht des damaligen politischen Klimas jede allzu explizite Einlassung für unklug, ja geradezu gefährlich erachtet. Insbesondere als deutscher Jude. Ein Sturm bislang unbekannter Stärke, sie spürt es, ist im Begriff aufzuziehen. Ihr Gatte teilt diese Sorgen nicht. Und wenn er es tat, hielt er sich für gefestigt genug, dem Sturm mit der rettenden Macht seiner Lieblingsgeister einmal mehr trotzen zu können.

INDIVIDUUM UND REPUBLIK

Die Sache war listig angelegt. Musste sie auch sein. Schließlich bestand das Ziel des Redners, der nun mit seiner vollen, schlohweißen Professorenmähne und im akademischen Talar wie alle anderen geladenen Gäste auch die dritte Strophe des Deutschlandliedes sang, in nichts Geringerem, als die im gesamten Europa vorherrschende Erzählung über Ursprung und Entstehung eines republikanischen Rechtsstaates innerhalb von 45 Minuten auf den Kopf zu stellen.

Wollte ein Skandal vermieden werden, galt es vielstimmig und fährtenreich vorzugehen. Vor allem aber nur mit edelsten Gewährsmännern aufzuwarten. Für Cassirer sind es auch an diesem Tag die gleichen wie schon sein gesamtes geistiges Leben: Leibniz – Kant – Goethe. Mehr brauchte seiner Überzeugung nach keine Kultur, jedenfalls nicht die deutsche, um dauerhaft an sich zu gesunden. Wo sich dieses geistige Erbe aber verfemt und verachtet erführe, würde sich ein Abgrund der Barbarei öffnen.

Die Skepsis, die allzu viele Deutsche der Weimarer Republik entgegenbrachten, lag nicht einmal vorrangig an ihrer fraglichen Funktionalität. Gewiss, in den knapp neun Jahren ihres Bestehens hatte sie bis zum August 1928 sage und schreibe zehn Reichskanzler verschlissen, doch gerade in den vergangenen zwei bis drei Jahren war es wirtschaftlich unzweifelhaft aufwärtsgegangen. Das eigentliche Widerstreben der großen Kriegsverlierernation lag im kulturellen Gedächtnis: Die Herrschaftsform der demokratischen Republik, so die allgemein vorherrschende Erzählung, war letztlich eine Importidee, verwurzelt in den Siegernationen der Vereinigten Staaten (Unabhängigkeitserklärung, Bill of Rights), Frankreich (Französische Revolution) sowie, mit viel historischem Wohlwollen, auch England (Magna Charta). Sogar die Schweiz hatte ihren Rütli-Schwur. In Sachen demokratischer Schöpfungsmythos war Deutschland indes so gut wie blank. Die Verfassung von Weimar war so gesehen kein Geschenk, sondern ein Unfall der eigenen Geschichte. Eine Art bleibender Kollateralschaden des Kriegsausgangs, der in seiner Ausgestaltung und Umsetzung von den mit den Versailler Verträgen verbundenen Reparationsforderungen überdies schwer belastet war. Ein wahrhaft selbstbestimmtes Deutschland würde – aus seiner ureigenen Geschichte heraus – deshalb vieles sein, aber nicht eigentlich eine Republik. So dachte nicht zuletzt auch der amtierende Reichspräsident und vormalige Generalfeldmarschall Paul von Hindenburg. Das Problem mit Weimar war also vorrangig eines des geschichtlich gewachsenen Selbstbildes. Ein wunder Punkt, auf den auch Cassirer gleich zu Beginn seiner Rede vor dem Hamburger Senat eingeht. Was schließlich wäre von einem Philosophen zu halten, würde er nicht auch die Überzeugung teilen,

> daß die großen historisch-politischen Probleme, die unsere Gegenwart beherrschen und bewegen, von jenen allgemeinen Grundfragen des Geistes, die die systematische Philosophie sich stellt und um deren Lösung sie im Verlauf ihrer Geschichte unablässig gerungen hat, nicht schlechthin abgelöst werden können.[247]

Damit war schon einmal ein erster wichtiger Teil des Tricks vollbracht. Aus Geschichte wird unter der Hand Philosophiegeschichte, und zwar eine Geschichte, die als politische letztlich immer um die gleichen systematischen Fragen kreist: Wie steht es um das rechte Verhältnis des Individuums zu seiner Gemeinschaft? Wie um das von wahrer Selbstbestimmung zu einem freien, öffentlichen Vernunftgebrauch? Wie um die mutmaßlichen Rechte, die jedem Vernunftwesen an sich und ohne jede Einschränkung zukommen? Für den bekennenden Weimarianer Cassirer alles genuin deutsche Fragen, zumindest, soweit es die Philosophie der Moderne betraf. Hatte man die Sache erst einmal so gerahmt, tritt bei genauer Kenntnis der Quellen mit geradezu unabweisbarer Klarheit hervor, dass niemand anders als Gottfried Wilhelm Leibniz – und damit ein Systemphilosoph, dem bis dato (und bis heute) kein sonderlich demokratienahes Denken unterstellt wurde – in Wahrheit »der erste unter den großen europäischen Denkern gewesen [ist], der in der Grundlegung seiner Ethik und seiner Staats- und Rechtsphilosophie mit vollem Nachdruck und mit aller Entschiedenheit das Prinzip der unveräußerlichen Grundrechte des Individuums vertreten hat«.[248]

Fürstenphilosoph Leibniz, ausgerechnet! Mit gleicher Plausibilität hätte man da aus Gustav Stresemanns Gedächtniszylinder einen deutschen Riesenrammler hervorzaubern können!

Mehr als beiläufig erwähnt Quellenmagier Cassirer denn auch, dass die betreffende, den damaligen Leibniz-Forschern zuvor kaum erwähnenswert erschienene Passage aus einem Traktat über die Rechtslage von Sklaven und Leibeigenen stammt und dabei, denkbar fern davon, die Praxis selbst infrage zu stellen, diesen Subjekten dort gewisse, unbedingte Minimalrechte einräumt.

Bis zum voll wahlmündigen Subjekt des modernen Rechtsstaates sind von diesen Minimalrechten aus noch mehrere Riesenschritte zu gehen. Cassirer folgend ist genau dies auch geschehen. Leibniz' Impuls beeinflusst von dort ab – vermittelt über Wolff – die gesamte politische Philosophie des Kontinents, und wiederum vermittelt durch den britischen Rechtsphilosophen und Wolff-Leser William Blackstone ganz direkt auch die amerikanische Unabhängigkeitserklärung von 1776, die bekanntlich wiederum der französischen Nationalversammlung als Vorlage diente!

Philologisch-historisch nachgewiesen wird dies von Cassirer im Einzelnen zwar nicht, aber immerhin ist es eine bündige deutsche Kontererzählung, die an diesem 15. August des Jahres 1928 ihren eigentlich inspirierenden Höhepunkt, natürlich, in Immanuel Kant findet:

> In der Kantischen Schrift »Idee zu einer allgemeinen Geschichte in weltbürgerlicher Absicht«, die im Jahre 1784, also fünf Jahre vor Ausbruch der Revolution, verfaßt ist, wird als Ziel der poli-

> tischen Geschichte der Menschheit, die Gewinnung einer innerlich – und zu diesem Zwecke auch äußerlich – vollkommenen Staatsverfassung bezeichnet. »Obgleich dieser Staatskörper«, so fügt Kant hinzu, »für itzt nur noch sehr im rohen Entwurfe dasteht, so fängt sich dennoch gleichsam schon ein Gefühl in allen Gliedern, deren jedem an der Erhaltung des Ganzen gelegen ist, an zu regen, und dieses gibt Hoffnung, daß nach manchen Revolutionen der Umbildung endlich das, was die Natur zur höchsten Absicht hat, ein allgemeiner *weltbürgerlicher Zustand* als der Schooß, worin alle ursprünglichen Anlässe der Menschengattung entwickelt werden, dereinst einmal zustande kommen werden.« Es ist somit nur die Wiederholung dieser seiner eigenen ursprünglichen Forderung, nicht der Einfluß der äußeren Weltereignisse, wenn Kant, über zehn Jahre später, in der Schrift »Zum ewigen Frieden« den ersten Definitivartikel des ewigen Friedens dahin bestimmt, daß die bürgerliche Verfassung in jedem Staate republikanisch sein solle. Denn eine solche Verfassung allein entspricht nach ihm der Idee des »ursprünglichen Vertrags«, auf der alle rechtliche Gesetzgebung eines Volkes zuletzt beruhen müsse.[249]

Die amerikanische Verfassung, die Französische Revolution, die Weimarer Republik, alles auf neue, urdeutsche Weise grundgelegt! Und nicht nur sie, den im Lande ebenfalls hoch umstrittenen Völkerbund, in den das Deutsche Reich nach zähen Verhandlungen erst zwei Jahre zuvor Aufnahme gefunden hatte, gleich mit. Ein kleines philosophiehistorisches Zauberstück also, von durchaus streitbarem Aufbau zwar, doch von Cassirer an diesem Festtag so angenehm und elegant aufgeführt, dass es niemandem auffiel. Vielmehr wurden die dargebotenen Inhalte als die mutmaßlich selbstverständlichsten überhaupt beklatscht, insbesondere, als Cassirer zur eigentlichen historischen Moral seines Vortrags kommt:

> Was meine Betrachtungen Ihnen nahbringen sollten, war die Tatsache, daß die Idee der republikanischen Verfassung als solche im Ganzen der deutschen Geistesgeschichte keineswegs ein Fremdling, geschweige denn äußerer Eindringling ist, daß sie vielmehr auf deren eigenem Boden erwachsen und durch ihre ureigensten Kräfte, durch die Kräfte der idealistischen Philosophie, genährt worden ist. ... »Das Beste, was wir von der Geschichte haben«, sagt Goethe, »ist der Enthusiasmus, den sie erregt.« So soll auch die Versenkung in die Geschichte der Idee der republikanischen Verfassung nicht lediglich rückwärts gewandt sein, sondern sie soll in uns den Glauben und die Zuversicht stärken, daß die Kräfte, aus denen sie ursprünglich erwachsen ist, ihr auch den Weg in die Zukunft weisen und daß sie an ihrem Teile mithelfen können, die Zukunft heraufzuführen.[250]

Sprach er, und verließ unter donnerndem Applaus das Podium. Der von Natur aus leicht erregbare Aby Warburg, natürlich ebenfalls unter den Anwesenden, wollte in dem Vortrag gar eine »Vorrede zur Magna Charta der deutschen Republik« erkannt haben, und damit genau das, was »dieses arme gegenwärtige Deutschland, das sich noch immer nicht auf seinen Freiheitshunger einrichten kann«, jetzt benötige. Einmal mehr erbittet er die Erlaubnis zur Anfertigung eines Sonderdrucks.[251]

Nur Toni Cassirer behält sich auch an diesem Festtage das Recht auf Skepsis vor. »Viele ›Betroffene‹«, erinnert sie sich, »habe ich nach der Feier im Rathause von Hamburg jedenfalls nicht gefunden, und die Überzeugten blieben wie immer diejenigen, die überzeugt zu werden wünschten. Um Deutschland damals aufzurütteln, dazu gehörten andere Mittel, als Ernst anzuwenden gewöhnt und gewillt war.«[252]

Eine Einschätzung, der damals auch Walter Benjamin und Martin Heidegger unbedingt zugestimmt hätten. Die Cassirers aber bestiegen noch am selben Abend ihren Nachtzug ins Schweizer Hochgebirge. Für dieses Mal noch zum wohlverdienten Urlaub.

AM BAU

Im Oktober 1927 wartet Heidegger noch immer auf eindeutige Kunde aus dem Berliner Ministerium. Zwar hat »Sein und Zeit« in den wenigen Monaten seit Veröffentlichung enorme Aufmerksamkeit erfahren und wird aller Orten als veritables Ereignis gefeiert, doch die Berufung auf den durch Natorps Weggang frei gewordenen Lehrstuhl in Marburg lässt weiter auf sich warten. Am 19. Oktober schließlich trifft der erlösende Brief ein. Heidegger ist in diesen Tagen bei seinem Bruder in Meßkirch – nach dem Tod der Mutter im Frühjahr ist dort noch manche Angelegenheit zu klären –, während Elfride gemeinsam mit den Buben auf der Hütte weilt. Seit nunmehr drei Jahren pendelt die Familie zwischen der Marburger Wohnung und der Hütte in Todtnauberg. Kein Dauerzustand, zumal die Söhne mittlerweile schulpflichtig sind.

Mit der Berufung auf das Ordinariat eröffnen sich nun ganz neue Gestaltungshorizonte. »Ich merkte vorgestern an Deiner Stimme im Telephon wie sehr Du Dich freutest. Die Entscheidung des Ministers ist ein erfreuliches Zeichen der Objektivität. Das Ministerium muß es selbst als eine Befreiung empfinden … H.[usserl] hat jetzt, wo ich Nachfolger auf den Lehrstuhl Natorps bin noch einen ganz anderen Trumpf in der Hand. … Das unheimliche Heideggersche Glück scheint doch noch am Leben zu sein. … Nun werden wir doch etwas aufatmen u. manche Freude gönnen können – aber vor allem nimmt nun ›das Haus‹ nicht nur in den Plänen, sondern in der Möglichkeit seiner Verwirklichung bestimmte Gestalt an …«[253] schreibt Möhrchen Martin am 21. Oktober 1927 an Seelchen Elfride. Geht es nach den Wünschen des Paares, ist Marburg nur eine notwendige Sprosse auf dem Sprung zurück nach Freiburg, wo Husserls Emeritierung für das folgende Jahr ansteht. Trotz einer sehr präzisen Wahrnehmung für die häretische Eigenständigkeit seines Meisterschülers wünscht Husserl sich niemand anderen als Heidegger zum Nachfolger.

ZEIT DES DÄMONS

Kinder gezeugt, Buch geschrieben … gemäß einer auch für Heidegger offenbar verbindlichen Werktriade fehlt ihm jetzt nur noch der Hausbau zur Daseinssollerfüllung. Zumal er sich erst jetzt, im 38. Lebensjahr, richtig erwachsen zu fühlen beginnt. So ein Haus, will es wirklich als das eigene gelten, kann für ihn nur in der Heimat stehen und also erbaut werden. Das Wohnen kommt schließlich vor dem Bauen, das heimatliche Weltverhältnis vor der angenommenen Weltanschauung, das Denken aber vor allem anderen! Auch in diesem Bereich regen sich nach der rauschgleichen Niederschrift von »Sein und Zeit« mit dem Winter des Jahres 1927/1928 neue Impulse: »Nach dem Überdruck der ›Publikation‹ war ein Ausruhen gekommen – ich merke es ist vorbei damit u. der Dämon beginnt schon recht unheimlich wieder zu wühlen u. zu drängen«,[254] meldet Heidegger seiner Frau am 21. Januar 1928 von Marburg aus. Elfride und die Söhne leben derweil bei einer Bauernfamilie in Hüttennähe zur Untermiete. Eine Einschulung in Marburg, wurde beschlossen, lohnt nicht mehr.

Wann immer bei Heidegger der Dämon des Denkens zu walten beginnt, drängt es ihn auch zu neuen erotischen Abenteuern – oder umgekehrt. Eros und Denken, das ist für ihn als Geistesgriechen nicht nur philosophiehistorisch letztlich eins, sondern auch existentiell gleichursprünglich. So wird, ohne das Ereignis Arendt ersetzen zu können, in dieser Phase wieder einmal Elisabeth Blochmann zum Objekt seiner Anregung. Mittlerweile lebt und lehrt sie als Pädagogin in Berlin, besucht die Heideggers aber wiederholt auf der Hütte (und wird von Martin auch auf eigene Faust zurückbesucht). Der Briefkontakt intensiviert sich.

Sosehr Hausbauer Heidegger die Geborgenheit der Familie als sicherndes Fundament seiner Existenz begreift, so notwendig bleibt ihm das ereignishafte Ausbrechen aus dem Gestell der bürgerlichen Ehe. Eine sich gegenseitig bedingende Dynamik aus Grundlegung und Ausbruch, gewisser Findung und offener Suche, in der er auch als Philosoph das eigentliche Grundverhältnis eines wahrhaft freien Daseins erkennt. Das Fundament war in diesem Sinne mit der Daseinsanalytik von »Sein und Zeit« gelegt. Freilich war das Buch in seiner publizierten Form Fragment geblieben. Noch nicht einmal der erste des auf zwei Teile angelegten Werkes fand seinen Abschluss. Unklar, weil unbearbeitet, war insbesondere geblieben, worin der eigentlich titelspendende Zusammenhang des *Seins* zur *Zeit* bestehen mochte. Im Kern war der veröffentlichte Teil des Werks nicht über eine beschreibende Freilegung des In-der-Welt-Seins eben jenes Wesens hinausgekommen, das die Frage nach dem Sein überhaupt stellen konnte: eben des Menschen. Dieser »Analytik des Daseins« eignete aber allenfalls vorbereitender Charakter. »Sein und Zeit« war damit in Wahrheit ein Hamlet ohne Prinz. Allein die Bühne war bereitet worden. Die Frage selbst aber als Held nicht aufgetreten. Statt »to be or not to be« blieb unaufgeklärt, wonach man mit dem »Sein« überhaupt fragte.

Terminologisch gesprochen hatte der »Analytik des Daseins«, der es beschreibend um eine »Enthüllung der inneren Möglichkeiten des Seinsverständnisses« zu tun war, deshalb in Heideggers Worten eine eigene »Metaphysik des Daseins« zu folgen.

In deren Zentrum würden zwei Fragen zu stehen haben: 1. In welcher Weise der Mensch überhaupt so etwas wie Sein versteht? Und 2. In welcher Beziehung dieses Verstehen zur Zeit steht?

So galt es in den Jahren 1927 und 1928, weitere Regungen des Dämons vorausgesetzt, »in Absicht auf das Seinsproblem und geführt von diesem, die Zeitlichkeit als Grundverfassung des Daseins nachzuweisen«.

Der Weg des Fundamentalontologen (Was heißt »Sein«?) musste auch hier, wie in allen heideggerschen Erkundungen dieser Phase noch, den scheinbaren Umweg über das konkrete Seinsverständnis des fragenden Daseins gehen. Nicht das Dasein war letztlich aus der Natur des Seins abzuleiten, sondern umgekehrt: das Sein aus der Natur des fragenden Daseins. Und dieses war, bei näherer Hinsicht, tief von Zeitlichkeit geprägt.

NACH DEM SEIN

Mit dem Seinsverständnis des Daseins verhält es sich, wie auch immer es konkret bestimmt sein mag, nämlich unzweifelhaft so: Es liegt in Wahrheit immer schon *vor*! Es ist immer schon da, gegeben, zeigt sich in einer Ganzheit als bereits erschlossenes, und zwar ganz unabhängig davon, welcher Art konkret Seiendes einem Dasein nun ins bestimmende Blickfeld geraten mag (Häuser, Tannen, Stühle, Pilze, Hämmer, Nägel, Bakterien, Quanten ...). Dem Sein selbst eignete also, im Gegensatz zum konkret Seienden, zumindest eines: eine noch näher zu erkundende *Vorzeitigkeit*. In kantischer Diktion also der Charakter eines *a priori*: »Sein ist bei allem Erfassen von Seiendem im vorhinein schon verstanden, das vorgängige Seinsverständnis gibt gleichsam allem Erfassen von Seiendem Licht«.[255]

Diese Erfahrung der Vorzeitigkeit war schon einmal eine wichtige ontologische Fährte, zumindest für einen Fragenden, dem es darum zu tun ist, das Verhältnis von *Sein* und *Zeit* näher zu begreifen. Denn eines war ja eigentlich jedem Menschen und sogar Kind von Anfang an ebenfalls klarzumachen: Es gibt einen klaren Unterschied zwischen Seiendem und Sein. Seiend, das ist alles, was sich für uns so als konkret Bestimmbares in der Welt zeigt und findet (Häuser, Hunde, Stühle, Hämmer, Nägel, Quanten ...) – also letztlich: alles! Dennoch gibt es, gleichsam dahinterstehend, eben immer noch die durchaus sinnvoll erscheinende Frage, worin oder auch wodurch sich nun das Sein alles dieses Seienden letztlich auszeichnet. Eben die ontologische Frage, als ewig gebärende Mutter des Philosophierens: Was hat es mit diesem »Sein« auf sich? »Ist« es selbst auch? Und wenn ja, ist es in der gleichen Weise wie alles Seiende, oder auf eine ganz und gar andere Art und Weise? Diese Frage nennt Heidegger die Frage nach der »ontologischen Differenz«. Und das Einzige, was sich hinsichtlich dieser Differenz wirklich klar zu zeigen gibt, ist wiederum: In jedem Fall ist das Sein dem Seienden stets vorgängig, es steht zu diesem also in einem *zeitlich* begründeten Verhältnis der fundamentalen Differenz. Damit kann Heidegger, in seiner Rolle als daseinszentrierter Fundamentalontologe, nun konkret weiterfragen: In welchen Erfahrungen zeigt sich diese Differenz für das Dasein am eindrücklichsten?

Anders gekehrt: Was Dasein wesensgemäß zu dem macht, was es ist, ist letztlich das Fragen nach dem Wesen der ontologischen Differenz selbst, das metaphysische Fragen nach dem Sinn von Sein. Also: das Philosophieren. Im Brief an Elisabeth Blochmann: »Es gehört zum Wesen des menschlichen Daseins, daß es, sofern es existiert, philosophiert. Menschsein *heißt schon* philosophieren – u. weil das so ist, deshalb ist nun die Befreiung der *eigentlichen* u. *ausdrücklichen* Philosophie so schwierig.«[256]

Denn gerade weil diese Welt – und zwar aus der vorgängigen Natur des Seins selbst heraus – immer schon als fundamental erschlossene erfahren wird, stellt sich die Frage nach den eigentlichen Gründen für diese Erschlossenheit den meisten Menschen nicht oder nicht mehr. Sie leben in einer fraglosen und ihnen damit unerschlossenen Erschlossenheit. Zum Beispiel in Form einer angenommenen Weltanschauung oder eines übernommenen Weltbildes, wie einem religiösen, mythischen, wissenschaftlichen oder dialektisch-materialistischen. Vor allem aber sind sie im alltäglichen Weltbild des sogenannten gesunden Menschenverstandes befangen, in dem es in der Regel so etwas wie Subjekte und Objekte gibt, Naturdinge und Kulturdinge, Essbares und Nichtessbares, Nützliches und Irrelevantes, Heiliges und Profanes …

Die in der Regel nie eigens befragten Hintergrund-Annahmen, auf denen die jeweiligen Weltbilder (gerne auch »Philosophien« genannt) gründen, gilt es nun nicht nur fragend aus der impliziten Annahme in die explizite Befragung zu stellen (wie es etwa Ernst Cassirer tat). Vielmehr gilt es mit Heidegger noch radikaler vorzugehen und die Frage nach dem Hintergrund dieser verschiedenen Binnenhintergründe in letzter, vorbehaltloser Konsequenz zu stellen: eben die fundamentalontologische Frage nach dem eigentlichen Grund dafür zu stellen, weshalb es so etwas wie eine vorgängige Erschlossenheit gibt, auf deren Grund sich dann wiederum eigene Wissenschaften, Weltbilder, Sprachen und symbolische Formen überhaupt ausbilden können. Konkret: Gibt es einen Grund, auf dem alle anderen Gründe, die wir einander und uns selbst für unser meist ganz alltägliches Tun und Lassen, Erkennen und Handeln, Fragen und Antworten so geben, letztlich gründen? Das ist die eigentliche Frage der Metaphysik, deren Herzstück die Ontologie bildet, also die Lehre vom Sein.

Der Begriff des *Grundes* dominiert folglich sämtliche Vorlesungen und Werke Heideggers in der Phase direkt nach »Sein und Zeit«: So auch die im Sommersemester 1928 noch in Marburg gehaltene Vorlesung »Metaphysische Anfangsgründe der Logik«, aber auch Vorträge wie »Vom Wesen des Grundes« von 1929, die Vorlesung »Die Grundbegriffe der Metaphysik« vom Wintersemester 1929/1930 oder auch die ebenfalls 1929 erscheinende Kant-Interpretation »Kant und das Problem der Metaphysik«, deren vier Kapitel ebenfalls sämtlich um das Problem einer »Grundlegung der Metaphysik« kreisen.

GRUND UND ABGRUND

Selbstverständlich wurden innerhalb der Philosophie zahlreiche mögliche Kandidaten für einen metaphysischen Urgrund aufgeboten: Gott zum Beispiel, die platonischen Ideen, ewige Substanzen, rein logische Grundgesetze wie der Satz der Identität (A=A). Oder gewisse weitere Grundkategorien des Denkens, die aus der Struktur wahrheitsfähiger Aussagesätze abstrahiert wurden, wie bei Aristoteles und Kant der Fall. Allesamt sollte diesen Kandidaten die Eigenschaft der Ewigkeit oder gar Überzeitlichkeit eignen: Sie waren *vor* und womöglich sogar unabhängig vom Menschen aufzufassen. Und allesamt wiesen sie, nicht nur nach Heidegger, mindestens eines von zwei Problemen auf: Entweder war ihre Existenz mit den Mitteln des endlichen, menschlichen Verstandes und seiner Erfahrungsgrenzen schlichtweg nicht zu beweisen (Gott, Substanz). Oder aber es musste unklar bleiben, in welcher vermittelnden Beziehung diese mutmaßlichen Urgründe zu eben jener Welt standen, in der sich ein lebendiges Dasein immer schon vorfand und handlungsfähig zeigt. Immanuel Kants mutmaßlicher Impuls schließlich, es mit der klassischen Metaphysik und insbesondere deren Ontologie besser sein zu lassen und stattdessen nach den Kategorien des menschlichen Verstandes zu forschen, die für uns überhaupt die Welt zu einer Welt werden ließen (die Objekte richten sich nach den Kategorien des Verstandes, nicht umgekehrt), setzt nun seinerseits eine Trennung als absolut gegeben voraus: nämlich die Trennung zwischen bewussten Subjekten und zu erkennenden Objekten. Diese Trennung aber galt es nach Heidegger selbst erst einmal in ihrer scheinbaren Absolutheit und Gegebenheit zu entlarven. Setzte nicht bereits die Unterscheidung von Subjekt und Objekt eben jene Erfahrung der Ur-Erschlossenheit voraus, die sie im Verlaufe des kantischen Projekts mit klar gesetzten Grenzen zu begründen vorgab?

ZURÜCK ZUM URSPRUNG

Wie bereits in seiner die Daseinsanalytik vorbereitenden Schrift zu Aristoteles von 1922 laufen Heideggers im engeren Sinne ontologische Forschungen zur Logik und Metaphysik von 1928 auf eine *Destruktion* der gesamten abendländischen Metaphysik hinaus. Denn das traditionell ontologische Fragen ging jeweils von grundlegend falschen Voraussetzungen aus: Entweder es ließ offen, wie endliche, in die Zeitlichkeit eingelassene Wesen überhaupt zu einer Bestimmung oder gar einem Wissen von Gegenständen oder Gründen kommen können, die als solche nicht an die Endlichkeit und damit Zeitlichkeit gebunden sind. Oder es arbeitet unbefragt mit Voraussetzungen, die es erst einmal selbst öffnend infrage zu stellen galt (Subjekt-Objekt-Trennung, Erkenntnistheorie). Es gilt also einmal mehr, an den Ursprung des ontologischen Problems selbst zurückzukehren, an die bereits von Parmenides gestellte Frage nach dem Sinn von Sein. Jede gute Frage des Daseins aber beruht für Heidegger letztlich auf der Erfahrung eines störungshaften Fraglichgewordenseins für das Dasein.

Um an den eigentlichen Ursprung des Philosophierens zurückzukehren, musste also nicht etwa 2500 Jahre in der Geschichte leiblich oder kulturell zurückgereist werden (was für so tief in die Geschichte eingelassene Wesen wie uns ja auch gar nicht möglich ist). Vielmehr musste die spezifische Störungserfahrung erzeugt werden, die den eigentlichen Grund dieses Fragens bildet! Aus einer Metaphysik des Begriffes (oder der Substanz oder der Logik oder der Kategorien) wird bei Heidegger also zunächst und vor allem wieder eine *Metaphysik der Erfahrung*, und zwar der Erfahrung des endlichen und sich endlich wissenden Daseins!

Die besondere Störungserfahrung, die für das wache Dasein am Grunde der ontologischen Frage ruht, hat nun alles, aber auch wirklich alles, mit der spezifischen Form einer immer werdenden Zeitlichkeit zu tun, in der die Menschen stehen: eben mit der Erfahrung *ihrer* Zeitlichkeit, die recht beschrieben immer auch eine Erfahrung ihrer Endlichkeit ist.

Diese Erfahrung war situativ an besondere, herausgestellte Augenblicke der Existenz gebunden, in denen sich die Frage nach dem Sein in besonderer Weise zeigte, stellte, aufdrängte: Nicht wir sind es, die sich nach Heidegger Fragen stellen. Die wahren Fragen stellen sich uns!

Was für Erfahrungen aber sind das? Es sind nach Heidegger einmal mehr Erfahrungen eminenter und intensiver existentieller Grundlosigkeit oder sogar Abgründigkeit. Insbesondere Erfahrungen der Todesnähe. Insbesondere Erfahrungen der Angst. Erfahrungen des Gewissensrufes.

Der eigentliche Grund, der am Grunde unseres metaphysischen Fragens und damit der Metaphysik selbst liegt, ist gar kein Grund, sondern ein Abgrund. Ist gar kein sicherndes Etwas, sondern vielmehr das Nichts. Unsere wesensgemäß metaphysische Existenz gründet in fundamentaler Grundlosigkeit! Genau deshalb ist sie als wirklich freie möglich und erfahrbar. Sie ist ontologisch abgründig, wie auch die jeweilige Existenz eines jeweiligen Daseins.

In diesem Sinne lenken die weltanschaulichen und philosophischen Gerüste, die sich Menschen als kulturelle Wesen so fertigten, um sich an ihnen im Dasein leitend festhalten zu können – es sich in dieser Welt in irgendeiner Weise möglichst erträglich einzurichten –, gerade vom *Wesentlichen* der Existenz ab. Sie sind Teil des Scheins, nicht des Seins. Nur der Blick in den Abgrund gebiert das Echte.

Die konkrete Erfahrung des Nichts ist die wahre Bedingung der Möglichkeit allen Daseinssinns. Dieses »Nichts« nun »ist« im eigentlichen Sinne genauso wenig wie das »Sein«. Beide »sind« nach Heidegger nicht, sondern es »gibt« sie. Gibt sie als *Erfahrungen* für endliche, zeitliche Existenzen.

Wer so philosophiert, rennt freilich – und Heidegger wäre der Erste, dies zuzugestehen – notwendig »gegen die Grenzen der Sprache« an. Allerdings produziert das Dasein gerade in diesem Anrennen erst eigentlich das, was man gemeinhin Sinn nennt: nämlich als Erfahrung eines vollen, sich frei gründenden, entschiedenen Lebens.

Hätte Wittgenstein ihm hierin widersprochen? Im Wiener Kreise tat er es jedenfalls ausdrücklich nicht. Und sang nicht auch Benjamin, zur gleichen Zeit, das metropolitane Hohelied auf einen sinnstiftenden Zufall, der am Grunde aller Grundlosigkeit für die alles rettende Öffnung in eine andere, erlöste Seinsweise auf seinen Moment wartet?

HEIMKEHR

Heidegger macht also Fortschritte. Jedenfalls schreitet er weiter voran. Nicht zuletzt beruflich. Im Frühjahr 1928 sind auch in Sachen Freiburger Professur die letzten institutionellen Bastionen genommen. Nur wenige Tage nach erfolgter Berufung, am 16. April 1928, wird zum geplanten Hausbau ein Grundstück in der Rötebuck 23 in Freiburg-Zähringen erworben. Zum Antritt der Husserl-Nachfolge im Wintersemester 1928/1929 soll das Haus bezugsfertig sein. Für Entwurf, Bauleitung sowie Innenarchitektur zeichnet, wie bereits zum Hüttenbau 1921, Elfride Heidegger verantwortlich. Heidegger ist voller Vorfreude und Dankbarkeit, auch wenn ihm der offenbare Kontrast zwischen seinem Programm einer metaphysischen Totalenthausung bei gleichzeitiger Vollverbürgerlichung der eigenen Existenz in diesen Tagen durchaus zu denken gibt: »In diesen Tagen habe ich viel an ›unser Haus‹ gedacht – daß wir auch im Herzen den alten Bau unserer Liebe erneuern u. reicher werden lassen. Und ich danke Dir herzlich, daß Du mir die ganze Stärke Deines Vertrauens entgegenbringst. Ich weiß, daß ich nur langsam das Leben wirklich lerne u. dem nachlebe, was mir die innere Stimme jederzeit eindeutig sagt. Zwar dürfen wir uns nie nur auf äußere Hilfen verlassen u. doch glaube ich, daß unser Haus, weil es so ganz u. gar nichts Äußerliches ist – zumal da es als Werk deines mütterlichen Wollens entsprang – unsere Gemeinschaft u. die mit den Kindern ganz neu durchdringen wird. Unsere Reise beginnt erst jetzt …«,[257] schreibt Heidegger am 27. September 1928 von der Hütte aus an Bauherrin Elfride. Zumindest nach den internen Maßstäben der Familie ist das Ergebnis als gelungen zu bezeichnen: Ein bisschen Hütte, ein bisschen Zweifamilienhaus. Halb Schwarzwald, halb Vorstadt, innen holzgetäfelt, außen geschindelt. Das größte Zimmer darin ist, klar, Martins Studierstube.

HOCHTOURIG

Gerade die vollendete Verwurzelung in Freiburg, so empfindet Heidegger es, wird als Ausgangspunkt und eigentliches Fundament eines Aufbruches in ganz neue Höhen und Tiefen führen. Elisabeth Blochmann gegenüber wird er in diesem Hüttensommer des Hausbaus sogar noch konkreter: »Nun stelle ich mich langsam auf Freiburg um, aber es ist, wie ich täglich in diesen Ruhetagen mehr einsehe, ein Tieferlegen der Aufgaben bzw. ein langsames Sichwagen an solches, was mir in der ersten Freiburger Zeit noch unzugänglich war. ... Schon das letzte Marburger Kolleg diesen Sommer war ein neuer Weg oder vielmehr ein Beschreiben der Pfade, die ich glaubte noch langehin nur ahnen zu dürfen. ... Es [das Haus] ist ohne einen Regentropfen unter Dach gekommen.«[258]

Geht es um »die Befreiung der Philosophie« aus den Gerüsten der reinen Gelehrsamkeit, sind mit der nun eingeschlagenen Richtung nicht nur neue Pfade, sondern auch eine andere Weise des Gehens gefragt. Ein Denker wie Heidegger nämlich kann sich nicht nur auf das reine beispielhafte Vorangehen beschränken. Vielmehr muss er seinen Hörern zu einem wahren Daseinsführer werden, der die absolut wesentlichen, ja menschheitsverbürgenden Erfahrungen, von denen er selber kündet, auch tatsächlich für andere an deren eigenem Leib erfahrbar macht. Heideggers Bekenntnis zum Ereignis des Abgrunds und des Nichts als wahrer und einziger Bedingung der Möglichkeit wahren Philosophierens erzwingt mit anderen Worten auch ein neues Rollenverständnis der philosophischen Lehrtätigkeit selbst: Sie muss endgültig von Instruktion auf Performanz umstellen, von Belehrung auf Bekehrung. Der akademische Lehrer muss zum Meister werden, der Seminarleiter zum Daseinsführer – zum Mitriss ins Nichts. Voran, vorwärts, über alle diskursiven Scheinlösungen und verstellenden Vermittlungsversuche der viel zu vielen hinab in die radikale Tiefe der Eigentlichkeit. Alles, nur nicht in reiner Gelehrsamkeit, im Diskurs erstarren.

Für den geborenen Charismatiker Heidegger womöglich die leichteste Übung. Aber auch die riskanteste. Ganz anders als Verfassungspatriot Ernst Cassirer besitzt er als Prophet des befreienden Sturzes in diesem Sommer des Jahres 1928 alles, was es braucht, »um Deutschland aufzurütteln«. Das Feld dafür ist nun bestellt, die Stellung erkämpft, das Haus bezogen – und die Gelegenheit schon bald unwiderstehlich günstig. »Für den März bin ich«, schreibt er Elisabeth Blochmann zwei Tage vor dem Weihnachtsfest des Jahres 1928 bereits aus dem neuen Haus, »zu den Davoser Hochschulkursen eingeladen u. habe bereits zugesagt, nicht zuletzt der in Aussicht stehenden Hochtouren wegen.«

VIII.
ZEIT

1929

Heidegger und Cassirer auf dem Gipfel, Benjamin schaut in den Abgrund und Wittgenstein entdeckt neue Wege

FREIE SCHWÜNGE

Einmal ans Ziel seines Aufstiegs gelangt, ist Heidegger dann »doch etwas bange wie das werden wird«. 2700 Meter über dem Meeresspiegel, so weit oben war er noch nie. Hohe Luft, dünne Luft. Ob sein Können wirklich ausreichen, die aus Freiburg mitgeführte Ausrüstung den Anforderungen gewachsen sein wird? Jetzt und hier muss es sich erweisen. Für Selbstzweifel und Zögerlichkeiten ist es jedenfalls zu spät. Hic Davos! Hic salta!

Es lässt sich erstaunlich gut an. Bereits nach den ersten freien Schwüngen wird Heidegger klar, dass er selbst hier allen anderen Teilnehmern – sogar denjenigen, die in diesen Gefilden bereits viel mehr Erfahrung gesammelt haben – in Wahrheit »weit überlegen« ist. Die Parsenn-Abfahrt hinab auf 800 Meter ins Tal bildet, wie er seiner Frau Elfride am 21. März 1929 – mitten aus der Davoser Tagung heraus – schreibt, den bisherigen Höhepunkt seines Aufenthalts in den Schweizer Alpen. Cassirer konnte nicht mit auf die Tour kommen. Der Kollege, meldet Heidegger, »ist nach dem zweiten Vortrag krank geworden, er kam schon mit einer Erkältung herauf«. Dafür ist der Kurator der Frankfurter Universität Kurt Riezler mit hinaufgestiegen. Eben jener Riezler, der Ernst Cassirer noch weniger als zwölf Monate zuvor mit einer *Carte blanche* zum vollständigen Neuaufbau der philosophischen Abteilung in Frankfurt aus Hamburg hatte abwerben wollen. Besagter Lehrstuhl war nach Cassirers Absage mit Max Scheler besetzt worden, dessen Hauptwerk »Die Stellung des Menschen im Kosmos« 1928 erschien, keine zwölf Monate nach Cassirers »Individuum und Kosmos in der Philosophie der Renaissance« und vor dessen drittem Band der »Philosophie der symbolischen Formen«. Völlig überraschend war Scheler im Mai 1928 verstorben.

UNTER LEUTEN

Während also Cassirer eingewickelt in warme Kamelhaardecken gemeinsam mit Frau Toni auf dem Balkon seines Hotelzimmers wie Hans Castorp zauberbergartig der baldigen Genesung harrt, verbringt Heidegger jede freie Minute mit seinem neuen Alpinistenfreund Riezler, der ihm im Verlauf wohl nicht nur nebenbei akademische Avancen macht: »Mit Riezler bin ich viel zusammen, er sagte mir, daß er jetzt erst recht hoffe, daß ich einen Ruf nach Frankfurt erhalte – nur brauche es Zeit.« Alles Weitere hatte sich Heidegger bis dahin indes als mehr oder minder massive Enttäuschung gezeigt, insbesondere Davos selbst »ist furchtbar: maßloser Kitsch in der Architektonik absolut zufälliges Durcheinanderfallen von Pensionen u. Hotels. Und dann die Kranken …«[259]

Da war ihm damals, als er in Marburg gemeinsam mit Hannah Arendt den »Zauberberg« las, doch ein deutlich besseres Bild vor Augen gestanden. Auch der inhaltliche Verlauf der Tagung und deren Teilnehmer hatten ihn bis dato enttäuscht zurückgelassen. Zwar bewertet er seine beiden Vorträge zu Kants »Kritik der reinen Vernunft«, die er jeweils »über 1 ½ Stunden ohne jedes Manuskript« frei schwingend hält, als »ein[en] große[n] Erfolg«, zumal er den Eindruck gewonnen hat, »daß die jungen Menschen spüren, daß die Wurzeln meiner Arbeit irgendwo liegen, was der heutige Stadtmensch nicht mehr hat – ja nicht einmal mehr versteht«.

Doch bleibt es ihm letztlich furchtbar zu gewahren, »wie gerissen, ohne Halt u. Instinkt doch die jungen Menschen sind. Und nicht mehr zurückfinden in die Einfachheit des Daseins«.[260] »Cassirer«, fügt er in seinem zweiten Brief vom 23. März hinzu, »wird heute versuchen aufzustehen, so daß die ›Arbeitsgemeinschaft‹ erst Montag oder Dienstag stattfinden wird«.

Zu den furchtbar selbstverirrten »jungen Menschen«, die Heideggers und auch Cassirers Davoser Vorlesungen besuchten, zählten nicht wenige der zukünftigen Granden der globalen Nachkriegsphilosophie, wie etwa Emmanuel Levinas, Norbert Elias, Joachim Ritter sowie der nicht mehr ganz so junge Rudolf Carnap. Wie fast die Gesamtheit des in Davos präsenten Nachwuchses der deutsch- und auch französischsprachigen Philosophie ist Carnap von Heideggers Auftreten besonders beeindruckt: »Hochschulkurse. Cassirer spricht gut, aber doch etwas pastoral. … Heidegger ernst und sachlich, menschlich sehr anziehend«, notiert er am 18. März 1929 in sein Tagebuch. Am 30. März dann: »Mit H. spazieren. Diskutiert. Seine Stellung: Gegen Idealismus, besonders in der Volksbildung. Die neue ›Frage nach der Existenz‹. Erlösungsbedürftigkeit.«[261]

Auch mit dem mittlerweile auf dem Weg der Genesung befindlichen Cassirer dreht Carnap seine Runden ums Tagungshotel. Man bespricht vor allem, welche akademischen Stellen sich demnächst wohl öffnen werden. Seit langem steht Cassirer mit Carnaps Wiener Mentor, Moritz Schlick, in intensivem brieflichen Forschungsaustausch: netzwerken, antichambrieren, Seilschaften pflegen und knüpfen, Eindrücke sammeln und setzen. Damals wie heute ist dieses Geschäft für einen akademischen Philosophen mindestens so karriereentscheidend wie das Denken selbst. Wohl dem, der sich auf diesem stets glatt gebohnerten Parkett versiert zu bewegen weiß. So sieht es nicht zuletzt auch Heidegger: »Ich bin – wenngleich im Wesentlichen für mich nichts zu lernen ist, doch sehr froh, daß ich dgl. mitmache – die Beweglichkeit, das Umgehen mit Menschen u. eine gewisse äußere Sicherheit gewinnen doch.«[262]

Tatsächlich dürfte es sich bei den Tagen im feudalen Belvédère um Heideggers ersten Aufenthalt in einem Grand Hôtel der absoluten Spitzenklasse gehandelt haben. Gerade für dieses extrem etikettesensible Umfeld aber gilt: Erst wenn das »Comment« im Einzelnen voll erfasst und durchdrungen ist, lassen sich die angestrebten Tabubrüche wirklich wirksam setzen. Heidegger lernt auch hier schnell dazu: »In schöner Müdigkeit, voll von Sonne und Freiheit der Berge, noch den ganzen klingenden Schwung der weiten Abfahrten im Körper, kamen wir dann immer abends in unserer Skiausrüstung mitten hinein in die Eleganz der abendlichen Toiletten.«[263]

Auch Toni Cassirer zeigt sich gemäß irritiert. Zumal sie das ihr von Anfang an mehr als zweifelhaft erscheinende Privileg genießt, im Rahmen der fest zugeteilten Tischordnung des großen Speisesaals direkt neben Martin Heidegger zu sitzen. »Das Problem«, erinnert sie sich, »das sich mir stellte, war, wie ich die nächsten vierzehn Tage als Nachbarin dieses merkwürdigen Feindes zubringen sollte, wenn ich ihn als solchen anerkannte«. Da Gatte Ernst praktisch die gesamte erste Woche krank zu Bett liegt, sitzt sie »also zweimal täglich mit dem sonderbaren Kauz zusammen, der sich vorgenommen hatte, Cohens Lebensleistung in den Staub zu ziehen und Ernst wenn möglich zu vernichten«.[264]

Toni Cassirers (freilich erst 1948 aus dem New Yorker Exil niedergelegten und damit gewiss werthaft angereicherten) Erinnerungen an Davos sind die einzigen verbürgten, die wirklich von so etwas wie spürbarer »Feindschaft« und zur Schau gestelltem »Vernichtungswillen« sprechen. Die anderen verfügbaren Zeugnisse, insbesondere der aktiven Teilnehmer, betonen im Gegensatz dazu übereinstimmend die höchst kollegiale und wohlwollend offene Atmosphäre. Dennoch lag da, und jeder der Beteiligten wusste es, von Anfang an ein Schatten auf der Tagung und insbesondere der avisierten Disputation zwischen Cassirer und Heidegger.

VORABEND IN MÜNCHEN

Nur einen Monat zuvor, am 23. Februar 1929, hatte in einem Auditorium der Universität München der Wiener Soziologe Othmar Spann im Rahmen einer von dem »Kampfbund für die deutsche Jugend« ausgerichteten Veranstaltung einen Vortrag zum Thema »Die Kulturkrise der Gegenwart« gehalten. In dessen Verlauf brachte er seine Traurigkeit darüber zum Ausdruck, »dass das deutsche Volk sich an seine eigene Kantische Philosophie von Fremden habe erinnern lassen müssen«; zu diesen ›Fremden‹ rechnete er Philosophen vom Range Hermann Cohens und Ernst Cassirers … In Spanns Worten ist »die Erklärung der Kantischen Philosophie durch Cohen, Cassirer und andere … eine sehr mangelhafte«, da »der wahre Kant, der eigentlich Metaphysiker war, damit nicht dem deutschen Volke vorgestellt wurde.«[265]

»Professor Spanns Vortrag«, präzisierte der Korrespondent der »Frankfurter Zeitung« in seinem Veranstaltungsbericht vom 25. Februar 1929, »war im Kern eine Polemik … gegen die Demokratie … Er sprach mit flüchtiger deutlicher Anspielung auf den preußischen Kulturminister von der Drosselung der Geistesfreiheit des deutschen Studenten, Gelehrten und Künstler und von den Phrasen der individualistischen Demokratie und des Klassenkampfes.«[266]

Spanns Auftritt in München wurde aus mehr als einem Grunde zum Skandal. Zunächst handelte es sich bei dem »Kampfbund für die deutsche Jugend« um eine von dem späteren NS-Chefideologen Alfred Rosenberg gegründete Organisation, die ganz klar die politischen Ziele der NSDAP vertrat und verbreitete. Es war nun aber in München wie auch anderswo universitäre Leitlinie, politisch motivierten Veranstaltungen keinen Raum zu geben. Bevor Spann das Podium betrat, hatte Adolf Hitler unter »lärmender Ovation« seiner zahlreichen »mit Hakenkreuzen geschmückten Anhänger« den Hörsaal betreten und nach Abschluss des Vortrags mit Spann zudem »Händedruck und tiefe Verbeugungen« ausgetauscht.[267]

Spanns Vortrag stellte also einen eklatanten Verstoß gegen universitäre Veranstaltungsrichtlinien dar. Vor allem aber reihte er sich explizit in einen bereits während des Ersten Weltkriegs von nationalistisch gesinnten Kant-Forschern, insbesondere Bruno Bauch, geprägten Diskurs von einer genuin deutschen und einer jüdischen Traditionslinie der Kant-Interpretation ein, die sich bereits 1916 insbesondere gegen Cohen und den Marburger Neukantianismus gewandt hatte. Der Aufruhr innerhalb philosophischer Kreise war schon damals enorm gewesen. Cassirer drohte zu dieser Zeit intern, die Kant-Gesellschaft zu verlassen, würde Bauch deren Vorsitz nicht unverzüglich niederlegen, was dieser im Ergebnis auch tat. Nun also erneut eine völkisch-nationalistische, nachgerade hetzerische Aufladung unter Duldung der Münchner Universität und dem Beifall Adolf Hitlers, nur vier Wochen vor einer international beachteten Tagung, die als gesamte unter der kantischen Leitfrage »Was ist der Mensch?« stand und in deren Verlauf der vortragende Heidegger seine eigene, distinkt metaphysisch ausgerichtete Lektüre von Kants Hauptwerk vorstellen würde. Ob es den Protagonisten passte oder nicht, die Situation war nun auch politisch stark aufgeladen.

ENTSPANNT EUCH!

Nicht nur Toni Cassirer tut während der gemeinsamen Stunden mit Heidegger deshalb ihr Möglichstes, um die Stimmung zu entschärfen:

> Da verfiel ich auf den Gedanken, den schlauen Fuchs – denn als solcher war er mir verschrien – zu überlisten. Ich fing eine so naive Unterhaltung mit ihm an, als wüßte ich weder von seinen philosophischen noch von seinen persönlichen Antipathien das geringste. Ich fragte ihn nach allerlei gemeinsamen Bekannten, vor allem nach seiner Kenntnis von Cohen als Menschen, und nahm schon in der Fragestellung eine selbstverständliche Anerkennung vorweg. Ich schilderte ihm ungefragt Ernstens Beziehung zu Cohen; ich sprach über die schandhafte Behandlung, die dieser hervorragende Gelehrte als Jude erfahren habe; ich erzählte ihm, wie kein einziges Mitglied der Berliner Fakultät seinem Sarge gefolgt wäre. Ich plauderte, seiner Zustimmung angeblich sicher, sogar allerhand Wesentliches aus Ernstens Le-

> ben aus und hatte das Vergnügen, diesen harten Teig wie eine Semmel, die man in warme Milch getaucht hatte, sich erweichen zu sehen. Als Ernst vom Krankenbett aufstand, war es eine schwierige Situation für Heidegger, der nun so viel Persönliches von ihm wußte, die geplante feindliche Haltung durchzuhalten. Freilich machte auch Ernst durch seine Liebenswürdigkeit und Achtung, die er ihm bezeugte, einen Frontalangriff nicht leicht.[268]

Auch Heidegger plagen bereits im Vorfeld Befürchtungen, das Ganze könne »zur Sensation« werden, bei der »ich mehr, als mir bei persönlicher Anwesenheit lieb sein konnte, in den Mittelpunkt rücke«. Zumal Cassirer sich entschlossen zeigt – wohl um eine direkte Auseinandersetzung mit Kant zu vermeiden –, seine Vorträge vor allem an Heideggers »Sein und Zeit« auszurichten. Wohingegen Heidegger, gerade aus der Befürchtung heraus, allzu sehr im Zentrum zu stehen, die Entscheidung trifft, sich vor dem Hintergrund seiner fundamentalontologischen Interessen ganz Kants »Kritik der reinen Vernunft« zu widmen. Der taktische Tanz hatte also lange vor der eigentlichen Disputation begonnen. Und er sah Heidegger in Führung: Mit Kant als Thema würde er Cassirer auf dessen ureigenem Terrain entgegentreten und damit dort, wo für ihn letztlich mehr oder sogar alles zu gewinnen war. Wenn auch keineswegs offen feindselig, ist die Atmosphäre also höchst gespannt, als die beiden am 26. März 1929 um 10 Uhr morgens aufeinandertreffen, um, wie sich Augenzeuge Raymond Klibansky erinnert, vor den Augen und Ohren des philosophischen Nachwuchses beider Nationen eine Disputation zu beginnen, bei der es »im gewissen Sinne um die Zukunft der deutschen Philosophie« ging.[269]

IN WORTGEWITTERN – DIE DAVOSER DISPUTATION

Cassirer macht den Anfang, entschlossen, erst einmal das wieder explosiv gewordene Thema Neukantianismus aus dem Weg zu räumen. »*Was versteht Heidegger eigentlich unter Neukantianismus? … Der Neukantianismus ist der Sündenbock der neueren Philosophie. Mir fehlt aber der existierende Neukantianer.*«[270]

Damit ist schon mal eine Marke gesetzt. Zumal es sich beim Neukantianismus ohnehin nie um ein »*dogmatisches Lehrsystem, sondern um eine Richtung der Fragestellung*« gehandelt hat. Und, fährt Cassirer fort, »*ich muß gestehen, daß ich an Heidegger hier einen Neukantianer gefunden habe, wie ich ihn nicht vermutet hätte*«. Als Auftakt nicht ungeschickt. Erstens: Ich bin kein Neukantianer! Zweitens: Wenn ich einer bin, ist auch Heidegger einer!

Jetzt Heidegger, der erst einmal Namen nennt: »*Cohen, Windelband, Rickert …*« Auf Versöhnung ist er nicht aus, so viel wird bereits klar. Andererseits, Cohen ist Cassirers Doktorvater, Rickert Heideggers. Beide teilen also in der Tat dieselbe Prägung. Worin besteht diese Prägung? Heidegger legt nach. Die Wurzel des Neukantianismus ist viel eher eine Verlegenheit als eine eigenständige Forschungsrichtung. Und diese Verlegenheit war um 1850 die folgende: »*Was bleibt noch der Philosophie, wenn die Allheit des Seienden unter die Wissenschaften aufgeteilt ist? Es bleibt nur noch Erkenntnis der Wissenschaft, nicht des Seienden.*« Das sitzt. Und leitet den Gegenangriff ein: Die Philosophie als reine Magd der Wissenschaften? Ist es nicht genau das, was Cassirer mit seiner »Philosophie der symbolischen Formen« anstrebt: die Wissenssysteme ihrem inneren Aufbau nach erkennen? Erkenntnistheorie statt Ontologie? Und weiter geht es im Angriffsmodus, jetzt direkt mit Kant als Kronzeugen: »*Kant wollte keine Theorie der Naturwissenschaften geben, sondern wollte die Problematik der Metaphysik zeigen, und zwar der Ontologie.*« Im Klartext: Kant war kein Neukantianer, sondern ein Fundamentalontologe. Wie ich: Heidegger.

Cassirer jetzt klar in der Defensive. Von Cohen abrücken? Unter den gegebenen Umständen ausgeschlossen. Also am besten mit Kant gegen Heidegger! Die offene Flanke ist die Ethik. Sie war zentral für Kant. Heidegger ist da blank. Cassirer: »*Wenn man das Ganze des Werks Kants ins Auge faßt, brechen große Probleme durch. Das eine Problem ist das Freiheitsproblem. Das war für mich immer das eigentliche Hauptproblem: Wie ist Freiheit möglich? Kant sagt, die Frage lasse sich nicht begreifen, wir begreifen nur die Unbegreiflichkeit der Freiheit.*«

Moral: Kant war Metaphysiker, allerdings nicht im Dienste der Ontologie, sondern der Ethik! Es geht um den handelnden, endlichen Menschen, nicht das Sein. Gerade in der Ethik aber, holt Cassirer jetzt weit aus, gibt es bei Kant einen Durchbruch, einen Übergriff – und zwar produktiv, in die Metaphysik hinein: »*Der kategorische Imperativ muß so beschaffen sein, daß das Gesetz, das aufgestellt wird, nicht etwa nur für Menschen, sondern für alle Vernunftwesen überhaupt gilt. Hier ist plötzlich dieser merkwürdige Übergang … Das Sittliche als solches führt über die Welt der Erscheinungen hinaus. Das ist doch das entscheidende Metaphysische, daß nun an diesem Punkt der Durchbruch erfolgt.*«

Ganz klar: Ein Durchbruch von der Sphäre des Endlichen zum Unendlichen, von der Immanenz in die Transzendenz. Genau dazu hat Heidegger letztlich nichts zu sagen! Und das verweist auf das eigentliche Problem seines gesamten Entwurfes von »Sein und Zeit«, seiner gesamten Daseinsanalytik, seiner Fundamentalontologie. Als Fragekombination: »*Heidegger hat herausgestellt, daß unsere Erkenntniskraft eine endliche ist. Sie ist relativ und sie ist gebunden. Dann entsteht aber die Frage: Wie kommt ein solches endliches Wesen überhaupt zur Erkenntnis, zur Vernunft, zur Wahrheit? … Wie kommt dieses endliche Wesen zu einer Bestimmung von Gegenständen, die als solches nicht an die Endlichkeit gebunden sind? …*«

Das ist das eigentliche Problem der Metaphysik! Das ist Kants eigentliche Frage. Das ist auch Cassirers eigentliche Frage. Doch ist es auch die Frage Heideggers? Cassirer geht jetzt aufs Ganze: »*Will*

Heidegger auf diese ganze Objektivität ... verzichten? Will er sich ganz zurückziehen auf das endliche Wesen, oder, wenn nicht, wo ist für ihn der Durchbruch zu dieser Sphäre?«

Gute Fragen. Echte Wirkungstreffer. Heidegger jetzt in einer engen Ecke. Er muss mit Kant liefern. Oder zumindest mit Heidegger selbst. Ethik, in der Tat nicht gerade seine Spezialität, aber wenn es denn sein muss: *»Also Cassirer will zeigen, daß die Endlichkeit transzendent wird in den ethischen Schriften. – Im kategorischen Imperativ liegt etwas, was über das endliche Wesen hinausgeht. Aber gerade der Begriff des Imperativs als solcher zeigt den inneren Bezug auf ein endliches Wesen.«*

Wahr! Das begreift jedes Kind: Gott braucht keine Imperative, nur endliche Vernunftwesen brauchen sie. Gott braucht zudem keine Ontologie, auch diese ist also wesensgemäß, fügt Heidegger an, ein *»Index der Endlichkeit«*. Da ist also gar kein Durchbruch, ganz im Gegenteil. Heidegger jetzt mit Kant in Fahrt: *»Auch dieses Hinausgehen zu einem Höheren ist immer nur ein Hinausgehen zu endlichen Wesen, zu Geschaffenem (Engel).«*

1929, Davos, und die beiden bedeutendsten deutschen Philosophen der Moderne rechten auf offener Bühne über kategorische Imperative für Engel? So ist es. Der eigentliche Punkt aber für Heidegger ist: *»Auch diese Transzendenz bleibt noch innerhalb der Geschöpflichkeit und Endlichkeit.«*

Kants Transzendenz ist also nur eine immanente, die sich auf die Endlichkeit zurückbeugt, von ihr begrenzt bleibt, ja, von dieser erst eigentlich ermöglicht wird! Heidegger jetzt mit Oberwasser: Will man Kant, die Metaphysik, also das Philosophieren überhaupt verstehen, muss deshalb die Fragerichtung radikal umgekehrt werden: Nicht, wie man von der Endlichkeit in die Unendlichkeit kommt, ist die eigentliche Frage. Vielmehr gilt es zu begeifen, wie man von der Transzendenz des Seienden, und damit seiner vorgängigen Erschlossenheit für uns Menschen, auf die Endlichkeit des Daseins als eigentlichem Ursprung des Ganzen stößt! Das führt, natürlich, direkt auf die Frage nach dem Sein des Daseins. Die eigentliche Frage ist also: »*Wie ist die innere Struktur des Daseins selbst, ist sie endlich oder unendlich?*« Jeder im Saal kennt Heideggers Antworten darauf: Die innere Struktur des Daseins ist radikal endlich, und von innen heraus in ihren Möglichkeiten durch Zeitlichkeit bestimmt. Das ist der Kern von »Sein und Zeit«.

Von Cassirer immer noch nichts zu sehen. Heidegger macht also weiter: »*Nun zu Cassirers Frage nach allgemein gültigen ewigen Wahrheiten. Wenn ich sage: Wahrheit ist relativ auf das Dasein, so ist … dieser Satz (…) ein metaphysischer: Wahrheit kann überhaupt als Wahrheit nur sein und hat als Wahrheit überhaupt nur einen Sinn, wenn Dasein existiert. Wenn Dasein nicht existiert, gibt es keine Wahrheit, dann gibt es überhaupt nichts. Sondern erst mit der Existenz von so etwas wie Dasein kommt erst Wahrheit ins Dasein selbst.*« Heidegger ist wichtig: Nicht etwa die Wahrheit einzelner Aussagen ist relativ zu dem, was ein bestimmter Mensch denken mag, sondern der Begriff, die Idee der Wahrheit selbst ist wesensgemäß bezogen auf die Endlichkeit des Daseins, ja findet erst in dessen Endlichkeit ihren wahren Ursprung. Für Gott gibt es keine Wahrheitsfrage, genauso wenig wie für Elefanten oder Hunde. Nur für Dasein stellt sich überhaupt die Frage nach der Wahrheit. Metaphysik, vom Dasein aus entwickelt!

Dagegen lässt sich schwer rechten. Wie nun aber steht es um die vermeintliche Ewigkeit von Erkanntem? Heidegger wühlt weiter: »*Ich stelle die Gegenfrage: … Woher wissen wir denn von dieser Ewigkeit? … Ist diese Ewigkeit nicht nur das, was möglich ist aufgrund einer inneren Transzendenz der Zeit selbst?*« Innere Transzendenz der Zeit selbst? Was meint Heidegger damit? Einfach: Die Zeit, als fließende, weist permanent über sich selbst hinaus, gerade darin besteht ihr eigentliches Wesen für das Dasein: »*Im Wesen der Zeit [liegt] eine innere Transzendenz, daß die Zeit nicht nur das ist, was die Transzendenz ermöglicht, sondern daß die Zeit selbst horizontalen Charakter hat, daß ich im zukünftigen Verhalten, erinnernden Verhalten immer zugleich einen Horizont von Gegenwart, Künftigkeit und Gewesenheit überschaue, daß hier eine … Zeitbestimmung sich findet, innerhalb derer zu allererst so etwas wie die Beständigkeit der Substanz sich konstitutiert.«*

Im Grunde nicht allzu kompliziert: Die Zeit ist für Heidegger kein äußeres Ding oder Gefäß, sondern ein Prozess am Grunde allen Erfahrens. Nur weil dieser Prozess aber, sozusagen wesensgemäß, eben jene Dynamik verleugnet, die ihn eigentlich ausmacht, also sein ständiges Im-Fluss-Sein, kommt man als Dasein überhaupt auf die Idee, es gebe so etwas wie dauerhafte Beständigkeit, gar Ewiges. Ewige Substanzen sind also ein metaphysischer Schein, eine Täuschung aus dem Geiste des Daseins! In Wahrheit ist nur der Prozess selbst wirklich. Und der ist kein Ding, schon gar kein ewiges, sondern »es gibt ihn«. Und er wiederum »gibt es«. Gibt letztlich alles, was in seinem Verlauf ist – wird und vergeht. Sein *und* Zeit.

Bergson und Proust sehen das übrigens ähnlich. Und Benjamin. Und Husserl. Und William James. Und dessen Bruder Henry. Und Alfred North Whitehead. Und Virginia Woolf. Und James Joyce. Und Salvador Dalí. Und Charlie Chaplin … Die Idee bestimmt den Zeitgeist der Zwanziger. Sie ist selbst ein Kind der Zeit! (Was auch sonst?) Nur gilt es eben daraus in aller Radikalität die richtigen metaphysischen Schlüsse zu ziehen. Heidegger jetzt in seinem Element. Kein Wort mehr über Kant. Ihm, Heidegger, geht es schlicht und einfach darum: *»Im Hinblick auf die Möglichkeiten von Seinsverständnis die Zeitlichkeit des Daseins herauszustellen. Und darauf sind alle Probleme orientiert. Die Analyse des Todes hat die Funktion, in einer Richtung die radikale Zeitlichkeit des Daseins herauszustellen … Die Analyse der Angst hat die einzige Funktion …, die Frage vorzubereiten: Auf Grund welches metaphysischen Sinnes des Daseins selbst ist es möglich, daß der Mensch überhaupt vor so etwas gestellt werden kann wie das Nichts? … Nur wenn ich das Nichts verstehe oder Angst habe, habe ich die Möglichkeit, Sein zu verstehen … Und nur in der Einheit des Verstehens von Sein und Nichts springt die Frage des Ursprungs von Warum auf. Warum kann der Mensch nach dem Warum fragen, und warum muß er fragen?«*

Darum geht es in der Metaphysik. Die Erfahrung des Seins ist an die Erfahrung des Nichts gebunden. Sie gibt den grundlosen Grund allen Fragens. Sie bildet den Menschen zum Menschen aus, bringt ihn erst eigentlich ins Existieren! Der Mensch ist das einzige Wesen, das für diese Erfahrung des Nichts am Grunde des Seins offen ist. Ein ewig fragender Ursprung also. Übergriffig allein in seinem letztlich haltlosen Fragen, nie aber in seinen Erkenntnissen.

Noch immer kein Widerwort von Cassirer. Also weiter. Immer weiter. Auch in Sachen Freiheit setzt Heidegger nun stürmisch zum Konter an: »*Cassirer sagt: Wir begreifen die Freiheit nicht, sondern nur die Unbegreiflichkeit der Freiheit … Daraus folgt aber nicht, daß gewissermaßen hier das Problem des Irrationalen stehen bleibt, sondern weil Freiheit kein Gegenstand des theoretischen Erfassens ist, vielmehr ein Gegenstand des Philosophierens, so kann das nichts anderes heißen, als daß Freiheit nur ist und nur sein kann in der Befreiung. Der einzige adäquate Bezug zur Freiheit im Menschen ist das Sich-befreien der Freiheit im Menschen.*«

Die Freiheit ist also eine Tatwahrheit. Und damit ihrem Wesen nach nicht etwa an ein vorgegebenes zeitloses Gesetz, sondern an die letztlich grundlose Entscheidung im Augenblick gebunden, daran, sie sich eigenmächtig zu nehmen! Ist das noch Kant? Wieder Kant? Urdeutsch metaphysischer, echter kantischer Kant?

Ein namenlos gebliebener Student hat Erbarmen, bringt Cassirer zurück in den Ring. Seine Fragen sind ganz einfach. Und zielen direkt ins Zentrum.

»*Fragen an Cassirer:*

Welchen Weg hat der Mensch zur Unendlichkeit? Und wie ist die Art, wie der Mensch an der Unendlichkeit teilhaben kann?«

> »*Wie weit hat die Philosophie die Aufgabe, frei werden zu können von der Angst? Oder hat sie nicht die Aufgabe, den Menschen gerade radikal der Angst auszuliefern?*«

Jeder im Saal, auch Cassirer, spürt, es ist an der Zeit, er muss jetzt unbedingt raus aus der Deckung. Er zögert keine Sekunde, gibt alles, was in ihm ist. Welchen Weg der Mensch zur Unendlichkeit hat? »*Nicht anders als durch das Medium der Form. Das ist die Funktion der Form, indem er sein Dasein in Form verwandelt, d. h. indem er alles, was Erlebnis in ihm ist, nun umsetzen muß in irgendeine objektive Gestalt, in der er sich so objektiviert, daß er damit radikal von der Endlichkeit des Ausgangspunktes nun zwar nicht frei wird (denn dieses ist ja noch immer bezogen auf seine eigene Endlichkeit), aber indem er aus der Endlichkeit erwächst, führt es die Endlichkeit in etwas Neues hinaus. Und das ist die immanente Unendlichkeit.*«

Das ist der metaphysische Kern seiner Philosophie der symbolischen Formen: Die Verkörperungen der eigenen Erlebnisse in symbolischen Formen schaffen ein eigenes, für sich stehendes Reich, das die Grenzen der je eigenen Endlichkeit und womöglich sogar der Endlichkeit selbst transzendiert. Wie zum Beispiel das Reich der Logik, der Mathematik … symbolische Formsysteme, vom Menschen als Kulturwesen erschaffen, aber in ihren Gesetzen und ihrer Gültigkeit mutmaßlich nicht auf ihn beschränkt. Ergo: »*Seine Unendlichkeit besitzt er [der Mensch] lediglich in dieser Form: ›Aus dem Kelche dieses Geisterreiches strömt ihm die Unendlichkeit‹. Das Geisterreich ist nicht ein metaphysisches Geisterreich: das echte Geisterreich ist eben die von ihm [dem Menschen] selbst geschaffene geistige Welt. Daß er sie schaffen konnte, ist das Siegel seiner Unendlichkeit.*«

Wieder einmal, immer wieder in höchster Not die Kombination: Kant – Goethe, Schiller, Goethe – Kant. Reicht das? Besonders radikal wirkt es jedenfalls nicht. Und im Jahre 1929 sogar ein bisschen abgestanden. Aber eines ist es auf jeden Fall: Verkörperter Idealismus, und zwar der »urdeutschen« Prägung (sofern dieser Begriff überhaupt einen Sinn besitzt). Wahr könnte es zudem sein. Cassirer glaubt daran. Hält dafür den Kopf hin. Hier steht er. Er kann nicht anders.

Jetzt zur Angst – und der Philosophie: Wie hält er es damit? Cassirer sammelt Kräfte, richtet sich auf: »*Das ist eine ganz radikale Frage, auf die man nur mit einer Art Bekenntnis antworten kann. Die Philosophie hat den Menschen so weit frei werden zu lassen, so weit er nur frei werden kann. Indem sie das tut, glaube ich, befreit sie ihn allerdings in gewissem Sinne radikal von der Angst als bloßer Befindlichkeit. Ich glaube, auch nach Heideggers Ausführungen …, daß Freiheit eigentlich nur auf dem Wege der fortschreitenden Befreiung gefunden werden kann, der ja auch für ihn ein unendlicher Prozeß ist. … Ich möchte, daß der Sinn, daß Ziel in der Tat die Befreiung in diesem Sinne ist: ›Werft die Angst des Irdischen von euch!‹ Das ist die Stellung des Idealismus, zu dem ich mich immer bekannt habe!*«

Luftholen. Betroffenheit. Gespanntes Erwarten. Wie reagiert Heidegger? Worin liegt für ihn die eigentliche Aufgabe der Philosophie? Worin für ihn die eigentliche Befreiung, der Durchbruch? Auf Dauer stellen und sichern, so viel dürfte jedem klar, lässt sich für ihn nichts. Nicht einmal das Fragen selbst. Vielmehr ist der Mensch nach Heidegger in »*einem letzten Sinn … so zufällig, daß die höchste Form der Existenz des Daseins sich nur zurückführen lässt auf ganz wenige und seltene Augenblicke der Dauer des Daseins zwischen Leben und Tod, daß der Mensch nur in ganz wenigen Augenblicken auf der Spitze seiner eigenen Möglichkeiten existiert, sonst aber inmitten seines Seienden sich bewegt*«.

Um diese Augenblicke also geht es eigentlich, auch und gerade im Philosophieren. Deshalb, geht Heidegger weiter voran, hat »*die Frage nach dem Wesen des Menschen … einzig nur den Sinn und das Recht, daß sie motiviert ist aus der zentralen Problematik der Philosophie selbst, die den Menschen über sich selbst hinaus und in das Ganze des Seienden zurückzuführen hat, um ihm da bei all seiner Freiheit die Nichtigkeit seines Daseins offenbar zu machen, eine Nichtigkeit, die nicht Veranlassung zum Pessimismus und zum Trüb-*

sinn ist, sondern zum Verständnis dessen, daß eigentliches Wirken nur da ist, wo Widerstand ist, und daß die Philosophie die Aufgabe hat, aus dem faulen Aspekt eines Menschen, der bloß die Werke des Geistes benutzt, gewissermaßen den Menschen zurückzuwerfen in die Härte seines Schicksals.«

Thesen wie Fäuste. Stille. Wie bringt man das zusammen? Wohin neigt das Urteil?

Was Philosoph Cassirer will: Werft die Angst als schöpfende Kulturwesen von euch, befreit euch in geteiltem Zeichenaustausch von ihren ursprünglichen Engen und Begrenzungen!

Was Philosoph Heidegger will: Werft die Kultur als faulen Aspekt eures Wesens von euch, und versinkt als die grundlos Geworfenen, die ihr seid, jeder für sich immer wieder in den wahrhaft befreienden Ursprung eurer Existenz: dem Nichts und der Angst!

Davos, die Disputation des Jahrhunderts, die Monade einer Dekade. Von innen heraus bis zum Bersten gespannt, gebiert sie am 26. März 1929 zwei radikal unterschiedliche Antworten auf dieselbe ewige Frage: Worin findet sich das Wesen des Philosophierens? Oder eben: Was ist der Mensch?

Selbst der chronisch wohlgesinnte Cassirer sieht nun keine Möglichkeit mehr auf ein Zusammenkommen: *»Wir stehen an einer Position, wo durch bloße logische Argumentation wenig auszurichten ist.«* Genau das hat Heidegger immer schon gewusst! Es geht im Ursprung eben nicht um Argumente, sondern um den Wagemut zum Springen selbst! Nichts aber ist diesem Mut hinderlicher als lauwarmes Abwägen und Konsenssehnen: *»Das bloße Vermitteln wird nie produktiv weiterbringen.«* Er wendet sich jetzt von Cassirer ab, spricht das Schlusswort zu den Studierenden im Raum: *»Worauf es ankommt, daß Sie aus unserer Auseinandersetzung das Eine mitnehmen: Sich nicht orientieren an der Verschiedenheit der Positionen der philosophierenden Menschen, und daß Sie sich nicht mit Cassirer und Heidegger beschäftigen, sondern daß Sie so weit kommen, gespürt* *zu haben, daß wir auf dem Weg sind, wieder Ernst zu machen mit der zentralen Frage der Metaphysik*«.

Mochten sie es wahrscheinlich auch nicht voll verstanden haben, so hatten sie es doch hoffentlich gespürt. Es. Ihn. Den Abgrund. Als ersten notwendigen Schritt auf dem Weg in die totale Eigentlichkeit! War es so?

Ja, sie spürten es. Taten den ersten abgründigen Schritt. Tief im Innern. Jedenfalls die meisten von ihnen. Heidegger verlässt als gefühlter Sieger den Saal.

WUNDEN LECKEN

Es ist Elfride, die als Erste davon erfahren soll: »Eben habe ich eine zweistündige Auseinandersetzung mit Cassirer hinter mir, die sehr schön verlief u. auf die Studenten vom inhaltlichen abgesehen – einen großen Eindruck machte …«[271] Mit wachsendem zeitlichen Abstand differenzierte Heidegger sein Urteil leicht, wie sich in seinem Report an Elisabeth Blochmann zeigt: »Cassirer war in der Diskussion äußert vornehm u. fast zu verbindlich. So fand ich zu wenig Widerstand, was verhinderte, den Problemen die nötige Schärfe der Formulierung zu geben. Im Grunde waren die Fragen für eine öffentliche Diskussion viel zu schwierig. Wesentlich bleibt nur, daß die Form u. Führung der Diskussion durch das bloße Beispiel wirken konnte.«[272] Einmal mehr zeigt sich: Führen ist Heideggers neues Argumentieren. Das ist eine Kerneinsicht der Davoser Tage. Zumindest für ihn.

Zu einer wahren Schlacht war es ja in der Tat nicht gekommen, noch nicht einmal zu einem echten Kampf. Die Handschuhe waren anbehalten worden, der Kopfschutz ebenfalls. Auch der Korrespondent der »Neuen Zürcher«, sich tonal ein wenig gelangweilt gebend, vermeldete eher enttäuscht: »Anstatt zwei Welten aufeinanderprallen zu sehen, genoss man höchstens das Schauspiel, wie ein sehr netter Mensch und ein sehr heftiger Mensch, der sich trotzdem furchtbare Mühe gab, nett zu sein, Monologe redeten. Trotzdem taten alle Zuhörer sehr ergriffen und beglückwünschten sich gegenseitig dazu, dabei gewesen zu sein.«[273]

Immerhin schien der jungen Garde der Studierenden die Disputation erregend genug, sie am Abschlussabend des Davoser Gipfels noch einmal in satirischer Form zur Aufführung zu bringen. Emmanuel Levinas hatte, mit weißer Asche auf dem Haupt, die Rolle Cassirers übernommen. Um der restlosen Überkommenheit von Cassirers idealistischen Bildungsidealen theatralisch Ausdruck zu verleihen, ließ er während des Re-Enactments beständig Asche aus seinen Hosentaschen rieseln und rief dabei stammelnd: »Humboldt, Bildung, Bildung, Humboldt …« (Sollte es Dinge geben, für die sich ein Mensch lebenslang schämt, gehörte dieser Auftritt im Fall Levinas sicher dazu.) Nur zwei Monate später, im Juni 1929, erscheint Heideggers »Kant und das Problem der Metaphysik«[274] – eine Ausarbeitung der vorgelegten Thesen in Buchform. Cassirer wird 1932 noch einmal schriftlich auf Heideggers Kant-Interpretation eingehen, ansonsten ist von ihm kein weiteres Statement zur Disputation überliefert. Womöglich erachtete er das Ereignis einfach als nicht wichtig genug. Oder aber, Jahre später, schmerzhaft als zu wichtig. Er schwieg jedenfalls zeitlebens dazu. Nach der Disputation brach er von Davos aus mit einer Gruppe Studierender nach Sils-Maria zu einem Tagesausflug ins dortige Nietzsche-Haus auf. Heidegger kam nicht mit. Er stürzte sich lieber weiter die schneebedeckten Hänge hinab.

FRÜHLINGSGEFÜHLE

In den späten Tagen des März 1929, als Martin Heidegger im Davoser Grand Hotel Belvédère seinen zweiten Kant-Vortrag hält und sich der grippegeschwächte Ernst Cassirer dort zum ersten Mal wieder vom Krankenlager erhebt, sucht Walter Benjamin mit Hochdruck nach einem fähigen Hebräisch-Lehrer. »An Dr. Magnes schreibe ich sowie die Stunden – tägliche – begonnen haben«, verspricht er am 23. März 1929 Gerhard Scholem, der in Jerusalem schon seit längerem ungeduldig auf eine diesbezügliche Nachricht wartet. Es gibt also auch in diesem Frühling ernste Probleme, allerdings deutlich weniger als sonst. Denn mit Blick auf den fiaskogestählten Karriereweg Benjamins waren die vorangegangenen zwölf Monate die mit Abstand erfolgreichsten seines Erwachsenenlebens: Die Trauerspiel-Arbeit sowie die »Einbahnstraße« sind Ende Januar 1928 tatsächlich als Bücher erschienen und erfahren von der Kritik eine intensive, mehrheitlich sogar positive Behandlung. Vor allem in der »Literarischen Welt« und der »Frankfurter Zeitung« – Benjamins Hausadressen – sind geradezu Hymnen erschienen. Aber auch in der »Vossischen Zeitung« und sogar in Österreich und der Schweiz. Niemand Geringeres als Hermann Hesse hatte sich bei Rowohlt gemeldet, um seiner spontanen Begeisterung für die »Einbahnstraße« Ausdruck zu verleihen. Eine Berliner Buchhandlung nahe der Potsdamer Brücke bestückt gar ihr gesamtes Schaufenster mit Benjamins gesammelten Schriften – nebst einer von Jula Cohn gefertigten Büste seines Charakterschädels. Mochten die landesweiten Verkäufe sich mit kaum mehr als jeweils 1000 Exemplaren auch im beschreibbaren Rahmen bewegen, ist Benjamin binnen eines Jahres zum allgemein anerkannten Autor eigener Prägung aufgestiegen.

DIE DREIHUNDERTGROSCHENOPER

Auch in seiner Rolle als Kritiker erfährt er deutliche Festigung. Sowohl die von Willi Haas geleitete »Literarische Welt« als auch das von Siegfried Kracauer geleitete Feuilleton der »Frankfurter Zeitung« haben ihn als Autor nun fix in der Rotation. Ja, sieht man ein wenig genauer hin, ist Benjamin nun fester Bestandteil, wenn nicht gar gedankenspendendes Zentrum einer eigenen Feuilletonclique, die sich durchaus die Freiheit nimmt, ihre Werke in den betreffenden Medien wechselseitig anzuzeigen. Kracauer rezensiert Benjamin, Benjamin Kracauer, Bloch Benjamin, Benjamin Bloch … Auch Adorno, unter den seinen noch immer nur unter der Kennzeichnung »Wiesengrund« laufend, gehört fest zu diesem Kreis.

Zum ersten Mal in seinem Leben verfügt Benjamin, der mittlerweile auch angefangen hat, für das Radioprogramm des Hessischen Rundfunks Beiträge zu verfassen, über so etwas wie ein professionelles Netzwerk, das ihm auch finanziell Stabilität gewährt. Er bietet jetzt nicht mehr nur verzweifelt an, sondern lehnt hier und da auch mal souverän ab, muss Rezensionsexemplare nicht mehr wiederholt erbetteln, sondern bekommt sie nun ungefragt frei Haus. Er fühlt sich in diesen Tagen sogar etabliert genug, um darbenden Freunden wie etwa Alfred Cohn (dem Bruder von Jula Cohn) einen Lift in die Redaktionsstuben zu geben – ihn aber gleichzeitig auch vor der unbestreitbaren Härte dieser Existenzform zu warnen: »Auch nur dreihundert Mark im Monat mit Literatur zu verdienen, ist vor Ablauf einer mehrjährigen Wartezeit unmöglich und auch dann ein niemals gesichertes Minimum«.[275]

Benjamin weiß, wovon er spricht. Doch jetzt, endlich, scheint sich alles in seine Richtung zu bewegen. Rowohlt will die besten seiner Kritiken in einem eigenen Band sammeln. Den Essay über die »Wahlverwandtschaften« gibt es ja auch noch. Kracauer wird in Kürze Berlin-Korrespondent werden. Adorno und Bloch zeigen sich ebenfalls immer häufiger in der Hauptstadt, wo Benjamin in den hochexklusiven Kreis um Bertolt Brecht und Helene Weigel Aufnahme gefunden hat.

Mit der Premiere seiner »Dreigroschenoper« am Berliner Ensemble ist Brechts klassenkämpferischer Theaterkunst im Herbst 1928 endgültig der Durchbruch gelungen. Auf ihm, dem gerade einmal 31-jährigen Dramatiker-Genie, ruhen in Deutschland nun größte Hoffnungen, nicht zuletzt der sozialrevolutionären Art. Politisch sind die linken Kräfte aus der Reichstagswahl vom Mai 1928 klar gestärkt hervorgetreten, die NSDAP hingegen auf gerade einmal 2,59 Prozent Stimmenanteil abgesunken. Da ist also etwas im Gange, wie man im kommunistischen Lager – wesensgemäß in revolutionärer Naherwartung lebend – deutlich zu erspüren glaubt.

Auch Benjamin fühlt sich in diesen Monaten immer bestimmter als Teil der Bewegung. Und auch bei ihm regt sich Großes, beginnt der kreative Dämon immer klassenkämpferischer zu wühlen. Das ursprünglich als kleine Studie geplante Werk über die »Pariser Passagen« hat mittlerweile ein Eigenleben gewonnen, das seine gesamte literarische Produktion dominiert: »Die Arbeit an den Pariser Passagen setzt ein immer rätselhafteres, eindringlicheres Gesicht auf und heult nach Art einer kleinen Bestie in meine Nächte, wenn ich sie tagsüber nicht an den entlegensten Quellen getränkt habe. Weiß Gott, was sie anrichtet, wenn ich sie eines Tages freilasse«,[276] stellt er bereits im Mai 1928 fest. Auch ein Jahr später hat sich daran nichts geändert. Das Projekt nimmt ihn zeitlich in Form ausgiebiger Recherchen in der Berliner Staatsbibliothek fast vollständig ein. Woran er eigentlich arbeitet, sind die »Passagen«. Alle anderen Stücke und Lohnschriften dieses Zeitraums werden dem Projekt untergeordnet, fallen im günstigsten Fall als originell wirkende Nebenprodukte ab.

So auch im März 1929, in dem Benjamin an zwei größeren Essays für die »Literarische Welt« sitzt: Eines ist Prousts Gesamtwerk gewidmet: »Zum Bilde Prousts«.[277] Das andere der Entwicklung des zeitgenössischen französischen Surrealismus seit 1919: »Der Sürrealismus – die letzte Momentaufnahme der europäischen Intelligenz«.[278] In jeder Zeile zu spüren ist dabei, wie konsequent Benjamins Denken (und das der von ihm behandelten Autoren) nunmehr seine Ausgangspunkte in sich permanent beschleunigenden Erfahrungen der Metropole findet, die ein Mensch vom Lande in dieser Form schlicht nicht kennt und verstehen kann.

Beide Texte gedeihen in diesem Frühjahr zu klassischen Benjaminiana. Das heißt, auch dieses Mal werden die gewählten Autoren von Benjamin konsequent im Lichte seiner eigenen aktuellen

Lebenseinsichten und damit Forschungsinteressen in den Blick genommen.

Nach welchen Fragestellungen sich diese Interessen 1929 richten? Es ist die Frage nach dem Wesen der Zeit und damit verbunden einem möglichen Durchbruch von der Endlichkeit in die Ewigkeit. Es ist die Frage nach der Gestaltung der bürgerlichen Dekadenz hin zu Momenten ereignishafter Einsichten und Entscheidungen. Es ist die Frage nach der Freiheit sowie daran anschließend nach der Möglichkeit wahrer (Selbst-)Erkenntnis unter den real existierenden Bedingungen der zeitgenössischen Großstadtexistenz.

THE DOORS

Exakt die Davoser Themenpalette also, nur eben durchdrungen im und durch das Medium der französischen Literatur, die einem deutschen Kritiker – gemäß Benjamin – gerade ob seiner kulturellen Halbdistanz besondere Einsichten ermöglicht. Denn was Proust und vor allem den Surrealismus angeht, steht »der deutsche Betrachter ... nicht an der Quelle. Das ist seine Chance. Er steht im Tal. Er kann die Energien der Bewegung abschätzen. Für ihn, der als Deutscher längst mit der Krisis der Intelligenz, genauer gesagt, des humanistischen Freiheitsbegriffes vertraut ist, der weiß, welch frenetischer Wille in ihr erwacht ist, aus dem Stadium der ewigen Diskussionen heraus und um jeden Preis zur Entscheidung zu kommen, der ihre äußerst exponierte Stellung zwischen anarchistischer Fronde und revolutionärer Disziplin am eigenen Leib hat erfahren müssen, für den gibt es keine Entschuldigung, wenn er auf oberflächlichsten Augenschein die Bewegung für eine ›künstlerische‹, ›poetische‹ halten sollte.«

Benjamin klagt in dieser Passage in erster Linie sich selbst an. Denn genau dies war noch zu Beginn der zwanziger Jahre seine Sicht auf die Surrealisten wie auch Dadaisten gewesen. Im Schatten des Trauerspiel-Buches begriff er sie als künstlerische Degenerationserscheinungen eines verlorenen, dekadenten Zeitalters. Seines Zeitalters. Nun aber sind ihm die Augen geöffnet. Der Surrealismus ist in Wahrheit eine sozialrevolutionäre Bewegung! Bei den »Schriften des Kreises [handelt] es sich nicht um Literatur, sondern um anderes: Manifestation, Parole, Dokument, Bluff, Fälschung«. Der Surrealismus handelt nicht »von Theorien«, sondern von »Erfahrungen«. Und zwar allzu alltäglichen Erfahrungen, die offenbaren, dass die Verdinglichung *und* Entfremdung des kapitalistischen Großstadtsubjekts so weit fortgeschritten ist, dass die Grenze zwischen Sinn und Unsinn, Wirklichkeit und Traum, Trunkenheit und Nüchternheit, Wachen und Schlafen, Kunst und Reklame schlechthin nicht mehr klar gezogen werden kann.

Mit anderen Worten: Der eigentlich befreiende, eigentlich revolutionäre *Realismus* der zwanziger Jahre kann für den Anfang nur ein *sur*realistischer sein! Worum es dem Surrealismus geht, ist nach Benjamin dann erreicht, wenn es gelingt, durch das Formen des unmittelbarsten Ausdrucks dieses allzu alltäglich gewordenen Rauschzustandes Türen in eine, wie er es nennt *»profane Erleuchtung«*[279] zu öffnen. Haschisch und andere Drogen, mit denen Benjamin seit 1928 selbst experimentiert und die natürlich auch für die Surrealisten seit Urvater Rimbaud eine gewisse Rolle spielen, können zu dieser Erleuchtung »die Vorschule abgeben«. Der eigentliche befreiende Rausch, der eigentliche Weg zum revolutionsbedingenden Ereignis der »profanen Erleuchtung« aber liegt in nichts anderem als in der Hingabe an die zur Droge gewordenen Erfahrungen des wahnhaft beschleunigten Großstadtlebens. Benjamin, nun selbst im Manifestmodus schreibend: »Die Kräfte des Rausches für die Revolution zu gewinnen, darum kreist der Sürrealismus in allen Büchern und Unternehmungen. … Sie bringen die gewaltigen Kräfte der ›Stimmung‹ zur Explosion, die in … [den] Dingen verborgen sind. Was glauben Sie wohl, wie sich ein Leben gestalten würde, das in einem entscheidenden Augenblick sich gerade durch den letzten beliebtesten Gassenhauer bestimmen ließe?«[280]

ATEMLOS, DURCH DIE NACHT

Die für den Manifestmodus eigentlich erforderlichen Ausrufezeichen verkneift sich Benjamin dann doch. Wie er sich auch in seinem »Bilde Prousts« nicht so weit bringen will zu behaupten, Proust habe es in seinem Schaffen letztlich auf die kommunistische Weltrevolution abgesehen. Aber natürlich geht es für ihn im Werke Prousts ebenfalls um nichts anderes, als im Modus des ewig einholenden Erinnerns nach Momenten der »profanen Erleuchtung« Ausschau zu halten:

> Was suchte er [Proust] so frenetisch: Was lag diesen unendlichen Mühen zugrunde? Dürfen wir sagen, daß alle Leben, Werke, Taten, welche zählen, nie andres waren, als die unbeirrte Entfaltung der banalsten, flüchtigsten, sentimentalsten und schwächsten Stunden im Dasein dessen, dem sie zugehören? ... Auch bei Proust sind wir Gäste, die unter schwankendem Schild eine Schwelle betreten, hinter der uns die Ewigkeit und der Rausch erwarten ... Aber durchaus ist diese Ewigkeit keine platonische, keine utopische: sie ist rauschhaft ... Die Ewigkeit, in welche Proust Aspekte eröffnet, ist die verschränkte, nicht die grenzenlose Zeit. Sein wahrer Anteil gilt dem Zeitverlauf in seiner realsten, das ist aber verschränkten Gestalt, der nirgends unverstellter herrscht als im Erinnern, innen, und im Altern, außen.[281]

Und natürlich zeigt sich das ganze proustsche Universum, gerade weil es permanent auf der Schwelle zwischen tiefsten Erinnerungsschichten und vollendeter Präsenz verweilt, als eine Welt, in der zwischen Traum und Wirklichkeit, Fakt und Fiktion, Bewusstem und Unbewusstem, Gegebenem und Gewirktem, vollendeter Verstellung und schutzlosester Authentizität schlechthin nicht mehr treffsicher zu unterscheiden ist: Selbst die Momente der wahrsten Empfindung und also Befreiung unterstehen so noch dem Verdacht, nichts als faule Werke eines an äußerliche wie innerliche

Zeichen gebundenen Sinnstrebens am Grunde der Schöpfung zu sein. Tag und Nacht, Wachen und Träumen, Sein und Schein … – die Grenzen, sie sind uneinholbar verschwommen.

GASLICHT

Die zitierten Textauszüge aus Benjamins metaphysisch-revolutionärer Schaffensphase des März 1929 sind als direkte Wortbeiträge der Davoser Disputation vorstellbar. Eigentlich müsste man sie nur nach eben jener Collagen-Technik direkt in das Disputationsprotokoll von Davos hineinkompilieren, die sich im Frühjahr des Jahres 1929 als das architektonische Grundprinzip von Benjamins Passagen-Werk herauszuschälen beginnt. Für diesen Fall träte hervor: Wo Heidegger seine daseinserlösende Zuversicht in die urnatürliche Angst legt, legt sie Benjamin in den Rausch der künstlichen Paradiese; das wilde Knattern der Verkehrsmittel zur rush hour ersetzt bei ihm die Erfahrung des Sturmes im Hochschwarzwald; das ziellose Flanieren den Pistensturz in den Abgrund; das Aufgehen in den äußeren Dingen die Einkehr ins Innere; die wahllos scheinende Zerstreuung tritt an die Stelle kontemplativer Sammlung; die entwurzelten, entrechteten Massen des internationalen Proletariats an die des heimatlich verwurzelten Volkes … Eine revolutionäre Kehre jedoch ersehnen beide, Benjamin wie Heidegger, mit allem, was sie sind und haben. Nur raus, raus aus der Einbahnstraße der Moderne! Zurück an die Abzweigung, wo es in die falsche Richtung ging. Und auch in Bezug auf die Frage, welche Quellen und Traditionen in diesem Bestreben unbedingt zu meiden bleiben, stimmen beide voll überein: bürgerliche Bildung, sogenannte freiheitliche Grundordnungen, verschmockte Moralprinzipien, deutscher Geistes-Idealismus; akademisches Philosophieren; Kant, Goethe, Humboldt …

Schaut Ursprungsdenker Heidegger im Jahre 1929 diagnostisch zurück, sieht er den Anfang des Philosophierens selbst als heiligen

»Ort« eines noch immer möglichen Erwachens. Dieser Ort liegt tief im Innern des Daseins, zeitlos gesichert durch das Wesen der Zeitlichkeit selbst. Benjamins materialistisch gewordenem Begriff der Geschichte steht diese Option nicht offen. Er muss den fatalen Ursprung, die eigentliche Einfahrt in den falschen Schein in der Geschichte selbst aufweisen und möglichst konkret erfahrbar machen.

1929 meint Benjamin, wieder einmal, recht genau zeigen zu können, wann, wo und womit sich der Durchbruch in den unwirklichen, alles verfälschenden Geist seines Zeitalters vollzogen hat. Nämlich in Paris, der Hauptstadt des 19. Jahrhunderts. Und zwar nicht in Gestalt einer Person oder eines Buches, sondern einer neuen Gebäudeform aus Eisen und Stahl: eben den Pariser Passagen, als den im ewigen Dämmerlicht künstlich beleuchteten Wunderkammern des kommenden Warenkapitalismus. In ihren Schaufenstern wird die ganze disparate Welt der Waren, Formen und Symbole direkt nebeneinander zur prüfenden Beschau, letztlich zum käuflichen Erwerb angeboten. Weder ganz Innenraum noch Teil des Straßenbildes, sind die Passagen räumlich gezielt als jede Grundunterscheidung nivellierende Schwellenorte angelegt. Halb Höhle, halb Haus, halb Gang und halb Zimmer.

In den endlichen Individuen, die ziellos durch sie flanieren, erzeugen diese Passagen mit ihren immer vollen, immer neu bestückten Vitrinen einen Schein unendlicher Verfügbarkeit, der von innen heraus bald das Weltempfinden durchdringt – und betäubt. Soll zukünftig überhaupt ein Fenster in die Rettung offen bleiben, gilt es diese Passagen-Konstellation in aller Tiefe und Schärfe zu durchdringen. Und zwar im Sinne der Frage: Worin bestehen und bestanden die konkret materiellen Bedingungen ihrer Möglichkeit? Als Projektbeginn:

> Die Mehrzahl der pariser Passagen entsteht in den anderthalb Jahrzehnten nach 1822. Die erste Bedingung ihres Aufkommens ist die Hochkonjunktur des Textilhandels. Die magasins de nou-

> veautés, die ersten Etablissements, die größere Warenlager im Hause unterhalten, beginnen sich zu zeigen. Sie sind die Vorläufer der Warenhäuser … Die Passagen sind ein Zentrum des Handels in Luxuswaren. In ihrer Ausstattung tritt die Kunst in den Dienst des Kaufmanns. Die Zeitgenossen werden nicht müde, sie zu bewundern. Noch lange bleiben sie ein Anziehungspunkt für die Fremden. Ein ›Illustrierter Pariser Führer‹ sagt: »Diese Passagen, eine neuere Erfindung des industriellen Luxus, sind glasgedeckte, marmorgetäfelte Gänge durch ganze Häusermassen, deren Besitzer sich zu solchen Spekulationen vereinigt haben. Zu beiden Seiten dieser Gänge, die ihr Licht von oben erhalten, laufen die elegantesten Warenläden hin, so daß eine solche Passage eine Stadt, ja eine Welt im kleinen ist.« Die Passagen sind der Schauplatz der ersten Gasbeleuchtung.
> Die zweite Bedingung des Entstehens der Passagen bilden die Anfänge des Eisenbaus. Das Empire sah in dieser Technik einen Beitrag zur Erneuerung der Baukunst im altgriechischen Sinne.[282]

So beginnt das erste Exposé des »Passagen-Werks«. Und es sagt viel über die dieses Werk tragende Collagen-Technik aus, dass es Benjamin einem beliebig scheinenden Zitat aus einer beliebig scheinenden Publikation (sprich: einem Reiseführer) überlässt, gleich zu Beginn die entscheidenden philosophischen Marken zu setzen. Denn auch wenn es der Autor oder die Autorin des Artikels im Paris-Führer, aus dem Benjamin zitiert, nicht eigens überschaut und sehr wahrscheinlich auch nicht bewusst intendiert hat, spiegelt sich in deren Beschreibung die gesamte Geschichte der Metaphysik wider. Sie wird gleichsam in Magazinsprache aufgeführt, findet wie von Geisterhand ein unheimliches Nachleben: Genau wie die Schattenspiele in Platons Höhle nämlich erhalten die Warenspiele in den tiefen Spiegelgängen der Passagen »ihr Licht von oben«, in Form von künstlichem Feuer (»Gaslicht«). Wie in Leibniz »Monadologie« zeigen sich selbst die fensterlosen Passagen als »eine Welt im Kleinen«. Und wie nach Kant (und natürlich auch

Marx) ist alles, was diese Durchbrüche durch ganze Häusermassen – selbst also nur Scheingebäude – zusammenhält, der »Spekulationswille« ihrer Besitzer, die sich zu diesem Schein-Zweck, wenn auch zu nichts anderem mehr, »vereinigt haben«.

Eine Textmonade in einer Textmonade, montiert mit keinem anderen Ziel, als die unergründlichen Weisen, in denen die Zeit selbst die Dinge miteinander verschränkt, für einen lichten Moment sichtbar zu machen. Benjamins Vision der Wirklichkeit. Des Schreibens. Des Erinnerns als Erkennen.

DER AUTODESTRUKTIVE CHARAKTER

Im Frühjahr 1929 steht Benjamin als Denker wie Publizist auf dem Höhepunkt seines Schaffens. Was selbstverständlich nicht bedeutet, dass er als real existierende Person nicht gerade zu diesem Zeitpunkt in diversen, mehrfach ineinander verschränkten Schlamasseln von nachgerade metaphysischer Tiefe gesteckt hätte. Dass und wie das Unheil seinen Lauf nehmen würde, hat wahrscheinlich Gershom Scholem als Erster in aller Klarheit vor seinem geistigen Auge gesehen, als er in den frühen Tagen des Augusts 1928 vom Freunde folgenden Brief aus Berlin erhält: »Meine Reise nach Palästina nebst strikter Beobachtung der von Eurer hierosolymitanischen Exzellenz vorgeschriebenen Lehrfolge sind beschlossene Sache. … Nunmehr die sachlichen Einzelheiten. Zunächst der Termin meiner Ankunft. Dieser wird sich vielleicht gegen Mitte Dezember verschieben. Das hängt erstens davon ab, ob ich mir vorsetzen kann, die Passagenarbeit noch bevor ich Europa verlasse abzuschließen. Zweitens ob ich im Herbst in Berlin meine russische Freundin sehe. Beides ist noch unentschieden.«[283]

Natürlich ist die Passagenarbeit im Herbst 1928 nicht beendet. Sie beginnt zu diesem Zeitpunkt erst richtig an Fahrt aufzunehmen. Zudem wird Benjamin noch bis zum März 1929 nicht die geringsten Fortschritte im Hebräischen gemacht haben. Der Termin für seine Überfahrt nach Palästina ist ebenfalls nicht fixiert. Was nun wiederum hauptsächlich daran liegt, dass Asja Lacis ab September 1928 in Berlin aufgeschlagen war. Und zwar offiziell entsandt, besser gesagt »abkommandiert«, in die dortige Filmabteilung der sowjetischen Handelsvertretung. Zudem mit dem ausdrücklichen Mandat versehen, als Mitglied der Gruppe »Proletarisches Theater ... Kontakte mit dem Bund proletarischer Schriftsteller aufzunehmen«.[284] Reich ist ebenfalls wieder im Land, allerdings erst einmal beruflich in München gebunden.

Als Benjamin von Asjas Kommen erfährt, besitzt er bereits Kenntnis von einer weiteren erfreulichen Nachricht. Auch ohne ein zweites Gutachten von Cassirer (oder sonst einer Person von literarischem Rang) zu erhalten, hat Dr. Magnes von der Hebräischen Universität die Gelder für Benjamins einjährigen Vollzeit-Sprachkurs samt Reise- und Aufenthalt in Jerusalem bewilligt. Ursprünglich sollten diese Gelder, abhängig vom geleisteten Lernpensum, in monatlichen Tranchen ausgezahlt werden. Dafür hatte auch Scholem vor Ort plädiert. Schließlich kannte er Benjamin nicht nur allzu gut, sondern war für ihn im Ursprung auch Bürge gestanden. Zu Benjamins wie auch Scholems großem Erstaunen aber geschieht im Oktober 1928 – Asja war gerade einmal drei Wochen in der Stadt – Folgendes:

18. Oktober 1928

Lieber Gerhard

mit vielem Dank bestätige ich Dir, umgehend den Empfang der Sendung von Dr. Magnes' Check auf M 3042 70/100. Bitte sprich ihm in meinem Namen herzlichen Dank aus. Er wird später noch direkt von mir Nachricht bekommen. Alles andere in wenigen Tagen. Herzliche Grüße,
Dein Walter[285]

Ohne Scholem zu konsultieren oder ihn auch nur ins Bild zu setzen, hatte Magnes die gesamte Stipendiumsumme – für Benjamin ein guter Jahresverdienst – auf einmal per Scheck überwiesen.

Bereits zwei Wochen später hat Benjamin für Lacis und sich eine geräumige Wohnung in der Düsseldorferstraße angemietet. Man hält es nicht einmal zwei Monate gemeinsam darin aus, bleibt sich aber trotz der sich im Drei-Tages-Takt ereignenden Zerwürfnisse auf gutem und recht spendierfreudigem Fuße verbunden. Lacis behält die Wohnung, Benjamin zieht in die Delbrückstraße zurück, zu seiner gerade wieder arbeitslos gewordenen Gattin Dora, seinem Sohn und seiner von einem Schlaganfall malad liegenden Mutter. Zumindest Geld ist jetzt da.

Es ist Lacis, die in dieser Phase Benjamins Kontakt zu Brecht stiftet. Und es ist Benjamin, der Lacis neue Einsichten in das Berliner Geistes- und damit Nachtleben eröffnet. Es ist Lacis, die Benjamin näher an das Leben und Handeln einer im Bereich der Kultur tätigen Berufsrevolutionärin heranführt. Und es ist Benjamin, der Lacis mit seinen kulturklimatisch mittlerweile durchaus machtvollen Kreisen vertraut macht. Piscator und Kracauer, Klemperer und Leo Strauss, Brecht und Adorno. Man trifft sich, spricht, diskutiert, plant neue Projekte. Gemeinsam zieht man, auch Dr. Reich ist bald wieder mit von der Partie, durch das gespaltene Nachtleben der eigentlichen Hauptstadt der zwanziger Jahre – Berlin.

UM DIE WURST

Allabendlich gibt es dort genug zu erleben und bestaunen. Zum Beispiel erzeugt eine gewisse Josephine Baker dort Epiphanien der ganz eigenen Art. »Nach Mitternacht zu Vollmoeller am Pariser Platz, um die Baker zu sehen. Er hatte wieder eine sonderbare Gesellschaft, wo niemand wußte, was der andere war … Frauen in allen Stadien der Nacktheit, deren Namen man nicht versteht und von denen man nicht weiß, ob es ›Freundinnen‹, Nutten oder Damen sind … Das Grammophon ununterbrochen alte Schlager, die Baker saß auf dem Diwan und aß, statt zu tanzen, eine Bockwurst nach der anderen (›hot dogs‹), man erwartete die Fürstin Lichnowsky, Max Reinhardt, Harden, die aber nicht erschienen. So gings bis drei, als ich mich empfahl«.[286] Just Ende Oktober 1928 lädt Erwin Piscator bei sich zu einer Party ein: »Hübsche, helle Wohnung, von Gropius eingerichtet, ›sachlich‹, aber ansprechend, und die Menschen sehen darin gut aus. Ziemlich große Gesellschaft, vierzig bis fünfzig Menschen, Männer und Frauen, die bis nach Mitternacht immer mehr wurden; anscheinend fand die Veranstaltung zu Ehren des russisch-jüdischen Regisseurs Granowsky statt … Brecht kennengelernt.«[287] Stammen diese Zeilen von Benjamin? Nein. Hätten sie aber durchaus. Dies hier waren Auszüge aus dem Tagebuch des umtriebigen Harry Graf Kessler. Der nämlich war stets mittendrin.

Der Jazz spielt überall, mittlerweile auch auf Deutsch gesungen von den Comedian Harmonists. Was von diesem musikalischen Mittelprodukt zwischen »Urwald und Wolkenkratzer« (Kessler) wohl zu halten wäre, darüber werden sich in diesen Tagen auch Benjamin, Wiesengrund und die ihren nicht dauerhaft einig.[288] Völlige Übereinstimmung hingegen herrscht, was die russische Filmkunst betrifft: Sie ist zweifellos das Maß aller Dinge.

Benjamin hat Lacis mit Kracauer in Verbindung gebracht. Das kommt auch bei den Parteioberen gut an. Sie wird zum Thema bald in Frankfurt sprechen. Zuerst aber in Berlin, über zeitgenössische Sowjetdramatik:

> Ich schlug vor, den Vortrag in einem großen Saal für Arbeitslose zu wiederholen. Ein Riesensaal, er war voll. Die Arbeitslosen hörten aufmerksam zu. Mitten im Vortrag aber wurde ich gestört. Dem Podium gegenüber, am Eingang, wurde geschrien: ›Weg mit der roten moskauer Agitatorin!‹ Die Saalordner warfen sich den Eindringlingen – SA Männern – entgegen. Es ent-

> wickelte sich eine Schlägerei – die Schlagringe klatschten. Wie aus dem Boden gestampft kamen Rotfront-Jungen zu mir. Sie riefen: Genossin, hab keine Angst – aber du mußt sofort weg! Becher packte mich am Arm und zog mich von der Bühne weg. Er führte mich – Treppen auf, Treppen ab über einen Hof, über eine Gasse und nochmals einen Hof. Wir landeten an einer Straßenecke und gingen in eine Bierkneipe. Wir setzten uns an einen Tisch und Becher bestellte Würstchen und Bier. Er meinte, das käme oft vor. Wo es kommunistische Veranstaltungen gibt, ist die SA sofort da. Aber Rotfront haut ihnen in die Schnauze.«[289]

An sich nicht Benjamins Welt. Und vor allem nicht sein Stil. Doch »im ganzen«, schließt Lacis in ihren Erinnerungen unmittelbar an, »war Benjamin jetzt konzentrierter, stärker mit der Praxis, mit der Erde verbunden.... In dieser Zeit traf er sich auch öfter mit Brecht. Benjamin begleitete mich beinahe immer zu den öffentlichen Veranstaltungen des Bundes proletarischer Schriftsteller in Arbeiterhallen ...«

Die Liebe, sie wirkt wahre Wunder und Durchbrüche. Jedenfalls für einige Augenblicke oder bestimmte Phasen. Müßig es festzuhalten: Hebräisch lernt man so nicht. Und dafür war das Geld, das sich Mitte Mai schon in erheblichem Maße verflüchtigt hatte, ja eigentlich gespendet worden.

Am 22. Mai 1929 meldet Benjamin indes voller Stolz an Scholem, nun seine »ersten hebräischen Kursivzeichen« zu malen. Er nimmt jetzt wirklich Unterricht und findet auch den Mut – seit Erhalt des Schecks ist mehr als ein halbes Jahr vergangen –, sich erstmals bei Dr. Magnes persönlich zu bedanken. Der Unterricht indes währt gerade einmal zwei Wochen. Der mühsam gefundene Tageslehrer muss verreisen. Dessen Mutter ist schwer erkrankt. Was kann Benjamin da einwenden? Diese Problemlage kennt er zur Genüge aus eigener Erfahrung.

Einmal mehr findet er sich zurückgeworfen in die Delbrückstraße. Am 6. Juni 1929 schreibt er an den nun ernsthaft ungehalten werdenden Scholem: »Ich vermag Deinen Vorwürfen leider nicht das mindeste entgegenzusetzen; sie sind absolut begründet und ich stoße in dieser Sache auf ein schon pathologisches Zögern, das mir leider auch sonst bei mir hin und wieder bekannt ist. Mein Kommen im Herbst ist nur abhängig von meiner materiellen Lage. Von sonst nichts«.[290]

Das Stipendium, es ist perdu. Die materielle Lage ist also zurück auf dem prekären Normalzustand. Nur in einem Bereich vermag Benjamin in diesem Frühling sein »pathologisches Zaudern« zu besiegen. Asja ist für den Herbst zurück nach Moskau »kommandiert« worden. Allein eine Heirat würde ihr weiterhin einen Aufenthalt in Berlin ermöglichen. Unklar, ob er Asja hierzu eigens konsultiert oder auch nur ins Bild gesetzt hat, jedenfalls reicht Benjamin im späten Frühjahr 1929 die Scheidung von Dora ein. Begründung: ehewidriges Verhalten.

Bereits im August zieht er, dieses Mal mit allem, was er hat, endgültig aus der Delbrückstraße aus. Er lagert die Bibliothek in Kisten zwischen und kommt provisorisch bei seinem Lebefreund und Übersetzerkollegen Franz Hessel unter. Es ist nun Mitte Herbst. Wäre alles gemäß dem von ihm gegebenen Versprechen gegangen, er würde sich seit mindestens acht Monaten in Jerusalem aufhalten. Zeit für einen weiteren Brief an Scholem: »Ich weiß nicht, ob ich Dir einmal geschrieben habe, daß seit ungefähr einem Jahr eine Freundin, Frau Lazis [!], in Deutschland ist. Sie stand kurz vor der Heimkehr nach Moskau, da ist sie vorgestern wieder, so scheint es wenigstens, von einem akuten Anfall von Enzephalitis befallen worden, und gestern habe ich sie, da ihr Zustand es noch eben erlaubte, in den Zug nach Frankfurt gesetzt, wo Goldstein, den sie kennt und der sie schon behandelt hat, sie erwartet. Ich werde ebenfalls ... bald herüberfahren ... In letzter Zeit habe ich außergewöhnlich viel gearbeitet, nur eben nicht Hebräisch ...[291]

Der Neurologe Kurt Goldstein ist übrigens einer der engsten Freunde von Ernst Cassirer. Aber das interessiert nicht mehr sonderlich. Benjamin hat nun andere Sorgen. Und noch immer Projekte. Den Herbst 1929 pendelt er zwischen Berlin und Frankfurt. Gemeinsam mit Theodor Wiesengrund Adorno, dessen Frau Grete Karplus, Max Horkheimer und Asja Lacis trifft man sich mehrmals im Kurort Königstein in einem Ferienhaus. Dort liest Benjamin der Gruppe die existierenden Entwürfe zum Passagen-Werk vor. Diese Gesprächswochenenden von Königstein gelten heute als eigentliche Gründungsereignisse der sogenannten »Frankfurter Schule«, die nach dem Krieg für knapp 50 Jahre das deutsche Geistesleben dominieren sollte.

DER WANDERER

Mit seinen kurzen Flanellhosen, schweren Bauernschuhen und Wanderrucksack auf dem Rücken sticht der jung wirkende Mann sofort aus der Menge der angereisten Konferenzteilnehmer heraus. Vermutlich ein Student, der sich auf Robin Hoods Spuren in Nottingham verlaufen hat und nicht weiß, dass dieses Hotel nur für Vortragende reserviert ist. »Ich fürchte, hier findet gerade ein Philosophiekongress statt«, versucht John Mabbott, Professor aus Oxford, die Lage in einem Satz zu erhellen. Worauf der Fremde antwortet: »Das fürchte ich auch.«[292]

Bis zur letzten Sekunde hat Wittgenstein mit sich gerungen, ob er wirklich anreisen soll zu diesem Jahrestreffen der »Aristotelian Society« – der wichtigsten Vereinigung britischer Berufsphilosophen. Über das von ihm angekündigte Thema (»Einige Anmerkungen zur logischen Form«) wird er jedenfalls nicht vortragen. Zwar hat er eigens dafür einen wissenschaftlichen Aufsatz verfasst, den ersten seines Lebens, doch sind ihm die mit diesem Thema verbundenen Fragen durch nächtelange Gespräche mit Frank Ramsey nun unklarer als je. Besser frei über den »Begriff der Unendlichkeit in der Mathematik« nachdenken und sehen, was der Moment ihm offenbart. Ansonsten ist der Autor des »Tractatus« auch bei dieser Tagung, gerade hier, wieder einmal ohne jede Hoffnung, von den anderen Teilnehmern auch nur im Ansatz verstanden zu werden. »Meine Sorge ist, daß was auch immer man sagen wird, es in deren Köpfen entweder auf Unverständnis stoßen oder dort noch mehr irrelevante Verwirrung erzeugen wird.«[293]

So hatte er dem wiedergewonnenen Freund Bertrand Russell – mittlerweile ganz offiziell auch sein Doktorvater – noch wenige Tage zuvor im altbewährten Ton geschrieben. Und ihn dringend um sein Erscheinen gebeten. Vergebens, wie sich vor Ort nun zeigte.

SCHULFREI

Tatsächlich wird Wittgensteins Vortrag vom 14. Juli 1929 sein lebenslang einziger akademischer Konferenzauftritt bleiben, wie auch das dafür verfasste Paper die einzige »wissenschaftliche Publikation« seines Lebens. Ganz wie Heidegger hält er rein gar nichts von solchen Zusammenkünften und Tagungsaufsätzen. Genauso wenig, wie er im Bereich des Denkens oder der Politik etwas mit Manifesten, selbsternannten Bewegungen oder gar Schulen zu tun haben will. In Wien ist man unter Federführung von Friedrich Waismann gerade dabei, zu Ehren von Moritz Schlick eine Festschrift mit dem Titel »Die wissenschaftliche Weltauffassung. Der Wiener Kreis« zu konzipieren. Wenn irgend möglich, soll auch Wittgenstein etwas beisteuern. Waismann fragt vorsichtig an. Keine gute Idee: »Eben weil Schlick ein nicht gewöhnlicher Mensch ist, so verdient er, daß man sich davor hütet, ihn und die Wiener Schule, deren Exponent er ist, in guter Absicht durch Großsprecherei lächerlich zu machen. Wenn ich sage: ›Großsprecherei‹ so meine ich, damit jede Art selbstgefälliger Selbstbespiegelung. ›Absage an die Metaphysik‹! Als ob *das* was Neues wäre. Was die Wiener Schule leistet, muß sie *zeigen*, nicht *sagen* … *Das Werk* muß den Meister loben.«[294]

Zeigen, nicht sagen. Auf diese Kernunterscheidung hatte Wittgenstein 1919 sein eigenes Meisterwerk gegründet. Zwar erschien ihm die Wichtigkeit dieser Differenz noch immer unbestreitbar. Zahlreiche andere Säulen seines »Tractatus« jedoch sind ihm in den nur sechs Monaten seit seiner Rückkehr nach Cambridge tief fraglich geworden. Ganz offenbar waren doch noch nicht alle »Probleme im Wesentlichen endgültig gelöst worden«. Weder von ihm. Noch anderen.

INTERNE PROBLEME

Insbesondere die für den »Tractatus« einst tragende Annahme, ein sinnvoller Satz sei ein *Bild der Wirklichkeit*, erscheint Wittgenstein nun mehr und mehr fragwürdig. Bilden ausnahmslos alle sinnvollen Sätze einen möglichen Weltzustand ab? Was ist zum Beispiel mit einem Satz wie »Die Reihe der natürlichen Zahlen ist unendlich«? Offenbar sinnvoll, offenbar nicht trivial, offenbar wahr. Aber gibt es einen vorstellbaren Weltzustand, der die Wahrheit dieses Satzes auch wirklich zeigt? Ja, ist solch ein Zustand der Unendlichkeit für endliche Wesen überhaupt konkret vorstellbar? Und wenn, was mag »vorstellbar« in diesem Zusammenhang heißen? Ist die Existenz einer unendlich langen Reihe der natürlichen Zahlen ebenso vorstellbar wie zum Beispiel die Existenz einer unendlich langen Schnur? Oder in einem anderen Sinne »vorstellbar«? Oder wäre sie vielmehr in einem anderen Sinne »unendlich«? Ernste Fragen, sie lassen Wittgenstein in den ersten Cambridger Monaten kaum zum Schlaf kommen. Was ihn nicht weniger quält, ist die methodische Frage, wie solche Differenzen der Verwendung von Worten wie »unendlich« oder auch »vorstellbar«, von denen mit Blick auf die sinnvolle Verwendung eines Begriffs schlicht alles abhängt, in den Griff zu kriegen wären? Wirklich nur unter Freilegung der einen, einzigen und einheitlichen logischen Subjekt-Prädikat-Form am mutmaßlichen Grund dieser Sätze? *Nein*, so einfach liegt es dann doch nicht, wie Wittgenstein mit dem Sommer 1929 unwiderruflich klar wird. Er fällt in dieser Phase damit von dem letzten und einzigen Glauben ab, der sein Weltbild des »Tractatus« wirklich zu tragen vermochte: dem Glauben an die Sprache der Logik als der primären Sprache am Grund unserer Lebensform.

ZURÜCK IN DEN ALLTAG

Diese zentrale Kehre seines Denkens, als wesentliches Ergebnis seiner ersten Cambridger Monate des Jahres 1929, teilt er bald auch Schlick und Waismann mit. Für die beiden keine unwichtige Neuigkeit, legen sie als »logische Empiristen« des nun offiziell bestehenden »Wiener Kreises« ihre philosophischen Hoffnungen doch noch wesentlich konsequenter als Wittgenstein auf ein alles sinnvolle Forschen erschöpfendes Wechselspiel aus logischer Grundsprache und experimentell kontrollierter Erfahrung. Wittgenstein aber ist endgültig unterwegs in eine andere Richtung. Und lässt sie das auch unmissverständlich wissen:

> Ich habe früher geglaubt, daß es die Umgangssprache gibt, in der wir alle für gewöhnlich sprechen und eine primäre Sprache, die das ausdrückt, was wir wirklich wissen, also die Phänomene. … Ich möchte jetzt ausführen, warum ich an dieser Auffassung nicht mehr festhalte. Ich glaube, daß wir im Wesen nur eine Sprache haben und das ist die gewöhnliche Sprache. Wir brauchen nicht erst eine neue Sprache zu erfinden oder eine Symbolik zu konstruieren, sondern die Umgangssprache *ist* bereits *die* Sprache, vorausgesetzt, daß wir sie von den Unklarheiten, die in ihr stecken, befreien. Unsere Sprache ist schon vollkommen in Ordnung, wenn man sich nur im klaren darüber ist, was sie symbolisiert. Andere als die gewöhnlichen Sprachen sind auch wertvoll … z.B. zur Darstellung der Verhältnisse des Schließens, ist eine künstliche Symbolik sehr nützlich. … Aber sobald man darangeht, die wirklichen Sachverhalte zu betrach-

> ten, sieht man, daß diese Symbolik sehr im Nachteil ist gegenüber unserer wirklichen Sprache. Es ist natürlich ganz falsch von *einer* Subjekt-Prädikat Form zu sprechen. In Wirklichkeit gibt es nicht *eine*, sondern sehr zahlreiche.[295]

Selbst Schlick zeigt sich nun offen befremdet. Er fragt Wittgenstein ganz direkt, ob er mit der Verabschiedung von der Idee der rein logischen Form als Fundament nicht direkt zurück in jenes extrem widerspruchsträchtige Nest von Grundfragen gerät, an dem sich bereits Immanuel Kant in seiner »Kritik der reinen Vernunft« abarbeitete.

Ein Durchbruch in die Unendlichkeit und Ewigkeit, auf welcher Basis wäre er zu begreifen: durch Erfahrung oder Form, Entscheidung oder Gesetz? Wie steht es um die Rolle der menschlichen Sprache innerhalb dieses Prozesses? Und handelt es sich dabei wirklich nur um eine Sprache? Wie ist die Struktur der Erfahrung am Grunde allen Sinns zu beschreiben, und mit welchen Methoden: physikalisch-experimentell, phänomenologisch variierend, alltäglich beschreibend? Welche Kriterien gibt es zur unzweideutigen Trennung von Sein und Schein, Sinn und Unsinn? Und welche Rolle spielt dabei die Zeit, entweder als physikalisch messbare, konkret erlebte oder gar erinnernd einholende? Wie im Rausch füllt Wittgenstein im Verlauf des Jahres 1929 mehrere Notizbücher mit Gedanken, die exakt um diese Davoser Fragen kreisen. Sie dominieren auch die Diskussionen mit seinen Sparringspartnern Ramsey und Moore, Schlick und Waismann. Die Freunde zeigen sich im Gespräch von Wittgensteins höchst dynamischen, sich bald täglich wandelnden Thesenentwicklungen zunehmend irritiert – und überfordert.

NEAPEL IN CAMBRIDGE

Tiefes soziales Befremden erzeugte der heimgekehrte Gott nicht zuletzt durch seine Auftritte im Umfeld der Cambridger Apostel – sowie der mit diesen lose verbundenen Bloomsbury-Gruppe um das Ehepaar Virginia und Leonard Woolf. Gewiss, Ludwig mag schon 1912 ein bisschen »special« gewesen sein. Der Wiederkehrer des Jahres 1929 aber tritt in diesem Milieu nun endgültig in der Rolle des unnachgiebig dominanten Rechthabers oder aber des mürrischen Sauertopfes auf. Vor allem der Umgang mit den weiblichen Gesprächspartnerinnen bereitet ihm sichtbare Probleme, wenn nicht Pein. Zu mehr als schalen Kalauern zeigt er sich als Tischnachbar nicht in der Lage. Not so amusing.

Obwohl man einander im Hause Keynes mehrmals trifft, kommt es zu keinem Gespräch mit Virginia Woolf. Bedauerlich. Für beide. Zumindest in Sachen Kommunismus und konkreter sozialer Realität aber tritt ein neuer inspirierender Freund in sein Leben. Es handelt sich um den Ökonomen Piero Sraffa. Als überzeugter Sozialist und enger Gewährsmann von Antonio Gramsci musste Sraffa 1928 aus Mussolinis Italien fliehen. Durch Keynes Fürsprache findet er in Cambridge eine neue wissenschaftliche Heimstatt. Es ist Sraffa, dessen robuste Streitkultur und Vorwitz Wittgenstein in dieser Phase produktiv herausfordern. Als Wittgenstein im Gespräch einmal mehr insistiert, dass eine bedeutungsvolle Aussage und das, was sie als Weltzustand beschreibt, dieselbe logische Form haben müssen, reagiert Sraffa darauf mit einer Geste aus seiner Heimat. Er reibt seine Finger unter das Kinn und fragt: »Und was ist die logische Form *davon*?«[296]

Sraffa ist in seinen philosophischen Auswirkungen so etwas wie Wittgensteins Neapel und Brecht in einem. Er erdet sein Denken über die Grundlagen des Sprechens, führt es näher an konkrete Kontexte heran, öffnet ihm Perspektiven für die vielfach verschränkte und verwinkelte Vielfalt menschlichen Zeichenhandelns. Im Vorwort zu seinem zweiten Hauptwerk, den »Philosophischen Untersuchungen«, hebt Wittgenstein ausdrücklich hervor, ihm, Sraffa, »die folgenreichsten Ideen dieser Schrift« zu verdanken.

ERINNERN ZU EINEM ZWECK

Ausgehend von der Einsicht, dass es für den Menschen nur ein wirklich primäres Zeichensystem gibt – nämlich die natürliche Sprache des Alltags –, besteht der Durchbruch dieses Werkes in dem Willen zur klärenden Erkundung der internen Vielfältigkeit und jeweiligen Kontextgebundenheit eben dieser Sprache. Denn an sich ist mit ihr, zumindest philosophisch gesehen, alles in bester Ordnung und also alles fraglos. Vorausgesetzt natürlich, man ist in der Lage, sich ein möglichst klares, übersichtliches Bild von all den Arten und Weisen ihres Symbolisierens zu machen.

Die Annahme, es gäbe so etwas wie genuin philosophische Probleme, ist nach dieser Sicht nichts anderes als das Ergebnis einer Verwirrung, einer, wie Wittgenstein auch sagen wird, *»Verhexung unseres Verstandes durch die Sprache«*[297]. Der philosophische Prozess der Klärung oder Heilung muss deshalb die Form eines beständigen, geduldigen Entwirrens, Aufzeigens und Diagnostizierens der eingetretenen Verwirrungen annehmen. Dessen Hauptmethode besteht darin, sich in Erinnerung zu rufen, in welchen Kontexten man welche Worte wirklich sinnvoll verwendet. Philosophieren ist Erinnern zu einem Zweck.[298] Und zwar dem Zweck einer befreienden Klarheit über die wahre Rolle und Bedeutung, die Wörter in unserem Leben spielen. Deren wahre Bedeutung aber findet und zeigt sich allein im konkreten, korrekten und also sinnverbürgenden Gebrauch: »Die Bedeutung eines Wortes ist sein Gebrauch in der Sprache.«[299]

DIE STADT DER WORTE

Dieses neue Programm schlägt bei Wittgenstein auch auf die formale Gestalt seines Philosophierens durch. Nicht mehr gilt es ihm, das eigene Denken in die starre, hierarchisch aufgebaute und klotzhaft bündige Form eines Traktats zu gießen. Sein Philosophieren gleicht sich vielmehr dem Genre des Denktagebuchs oder den Aufzeichnungen eines ebenso offen staunenden wie detailinteressierten Flaneurs an. Auf diesen Weg begibt sich Wittgenstein im Verlauf des Jahres 1929. Und genau diesem Weg konsequent folgend stellt er seine »Philosophische Untersuchungen« 1945 fertig: als eine, wie er in deren Vorwort schreibt, Sammlung von Bemerkungen, »gleichsam eine Menge von Landschaftsskizzen, die auf diesen langen und verwickelten Fahrten entstanden sind.« Reisebilder also, Denkbilder, entstanden auf dem erkundenden Weg durch die Vielfalt des menschlichen Sprechens selbst: »Die gleichen Punkte, oder beinahe die gleichen«, fährt Wittgenstein wie im Geiste des benjaminschen Flanierens fort, »wurden stets von neuem von verschiedenen Richtungen her berührt und immer neue Bilder entworfen … daß sie dem Betrachter ein Bild der Landschaft geben konnten – so ist also dieses Buch eigentlich nur ein Album.«[300]

Denn letztlich, so Wittgenstein in seinem zweiten Hauptwerk, gleiche ein philosophisches Problem dem Gefühl, »ich habe mich verlaufen, ich kenne mich nicht mehr aus.« Weshalb er die Sprache selbst mit einer verwinkelten Stadt von engen Gassen vergleicht, in der man allzu leicht (und vielleicht sogar allzu gern) verloren geht. Aufgabe des Philosophierenden ist es deshalb, einen Plan dieser Stadt zu zeichnen, auf dass dem Verirrten (der er zunächst einmal selber ist) klar werde, wo er sich in Wahrheit befindet und also welche Wege ihm an diesem Punkt offenstehen, um möglichst selbstbestimmt und richtungsklar weiterlaufen zu können. *Soll der Weg den Meister loben!* Der Rest ist Reklame. Oder Schicksal.

Um ein gemäßes Bild der Stadt zu gewinnen, muss man diese

natürlich erst einmal für sich selbst in aller Gründlichkeit erkunden – und zwar ausgehend von der Stelle, an der man sich in ihr fragend vorfindet. Niemand hat ihren Plan a priori im Kopf, was übrigens auch gar nichts nützte. Schließlich ist diese Stadt (der Worte), durch das Gehen und Wirken der Menschen, die in und mit ihr leben, selbst ständig in Bewegung und Veränderung begriffen. Ständig entstehen neue Passagen, Einbahnstraßen und Sackgassen, auch solche, die man erst sehr spät, gar zu spät als solche zu erkennen vermag. Die von Descartes ausgehende Philosophie der Moderne ist für Wittgenstein – wie zeitgleich für Heidegger, Benjamin und Cassirer auch – das Paradebeispiel solch einer schwerwiegenden Umbaumaßnahme, die mittlerweile das gesamte »Stadtbild« von innen heraus bestimmt und allzu künstlich glänzen lässt. In etwa so, wie das Auto und die Elektrizität es in unseren Städten bis heute tun. Fortschritt sieht jedenfalls anders aus.

GEGEN DIE WAND

Fortschritt – das Leitwort, das unsere Kultur nach Wittgenstein mehr als jedes andere verblendet und fehlleitet. Fortschritt ist deshalb auch genau das, was es in der Philosophie nicht und niemals geben kann. Dafür müsste sie ja eigene, echte Probleme haben. Und auch ureigene Methoden, sie zu lösen. Beides aber hat sie nach Wittgenstein gerade nicht. Sie hat die Sprache. Ihre Verwirrungen. Sowie die stets offene Möglichkeit, sich in und durch diese Sprache erinnernd von ihnen zu befreien. Das ist alles. Nichts in dieser Welt ist uns an sich verborgen. Das ist der neue Weg, den Wittgensteins Denken im Sommer des Jahres 1929 klärend einschlägt. Und zwar mit der gleichen apodiktischen Strenge und poetischen Präzision, die bereits den Autor des »Tractatus« auszeichnete.

Mag sich das Bild, das Wittgenstein von der Sprache hat, mit seiner Rückkehr nach Cambridge radikal verändern, bleibt seine Vision von den Zielen und Grenzen des Philosophierens exakt dieselbe wie zu Zeiten des »Tractatus«: In Wahrheit gibt es keine philosophischen Probleme. Die wesentlichen Einsichten lassen sich nicht sagen und schon gar nicht dekretieren, sondern müssen sich im eigenständigen Vollzug zeigen und gezeigt werden. Der gesamte Bereich der Ethik, des Werts, der Religion und des wahren Lebenssinns ist eine Scheinsphäre faktisch unbestätigbarer und damit sinnloser Behauptungen, zu denen gerade deswegen geschwiegen werden muss, weil sie die eigentlich entscheidenden Ahnungen betreffen.

Mit genau diesen Botschaften wendet sich Wittgenstein im November 1929 auch direkt an die Cambridger Studentenschaft. Auf Einladung der »Häretiker« – wie der Name schon andeutet, neben den Aposteln die zweite elitäre Vereinigung der Universität – hält er in deren »Moral Science Club« einen populärphilosophischen Vortrag zur Ethik. Folgendes hat er jungen Menschen darin zu sagen:

> Es drängte mich, gegen die Grenzen der Sprache anzurennen, und dies ist, glaube ich, der Trieb aller Menschen, die je versucht haben, über Ethik oder Religion zu schreiben oder zu reden. Dieses Anrennen gegen die Wände unseres Käfigs ist völlig und absolut aussichtslos. Soweit die Ethik aus dem Wunsch hervorgeht, etwas über den letzten Sinn des Lebens, das absolut Gute, das absolut Wertvolle zu sagen, kann sie keine Wissenschaft sein. Durch das, was sie sagt, wird unser Wissen in keinem Sinn vermehrt. Doch ist es ein Zeugnis eines Drangs im menschlichen Bewußtsein, das ich für meinen Teil nicht anders als hochachten kann und um keinen Preis lächerlich machen würde …[301]

Die Erfahrungen, die diese Neigung am ehesten anspornen, sind ihm dabei bestens vertraut, die Schätze seines Lebens:

> Dieses Erlebnis will ich beschreiben, um Sie nach Möglichkeit dazu anzuregen, sich das gleiche oder ähnliche Erlebnisse ins Gedächtnis zu rufen, so daß wir eine gemeinsame Grundlage haben für unsere Untersuchung. Am ehesten lässt sich dieses Erlebnis, glaube ich, mit den Worten beschreiben, daß ich, wenn ich es habe, *über die Existenz der Welt* staune. Dann neige ich dazu, Formulierungen der folgenden Art zu verwenden: »Wie sonderbar, daß überhaupt etwas existiert«, oder, »Wie seltsam, daß die Welt existiert«. Hier werde ich gleich anschließend ein weiteres Erlebnis erwähnen, das mir ebenfalls vertraut ist und das womöglich auch manchem von Ihnen bekannt ist. Dies könnte man das Erlebnis der *absoluten* Sicherheit nennen. Damit meine ich den Bewußtseinszustand, in dem man zu sagen neigt: »Ich bin in Sicherheit, nichts kann mir weh tun, egal, was passiert.«[302]

In seinen besten Momenten vermag Wittgenstein diesen Zustand des staunenden Aufgehobenseins im Dasein nicht nur selbst befreiend zu spüren, sondern als Leitgestalt anderen auch denkend zu vermitteln. Wie es an diesem Abend geschehen sein mochte, der eigentlichen Geburtsstunde seiner Tätigkeit als philosophischer Lehrer in Cambridge.

ENDLICHE

MARTIN HEIDEGGER hält am 24. Juli 1929 unter dem Titel »Was ist Metaphysik?« seine Antrittsvorlesung als Nachfolger auf Husserls Lehrstuhl. In ihr bezeichnet er den Menschen als »Platzhalter des Nichts«. Zum Jahreswechsel schreibt er an Elisabeth Blochmann: »Schulzwang u. verkehrte Wissenschaftlichkeit u. all das, was damit zusammengehört, ist von mir abgefallen. Freilich die Verantwortung wächst u. oft fühlt man sich doch sehr einsam mit dem, was ich glaube tun zu müssen.«

Dreieinhalb Jahre später, am 1. Mai 1933, hält Heidegger als frisch ernannter Rektor der Universität Freiburg eine Rede mit dem Titel »Die Selbstbehauptung der deutschen Universität«. Nun Mitglied der NSDAP, beschwört er in einem seine Ernennung begleitenden Zeitungsartikel die deutsche Studentenschaft: »Nicht Lehrsätze und ›Ideen‹ seien die Regel Eures Seins. Der Führer selbst und er allein *ist* die heutige und künftige deutsche Wirklichkeit und ihr Gesetz.«[303]

ERNST CASSIRER wird am 6. Juli 1929 mit großer Mehrheit zum Rektor der Universität Hamburg gewählt. Er hält seine Antrittsrede am 7. November 1929 unter dem Titel »Formen und Formwandlungen des philosophischen Wahrheitsbegriffs«. Der Festakt wird von nationalistischen studentischen Korporationen gestört. Aby Warburg erlebt die Inauguration nicht mehr. Er verstirbt überraschend am 26. Oktober 1929.

Aufgrund des von Hitler erlassenen »Gesetzes zur Wiederherstellung des Berufsbeamtentums« faktisch zur Aufgabe seiner Lehrtätigkeit gezwungen, verlässt Ernst Cassirer gemeinsam mit seiner Frau am 2. Mai 1933 Hamburg in Richtung Schweiz. Das Ehepaar wird nie wieder nach Deutschland zurückkehren. Sein letztes Buch stellt Cassirer im Exil in den USA als Gastprofessor der Universität Yale fertig. Es trägt den Titel: »Der Mythus des Staates«.

WALTER BENJAMIN, von dem finanziell absehbar »grausamen« Ausgang seines Scheidungsprozesses stark mitgenommen, erleidet Mitte Oktober 1929 einen schweren Nervenzusammenbruch. Den Crash des New Yorker Aktienmarktes am 24. Oktober erlebt er an der Seite von Asja. Den Jahreswechsel begeht er allein in einem Hotel in Paris. Er wird nie wieder einen festen Wohnsitz haben. Er wird das »Passagen-Werk« niemals beenden. Er wird Asja Lacis niemals wiedersehen. Er wird niemals wieder Hebräisch-Stunden nehmen. Die kommenden zehn Jahre verbringt er hauptsächlich in Paris. Mit der Machtübernahme Hitlers schränken sich Benjamins Publikationsmöglichkeiten zunehmend ein.

In der Nacht vom 26. auf den 27. September 1940 begeht Walter Benjamin, auf der Flucht vor einer drohenden Deportation durch die Nazis, in einem Hotel des Pyrenäenortes Portbou, nur wenige Hundert Meter von der spanischen Grenze entfernt, mit Morphium Selbstmord. Seine mitgeführte Reisetasche enthält eine Uhr, eine Pfeife, zwei Oberhemden, eine Röntgenaufnahme sowie, wohl, ein handgeschriebenes Manuskript mit dem Titel: »Über den Begriff der Geschichte«.

LUDWIG WITTGENSTEIN verbringt das Weihnachtsfest 1929 – wie die darauffolgenden Jahre bis zum Anschluss Österreichs durch die Nazis auch – im Kreise seiner Geschwister in Wien. Im Januar 1930 nimmt er seine Lehrtätigkeit in Cambridge auf. Kurz vor seiner Abreise in die Ferien wird er dort von einem Mitarbeiter gefragt, unter welchem Titel sein Kurs im Vorlesungsverzeichnis angekündigt werden solle.[304] Wittgenstein denkt lange nach.

Endlich antwortet er: »›Philosophie‹. Was sonst?«

ANMERKUNGEN

1 Die Schilderung der mündlichen Doktorprüfung und ihrer Umstände folgt Monk, R. (1991), S. 255ff.
2 Einen guten Eindruck der Atmosphäre bei den »Aposteln« bietet Hale, K. (1998)
3 McGuinness, B. und v. Wright, H. (Hrsg.) (1980), (im Folgenden: Wittgenstein, Briefwechsel), S. 176
4 zitiert nach Monk, R. (1991), S. 271
5 ibid. S. 272, übersetzt aus dem Englischen von Wolfram Eilenberger
6 Für detailreiche Schilderungen der Disputation sowie ihres Kontextes siehe Kaegi, D. und Rudolph, K. (Hrsg.) (2002)
7 Cassirer, T. (2003), S. 186ff.
8 Friedman, M. (2004)
9 Neske, G. (Hrsg.) (1977), S. 28
10 zitiert nach Safranski, R. (2001), S. 231
11 GS, Bd. IV-1, S. 237
12 GS, Bd. I-1, S. 227
13 Für eine detaillierte Schilderung dieser Lebensphase siehe Eiland, H. und Jennings, W. (2014), S. 314ff.
14 zitiert nach Puttnies, H. und Smith, G. (Hrsg.) (1991), S. 145ff.
15 GS, Bd. II-1, S. 171
16 siehe Lubrich, O. (2016), S. 29
17 vgl. Eiland, H. und Jenkins, M. (2014), S. 102
18 GB, Bd. II, S. 29
19 GS, Bd. I-1, S. 7–122
20 ibid. S. 78
21 ibid. S. 58
22 ibid. S. 65f.
23 GB, Bd. II, S. 51
24 zitiert nach Monk, R. (1991), S. 171
25 Wittgenstein, Briefwechsel, S. 96
26 vgl. Waugh, A. (2010), S. 38ff.
27 8. 7. 1916, WA, Bd. 1, S. 169
28 ibid.
29 2. 8. 1916, ibid. S. 174
30 zitiert nach Ott, H. (1988), S. 107

31 ibid. S. 106 ff.
32 ibid. S. 114
33 Die zentrale Bedeutung dieser Vorlesung für Heideggers Denkweg betont insbesondere Safranski, R. (2001), S. 112 ff. Die hier folgende Darstellung folgt Safranskis Interpretation in wesentlichen Zügen
34 GA, Bd. 56/57, S. 3–117
35 ibid. S. 63 f.
36 ibid. S. 67 f.
37 ibid. S. 220
38 Storck, J. W. (1990), S. 14
39 Cassirer, T. (2003), S. 120 f.
40 ECW, Bd. 7, S. 389
41 vgl. Meyer, T. (2006), S. 81
42 ECW, Bd. 6
43 Für eine Biographie der Familie siehe Bauschinger, S. (2015)
44 Vorbildlich herausgearbeitet wird diese Konstellation in Leo, P. (2013)
45 Cassirer, T. (2003), S. 120
46 Erstmals belegt wird dies in der herausragenden Studie von Schubbach, A. (2016), S. 33 ff.
47 ECW, Bd. 18, S. 36
48 Wittgenstein, Briefwechsel, S. 90
49 Wittgenstein, H. (2015), S. 158
50 Fitzgerald, M. (2000)
51 Descartes, R. (1965), Zweite Meditation, 29
52 WA, Bd. 1, PU, 309 (S. 378)
53 siehe hierfür insbesondere Janik, A. und Toulmin, S. (1984)
54 siehe hierfür Bartley, W. W. (1983), S. 24 f.
55 Die Schilderung des Besuchs folgt Monk, R. (1991), S. 182 ff.
56 vgl. Monk, R. (1991), S. 182
57 Heidegger, G. (2005), S. 98
58 ibid. S. 96 ff.
59 ibid. S. 95
60 ibid. S. 99
61 ibid. S. 101
62 GA, Bd. 56/57, S. 91 f.
63 Heidegger, G. (2005), S. 116
64 ibid. S. 112
65 GB, Bd. II, S. 87 ff.
66 GS, Bd. II-1, S. 140–157

67 GB, Bd. II, S. 108
68 in: Heidegger, GA, Bd. 1
69 GB, Bd. II, S. 127
70 GS, Bd. IV-1, S. 7–65
71 ibid. S. 112f.
72 GS, Bd. IV-1, S. 7
73 ibid. S. 12
74 ibid. S. 13f.
75 ibid. S. 16
76 GS, Bd. II-1, S. 144
77 Scheler, M. in: Witkop, P. (1922), S. 164
78 Cassirer, T. (2003), S. 111
79 Cassirer, E. ›Disposition‹ der ›Philosophie des Symbolischen‹, S. 32, zitiert nach Schubbach, A. (2016), S. 433
80 ECW, Bd. 12, S. 231
81 WWS, S. 175f.
82 ibid, S. 101
83 ECW, Bd. 11
84 ibid. S. 48
85 ibid. S. 49
86 ibid. S. X
87 Manuskript 1919, S. 243, zitiert nach Schubbach, A. (2016), S. 355f.
88 Heidegger, G. (2005), S. 124
89 Biemel, W. und Saner, H. (Hrsg.) (1990), S. 33
90 GA, Bd. 62, S. 348
91 ibid. S. 354
92 ibid. S. 350
93 ibid. S. 358
94 Biemel, W. und Saner W. (Hrsg.) (1990), S. 122
95 Heidegger, G. (Hrsg.) (2005), S. 127
96 zitiert nach Cassirer, T. (2003), S. 138
97 ibid. S. 132
98 ibid. S. 131
99 vgl. Cassirer, T. (2003), S. 126
100 vgl. http://www.warburg-haus.de/kulturwissenschaftliche-bibliothek-warburg/
101 zitiert nach Meyer, T. (2006), S. 102
102 siehe ibid. S. 103
103 WWS, S. 21

104 ibid. S. 24
105 Cassirer, T. (2003), S. 133
106 WWS, S. 38
107 Cassirer, T. (2003), S. 146
108 GB, Bd. II, S. 182
109 ibid. S. 270
110 ibid. S. 274
111 ibid. S. 290
112 ibid. S. 173
113 GS, Bd. I-1, S. 123–201
114 ibid. S. 134
115 ibid. S. 139
116 ibid. S. 154
117 ibid. S. 164f.
118 ibid. S. 185
119 ibid. S. 169f.
120 ibid. S. 188
121 ibid. S. 189
122 Wünsche, K. (1985), S. 202
123 ibid.
124 ibid. S. 140
125 Brief an Engelmann, 2. 1. 1921, in Somavilla, I. (2006), S. 32
126 Russell, B. (2017/orig. 1927)
127 Wittgenstein, Briefwechsel, S. 123
128 Wünsche, K. (1985), S. 180f.
129 Wittgenstein, Briefwechsel, S. 109 und 115
130 ibid. S. 126
131 ibid.
132 zitiert nach Wünsche, K. (1985), S. 195
133 Wright, G. v. (1975), S. 69
134 Wittgenstein, Briefwechsel, S. 129
135 ibid. S. 139f.
136 ibid. S. 142
137 vgl. hierfür SuZ, § 11, S. 50f.
138 Warburg, A. M. (1995), S. 55
139 Zum Kontext und Verlauf der Begegnung vgl. Bredekamp, H. und Wedepohl, C. (2015). Der vorliegende Textteil orientiert sich hieran
140 siehe hierzu Cassirer, T. (2003), S. 150
141 Marazia, C. und Stimilli, D. (Hrsg.) (2007), S. 112

142 ibid.
143 vgl. Safranski, R. (2001), S. 156ff.
144 Eine Vorversion dieses Kapitels wurde veröffentlicht in: Philosophie Magazin, 5/17
145 Arendt, H. und Heidegger, M. (1998), S. 14
146 ibid. S. 11
147 Für eine detaillierte Schilderung des Liebesverhältnisses zwischen Arendt und Heidegger siehe Grunenberg, A. (2016)
148 Arendt, H. und Heidegger, M. (1998), S. 31
149 Näheres zu den philosophischen Liebesbegriffen von Heidegger und Arendt in der herausragenden Studie von Tömmel, T. N., »Wille und Passion« (2013)
150 Safranski, R. (2001), S. 163
151 GB, Bd. II, S. 351
152 ibid. S. 370
153 ibid. S. 406
154 ibid. S. 445
155 vgl. GS, Bd. IV-1, S. 308
156 GB, Bd. II, S. 448
157 Lacis, A. (1976), S. 46
158 GB, Bd. II, S. 466ff.
159 ibid. S. 486
160 GS, Bd. IV-1, S. 307–316
161 siehe hierzu auch die gedankenreiche Studie von Mittelmeier, M. (2013)
162 GS, Bd. IV-1, S. 309
163 ibid. S. 310
164 So urteilt auch Mittelmeier, M. (2013), S. 44f.
165 vgl. hierzu und im Folgenden: Mittelmeier, M. (2013), S. 52ff.
166 Später, J. (2016), S. 177
167 vgl. Mittelmeier, M. (2013), S. 52
168 Die sich hartnäckig haltende Einschätzung, antisemitische Vorurteile hätten dabei im Falle Schultz eine Rolle gepielt, wird von Jäger, L. (2017) ab S. 151 faktenreich und enorm überzeugend widerlegt
169 zitiert nach Jäger, L. (2017), S. 153
170 GB, Bd. III, S. 14
171 GS, Bd. II-1, S. 140–157
172 GS, Bd. I-1, S. 217
173 GS, Bd. II-1, S. 142
174 GS, Bd. I-1, S. 226

175 vgl. hierzu Heidegger, M., »Der Ursprung des Kunstwerks«, in: GA, Bd. 5, S. 1–74
176 GS, Bd. I-1, S. 217
177 siehe als einflussreiches Beispiel hierfür: Habermas, J. (1991)
178 GS, Bd. I-1, S. 406f.
179 GS, Bd. II-1, S. 155
180 vgl. Benjamin, W., »Die Aufgabe des Übersetzers«, in: GS, Bd. IV-1, S. 9–21
181 GS, Bd. I-1, S. 403
182 GB, Bd. III, S. 73
183 nach Mittelmeier, M. (2013), S. 36f.
184 GS, Bd. I-1, S. 350
185 GB, Bd. III, S. 102
186 Heidegger, G. (Hrsg.) (2005), S. 140
187 SuZ, § 4, S. 12
188 vgl. WA, Bd. 1, Tractatus, 6.4312
189 SuZ, § 15, S. 66f.
190 ibid. S. 68f.
191 ibid. S. 69
192 Biemel, W. und Saner, H. (Hrsg.) (2003), Brief vom 26. 12. 26, S. 71
193 SuZ, § 40, S. 187f.
194 ibid. S. 189
195 Biemel, W. und Saner, H. (Hrsg.) (1990), S. 47
196 SuZ, § 50, S. 250
197 Biemel W. und Saner H. (Hrsg.) (1990), S. 54
198 Heidegger, G. (Hrsg.) (2005), S. 147
199 Kipphoff, P.: (1995), http://www.zeit.de/1995/17/Das_Labor_des_Seelenarchivars
200 ECW, Bd. 14
201 Das Renaissance-Verständnis Cassirers wird beispielhaft herausgearbeitet in Schwemmer, O. (1997), S. 221–242
202 ECW, Bd. 14, S. 3
203 Ich übernehme diesen Begriff von Michael Hampe (im Gespräch mitgeteilt)
204 ECW, Bd. 14, S. 131f.
205 Koder, R. und Wittgenstein, L. (2000), S. 12
206 WA, Bd. 1, PU, S. 237
207 ibid. S. 237f.

208 ibid. S. 239
209 ibid. S. 243
210 siehe hierzu insbesondere Wünsche, K. (1985), S. 92 ff.
211 ibid. S. 106
212 ibid. S. 100 f.
213 Die Schilderung folgt hier Wünsche, K. (1995), S. 272 ff.
214 Wittgenstein, Briefwechsel, S. 113
215 zitiert nach Sarnitz, A. (2011), S. 57
216 Wittgenstein, H. (2015), S. 163
217 siehe Monk, R. (1991), S. 162
218 siehe Janik, A. und Toulmin, S. (1984), S. 248
219 zitiert nach Sigmund, K. (2015), S. 121
220 aus: Schilpp, P. (1963), S. 25 ff., übersetzt aus dem Englischen von Wolfram Eilenberger
221 GA, Bd. III, S. 68
222 GB, Bd. III, S. 188 f.
223 GS, Bd. IV-1, S. 83–148
224 ibid. S. 85
225 GB, Bd. III, S. 158 (aus einem Brief an Scholem vom 29. 5. 1926)
226 ibid. S. 158 f.
227 ibid. S. 195
228 veröffentlicht als »Moskauer Tagebuch« in: GS, Bd. VI, S. 292–409
229 GB, Bd. III, S. 221 f.
230 GS, Bd. VI, S. 312
231 ibid. S. 306
232 ibid. S. 317
233 ibid. S. 318
234 ibid. S. 359
235 siehe Blom, P. (2014), S. 94
236 zitiert nach GB, Bd. III, S. 305. Die gesamte Schilderung des Abends aus Sicht Scholems in: Scholem, G. (1975), S. 172–175
237 GB, Bd. III, S. 346
238 ECW, Bd. 13, S. 1
239 Cassirer, T. (2003), S. 163 ff.
240 zitiert nach Blumenberg, H. (1979), S. 73
241 siehe Gumbrecht, H. U. (2001), S. 187
242 Cassirer, T. (2003), S. 165
243 vgl. Meyer, T. (2006), S. 109

244 ibid.
245 Bauschinger, S. (2015), S. 159
246 ibid. S. 111
247 ECW, Bd. 17, S. 291
248 ibid. S. 295f.
249 ibid. S. 302
250 ibid. S. 307f.
251 siehe Meyer, T. (2006), S. 152
252 Cassirer, T. (2003), S. 181
253 Heidegger, G. (Hrsg.) (2005), S. 148f.
254 ibid. S. 153
255 GA, Bd. 26, S. 185
256 Storck, J. W. (Hrsg.) (1990), S. 25
257 Heidegger, G. (Hrsg.) (2005), S. 157
258 Storck, J. W. (Hrsg.) (1990), S. 25f.
259 Heidegger, G. (Hrsg.) (2005), S. 160f.
260 ibid. S. 161f.
261 zitiert nach Friedman, M. (2004), S. 22
262 Heidegger, G. (Hrsg.) (2005), S. 161
263 Sorck, J. W. (1990), S. 30
264 Cassirer, T. (2003), S. 188
265 zitiert nach Krois, J. M. (2002), in: Kaegi, D. und Rudolph, E. (Hrsg.) (2002), S. 239
266 ibid. S. 244
267 ibid. S. 239
268 Cassirer, T. (2003), S. 188
269 zitiert nach Kaegi, D. und Rudolph, E. (Hrsg.) (2002), S. V
270 Sämtliche Zitate sind dem in Heidegger, GA, Bd. 3, (S. 274–296) abgedruckten Protokoll der Disputation entnommen
271 Heidegger, G. (Hrsg.) (2005), S. 162
272 Storck, J. W. (1990), S. 30
273 zitiert nach Krois, J. M. (2002), in: Kaegi, D. und Rudolph, E. (Hrsg.) (2002), S. 234
274 in: GA, Bd. 3
275 GB, Bd. III, S. 449
276 ibid. S. 378
277 GS, Bd. II-1, S. 310–324
278 ibid. S. 295–310
279 ibid. S. 298

280 ibid. S. 307 und 300
281 ibid. S. 312 und 319f.
282 GS, Bd. V-1, S. 45
283 GB, Bd. III, S. 403f.
284 Lacis, A. (1976), S. 62
285 GB, Bd. III, S. 417
286 Kessler, H. (1961), S. 462
287 ibid. S. 376f.
288 vgl. Blom, P. (2014), S. 286f.
289 Lacis, A. (1976), S. 59
290 GB, Bd. III, S. 463
291 ibid. S. 483
292 zitiert nach Monk, R. (1991), S. 275
293 ibid.
294 WA, Bd. 3, S. 18
295 ibid. S. 44f.
296 zitiert nach Monk, R. (1991), S. 261
297 WA, Bd. 1, PU 109, S. 299
298 siehe ibid. § 127
299 ibid. 43, S. 262
300 ibid. Vorwort, S. 231f.
301 Wittgenstein, L. (1989), S. 18f.
302 ibid. S. 14f.
303 GA, Bd. 16, S. 184
304 zitiert nach Monk, R. (1991), S. 289

PERSONENREGISTER

WERKREGISTER

Walter Benjamin

Walter Benjamin, Gesammelte Schriften (=GS), 7 Bände, hrsg. von Rolf Tiedemann und Hermann Schweppenhäuser, Suhrkamp, Frankfurt a. M., 1974–1989.

GS Bd. I-1 / Der Begriff der Kunstkritik in der deutschen Romantik / Goethes Wahlverwandtschaften / Ursprung des deutschen Trauerspiels, Suhrkamp, Frankfurt a. M.

GS Bd. I-2 / u.a. Über den Begriff der Geschichte, Suhrkamp, Frankfurt a. M.

GS Bd. II-1 / Frühe Arbeiten zur Bildungs- und Kulturkritik / Metaphysisch-geschichtsphilosophische Studien / Literarische und ästhetische Essays, Suhrkamp, Frankfurt a. M.

GS Bd. II-2 / Literarische und ästhetische Essays (Fortsetzung) / Ästhetische Fragmente / Vorträge und Reden / Enzyklopädieartikel / Kulturpolitische Artikel und Aufsätze, Suhrkamp, Frankfurt a. M.

GS Bd. III / Kritiken und Rezensionen, Suhrkamp, Frankfurt a. M.

GS Bd. IV-1 / Charles Baudelaire, Tableaux parisiens / Übertragungen aus anderen Teilen der »Fleurs du mal« / Einbahnstraße / Deutsche Menschen / Berliner Kindheit um Neunzehnhundert / Denkbilder / Satiren, Polemiken, Glossen / Berichte, Suhrkamp, Frankfurt a. M.

GS Bd. V / Das Passagen-Werk, Suhrkamp, Frankfurt a. M.

Walter Benjamin, Gesammelte Briefe (=GB):

Bd. II (1919–1924), hrsg. von Christoph Gödde und Henri Lonitz, Suhrkamp, Frankfurt a. M., 1996.

Bd. III, (1925–1930), hrsg. von Christoph Gödde und Henri Lonitz, Suhrkamp, Frankfurt a. M., 1997.

Ernst Cassirer

Ernst Cassirer, Gesammelte Werke (=ECW), Hamburger Ausgabe, hrsg. von Birgit Recki, Meiner, Hamburg 1998–2009.

ECW 6 / Substanzbegriff und Funktionsbegriff. Text und Anmerkungen bearbeitet von Reinold Schmücker, Hamburg 2000.

ECW 7 / Freiheit und Form. Text und Anmerkungen bearbeitet von Reinold Schmücker, Hamburg 2001.

ECW 10 / Zur Einsteinschen Relativitätstheorie. Erkenntnistheoretische Betrachtungen. Text und Anmerkungen bearbeitet von Reinold Schmücker, Hamburg 2001.

ECW 11 / Philosophie der symbolischen Formen. Erster Teil. Die Sprache. Text und Anmerkungen bearbeitet von Claus Rosenkranz, Hamburg 2001.

ECW 12 / Philosophie der symbolischen Formen. Zweiter Teil. Das mythische Denken. Text und Anmerkungen bearbeitet von Claus Rosenkranz, Hamburg 2002.

ECW 13 / Philosophie der symbolischen Formen. Dritter Teil. Phänomenologie der Erkenntnis. Text und Anmerkungen bearbeitet von Julia Clemens, Hamburg 2002.

ECW 14 / Individuum und Kosmos in der Philosophie der Renaissance. Die platonische Renaissance in England und die Schule von Cambridge. Text und Anmerkungen bearbeitet von Friederike Plaga und Claus Rosenkranz, Hamburg 2002.

ECW 16 / Aufsätze und kleine Schriften 1922–1926. Text und Anmerkungen bearbeitet von Julia Clemens, Hamburg 2003.

ECW 17 / Aufsätze und kleine Schriften 1927–1931. Text und Anmerkungen bearbeitet von Tobias Berben, Hamburg 2004.

ECW 18 / Aufsätze und kleine Schriften 1932–1935. Text und Anmerkungen bearbeitet von Ralf Becker, Hamburg 2004.

ECW 23 / An Essay on Man. An Introduction to a Philosophy of Human Culture. Text und Anmerkungen bearbeitet von Maureen Lukay. Hamburg 2006.

WWS / Wesen und Wirkung des Symbolbegriffs, Darmstadt, 1956.

Ernst Cassirer, Texte aus dem Nachlass:

Disposition 1917 / Philosophie des Symbolischen (allg. Disposition) von 1917 Ernst Cassirers Papers, GEN MSS 98, Box 24, Folder 440 und 441.
Blatt 1 – 241 / Material und Vorarbeiten zur »Philosophie des Symbolischen« Ernst Cassirer Papers, GEN MSS 98.
Manuskript 1919 / Manuskript ohne Titel von 1919.
Ernst Cassirers Papers, GEN MSS, Box 25, Folder 476 bis 480.

Martin Heidegger

Gesamtausgabe, Ausgabe letzter Hand, 102 Bände, Vittorio Klostermann, Frankfurt a. M.

GA 1 / Frühe Schriften (1912–1916).
GA 2 / Sein und Zeit (1927), zuerst erschienen als Sonderdruck aus »Jahrbuch für Philosophie und phänomenologische Forschung«, Bd. VIII, hrsg. von Edmund Husserl, hier zitiert nach: Sein und Zeit, 17. Auflage, Max Niemeyer Verlag, Tübingen, 1993.
GA 3 / Kant und das Problem der Metaphysik (1929), enthält u.a. auch »Davoser Disputation zwischen Ernst Cassirer und Martin Heidegger« (S. 274–296), hier zitiert nach: Kant und das Problem der Metaphysik, Klostermann Rote Reihe, Frankfurt a. M., 2010.
GA 19 / Platon, Sophistes, (WS 1924/1925).
GA 20 / Prolegomena zur Geschichte des Zeitbegriffs (SS 1925).
SuZ / Sein und Zeit, Max Niemeyer Verlag, Tübingen, 1993.
GA 26 / Metaphysische Anfangsgründe der Logik im Ausgang von Leibniz (SS 1928).
GA 29/30 / Die Grundbegriffe der Metapyhsik: Welt – Endlichkeit – Einsamkeit (WS 1929/1930).
GA 56/57 / Zur Bestimmung der Philosophie; 1. Die Idee der Philosophie und das Weltanschauungsproblem (Kriegsnotsemester 1919); 2. Phänomenologie und tranzendentale Wertphilosophie (SS 1919); 3. Anhang: Über das Wesen der Universität und das akademische Studium.
GA 62 / Phänomenologische Interpretationen ausgewählter Abhandlungen des Aristoteles zur Ontologie und Logik (SS 1922); Anhang:

Phänomenologische Interpretationen zu Aristoteles (Anzeige der hermeneutischen Situation).

GA 94 / Überlegungen II-VI (Schwarze Hefte 1931–1938).

Ludwig Wittgenstein

Ludwig Wittgenstein, Werkausgabe (=WA), Suhrkamp, Frankfurt a. M.

WA Bd. 1 / Tractatus logico-philosophicus; Tagebücher 1914–1916; Philosophische Untersuchungen (=PU), Suhrkamp, Frankfurt a. M., 1984.

WA Bd. 2 / Philosophische Bemerkungen, aus dem Nachlass hrsg. von Rush Rhees, Frankfurt a. M., 1984.

WA Bd. 3 / Wittgenstein und der Wiener Kreis, Gespräche aufgezeichnet von Friedrich Waismann, Suhrkamp, Frankfurt a. M., 1984.

WA Bd. 4 / Philosophische Grammatik, Suhrkamp, Frankfurt a. M., 1984.

WA Bd. 5 / Das Blaue Buch, Eine philosophische Betrachtung (Das Braune Buch), Suhrkamp, Frankfurt a. M., 1984.

Wittgenstein, Ludwig, Vortrag über die Ethik und andere kleine Schriften, hrsg. von Joachim Schulte, Frankfurt a. M., 1989.

Wittgenstein, Ludwig, Wörterbuch für Volkschulen, öbv, Wien, 1977.

AUSWAHLBIBLIOGRAPHIE

Adorno, T. W. (1990), Über Walter Benjamin – Aufsätze, Artikel, Briefe, Frankfurt a. M.

Adorno, T. W. (1924), Die Transzendenz des Dinglichen und Noematischen in Husserls Phänomenologie: Thema der Doktorarbeit, Frankfurt a. M.

Adorno, T. W. und Kracauer, S. (2008), Briefwechsel 1923–1966, Frankfurt a. M.

Apel, K.-O. (1973), Transformationen der Philosophie, Bd. I und II, Frankfurt a. M.

Arendt, H. (1971), Benjamin – Brecht – Zwei Essays, München.

Arendt, H. und Jaspers, K. (1985), Briefwechsel 1926–1969, hrsg. von Lotte Köhler / Hans Sauer, München.

Arendt, H. (1996), Ich will verstehen – Selbstauskünfte zu Leben und Werk, hrsg. von Ursula Ludz, München.

Arendt, H. und Heidegger, M. (1998), Briefe 1925–1975, hrsg. von Ursula Ludz, Frankfurt a. M.

Arendt, H. (2003), Der Liebesbegriff bei Augustinus, Berlin/Wien.

Bartley, W. W. (1983), Wittgenstein – ein Leben, München.

Baudelaire, Ch. (1966), Die Blumen des Bösen, Frankfurt a. M.

Bauschinger, S. (2015), Die Cassirers – Unternehmer, Kunsthändler, Philosophen – Biographie einer Familie, München.

Biemel, W. (1973), Martin Heidegger in Selbstzeugnissen und Bilddokumenten, Reinbek.

Biemel, W. und Saner, H., (Hrsg.) (1990), Martin Heidegger / Karl Jaspers – Briefwechsel 1920–1963, Frankfurt a. M.

Bloch, E. (1969), Geist der Utopie, Frankfurt a. M.

Blom, P. (2014), Die zerrissenen Jahre, 1918–1928, Stuttgart.

Blumenberg, H. (1979), Schiffbruch mit Zuschauer, Frankfurt a. M.

Blumenberg, H. (2006), Beschreibung des Menschen, Frankfurt a. M.

Bredekamp, H. und Wedepohl C. (2015), Warburg, Cassirer und Einstein im Gespräch, Berlin.

Breithaupt, F. (2008), Der Ich-Effekt des Geldes – Zur Geschichte einer Legitimationsfigur, Frankfurt a. M.

Brenner, H. (Hrsg.) (1971), Asja Lacis: Revolutionär im Beruf – Berichte über proletarisches Theater, über Meyerhold, Brecht, Benjamin und Piscator, München.

Carnap, R. (1928), Scheinprobleme in der Philosophie, Berlin.

Carnap, R. (1934), Logische Syntax der Sprache, Wien.
Carnap, R. (1961), Der logische Aufbau der Welt, Hamburg.
Carnap, R. (1993), Mein Weg in die Philosophie, Stuttgart.
Cassirer, T. (2003), Mein Leben mit Ernst Cassirer, Hamburg.
Cavell, S. (2002a), Die Unheimlichkeit des Gewöhnlichen und andere philosophische Essays, Frankfurt a. M.
Cavell, S. (2002b), Die andere Stimme – Philosophie und Autobiographie, Berlin.
Cavell, S. (2006), Der Anspruch der Vernunft, Frankfurt a. M.
Clark, C. (2013), Die Schlafwandler – Wie Europa in den Ersten Weltkrieg zog, München.
Cohen, H. (1871), Kants Theorie der Erfahrung, Berlin.
Cohen, H. (1902), Logik der reinen Erkenntnis, Berlin.
Descartes, R. (1965), Meditationen – Mit sämtlichen Einwänden und Erwiderungen, Hamburg.
Dilthey, W. (1992), Der Aufbau der geschichtlichen Welt in den Geisteswissenschaften, in: Gesammelte Schriften, Bd. 7, Stuttgart und Göttingen.
Eiland, H. und Jennings, W. (2014), Walter Benjamin – A critical life, Cambridge (MA).
Eilenberger, W. (2006), Die Befreiung des Alltäglichen: Gemeinsame Motive in den Sprachphilosophien von Stanley Cavell und Michail Bachtin, in: Nach Feierabend, Züricher Jahrbuch für Wissenschaftsgeschichte 2, Zürich/Berlin.
Eilenberger, W. (2009), Das Werden des Menschen im Wort – Eine Studie zur Kulturphilosophie M. M. Bachtins, Zürich.
Eilenberger, W. (2017), Das Dämonische hat mich getroffen, in: Philosophie Magazin, 5/17, S. 48–51, Berlin.
Farias, V. (1989), Heidegger und der Nationalsozialismus, Frankfurt a. M.
Felsch, P. (2015), Der lange Sommer der Theorie – Geschichte einer Revolte (1960–1990), München.
Ferrari, M. (2003), Ernst Cassirer: Stationen einer philosophischen Biographie – Von der Marburger Schule zur Kulturphilosophie, Hamburg.
Figal, G. (2016), Heidegger zur Einführung, Hamburg.
Fitzgerald, M. (2000), Did Ludwig Wittgenstein have Asperger's Syndrome?, in: European Child and Adolescent Psychiatry, Mar; 9(1): 61–65.
Förster, E. (2012), Die 25 Jahre der Philosophie – Eine systematische Rekonstruktion, Frankfurt a. M.
Frede, D. (2002), Die Einheit des Seins – Heidegger in Davos – Kritische

Überlegungen, in: Kaegi, D. und Rudolph, E. (Hrsg.), Cassirer – Heidegger – 70 Jahre Davoser Disputation, Hamburg.
Frege, G. (1962), Funktion, Begriff, Bedeutung, Göttingen.
Frege, G. (1966), Logische Untersuchungen, Göttingen.
Frege, G. (1989), Briefe an Ludwig Wittgenstein aus den Jahren 1914–1920, hrsg. von Janik, A., in: Grazer Philosophische Studien, 33/34, S. 5–33.
Friedlander, E. (1995), Walter Benjamin – Ein philosophisches Porträt, München.
Friedman, M. (2004), Carnap, Heidegger, Cassirer – Geteilte Wege, Frankfurt a. M.
Fuld, W. (1981), Walter Benjamin zwischen den Stühlen, Frankfurt a. M.
Gabriel, M. (2015), Warum es die Welt nicht gibt, Berlin.
Gadamer, H.-G., Philosophische Lehrjahre – Eine Rückschau, Frankfurt a. M.
Gebauer, G., Goppelsröder, F. und Volbers, J. (Hrsg.) (2009), Wittgenstein – Philosophie als »Arbeit an Einem selbst«, München.
Geier, M. (1999), Der Wiener Kreis, Reinbek.
Geier, M. (2006), Martin Heidegger, Reinbek.
Glock, H.-J. (2000), Wittgenstein-Lexikon, Darmstadt.
Gombrich, E. H. (1970), Aby Warburg – An Intellectual Biography, London.
Gordon, P. E. (2010), Continental Divide – Heidegger, Cassirer, Davos; Cambridge M. A.
Grunenberg, A. (2016), Hannah Arendt und Martin Heidegger – Geschichte einer Liebe, München.
Gumbrecht, H. U. (1993), Every day world and life world, New Literary History, 1993/4, S. 745–761.
Gumbrecht, H. U. (2001), 1926 – Ein Jahr am Rand der Zeit, Frankfurt a. M.
Habermas, J. (1987), Philosophisch-politische Profile, Frankfurt a. M.
Habermas, J. (1991), Erläuterungen zur Diskursethik, Frankfurt a. M.
Habermas, J. (1997), Die befreiende Kraft der symbolischen Formgebung – Ernst Cassirers humanistisches Erbe und die Bibliothek Warburg, in: Frede, D. und Schmücker, R., Ernst Cassirers Werk und Wirkung – Kultur und Philosophie, Darmstadt.
Habermas, J. (2012), Nachmetaphysisches Denken II – Aufsätze und Repliken, Frankfurt a. M.
Hale, K. (1998), Friends & Apostles – The Correspondence of Rupert Brooke and James Strachey – 1905–1914, New Haven and London.
Hampe, M. (1996), Gesetz und Distanz: Studien über die Prinzipien der Gesetzmäßigkeiten in der theoretischen und praktischen Philosophie, Heidelberg.

Hampe, M. (2006), Erkenntnis und Praxis: Zur Philosophie des Pragmatismus, Frankfurt a. M.

Hampe, M. (2015), Die Lehren der Philosophie, Frankfurt a. M.

Haverkampf, H.-E. (2016), Benjamin in Frankfurt – Die zentralen Jahre 1922–1932, Frankfurt a. M.

Heidegger, G. (Hrsg.) (2005), Mein liebes Seelchen – Briefe Martin Heideggers an seine Frau Elfride 1915–1970, München.

Henrich, D. (2011), Werke im Werden – Über die Genesis philosophischer Einsichten, München.

Hertzberg, L. (1994), The Limits of Experience, Helsinki.

Hitler, A. (2016), Mein Kampf – Eine kritische Edition, München/Berlin.

Hobsbawm, E. (1995), The Age of Extremes – 1914–1991, London.

Horkheimer, M. und Adorno, T. W. (1991), Dialektik der Aufklärung, Frankfurt a. M.

Humboldt, W. v. (1995), Schriften zur Sprache, Stuttgart.

Husserl, E. (1966), Zur Phänomenologie des inneren Zeitbewußtseins (1893–1917), in: Boehm, R., Husserliana X, Den Haag.

Husserl, E. (1990), Die phänomenologische Methode – Ausgewählte Texte I, Stuttgart.

Husserl, E. (1992), Phänomenologie der Lebenswelt – Ausgewählte Texte II, Stuttgart.

Illies, F. (2012), 1913 – Der Sommer das Jahrhunderts, Frankfurt a. M.

Janik, A. und Toulmin, S. (1984), Wittgensteins Wien, München/Wien.

Jäger, L. (2017), Walter Benjamin – Das Leben eines Unvollendeten, Frankfurt a. M.

Jaspers, K. (1960), Psychologie der Weltanschauungen, Berlin/Göttingen/Heidelberg.

Jaspers, K. (1978), Philosophische Autobiographie, München.

Jaspers, K. (1989), Notizen zu Martin Heidegger, hrsg. von Hans Saner, München.

Jecht, D. (2003), Die Aporie Wilhelm von Humboldts – Sein Studien- und Sprachprojekt zwischen Empirie und Reflexion, Hildesheim.

Jonas, H. (1984), Das Prinzip Verantwortung, Frankfurt a. M.

Kaegi, D. (1995), Jenseits der symbolischen Formen: Zum Verhältnis von Anschauung und künstlicher Symbolik bei Ernst Cassirer, in: Dialektik, 1995, I, S. 73–84.

Kaegi, D. und Rudolph, E. (Hrsg.) (2002), Cassirer – Heidegger – 70 Jahre Davoser Disputation, Hamburg.

Kershaw, I. (2015), Höllensturz – Europa 1914 bis 1949, München.

Kessler, H. (1961), Tagebücher 1918–1937, Frankfurt.

Kipphoff, P. (1995), Das Labor des Seelenarchivars, in: Die Zeit, 17/1995, Hamburg.

Klages, L. (1972), Der Geist als Widersacher der Seele, Bonn.

Klagge, J. (2001), Wittgenstein: Biography and Philosophy, Cambridge.

Koder, R. und Wittgenstein, L. (2000), Wittgenstein und die Musik, Innsbruck.

Kreis, G. (2010), Cassirer und die Formen des Geistes, Frankfurt a. M.

Krois, J. M. (1987), Cassirer: Symbolic Forms and History, New Haven.

Krois, J. M. (1995), Semiotische Transformation der Philosophie: Verkörperung und Pluralismus bei Cassirer und Peirce, Dialektik, 1995/1, Hamburg, S. 61–71.

Krois, J. M. (2002), Warum fand keine Davoser Disputation statt?, in: Kaegi, D. und Rudolph, E. (Hrsg.), Cassirer – Heidegger – 70 Jahre Davoser Disputation, Hamburg.

Lacis, A. (1976), Revolutionär im Beruf, München.

Langer, S. K. (1984), Philosophie auf neuem Wege, Frankfurt a. M.

Leitner, B. (1995), Die Architektur Ludwig Wittgensteins – Eine Dokumentation, Wien.

Lenin, W. I., (1967), Materialismus und Empiriokritizismus, Berlin.

Leo, P. (2013), Der Wille zum Wesen – Weltanschauungskultur, charakterologisches Denken und Judenfeindschaft in Deutschland – 1890–1940, Berlin.

Lewin, K. (1981), Der Übergang von der aristotelischen zur galileischen Denkweise in Biologie und Psychologie, in: Ders., Kurt-Lewin-Werkausgabe, Bd. 1, Wissenschaftstheorie, hrsg. von A. Métraux, Bern/Stuttgart, S. 233–271.

Lotter, M. S. (1996), Die metaphysische Kritik des Subjekts – Eine Untersuchung von Whiteheads universalisierter Sozialontologie, Hildesheim et al.

Löwith, K. (1960), Heidegger – Denker in dürftiger Zeit, Göttingen.

Löwith, K. (1986), Mein Leben in Deutschland vor und nach 1933, Stuttgart.

Lubrich, O. (2016), Benjamin in Bern, in: UniPress der Universität Bern, 167.

Lukács, G. (1970), Geschichte und Klassenbewußtsein – Studien über marxistische Dialektik, Neuwied/Berlin.

Lukács, G. (1994), Die Theorie des Romans – Ein geschichtsphilosophischer Versuch über die großen Formen der Epik, Nördlingen.

Lyotard, J.-F., (1986), Das postmoderne Wissen – Ein Bericht, Graz/Wien.

Malcolm, N. (1987), Erinnerungen an Wittgenstein, Frankfurt a. M.

Marazia, C. und Stimilli, D. (Hrsg.) (2007), Ludwig Binswanger, Aby Warburg – Unendliche Heilung – Aby Warburgs Krankengeschichte, Zürich.

Mayer, H. (1992), Der Zeitgenosse Walter Benjamin, Frankfurt a. M.

McGuinness, B. F. und von Wright, H. (Hrsg.) (1980), Luwdig Wittgenstein – Briefwechsel mit B. Russell, G. E. Moore, J. M. Keynes, F. P. Ramsey, W. Eccles, P. Engelmann und L. von Ficker, Frankfurt a. M.

McGuinness, B. F. (1988), Wittgensteins frühe Jahre, Frankfurt a. M.

Meyer, T. (2006), Ernst Cassirer, Hamburg.

Mittelmeier, M. (2013), Adorno in Neapel – Wie sich eine Sehnsuchtslandschaft in Philosophie verwandelt, München.

Monk, R. (1991), Ludwig Wittgenstein – The Duty of Genius, Vintage.

Monk, R. (1994), Wittgenstein – Das Handwerk des Genies, Stuttgart.

Moore, G. E. (1959), Philosophical Papers, London.

Müller-Dohm, S. (2003), Adorno, Frankfurt a. M.

Nedo, M. und Ranchetti M. (1983), Ludwig Wittgenstein – Sein Leben in Texten und Bildern, Frankfurt a. M.

Neiman, S. (1994), The Unity of Reason, New York.

Neske, G. (1977), Erinnerungen an Heidegger, Tübingen.

Neurath, O. (1981), Gesammelte philosophische und methodologische Schriften, Wien.

Tömmel, T. N. (2013), Wille und Passion – Der Liebesbegriff bei Heidegger und Arendt, Frankfurt a. M.

Ott, H. (1988), Martin Heidegger – Unterwegs zu seiner Biographie, Frankfurt a. M.

Paetzold, H. (1993), Ernst Cassirer, Hamburg.

Palmier, J.-M. (2009), Walter Benjamin – Lumpensammler, Engel und bucklicht Männlein – Ästhetik und Politik bei Walter Benjamin, Frankfurt a. M.

Peirce, C. S. (1983), Phänomen und Logik der Zeichen, Frankfurt a. M.

Peirce, C. S. (1991), Schriften zum Pragmatismus und Pragmatizismus, Frankfurt a. M.

Peukert, D. J. K. (2014), Die Weimarer Republik – Krisenjahre der klassischen Moderne, Frankfurt a. M.

Pinsent, D. (1994), Reise mit Wittgenstein in den Norden – Tagebuchauszüge, Briefe, Wien/Bozen.

Platon (1991), Der Staat, München.

Pöggeler, O. (1983), Der Denkweg des Martin Heidegger, Pfullingen.

Poole, B. (1998), Bakhtin and Cassirer – The Philosophical Origins of Bakhtin's Carnival Messianism, in: The South Atlantic Quarterly, 97: 3/4, S. 537–578.

Puttnies, H. und Smith, G. (Hrsg.) (1991), Benjaminiana, Gießen.

Quine, W. v. O. (1980), Wort und Gegenstand, Stuttgart.

Rang, F. C. (2013), Deutsche Bauhütte – Ein Wort an uns Deutsche über mögliche Gerechtigkeit gegen Belgien und Frankreich und zur Phhilosophie der Politik, Leipzig 1924, Reprint, Göttingen.

Recki, B. (Hrsg.) (2012), Philosophie der Kultur – Kultur des Philosophierens – Ernst Cassirer im 20. und 21. Jahrhundert, Hamburg.

Rhees, R. (Hrsg.) (1987), Ludwig Wittgenstein – Porträts und Gespräche, Frankfurt a. M.

Rickert, H. (1922), Die Philosophie des Lebens – Darstellung und Kritik der philosophischen Moderströmungen unserer Zeit, Tübingen.

Rorty, R. (1989), Kontingenz, Ironie und Solidarität, Frankfurt a. M.

Rorty, R. (1992), Der Spiegel der Natur: Eine Kritik der Philosophie, Frankfurt a. M.

Rorty, R. (1993), Eine Kultur ohne Zentrum, Stuttgart.

Russell, B. (1903), The Principles of Mathematics, London.

Russell, B. (1973), Autobiographie II – 1914–1944, Frankfurt a. M., 1973.

Russell, B. (2017/orig. 1927), Warum ich kein Christ bin, Berlin.

Safranski, R. (2001), Ein Meister aus Deutschland – Heidegger und seine Zeit, Frankfurt a. M.

Sarnitz, A. (2011), Die Architektur Ludwig Wittgensteins – Rekonstruktion einer Idee, Wien.

Saussure de, F. (2001), Grundfragen der allgemeinen Sprachwissenschaft, Berlin et al.

Scheler, M. (1926), Wesen und Wirkung der Sympathie, Bonn.

Scheler, M. (1986), Ordo Amoris, in: Ders., Schriften aus dem Nachlass I, Zur Ethik und Erkenntnislehre, hrsg. von Maria Scheler, Gesammelte Werke X, Bonn.

Schilpp, P. (Hrsg.) (1949), The Philosophy of Ernst Cassirer, La Salle.

Schilpp, P. (Hrsg.) (1963), The Philosophy of Rudolf Carnap, La Salle.

Scholem, G. (1975), Walter Benjamin – die Geschichte einer Freundschaft, Frankfurt a. M.

Scholem, G. (1994–1999), Briefe – 3 Bände, hrsg. von Schedletzky, I. und Sparr, T., München.

Schubbach, A. (2016), Die Genese des Symbolischen – Zu den Anfängen von Ernst Cassirers Kulturphilosophie, Hamburg.

Schulte, M. (Hrsg.) (1989), Paris war unsere Geliebte, München.

Schwemmer, O. (1997a), Ernst Cassirer – Ein Philosoph der europäischen Moderne, Berlin.

Schwemmer, O. (1997b), Die kulturelle Existenz des Menschen, Berlin.

Schwemmer, O. (2001), Zwischen Ereignis und Form, in: Kaegi, D. und Rudolph, E. (Hrsg.) (2002), Cassirer – Heidegger – 70 Jahre Davoser Disputation, Cassirer-Forschungen, 9, Hamburg. S. 48–63.

Sigmund, K. (2015), Sie nannten sich der Wiener Kreis – Exaktes Denken am Rande des Untergangs, Wiesbaden.

Simmel, G. (1921), Goethe, Leipzig.

Simmel, G. (1995), Kant und Goethe, Georg-Simmel Gesamtausgabe, Vol. 10, Frankfurt a. M., S. 119–166.

Somavilla, I., Unterkirchner, A., Berger, C. P. (Hrsg.) (1994), Ludwig Hänsel – Ludwig Wittgenstein – Eine Freundschaft, Innsbruck.

Somavilla, I. (Hrsg.) (2006), Wittgenstein – Engelmann, Briefe, Begegnungen, Erinnerungen, Innsbruck/Wien.

Somavilla, I. (Hrsg.) (2012), Begegnungen mit Wittgenstein – Ludwig Hänsels Tagebücher 1918/1919 und 1921/1922, Innsbruck/Wien.

Später, J. (2016), Siegfried Kracauer – Eine Biographie, Frankfurt a. M.

Spengler, O. (1922), Der Untergang des Abendlandes – Umrisse einer Morphologie der Weltgeschichte, Zweiter Band, München.

Storck, J. W. (Hrsg.) (1990), Martin Heidegger / Elisabeth Blochmann – Briefwechsel 1918–1969, Marbach.

Taylor, C. (1999), Die Quellen des Selbst, Frankfurt a. M.

Thomä, D. (Hrsg.) (2005), Heidegger-Handbuch – Leben – Werk – Wirkung, Stuttgart.

Tömmel, T. N. (2013), Wille und Passion – Der Liebesbegriff bei Heidegger und Arendt, Frankfurt a. M.

Trabant, J. (1990), Traditionen Humboldts, Frankfurt a. M.

Tihanov, G. (2000), The Master and the Slave: Lukács, Bakhtin and the Ideas of Their Time, Oxford.

Vossenkuhl, W. (Hrsg.) (2001), Ludwig Wittgenstein: Tractatus logico-philosophicus – Klassiker auslegen, Berlin.

Vygotskij, L. S. (2002), Denken und Sprechen, Weinheim.

Warburg, A. M. (1995), Das Schlangenritual, Berlin.

Waugh, A. (2010), Das Haus Wittgenstein – Geschichte einer ungewöhnlichen Familie, Frankfurt a. M.

Watson, P. (2010), The German Genius – Europe's Third Renaissance, The Second Scientific Revolution and the Twentieth Century, London.

Weininger, O. (1980), Geschlecht und Charakter – Eine prinzipielle Untersuchung, Berlin.

Whitehead, A. N. und Russell, B. (1910–1913), Principia Mathematica, 3. vols., Cambridge.

Whitehead, A. N. (1984), Die Funktion der Vernunft, Stuttgart.

Witkop, P. (Hrsg.) (1922), Deutsche Leben, Berlin.

Witte, B. (1985), Walter Benjamin, Reinbek.

Wittgenstein, H. (2006), Ludwig sagt … hrsg. von Mathias Iven, Berlin.

Wittgenstein, H. (2015), Familienerinnerungen, hrsg. von Ilse Somavilla, Insbruck/Wien.

Wittgenstein, L. (1969), Briefe an Ludwig von Ficker, Salzburg.

Wizisla, E. (2004), Benjamin und Brecht, Frankfurt a. M.

Wizisla, E. (2015), Begegnungen mit Benjamin, Leipzig.

Wizisla, E. (Hrsg.) (2017), Benjamin und Brecht – Denken in Extremen, Frankfurt a. M.

Wright, G. v. (Hrsg.) (1975), Ludwig Wittgenstein – Letters to C. K. Ogden, Oxford.

Wünsche, K. (1985), Der Volksschullehrer Ludwig Wittgenstein, Frankfurt a. M.

Wundt, W. (1911), Probleme der Völkerpsychologie, Leipzig 1911.

Wundt, W. (1916), Die Nationen und ihre Philosophie – Ein Kapitel zum Weltkrieg, Leipzig.

Ziegler, P. (2016), Between the Wars 1919–1939, London.

BILDNACHWEIS

Ludwig Wittgenstein Archive Cambridge, Michael Nedo. Ursprünglicher Besitzer: Clara Sjögren, Wien: Abb. 1, 5, 6, 7, 9

Ludwig Wittgenstein Archive Cambridge, Michael Nedo. Ursprünglicher Besitzer: Thomas Stonborough, Wien: Abb. 10

Deutsches Literaturarchiv Marbach (dla): Abb. 2, 11, 13, 17 (NL Henning Ritter), 18 (Suhrkamp Archiv)

akg images: Abb. 3 (Bildarchiv Pisarek), 4 (Imagno), 8 (F. Frith Collection)

ullstein bild: Abb. 12 (ullstein bild – akg), 14, 16, 22 (alle ullstein bild – ullstein bild), 27 (Photo 12)

Dokumentationsbibliothek Davos: 15, 24, 25 (alle: Privatarchiv Dr. Henning Ritter), 23, 26 (beide: Fotosammlung Müller)

Akademie der Künster (adk) / Walter Benjamin Archiv, Berlin: Abb. 19 (Foto: Joel Heinzelmann), 20 (Asja Lacis, ca. 1924)

Wikimedia Commons / Galerie Bassenge (www.bassenge.com): Abb. 21

DANK

Niemand sollte, niemand kann ein Buch alleine schreiben. Mein besonderer Dank gilt an dieser Stelle:

Michael Gaeb und Tom Kraushaar, die das Projekt von seinem Ursprung begleiteten. Christoph Selzer, Yelenah Frahm, Dorothea Scholl und Christiane Braun für Lektorat und Korrekturen.

Michael Hampe und Fritz Breithaupt für Gespräche und wesentliche Winke.

Fabrice Gerschel sowie dem gesamten Team des »Philosophie Magazins« für Freiraum und Nachsicht.

Den Organisatoren und Teilnehmenden des Arbeitskreises »Philosophie und Literatur« (ETH Zürich), in dessen Rahmen ich Teile des Manuskripts zur Diskussion stellen durfte.

Dem Department for Germanic Studies der Indiana University, Bloomington, das mir als Distinguished Max Kade Visiting Professor im Frühjahr 2017 die denkbar besten Voraussetzungen zur Arbeit am Manuskript gewährte. Den Studierenden des dortigen Graduiertenkurses GER-G – 625 (»The Explosion of Thought«) für ihre Fragen und Einsichten.

Den großen Biographen meiner vier »Zauberer«; Rüdiger Safranski (»Ein Meister aus Deutschland – Heidegger und seine Zeit«), Ray Monk (»Wittgenstein – Das Handwerk des Genies«), Thomas Meyer (»Ernst Cassirer«) sowie Howard Eiland und Michael W. Jennings (»Walter Benjamin – A Critical Life«). Ihre Werke waren mir während des Schreibens ständige Begleiter und währende Inspiration.

Pia, Venla und Kaisa, die es all die Jahre nicht nur ertrugen, sondern trugen.